Maven 实战

许晓斌 著

机械工业出版社
China Machine Press

本书由国内社区公认的Maven专家Juven Xu亲自执笔,内容的权威性毋庸置疑。

本书是国内第一本公开出版的Maven专著。它内容新颖,基于最新发布的Maven 3.0,不仅详尽讲解了Maven 3.0的所有新功能和新特性,而且还将这些新功能和新特性与Maven 2.x版本进行了对比,以便于正在使用Maven 2.x版本的用户能更好地理解。本书内容全面,以从专家的角度阐释Maven的价值开篇,全面介绍了Maven的安装、配置和基本使用方法,以便于初学者参考;详细讲解了坐标和依赖、Maven仓库、生命周期和插件、聚合与继承等Maven的核心概念,建议所有读者仔细阅读;系统性地阐述了使用Nexus建立私服、使用Maven进行测试、使用Hudson进行持续集成、使用Maven构建Web应用、Maven的版本管理、Maven的灵活构建、生成项目站点和Maven的m2eclipse插件等实用性较强的高级知识,读者可有选择性的阅读;扩展性地讲解了如何开发Maven插件和Archetype,这部分内容对需要编写插件扩展Maven或需要编写Archetype维护自己的项目骨架以更便于团队开发的读者来说尤为有帮助。它实战性强,不仅绝大部分知识点都有相应的案例,而且本书还在第4章设计了一个背景案例,后面的很多章节都是围绕这个案例展开的,可操作性极强。

本书适合所有Java程序员阅读,无论你是从未使用过Maven,亦或是已经使用Maven很长一段时间了,相信你都能从本书中获得有价值的参考。本书也适合所有项目经理阅读,它能帮助你更规范、更高效地管理Java项目。

封底无防伪标均为盗版
版权所有,侵权必究

图书在版编目(CIP)数据

Maven实战/许晓斌著. —北京:机械工业出版社,2010.11(2024.5重印)
ISBN 978-7-111-32154-5

Ⅰ. M… Ⅱ. 许… Ⅲ. 软件工具-程序设计 Ⅳ. TP311.56

中国版本图书馆CIP数据核字(2010)第196295号

机械工业出版社(北京市西城区百万庄大街22号 邮政编码 100037)
责任编辑:陈佳媛
北京机工印刷厂有限公司印刷
2024年5月第1版第27次印刷
186mm×240mm · 23.75印张
标准书号:ISBN 978-7-111-32154-5
定价:65.00元

客服电话:(010)88361066 68326294

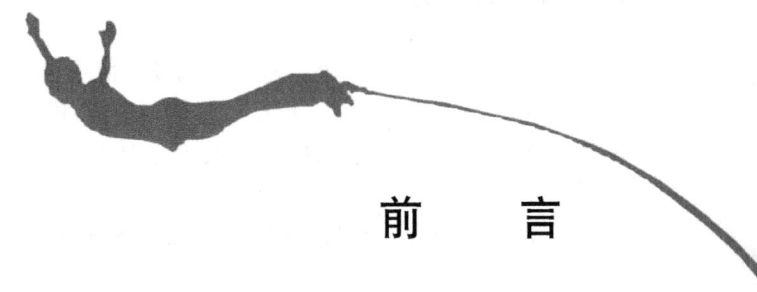

前　言

为什么写这本书

2007年的时候,我加入了一个新成立的开发团队,我们一起做一个新的项目。经验较丰富的同事习惯性地开始编写 Ant 脚本,也有人希望能尝试一下 Maven。当时我比较年轻,且富有激情,因此大家决定让我对 Maven 做些研究和实践。于是我慢慢开始学习并推广 Maven,这期间有人支持,也有人抵触,而我则尽力地为大家排除困难,并做一些内部交流,渐渐地,抵触的人越来越少,我的工作也得到了大家的认可。

为什么一开始有人会抵触这一优秀的技术呢?后来我开始反思这一经历,我认为 Maven 陡峭的学习曲线和匮乏的文档是当时最主要的问题。为了能改善这个问题,我开始在博客中撰写各类关于 Maven 的中文博客,翻译了 O'Reilly 出版的《Maven 权威指南》一书,并建立了国内的 Maven 中文社区,不定期地回答各类 Maven 相关问题,这在一定程度上推动了 Maven 这一优秀的技术在国内的传播。

后来我加入了 Maven 之父 Jason Van Zyl 创建的 Sonatype,参与 Nexus 的开发并负责维护 Maven 中央仓库,这些工作使我对开源和 Maven 有了更深的认识,也给了我从头写一本关于 Maven 的书的信心。我希望它能够更贴近国内的技术人员的需求,能够出现在书店的某个角落里,给那些有心发现它的读者带来一丝欣喜。

该书写作后期适逢 Maven 3 的发布,这距离我刚接触 Maven 时已经过去 3 年有余,感叹时光的流逝！Maven 在 2007 年至 2010 年取得了飞速的发展，现在几乎已经成为了所有 Java 开源项目的标配，Struts、Hibernate、Ehcache 等知名的开源项目都使用 Maven 进行管理。据了解，国内也有越来越多的知名的软件公司开始使用 Maven 管理他们的项目，例如阿里巴巴和淘宝。

本书面向的读者

首先，本书适合所有 Java 程序员阅读。由于自动化构建、依赖管理等问题并不只存在于 Java 世界，因此非 Java 程序员也能够从该书中获益。无论你是从未接触过 Maven、还是已经用了 Maven 很长时间，亦或者想要扩展 Maven，都能从本书获得有价值的参考建议。

其次，本书也适合项目经理阅读，它能帮助你更规范、更高效地管理 Java 项目。

本书的主要内容

第 1 章对 Maven 做了简要介绍，通过一些程序员熟悉的例子介绍了 Maven 是什么，为什么需要 Maven。建议所有读者都阅读以获得一个大局的印象。

第 2~3 章是对 Maven 的一个入门介绍，这些内容对初学者很有帮助，如果你已经比较熟悉 Maven，可以跳过。

第 4 章介绍了本书使用的背景案例，后面的很多章节都会基于该案例展开，因此建议读者至少简单浏览一遍。

第 5~8 章深入阐述了 Maven 的核心概念，包括坐标、依赖、仓库、生命周期、插件、继承和多模块聚合，等等，每个知识点都有实际的案例相佐，建议读者仔细阅读。

第 9 章介绍使用 Nexus 建立私服，如果你要在实际工作中使用 Maven，这是必不可少的。

第 10~16 章介绍了一些相对高级且离散的知识点，包括测试、持续集成与 Hudson、Web 项目与自动化部署、自动化版本管理、智能适应环境差异的灵活构建、站点生成，以及 Maven 的 Eclipse 插件 m2eclipse，等等。读者可以根据自己实际需要和兴趣选择性地阅读。

第 17~18 章介绍了如何编写 Archeype 和 Maven 插件。一般的 Maven 用户在实际工作中往往不需要接触这些知识，如果你需要编写插件扩展 Maven，或者需要编写 Archetype 维护自己的项目骨架以方便团队开发，那么可以仔细阅读这两章的内容。

本书代码下载

大家可以从我的网站下载本书的代码：https://course.cmpreading.com，也可以通过我的网站与我取得联系，欢迎大家与我交流任何关于本书的问题和关于 Maven 的问题。

咖啡与工具

  本书相当一部分的内容是在苏州十全街边的 Solo 咖啡馆完成的，老板 Yin 亲手烘焙咖啡豆、并能做出据说是苏州最好的咖啡，这小桥流水畔的温馨小屋能够帮我消除紧张和焦虑，和 Yin 有一句没一句的聊天也是相当的轻松。Yin 还教会了我如何自己研磨咖啡豆、手冲滴率咖啡，让我能够每天在家里也能享受香气四溢的新鲜咖啡。

  本书的书稿是使用 Git 和 Unfuddle（http://unfuddle.com/）进行管理的，书中的大量截图是通过 Jing（http://www.techsmith.com/jing/）制作的。

JuvenXu

2010 年 10 月于苏州 Solo 咖啡

致　谢

感谢费晓峰,是你最早让我学习使用Maven,并在我开始学习的过程中给予了不少帮助。

感谢Maven开源社区特别是Maven的创立者Jason Van Zyl,是你们一起创造了如此优秀的开源工具,造福了全世界这么多的开发人员。

感谢我的家人,一年来,我的大部分原来属于你们的业余时间都给了这本书,感谢你们的理解和支持。

感谢二少、Garin、Sutra、JTux、红人、linux_china、Chris、Jdonee、zc0922、还有很多Maven中文社区的朋友,你们给了本书不少建议,并在我写作过程中不断鼓励我和支持我,你们是我写作最大的动力之一。

最后感谢本书的策划编辑杨福川和曾珊,我从你们身上学到了很多,你们是最专业的、最棒的。

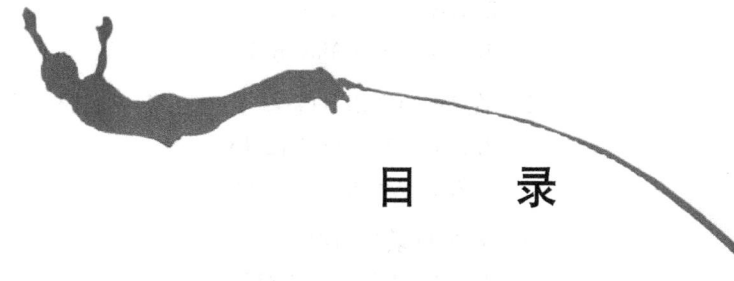

目　　录

前　言
致　谢

第 1 章　Maven 简介/1

1.1　何为 Maven/2
　　1.1.1　何为构建/2
　　1.1.2　Maven 是优秀的构建工具/2
　　1.1.3　Maven 不仅仅是构建工具/3
1.2　为什么需要 Maven/4
　　1.2.1　组装 PC 和品牌 PC/4
　　1.2.2　IDE 不是万能的/4
　　1.2.3　Make/5
　　1.2.4　Ant/5
　　1.2.5　不重复发明轮子/6
1.3　Maven 与极限编程/7
1.4　被误解的 Maven/8
1.5　小结/9

第 2 章 Maven 的安装和配置/10

2.1 在 Windows 上安装 Maven/11
    2.1.1 检查 JDK 安装/11
    2.1.2 下载 Maven/11
    2.1.3 本地安装/12
    2.1.4 升级 Maven/13

2.2 在基于 UNIX 的系统上安装 Maven/13
    2.2.1 下载和安装/13
    2.2.2 升级 Maven/15

2.3 安装目录分析/15
    2.3.1 M2_HOME/15
    2.3.2 ~/.m2/16

2.4 设置 HTTP 代理/17

2.5 安装 m2eclipse/18

2.6 安装 NetBeans Maven 插件/22

2.7 Maven 安装最佳实践/24
    2.7.1 设置 MAVEN_OPTS 环境变量/24
    2.7.2 配置用户范围 settings.xml/24
    2.7.3 不要使用 IDE 内嵌的 Maven/25

2.8 小结/26

第 3 章 Maven 使用入门/27

3.1 编写 POM/28

3.2 编写主代码/29

3.3 编写测试代码/30

3.4 打包和运行/34

3.5 使用 Archetype 生成项目骨架/36

3.6 m2eclipse 简单使用/37
    3.6.1 导入 Maven 项目/37
    3.6.2 创建 Maven 项目/39

3.6.3 运行 mvn 命令/39

3.7 NetBeans Maven 插件简单使用/41

3.7.1 打开 Maven 项目/41

3.7.2 创建 Maven 项目/42

3.7.3 运行 mvn 命令/43

3.8 小结/44

第4章 背景案例/45

4.1 简单的账户注册服务/46

4.2 需求阐述/46

4.2.1 需求用例/46

4.2.2 界面原型/48

4.3 简要设计/49

4.3.1 接口/49

4.3.2 模块结构/49

4.4 小结/50

第5章 坐标和依赖/51

5.1 何为 Maven 坐标/52

5.2 坐标详解/53

5.3 account-email/54

5.3.1 account-email 的 POM/54

5.3.2 account-email 的主代码/56

5.3.3 account-email 的测试代码/60

5.3.4 构建 account-email/62

5.4 依赖的配置/62

5.5 依赖范围/63

5.6 传递性依赖/64

5.6.1 何为传递性依赖/64

5.6.2 传递性依赖和依赖范围/65

5.7 依赖调解/66

5.8 可选依赖/66

5.9 最佳实践/68

    5.9.1 排除依赖/68

    5.9.2 归类依赖/69

    5.9.3 优化依赖/71

5.10 小结/74

第6章 仓库/75

6.1 何为 Maven 仓库/76

6.2 仓库的布局/76

6.3 仓库的分类/78

    6.3.1 本地仓库/79

    6.3.2 远程仓库/80

    6.3.3 中央仓库/80

    6.3.4 私服/81

6.4 远程仓库的配置/82

    6.4.1 远程仓库的认证/83

    6.4.2 部署至远程仓库/84

6.5 快照版本/85

6.6 从仓库解析依赖的机制/87

6.7 镜像/89

6.8 仓库搜索服务/90

    6.8.1 Sonatype Nexus/90

    6.8.2 Jarvana/91

    6.8.3 MVNbrowser/91

    6.8.4 MVNrepository/92

    6.8.5 选择合适的仓库搜索服务/93

6.9 小结/93

第7章 生命周期和插件/94

7.1 何为生命周期/95

7.2 生命周期详解/96
    7.2.1 三套生命周期/97
    7.2.2 clean 生命周期/97
    7.2.3 default 生命周期/97
    7.2.4 site 生命周期/98
    7.2.5 命令行与生命周期/98

7.3 插件目标/99

7.4 插件绑定/99
    7.4.1 内置绑定/100
    7.4.2 自定义绑定/102

7.5 插件配置/104
    7.5.1 命令行插件配置/104
    7.5.2 POM 中插件全局配置/104
    7.5.3 POM 中插件任务配置/105

7.6 获取插件信息/106
    7.6.1 在线插件信息/106
    7.6.2 使用 maven-help-plugin 描述插件/108

7.7 从命令行调用插件/109

7.8 插件解析机制/110
    7.8.1 插件仓库/110
    7.8.2 插件的默认 groupId/111
    7.8.3 解析插件版本/111
    7.8.4 解析插件前缀/112

7.9 小结/114

第 8 章 聚合与继承/115

8.1 account-persist/116
    8.1.1 account-persist 的 POM/116
    8.1.2 account-persist 的主代码/118
    8.1.3 account-persist 的测试代码/123

8.2 聚合/124

8.3 继承/127

8.3.1 account-parent/127
8.3.2 可继承的 POM 元素/130
8.3.3 依赖管理/131
8.3.4 插件管理/135

8.4 聚合与继承的关系/137

8.5 约定优于配置/139

8.6 反应堆/143
8.6.1 反应堆的构建顺序/144
8.6.2 裁剪反应堆/145

8.7 小结/147

第 9 章 使用 Nexus 创建私服/148

9.1 Nexus 简介/149

9.2 安装 Nexus/149
9.2.1 下载 Nexus/149
9.2.2 Bundle 方式安装 Nexus/150
9.2.3 WAR 方式安装 Nexus/151
9.2.4 登录 Nexus/152

9.3 Nexus 的仓库与仓库组/152
9.3.1 Nexus 内置的仓库/152
9.3.2 Nexus 仓库分类的概念/154
9.3.3 创建 Nexus 宿主仓库/154
9.3.4 创建 Nexus 代理仓库/155
9.3.5 创建 Nexus 仓库组/156

9.4 Nexus 的索引与构件搜索/157

9.5 配置 Maven 从 Nexus 下载构件/160

9.6 部署构件至 Nexus/163
9.6.1 使用 Maven 部署构件至 Nexus/163
9.6.2 手动部署第三方构件至 Nexus/164

9.7 Nexus 的权限管理/165
9.7.1 Nexus 的访问控制模型/165

9.7.2　为项目分配独立的仓库/167

9.8　Nexus 的调度任务/169

9.9　其他私服软件/170

9.10　小结/171

第 10 章　使用 Maven 进行测试/172

10.1　account-captcha/173

　　10.1.1　account-captcha 的 POM/173

　　10.1.2　account-captcha 的主代码/175

　　10.1.3　account-captcha 的测试代码/180

10.2　maven-surefire-plugin 简介/184

10.3　跳过测试/184

10.4　动态指定要运行的测试用例/186

10.5　包含与排除测试用例/187

10.6　测试报告/188

　　10.6.1　基本的测试报告/189

　　10.6.2　测试覆盖率报告/190

10.7　运行 TestNG 测试/191

10.8　重用测试代码/193

10.9　小结/194

第 11 章　使用 Hudson 进行持续集成/195

11.1　持续集成的作用、过程和优势/196

11.2　Hudson 简介/198

11.3　安装 Hudson/199

11.4　准备 Subversion 仓库/200

11.5　Hudson 的基本系统设置/203

11.6　创建 Hudson 任务/205

　　11.6.1　Hudson 任务的基本配置/205

11.6.2 Hudson任务的源码仓库配置/206
11.6.3 Hudson任务的构建触发配置/207
11.6.4 Hudson任务的构建配置/208

11.7 监视Hudson任务状态/209
11.7.1 全局任务状态/209
11.7.2 自定义任务视图/211
11.7.3 单个任务状态/212
11.7.4 Maven项目测试报告/214

11.8 Hudson用户管理/215

11.9 邮件反馈/217

11.10 Hudson工作目录/218

11.11 小结/220

第12章 使用Maven构建Web应用/221

12.1 Web项目的目录结构/222

12.2 account-service/224
12.2.1 account-service的POM/224
12.2.2 account-service的主代码/225

12.3 account-web/230
12.3.1 account-web的POM/230
12.3.2 account-web的主代码/231

12.4 使用jetty-maven-plugin进行测试/237

12.5 使用Cargo实现自动化部署/239
12.5.1 部署至本地Web容器/239
12.5.2 部署至远程Web容器/241

12.6 小结/242

第13章 版本管理/243

13.1 何为版本管理/244

13.2 Maven的版本号定义约定/245

13.3 主干、标签与分支/246

13.4 自动化版本发布/247

13.5 自动化创建分支/252

13.6 GPG 签名/253
 13.6.1 GPG 及其基本使用/254
 13.6.2 Maven GPG Plugin/255

13.7 小结/258

第 14 章 灵活的构建/259

14.1 Maven 属性/260

14.2 构建环境的差异/262

14.3 资源过滤/263

14.4 Maven Profile/265
 14.4.1 针对不同环境的 profile/265
 14.4.2 激活 profile/266
 14.4.3 profile 的种类/269

14.5 Web 资源过滤/271

14.6 在 profile 中激活集成测试/272

14.7 小结/274

第 15 章 生成项目站点/275

15.1 最简单的站点/276

15.2 丰富项目信息/278

15.3 项目报告插件/281
 15.3.1 JavaDocs/282
 15.3.2 Source Xref/283
 15.3.3 CheckStyle/284
 15.3.4 PMD/287
 15.3.5 ChangeLog/288
 15.3.6 Cobertura/290

15.4 自定义站点外观/290
 15.4.1 站点描述符/291

15.4.2　头部内容及外观/291
15.4.3　皮肤/293
15.4.4　导航边栏/294
15.5　创建自定义页面/295
15.6　国际化/298
15.7　部署站点/300
15.8　小结/302

第16章　m2eclipse/303

16.1　m2eclipse简介/304
16.2　新建Maven项目/304
16.3　导入Maven项目/306
  16.3.1　导入本地Maven项目/307
  16.3.2　从SCM仓库导入Maven项目/308
  16.3.3　m2eclipse中Maven项目的结构/309
16.4　执行mvn命令/310
16.5　访问Maven仓库/312
  16.5.1　Maven仓库视图/312
  16.5.2　搜索构件和Java类/314
16.6　管理项目依赖/315
  16.6.1　添加依赖/315
  16.6.2　分析依赖/317
16.7　其他实用功能/319
  16.7.1　POM编辑的代码提示/319
  16.7.2　Effective POM/320
  16.7.3　下载依赖源码/321
16.8　小结/321

第17章　编写Maven插件/323

17.1　编写Maven插件的一般步骤/324
17.2　案例：编写一个用于代码行统计的Maven插件/324

17.3 Mojo 标注/331

17.4 Mojo 参数/332

17.5 错误处理和日志/336

17.6 测试 Maven 插件/337

17.7 小结/341

第 18 章 Archetype/342

18.1 Archetype 使用再叙/343

  18.1.1 Maven Archetype Plugin/343

  18.1.2 使用 Archetype 的一般步骤/343

  18.1.3 批处理方式使用 Archetype/344

  18.1.4 常用 Archetype 介绍/345

18.2 编写 Archetype/347

18.3 Archetype Catalog/352

  18.3.1 什么是 Archetype Catalog/352

  18.3.2 Archetype Catalog 的来源/353

  18.3.3 生成本地仓库的 Archetype Catalog/354

  18.3.4 使用 nexus-archetype-plugin/355

18.4 小结/356

附录 A POM 元素参考/357

附录 B Settings 元素参考/359

附录 C 常用插件列表/360

第 1 章

Maven 简介

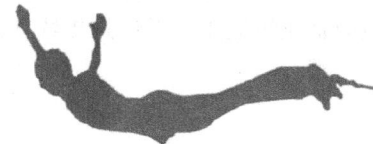

本章内容

- 何为 Maven
- 为什么需要 Maven
- Maven 与极限编程
- 被误解的 Maven
- 小结

1.1 何为 Maven

Maven 这个词可以翻译为"知识的积累",也可以翻译为"专家"或"内行"。本书将介绍 Maven 这一跨平台的项目管理工具。作为 Apache 组织中的一个颇为成功的开源项目,Maven 主要服务于基于 Java 平台的项目构建、依赖管理和项目信息管理。无论是小型的开源类库项目,还是大型的企业级应用;无论是传统的瀑布式开发,还是流行的敏捷模式,Maven 都能大显身手。

1.1.1 何为构建

不管你是否意识到,构建(build)是每一位程序员每天都在做的工作。早上来到公司,我们做的第一件事情就是从源码库签出最新的源码,然后进行单元测试,如果发现失败的测试,会找相关的同事一起调试,修复错误代码。接着回到自己的工作上来,编写自己的单元测试及产品代码,我们会感激 IDE 随时报出的编译错误提示。

忙到午饭时间,代码编写得差不多了,测试也通过了,开心地享用午餐,然后休息。下午先在昏昏沉沉中开了个例会,会议结束后喝杯咖啡继续工作。刚才在会上经理要求看测试报告,于是找了相关工具集成进 IDE,生成了像模像样的测试覆盖率报告,接着发了一封电子邮件给经理,松了口气。谁料 QA 小组又发过来了几个 bug,没办法,先本地重现再说,于是熟练地用 IDE 生成了一个 WAR 包,部署到 Web 容器下,启动容器。看到熟悉的界面了,遵循 bug 报告,一步步重现了 bug……快下班的时候,bug 修好了,提交代码,通知 QA 小组,在愉快中结束了一天的工作。

仔细总结一下,我们会发现,除了编写源代码,我们每天有相当一部分时间花在了编译、运行单元测试、生成文档、打包和部署等烦琐且不起眼的工作上,这就是构建。如果我们现在还手工这样做,那成本也太高了,于是有人用软件的方法让这一系列工作完全自动化,使得软件的构建可以像全自动流水线一样,只需要一条简单的命令,所有烦琐的步骤都能够自动完成,很快就能得到最终结果。

1.1.2 Maven 是优秀的构建工具

前面介绍了 Maven 的用途之一是服务于构建,它是一个异常强大的构建工具,能够帮我们自动化构建过程,从清理、编译、测试到生成报告,再到打包和部署。我们不需要也不应该一遍又一遍地输入命令,一次又一次地点击鼠标,我们要做的是使用 Maven 配置好项目,然后输入简单的命令(如 mvn clean install),Maven 会帮我们处理那些烦琐的任务。

Maven 是跨平台的,这意味着无论是在 Windows 上,还是在 Linux 或者 Mac 上,都可以使用同样的命令。

我们一直在不停地寻找避免重复的方法。设计的重复、编码的重复、文档的重复,当然还有构建的重复。Maven 最大化地消除了构建的重复,抽象了构建生命周期,并且为绝大部分的构建任务提供了已实现的插件，我们不再需要定义过程，甚至不需要再去实现这些过程中的一些任务。最简单的例子是测试，我们没必要告诉 Maven 去测试，更不需要告诉 Maven 如何运行测试，只需要遵循 Maven 的约定编写好测试用例，当我们运行构建的时候，这些测试便会自动运行。

想象一下，Maven 抽象了一个完整的构建生命周期模型，这个模型吸取了大量其他的构建脚本和构建工具的优点，总结了大量项目的实际需求。如果遵循这个模型，可以避免很多不必要的错误，可以直接使用大量成熟的 Maven 插件来完成我们的任务（很多时候我们可能都不知道自己在使用 Maven 插件）。此外，如果有非常特殊的需求，我们也可以轻松实现自己的插件。

Maven 还有一个优点，它能帮助我们标准化构建过程。在 Maven 之前，十个项目可能有十种构建方式；有了 Maven 之后，所有项目的构建命令都是简单一致的，这极大地避免了不必要的学习成本，而且有利于促进项目团队的标准化。

综上所述，Maven 作为一个构建工具，不仅能帮我们自动化构建，还能够抽象构建过程，提供构建任务实现；它跨平台，对外提供了一致的操作接口，这一切足以使它成为优秀的、流行的构建工具。

1.1.3　Maven 不仅仅是构建工具

Java 不仅是一门编程语言，还是一个平台，通过 JRuby 和 Jython，我们可以在 Java 平台上编写和运行 Ruby 和 Python 程序。我们也应该认识到，Maven 不仅是构建工具，还是一个依赖管理工具和项目信息管理工具。它提供了中央仓库，能帮我们自动下载构件。

在这个开源的年代里，几乎任何 Java 应用都会借用一些第三方的开源类库，这些类库都可通过依赖的方式引入到项目中来。随着依赖的增多，版本不一致、版本冲突、依赖臃肿等问题都会接踵而来。手工解决这些问题是十分枯燥的，幸运的是 Maven 提供了一个优秀的解决方案，它通过一个坐标系统准确地定位每一个构件（artifact），也就是通过一组坐标 Maven 能够找到任何一个 Java 类库（如 jar 文件）。Maven 给这个类库世界引入了经纬，让它们变得有秩序，于是我们可以借助它来有序地管理依赖，轻松地解决那些繁杂的依赖问题。

Maven 还能帮助我们管理原本分散在项目中各个角落的项目信息，包括项目描述、开发者列表、版本控制系统地址、许可证、缺陷管理系统地址等。这些微小的变化看起来很琐碎，并不起眼，但却在不知不觉中为我们节省了大量寻找信息的时间。除了直接的项目信息，通过 Maven 自动生成的站点，以及一些已有的插件，我们还能够轻松获得项目文档、测试报告、静态分析报告、源码版本日志报告等非常具有价值的项目信息。

Maven 还为全世界的 Java 开发者提供了一个免费的中央仓库，在其中几乎可以找到任何的流行开源类库。通过一些 Maven 的衍生工具（如 Nexus），我们还能对其进行快速地搜索。只要定位了坐标，Maven 就能够帮我们自动下载，省去了手工劳动。

使用 Maven 还能享受一个额外的好处，即 Maven 对于项目目录结构、测试用例命名方式等内容都有既定的规则，只要遵循了这些成熟的规则，用户在项目间切换的时候就免去了额外的学习成本，可以说是约定优于配置（Convention Over Configuration）。

1.2 为什么需要Maven

Maven不是Java领域唯一的构建管理的解决方案。本节将通过一些简单的例子解释Maven的必要性，并介绍其他构建解决方案，如IDE、Make和Ant，并将它们与Maven进行比较。

1.2.1 组装PC和品牌PC

笔者初中时开始接触计算机，到了高中时更是梦寐以求希望拥有一台自己的计算机。我的第一台计算机是赛扬733的，选购是一个漫长的过程，我先阅读了大量的杂志以了解各类配件的优劣，CPU、内存、主板、显卡，甚至声卡，我都仔细地挑选，后来还跑了很多商家，调货、讨价还价，组装好后自己装操作系统和驱动程序……虽然这花费了我大量时间，但我很享受这个过程。可是事实证明，装出来的机器稳定性不怎么好。

一年前我需要配一台工作站，这时候我已经没有太多时间去研究电脑配件了。我选择了某知名PC供应商的在线商店，大概浏览了一下主流的机型，选择了我需要的配置，然后下单、付款。接着PC供应商帮我组装电脑、安装操作系统和驱动程序。一周后，物流公司将电脑送到我的家里，我接上显示器、电源、鼠标和键盘就能直接使用了。这为我节省了大量时间，而且这台电脑十分稳定，商家在把电脑发送给我之前已经进行了很好的测试。对了，我还能享受两年的售后服务。

使用脚本建立高度自定义的构建系统就像买组装PC，耗时费力，结果也不一定很好。当然，你可以享受从无到有的乐趣，但恐怕实际项目中无法给你那么多时间。使用Maven就像购买品牌PC，省时省力，并能得到成熟的构建系统，还能得到来自于Maven社区的大量支持。唯一与购买品牌PC不同的是，Maven是开源的，你无须为此付费。如果有兴趣，你还能去了解Maven是如何工作的，而我们无法知道那些PC巨头的商业秘密。

1.2.2 IDE不是万能的

当然，我们无法否认优秀的IDE能大大提高开发效率。当前主流的IDE如Eclipse和NetBeans等都提供了强大的文本编辑、调试甚至重构功能。虽然使用简单的文本编辑器和命令行也能完成绝大部分开发工作，但很少有人愿意那样做。然而，IDE是有其天生缺陷的：

❑ IDE依赖大量的手工操作。编译、测试、代码生成等工作都是相互独立的，很难一键完成所有工作。手工劳动往往意味着低效，意味着容易出错。

❑ 很难在项目中统一所有的IDE配置，每个人都有自己的喜好。也正是由于这个原因，一个在机器A上可以成功运行的任务，到了机器B的IDE中可能就会失败。

我们应该合理利用IDE，而不是过多地依赖它。对于构建这样的任务，在IDE中一次次地点击鼠标是愚蠢的行为。Maven是这方面的专家，而且主流IDE都集成了Maven，我们可以在IDE中方便地运行Maven执行构建。

1.2.3 Make

Make 也许是最早的构建工具，它由 Stuart Feldman 于 1977 年在 Bell 实验室创建。Stuart Feldman 也因此于 2003 年获得了 ACM 国际计算机组织颁发的软件系统奖。目前 Make 有很多衍生实现，包括最流行的 GNU Make 和 BSD Make，还有 Windows 平台的 Microsoft nmake 等。

Make 由一个名为 Makefile 的脚本文件驱动，该文件使用 Make 自己定义的语法格式。其基本组成部分为一系列规则（Rules），而每一条规则又包括目标（Target）、依赖（Prerequisite）和命令（Command）。Makefile 的基本结构如下：

```
TARGET… : PREREQUISITE…
COMMAND
….
…
```

Make 通过一系列目标和依赖将整个构建过程串联起来，同时利用本地命令完成每个目标的实际行为。Make 的强大之处在于它可以利用所有系统的本地命令，尤其是 UNIX/Linux 系统，丰富的功能、强大的命令能够帮助 Make 快速高效地完成任务。

但是，Make 将自己和操作系统绑定在一起了。也就是说，使用 Make，就不能实现（至少很难）跨平台的构建，这对于 Java 来说是非常不友好的。此外，Makefile 的语法也成问题，很多人抱怨 Make 构建失败的原因往往是一个难以发现的空格或 Tab 使用错误。

1.2.4 Ant

Ant 不是指蚂蚁，而是意指"另一个整洁的工具"（Another Neat Tool），它最早用来构建著名的 Tomcat，其作者 James Duncan Davidson 创作它的动机就是因为受不了 Makefile 的语法格式。我们可以将 Ant 看成是一个 Java 版本的 Make，也正因为使用了 Java，Ant 是跨平台的。此外，Ant 使用 XML 定义构建脚本，相对于 Makefile 来说，这也更加友好。

与 Make 类似，Ant 有一个构建脚本 build.xml，如下所示：

```xml
<?xml version = "1.0"?>
<project name = "Hello" default = "compile">
    <target name = "compile" description = "compile the Java source code to class files">
        <mkdir dir = "classes"/>
        <javac srcdir = "." destdir = "classes"/>
    </target>
    <target name = "jar" depends = "compile" description = "create a Jar file">
        <jar destfile = "hello.jar">
            <fileset dir = "classes" includes = "**/*.class"/>
            <manifest>
                <attribute name = "Main-Class" value = "HelloProgram"/>
            </manifest>
        </jar>
    </target>
</project>
```

build.xml 的基本结构也是目标（target）、依赖（depends），以及实现目标的任务。比如在上面的脚本中，jar 目标用来创建应用程序 jar 文件，该目标依赖于 compile 目标，后者执行的任务是创建一个名为 classes 的文件夹，编译当前目录的 java 文件至 classes 目录。compile 目标完成后，jar 目标再执行自己的任务。Ant 有大量内置的用 Java 实现的任务，这保证了其跨平台的特质，同时，Ant 也有特殊的任务 exec 来执行本地命令。

和 Make 一样，Ant 也都是过程式的，开发者显式地指定每一个目标，以及完成该目标所需要执行的任务。针对每一个项目，开发者都需要重新编写这一过程，这里其实隐含着很大的重复。Maven 是声明式的，项目构建过程和过程各个阶段所需的工作都由插件实现，并且大部分插件都是现成的，开发者只需要声明项目的基本元素，Maven 就执行内置的、完整的构建过程。这在很大程度上消除了重复。

Ant 是没有依赖管理的，所以很长一段时间 Ant 用户都不得不手工管理依赖，这是一个令人头疼的问题。幸运的是，Ant 用户现在可以借助 Ivy 管理依赖。而对于 Maven 用户来说，依赖管理是理所当然的，Maven 不仅内置了依赖管理，更有一个可能拥有全世界最多 Java 开源软件包的中央仓库，Maven 用户无须进行任何配置就可以直接享用。

1.2.5　不重复发明轮子[一]

小张是一家小型民营软件公司的程序员，他所在的公司要开发一个新的 Web 项目。经过协商，决定使用 Spring、iBatis 和 Tapstry。jar 包去哪里找呢？公司里估计没有人能把 Spring、iBatis 和 Tapstry 所使用的 jar 包一个不少地找出来。大家的做法是，先到 Spring 的站点上去找一个 spring-with-dependencies，然后去 iBatis 的网站上把所有列出来的 jar 包下载下来，对 Tapstry、Apache commons 等执行同样的操作。项目还没有开始，WEB-INF/lib 下已经有近百个 jar 包了，带版本号的、不带版本号的、有用的、没用的、相冲突的，怎一个"乱"字了得！

在项目开发过程中，小张不时地发现版本错误和版本冲突问题，他只能硬着头皮逐一解决。项目开发到一半，经理发现最终部署的应用的体积实在太大了，要求小张去掉一些没用的 jar 包，于是小张只能加班加点地一个个删……

小张隐隐地觉得这些依赖需要一个框架或者系统来进行管理。

小张喜欢学习流行的技术，前几年 Ant 十分流行，他学了，并成为了公司这方面的专家。小张知道，Ant 打包，无非就是创建目录，复制文件，编译源代码，使用一堆任务，如 copydir、fileset、classpath、ref、target，然后再 jar、zip、war，打包就成功了。

项目经理发话了："兄弟们，新项目来了，小张，你来写 Ant 脚本！"

"是，保证完成任务！"接着，小张继续创建一个新的 XML 文件。target clean；target compile；target jar；……不知道他是否想过，在他写的这么多的 Ant 脚本中，有多少是重复劳动，有多少代码会在一个又一个项目中重现。既然都差不多，有些甚至完全相同，为什么每次都要重新编写？

[一] 该小节内容整理自网友 Arthas 最早在 Maven 中文 MSN 群中的讨论，在此表示感谢。

终于有一天，小张意识到了这个问题，想复用 Ant 脚本，于是在开会时他说："以后就都用我这个规范的 Ant 脚本吧，新的项目只要遵循我定义的目录结构就可以了。"经理听后觉得很有道理："嗯，确实是个进步。"

这时新来的研究生发言了："经理，用 Maven 吧，这个在开源社区很流行，比 Ant 更方便。"小张一听很惊讶，Maven 真比自己的"规范化 Ant"强大？其实他不知道自己只是在重新发明轮子，Maven 已经有一大把现成的插件，全世界都在用，你自己不用写任何代码！

为什么没有人说"我自己写的代码最灵活，所以我不用 Spring，我自己实现 IoC；我不用 Hibernate，我自己封装 JDBC"？

1.3 Maven 与极限编程

极限编程（XP）是近些年在软件行业红得发紫的敏捷开发方法，它强调拥抱变化。该软件开发方法的创始人 Kent Beck 提出了 XP 所追求的价值、实施原则和推荐实践。下面看一下 Maven 是如何适应 XP 的。

首先看一下 Maven 如何帮助 XP 团队实现一些核心价值：

- **简单**。Maven 暴露了一组一致、简洁的操作接口，能帮助团队成员从原来的高度自定义的、复杂的构建系统中解脱出来，使用 Maven 现有的成熟的、稳定的组件也能简化构建系统的复杂度。
- **交流与反馈**。与版本控制系统结合后，所有人都能执行最新的构建并快速得到反馈。此外，自动生成的项目报告也能帮助成员了解项目的状态，促进团队的交流。

此外，Maven 更能无缝地支持或者融入到一些主要的 XP 实践中：

- **测试驱动开发**（TDD）。TDD 强调测试先行，所有产品都应该由测试用例覆盖。而测试是 Maven 生命周期的最重要的组成部分之一，并且 Maven 有现成的成熟插件支持业界流行的测试框架，如 JUnit 和 TestNG。
- **十分钟构建**。十分钟构建强调我们能够随时快速地从源码构建出最终的产品。这正是 Maven 所擅长的，只需要一些配置，之后用一条简单的命令就能让 Maven 帮你清理、编译、测试、打包、部署，然后得到最终的产品。
- **持续集成**（CI）。CI 强调项目以很短的周期（如 15 分钟）集成最新的代码。实际上，CI 的前提是源码管理系统和构建系统。目前业界流行的 CI 服务器如 Hudson 和 CruiseControl 都能很好地和 Maven 进行集成。也就是说，使用 Maven 后，持续集成会变得更加方便。
- **富有信息的工作区**。这条实践强调开发者能够快速方便地了解到项目的最新状态。当然，Maven 并不会帮你把测试覆盖率报告贴到墙上，也不会在你的工作台上放个鸭子告诉你构建失败了。不过使用 Maven 发布的项目报告站点，并配置你需要的项目报告，如测试覆盖率报告，都能帮你把信息推送到开发者眼前。

上述这些实践并非只在 XP 中适用。事实上，除了其他敏捷开发方法如 SCRUM 之外，几乎任何软件开发方法都能借鉴这些实践。也就是说，Maven几乎能够很好地支持任何软件开发方法。

例如，在传统的瀑布模型开发中，项目依次要经历需求开发、分析、设计、编码、测试和集成发布阶段。从设计和编码阶段开始，就可以使用Maven来建立项目的构建系统。在设计阶段，也完全可以针对设计开发测试用例，然后再编写代码来满足这些测试用例。然而，有了自动化构建系统，我们可以节省很多手动的测试时间。此外，尽早地使用构建系统集成团队的代码，对项目也是百利而无一害。最后，Maven还能帮助我们快速地发布项目。

1.4 被误解的Maven

C++之父Bjarne Stroustrup说过一句话："只有两类计算机语言，一类语言天天被人骂，还有一类没人用。"当然这话也不全对，大红大紫的Ruby不仅有人用，而且骂的人也少。用户最多的Java得到的骂声就不绝于耳了。Maven的用户也不少，它的邮件列表目前在Apache项目中排名第4（http://www.nabble.com/Apache-f90.html）。

让我们看看Maven受到了哪些质疑，笔者将对这些质疑逐一解释。

"Maven对于IDE（如Eclipse和IDEA）的支持较差，bug多，而且不稳定。"

相对于JUnit和Ant来说，Maven比较年轻，IDE集成等衍生产品还不够全面和成熟。但是，我们一定要知道，使用Maven最高效的方式永远是命令行，IDE在自动化构建方面有天生的缺陷。此外，Eclipse的Maven插件——m2eclipse是一个比较优秀和成熟的工具，NetBeans也在积极地为更好地集成Maven而努力，自IntelliJ IDEA开源后，也有望看到其对Maven更好的集成。

"Maven采用了一个糟糕的插件系统来执行构建，新的、破损的插件会让你的构建莫名其妙地失败。"

自Maven 2.0.9开始，所有核心的插件都设定了稳定版本，这意味着日常使用Maven时几乎不会受到不稳定插件的影响。此外，Maven社区也提倡为你使用的任何插件设定稳定的版本。如果我们有好的实践不采纳，遇到了问题就抱怨，未免不够公允。从Maven 3开始，如果你使用插件时未设定版本，会看到警告信息。

"Maven过于复杂，它就是构建系统的EJB 2。"

不要指望Maven十分简单，这几乎是不可能的。Maven是用来管理项目的，清理、编译、测试、打包、发布，以及一些自定义的过程本身就是一件复杂的事情。目前在Java社区还有比Maven更强大、更简单的构建工具吗？答案是否定的。我们可以尝试去帮助Maven让它变得更简单，而不是抛弃它，然后自己实现一套更加复杂的构建系统。

"Maven的仓库十分混乱，当无法从仓库中得到需要的类库时，我需要手工下载复制到本地仓库中。"

Maven的中央仓库确实不完美，你也许会发现某个jar包出现在两个不同的路径下。这不是 Maven 的错，这是开源项目本身改变了自身的坐标。如果没有中央仓库，你将不得不去开源项目首页寻找下载链接，这不是更费事吗？现在有很多的 Maven 仓库搜索服务。无法从中央仓库找到你需要的类库？由于许可证等因素，这是完全有可能的，这时你需要做的是建立一个组织内部的仓库服务器，你会发现这会给你带来许多意想不到的好处。

"缺乏文档是理解和使用 Maven 的一个主要障碍！"

这是事实。Maven 官方站点的文档十分凌乱，各种插件的文档更是需要费力寻找。Sonatype 编写的《Maven 权威指南》很好地改善了这一状况，但由于该书的某些部分与国内的现状有些脱离，且翻译速度无法跟上原版的更新速度，于是笔者编写本书，目的也是帮助大家理解和使用 Maven。

1.5 小结

本章只是从概念上简单地介绍了一下 Maven，通过本章我们应该能大致了解 Maven 是什么，以及它有什么用途。我们还将 Maven 与其他流行的构建工具（如 Make 和 Ant）做了一些比较和分析。如果你没用过 Maven，但有 Make 或者 Ant 的使用经验，相信通过比较你能更清楚地了解各种工具的优劣，并且会对 Maven 有一个理性的认识。

将 Maven 和极限编程结合起来分析是为了让大家从另一个角度了解 Maven，毕竟软件开发离不开对于软件过程的理解。

本章最后还收集了一些用户对 Maven 的误解，并逐条进行了分析和解释，希望能够消除大家的误解，从而积极地接受 Maven，最终从 Maven 中受益。

第 2 章
Maven 的安装和配置

本章内容

- 在 Windows 上安装 Maven
- 在基于 UNIX 的系统上安装 Maven
- 安装目录分析
- 设置 HTTP 代理
- 安装 m2eclipse
- 安装 NetBeans Maven 插件
- Maven 安装最佳实践
- 小结

第 1 章介绍了 Maven 是什么，以及为什么要使用 Maven，我们将从本章开始实际接触 Maven。本章首先将介绍如何在主流的操作系统下安装 Maven，并详细解释 Maven 的安装文件；其次还会介绍如何在主流的 IDE 中集成 Maven，以及 Maven 安装的最佳实践。

2.1　在 Windows 上安装 Maven

2.1.1　检查 JDK 安装

在安装 Maven 之前，首先要确认你已经正确安装了 JDK。Maven 可以运行在 JDK 1.4 及以上的版本上。本书的所有样例都基于 JDK 5 及以上版本。打开 Windows 的命令行，运行如下的命令来检查 Java 安装：

```
C:\Users\Juven Xu>echo %JAVA_HOME%
C:\Users\Juven Xu>java-version
```

结果如图 2-1 所示：

```
C:\Users\Juven Xu>echo %JAVA_HOME%
D:\java\jdk1.6.0_07

C:\Users\Juven Xu>java -version
java version "1.6.0_07"
Java(TM) SE Runtime Environment (build 1.6.0_07-b06)
Java HotSpot(TM) Client VM (build 10.0-b23, mixed mode, sharing)
```

图 2-1　Windows 中检查 Java 安装

上述命令首先检查环境变量 JAVA_HOME 是否指向了正确的 JDK 目录，接着尝试运行 java 命令。如果 Windows 无法执行 java 命令，或者无法找到 JAVA_HOME 环境变量，就需要检查 Java 是否安装了，或者环境变量是否设置正确。关于环境变量的设置，请参考 2.1.3 节。

2.1.2　下载 Maven

请访问 Maven 的下载页面：http://maven.apache.org/download.html，其中包含针对不同平台的各种版本的 Maven 下载文件。对于首次接触 Maven 的读者来说，推荐使用 Maven 3.0，因此需要下载 apache-maven-3.0-bin.zip。当然，如果你对 Maven 的源代码感兴趣并想自己构建 Maven，还可以下载 apache-maven-3.0-src.zip。该下载页面还提供了 md5 校验和（checksum）文件和 asc 数字签名文件，可以用来检验 Maven 分发包的正确性和安全性。

在编写本书的时候，Maven 2 的最新版本是 2.2.1，Maven 3 基本完全兼容 Maven 2，而且比 Maven 2 的性能更好，还对其中某些功能进行了改进。如果你之前一直使用 Maven 2，现在正犹豫是否要升级，那就大可不必担心了，快点尝试一下 Maven 3 吧！

2.1.3 本地安装

将安装文件解压到指定的目录中，如：

D:\bin>jar xvf "C:\Users\Juven Xu\Downloads\apache-maven-3.0 bin.zip"

这里的 Maven 安装目录是 D:\bin\apache-maven-3.0，接着需要设置环境变量，将 Maven 安装配置到操作系统环境中。

打开系统属性面板（在桌面上右击"我的电脑"→"属性"），单击高级系统设置，再单击环境变量，在系统变量中新建一个变量，变量名为 M2_HOME，变量值为 Maven 的安装目录 D:\bin\apache-maven-3.0。单击"确定"按钮，接着在系统变量中找到一个名为 Path 的变量，在变量值的末尾加上 %M2_HOME%\bin；注意：多个值之间需要有分号隔开，然后单击"确定"按钮。至此，环境变量设置完成。详细情况如图 2-2 所示。

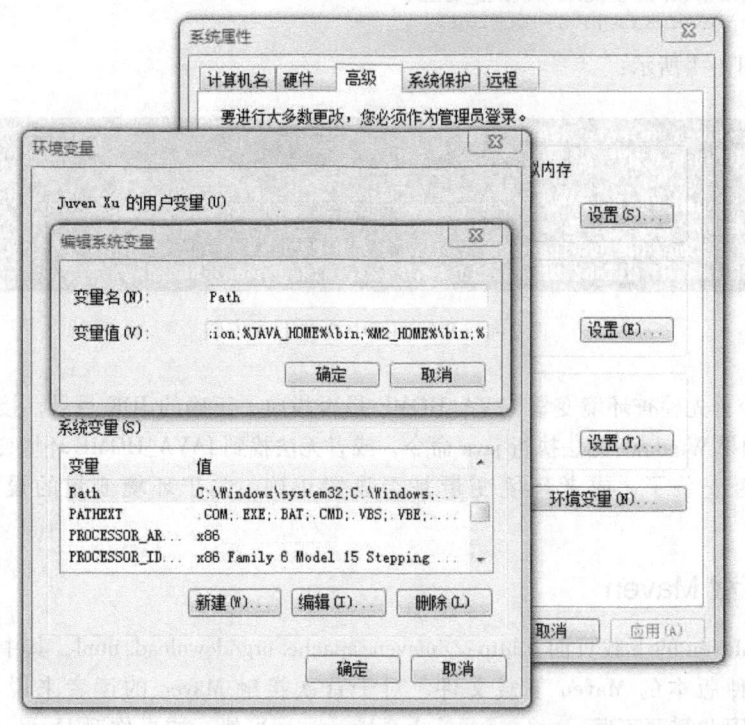

图 2-2 Windows 中系统环境变量配置

值得注意的是 Path 环境变量。当我们在 cmd 中输入命令时，Windows 首先会在当前目录中寻找可执行文件或脚本，如果没有找到，Windows 会接着遍历环境变量 Path 中定义的路径。由于将 %M2_HOME%\bin 添加到了 Path 中，而这里 %M2_HOME% 实际上是引用了前面定义的另一个变量，其值是 Maven 的安装目录。因此，Windows 会在执行命令时搜索目录 D:\bin\apache-maven-3.0\bin，而 mvn 执行脚本的位置就是这里。

了解环境变量的作用之后,现在打开一个新的 cmd 窗口(这里强调新的窗口是因为新的环境变量配置需要新的 cmd 窗口才能生效),运行如下命令检查 Maven 的安装情况:

```
C:\Users\Juven Xu>echo % M2_HOME%
C:\Users\Juven Xu>mvn-v
```

运行结果如图 2-3 所示。

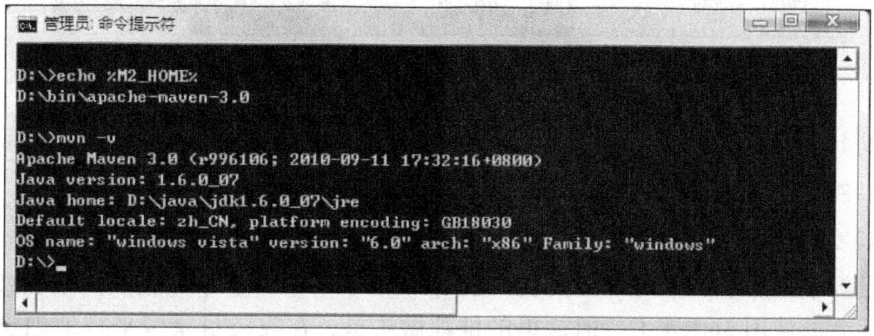

图 2-3 Windows 中检查 Maven 安装

第一条命令 echo % M2_HOME% 用来检查环境变量 M2_HOME 是否指向了正确的 Maven 安装目录;而 mvn-v 执行了第一条 Maven 命令,以检查 Windows 是否能够找到正确的 mvn 执行脚本。

2.1.4 升级 Maven

Maven 更新比较频繁,因此用户往往会需要更新 Maven 安装以获得更多、更酷的新特性,并避免一些旧的 bug。

在 Windows 上更新 Maven 非常简便,只需要下载新的 Maven 安装文件,解压至本地目录,然后更新 M2_HOME 环境变量即可。例如,假设 Maven 推出了新版本 3.1,我们将其下载然后解压至目录 D:\bin\apache-maven-3.1,接着遵照前一节描述的步骤编辑环境变量 M2_HOME,更改其值为 D:\bin\apache-maven-3.1。至此,更新就完成了。同理,如果需要使用某一个旧版本的 Maven,也只需要编辑 M2_HOME 环境变量指向旧版本的安装目录。

2.2 在基于 UNIX 的系统上安装 Maven

Maven 是跨平台的,它可以在任何一种主流的操作系统上运行。本节将介绍如何在基于 UNIX 的系统(包括 Linux、Mac OS 以及 FreeBSD 等)上安装 Maven。

2.2.1 下载和安装

首先,与在 Windows 上安装 Maven 一样,需要检查 JAVA_HOME 环境变量以及 Java 命令,这里对细节不再赘述。命令如下:

```
juven@ juven-ubuntu:~ $ echo $JAVA_HOME
```

```
juven@ juven-ubuntu:~ $ java-version
```

运行结果如图 2-4 所示。

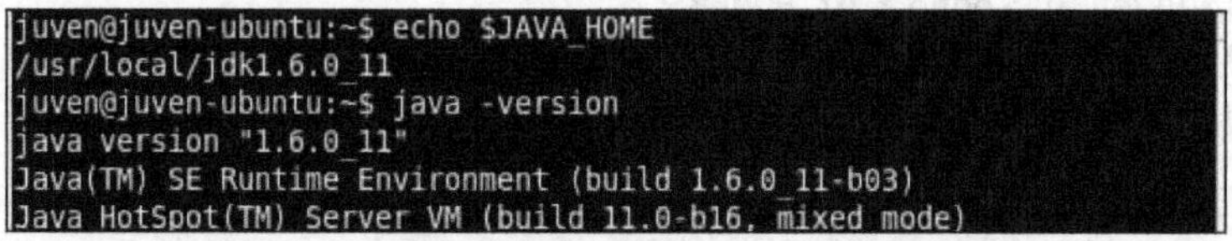

```
juven@juven-ubuntu:~$ echo $JAVA_HOME
/usr/local/jdk1.6.0_11
juven@juven-ubuntu:~$ java -version
java version "1.6.0_11"
Java(TM) SE Runtime Environment (build 1.6.0_11-b03)
Java HotSpot(TM) Server VM (build 11.0-b16, mixed mode)
```

图 2-4 Linux 中检查 Java 安装

接着到 http://maven.apache.org/download.html 下载 Maven 安装文件，如 apache-maven-3.0-bin.tar.gz，然后解压到本地目录：

```
juven@ juven-ubuntu:bin $ tar-xvzf apache-maven-3.0-bin.tar.gz
```

现在已经创建好了一个 Maven 安装目录 apache-maven-3.0。虽然直接使用该目录配置环境变量之后就能使用 Maven 了，但这里的推荐做法是，在安装目录旁平行地创建一个符号链接，以方便日后的升级：

```
juven@ juven-ubuntu:bin $ ln -s apache-maven-3.0 apache-maven
juven@ juven-ubuntu:bin $ ls -l
total 4
lrwxrwxrwx 1 juven juven    18 2009-09-20 15:43 apache-maven -> apache-maven-3.0
drwxr-xr-x 6 juven juven  4096 2009-09-20 15:39 apache-maven-3.0
```

接下来，需要设置 M2_HOME 环境变量指向符号链接 apache-maven-，并且把 Maven 安装目录下的 bin/ 文件夹添加到系统环境变量 PATH 中：

```
juven@ juven-ubuntu:bin $ export M2_HOME=/home/juven/bin/apache-maven
juven@ juven-ubuntu:bin $ export PATH=$PATH:$M2_HOME/bin
```

一般来说，需要将这两行命令加入到系统的登录 shell 脚本中去，以 Ubuntu 8.10 为例，编辑 ~/.bashrc 文件，添加这两行命令。这样，每次启动一个终端，这些配置就能自动执行。

至此，安装完成。可以运行以下命令检查 Maven 安装：

```
juven@ juven-ubuntu:bin $ echo $M2_HOME
juven@ juven-ubuntu:bin $ mvn -v
```

运行结果如图 2-5 所示。

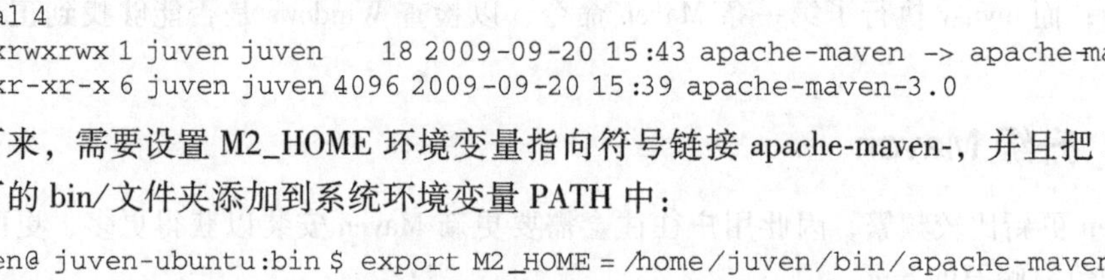

```
[juven@sonatype02 bin]$ echo #M2_HOME
/home/juven/bin/apache-maven
[juven@sonatype02 bin]$ mvn -v
Apache Maven 3.0 (r996106; 2010-09-11 04:32:16-0500)
Java version: 1.6.0_14
Java home: /opt/java/sdk/Sun/jdk1.6.0_14/jre
Default locale: en_US, platform encoding: UTF-8
OS name: "linux" version: "2.6.18-128.1.1.el5" arch: "i386" Family: "unix"
[juven@sonatype02 bin]$
```

图 2-5 Linux 中检查 Maven 安装

2.2.2 升级 Maven

在基于 UNIX 的系统上，可以利用符号链接这一工具来简化 Maven 的升级，不必像在 Windows 上那样，每次升级都必须更新环境变量。

前一小节中我们提到，解压 Maven 安装包到本地之后，平行地创建一个符号链接，然后在配置环境变量时引用该符号链接，这样做是为了方便升级。现在，假设需要升级到新的 Maven 3.1 版本，将安装包解压到与前一版本平行的目录下，然后更新符号链接指向 3.1 版的目录便可：

```
juven@ juven-ubuntu:bin $ rm apache-maven
juven@ juven-ubuntu:bin $ ln-s apache-maven-3.1/apache-maven
juven@ juven-ubuntu:bin $ ls-l
total 8
lrwxrwxrwx  1 juven juven       17 2009-09-20 16:13 apache-maven -> apache-maven-3.1/
drwxr-xr-x 6 juven juven 4096 2009-09-20 15:39 apache-maven-3.0
drwxr-xr-x 2 juven juven 4096 2009-09-20 16:09 apache-maven-3.1
```

同理，可以很方便地切换到 Maven 的任意一个版本。现在升级完成了，可以运行 mvn-v 进行检查。

2.3 安装目录分析

前面讲述了如何在各种操作系统中安装和升级 Maven。现在来仔细分析一下 Maven 的安装文件。

2.3.1 M2_HOME

前面讲到设置 M2_HOME 环境变量指向 Maven 的安装目录，本书之后所有使用 M2_HOME 的地方都指代了该安装目录。下面看一下该目录的结构和内容：

```
bin
boot
conf
lib
LICENSE.txt
NOTICE.txt
README.txt
```

- bin：该目录包含了 mvn 运行的脚本，这些脚本用来配置 Java 命令，准备好 classpath 和相关的 Java 系统属性，然后执行 Java 命令。其中 mvn 是基于 UNIX 平台的 shell 脚本，mvn.bat 是基于 Windows 平台的 bat 脚本。在命令行输入任何一条 mvn 命令时，实际上就是在调用这些脚本。该目录还包含了 mvnDebug 和 mvnDebug.bat 两个文件，同样，前者是 UNIX 平台的 shell 脚本，后者是 Windows 平台的 bat 脚本。那么 mvn 和 mvnDebug 有什么区别和关系呢？打开文件我们就可以看到，两者基本是一样的，只是 mvnDebug 多了一条 MAVEN_DEBUG_OPTS 配置，其作用就是在运行 Maven 时开启 debug，以便调试 Maven 本身。此外，该目录还包含 m2.conf 文件，这是 classworlds

的配置文件，后面会介绍 classworlds。
- boot：该目录只包含一个文件，以 maven 3.0 为例，该文件为 plexus-classworlds-2.2.3.jar。plexus-classworlds 是一个类加载器框架，相对于默认的 java 类加载器，它提供了更丰富的语法以方便配置，Maven 使用该框架加载自己的类库。更多关于 classworlds 的信息请参考 http://classworlds.codehaus.org/。对于一般的 Maven 用户来说，不必关心该文件。
- conf：该目录包含了一个非常重要的文件 settings.xml。直接修改该文件，就能在机器上全局地定制 Maven 的行为。一般情况下，我们更偏向于复制该文件至 ~/.m2/ 目录下（~表示用户目录），然后修改该文件，在用户范围定制 Maven 的行为。后面将会多次提到 settings.xml，并逐步分析其中的各个元素。
- lib：该目录包含了所有 Maven 运行时需要的 Java 类库，Maven 本身是分模块开发的，因此用户能看到诸如 maven-core-3.0.jar、maven-model-3.0.jar 之类的文件。此外，这里还包含一些 Maven 用到的第三方依赖，如 common-cli-1.2.jar、google-collection-1.0.jar 等。对于 Maven 2 来说，该目录只包含一个如 maven-2.2.1-uber.jar 的文件，原本各为独立 JAR 文件的 Maven 模块和第三方类库都被拆解后重新合并到了这个 JAR 文件中。可以说，lib 目录就是真正的 Maven。关于该文件，还有一点值得一提的是，用户可以在这个目录中找到 Maven 内置的超级 POM，这一点在 8.5 节详细解释。其他：LICENSE.txt 记录了 Maven 使用的软件许可证 Apache License Version 2.0；NOTICE.txt 记录了 Maven 包含的第三方软件；而 README.txt 则包含了 Maven 的简要介绍，包括安装需求及如何安装的简要指令等。

2.3.2 ~/.m2

在讲述该小节之前，我们先运行一条简单的命令：mvn help:system。该命令会打印出所有的 Java 系统属性和环境变量，这些信息对我们日常的编程工作很有帮助。这里暂不解释 help:system 涉及的语法，运行这条命令的目的是让 Maven 执行一个真正的任务。我们可以从命令行输出看到 Maven 会下载 maven-help-plugin，包括 pom 文件和 jar 文件。这些文件都被下载到了 Maven 本地仓库中。

现在打开用户目录，比如当前的用户目录是 C:\Users\Juven Xu\，你可以在 Vista 和 Windows7 中找到类似的用户目录。如果是更早版本的 Windows，该目录应该类似于 C:\Document and Settings\Juven Xu\。在基于 UNIX 的系统上，直接输入 cd 回车，就可以转到用户目录。为了方便，本书统一使用符号 ~ 指代用户目录。

在用户目录下可以发现 .m2 文件夹。默认情况下，该文件夹下放置了 Maven 本地仓库 .m2/repository。所有的 Maven 构件都被存储到该仓库中，以方便重用。可以到 ~/.m2/repository/org/apache/maven/plugins/maven-help-plugins/ 目录下找到刚才下载的 maven-help-plugin 的 pom 文件和 jar 文件。Maven 根据一套规则来确定任何一个构件在仓库中的位置，这一点在第 6 章将会详细阐述。由于 Maven 仓库是通过简单文件系统透明地展示给 Maven 用户的，有些时候可以绕过 Maven 直接查看或修改仓库文件,在遇到疑难问题时,这往往十分有用。

默认情况下,~/.m2 目录下除了 repository 仓库之外就没有其他目录和文件了,不过大多数 Maven 用户需要复制 M2_HOME/conf/settings.xml 文件到 ~/.m2/settings.xml。这是一条最佳实践,我们将在 2.7 小节详细解释。

2.4 设置 HTTP 代理

有时候你所在的公司基于安全因素考虑,要求你使用通过安全认证的代理访问因特网。这种情况下,就需要为 Maven 配置 HTTP 代理,才能让它正常访问外部仓库,以下载所需要的资源。

首先确认自己无法直接访问公共的 Maven 中央仓库,直接运行命令 ping repo1.maven.org 可以检查网络。如果真的需要代理,先检查一下代理服务器是否畅通。比如现在有一个 IP 地址为 218.14.227.197,端口为 3128 的代理服务,我们可以运行 telnet 218.14.227.197 3128 来检测该地址的该端口是否畅通。如果得到出错信息,需要先获取正确的代理服务信息;如果 telnet 连接正确,则输入 ctrl+],然后 q,回车,退出即可。

检查完毕之后,编辑 ~/.m2/settings.xml 文件(如果没有该文件,则复制 $M2_HOME/conf/settings.xml)。添加代理配置如下:

```xml
<settings>
  …
  <proxies>
    <proxy>
      <id>my-proxy</id>
      <active>true</active>
      <protocol>http</protocol>
      <host>218.14.227.197</host>
      <port>3128</port>
      <!--
      <username>***</username>
      <password>***</password>
      <nonProxyHosts>repository.mycom.com|*.google.com</nonProxyHosts>
      -->
    </proxy>
  </proxies>
  …
</settings>
```

这段配置十分简单,proxies 下可以有多个 proxy 元素,如果声明了多个 proxy 元素,则默认情况下第一个被激活的 proxy 会生效。这里声明了一个 id 为 my-proxy 的代理,active 的值为 true 表示激活该代理,protocol 表示使用的代理协议,这里是 http。当然,最重要的是指定正确的主机名(host 元素)和端口(port 元素)。上述 XML 配置中注释掉了 username、password、nonProxyHost 几个元素。当代理服务需要认证时,就需要配置 username 和 password。nonProxyHost 元素用来指定哪些主机名不需要代理,可以使用"|"符号来分隔多个主机名。此外,该配置也支持通配符,如 *.google.com 表示所有以 google.com 结尾的域名

访问都不要通过代理。

2.5 安装 m2eclipse

　　Eclipse 是一款非常优秀的 IDE。除了基本的语法标亮、代码补齐、XML 编辑等基本功能外，最新版的 Eclipse 还能很好地支持重构，并且集成了 JUnit、CVS、Mylyn 等各种流行工具。可惜 Eclipse 默认没有集成对 Maven 的支持。幸运的是，由 Maven 之父 Jason Van Zyl 创立的 Sonatype 公司建立了 m2eclipse 项目。这是 Eclipse 下的一款十分强大的 Maven 插件，可以访问 http：//m2eclipse.sonatype.org/了解更多该项目的信息。

　　本小节将介绍如何安装 m2eclipse 插件，后续的章节会逐步介绍 m2eclipse 插件的使用。

　　现在以 Eclipse 3.6 为例逐步讲解 m2eclipse 的安装。启动 Eclipse 之后，在菜单栏中选择 Help，然后选择 Install New Software...，接着你会看到一个 Install 对话框。单击 Work with：字段边上的 Add 按钮，会弹出一个新的 Add Repository 对话框。在 Name 字段中输入 m2e，在 Location 字段中输入 http：//m2eclipse.sonatype.org/sites/m2e，然后单击 OK 按钮。Eclipse 会下载 m2eclipse 安装站点上的资源信息。等待资源载入完成之后，再将其全部展开，就能看到图 2-6 所示的界面。

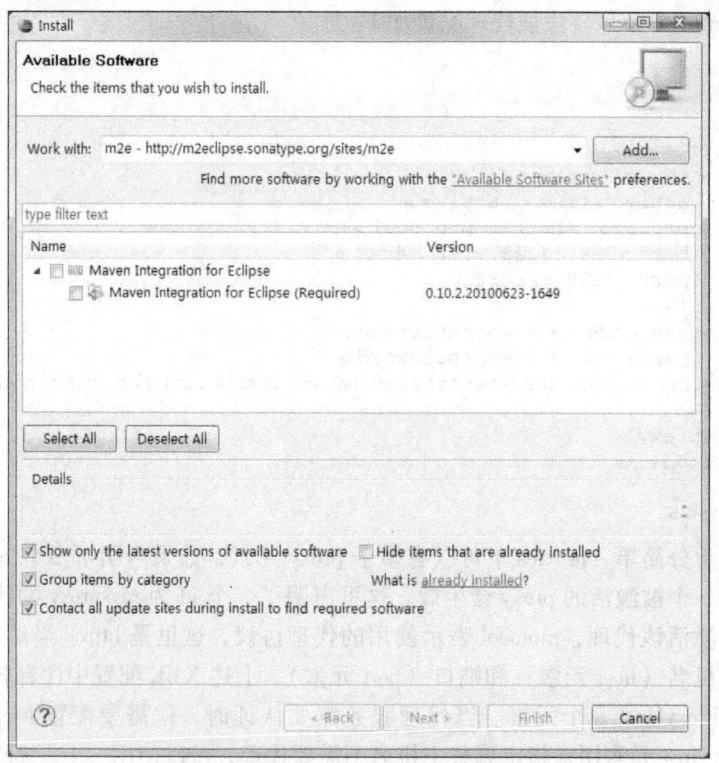

图 2-6　m2eclipse 的核心安装资源列表

图 2-6 显示了 m2eclipse 的核心模块 Maven Integration for Eclipse（Required），选择后单击 Next 按钮，Eclipse 会自动计算模块间依赖，然后给出一个将被安装的模块列表。确认无误后，继续单击 Next 按钮，这时会看到许可证信息。m2eclipse 使用的开源许可证是 Eclipse Public License v1.0，选择 I accept the terms of the license agreements，然后单击 Finish 按钮，接着就耐心等待 Eclipse 下载安装这些模块，如图 2-7 所示。

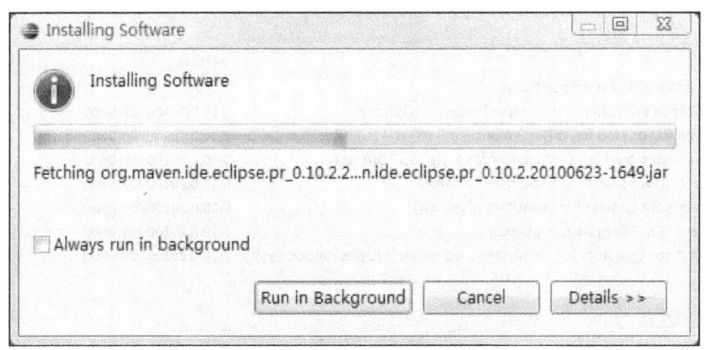

图 2-7　m2eclipse 安装进度

除了核心组件之外，m2eclipse 还提供了一组额外组件，主要是为了方便与其他工具如 Subversion 进行集成，这些组件的安装地址为 http://m2eclipse.sonatype.org/sites/m2e-extras。使用前面类似的安装方法，可以看到图 2-8 所示的组件列表。

下面简单解释一下这些组件的用途。

1. 重要的

- Maven SCM handler for Subclipse（Optional）：Subversion 是非常流行的版本管理工具。该模块能够帮助我们直接从 Subversion 服务器签出 Maven 项目，不过前提是需要首先安装 Subclipse（http://subclipse.tigris.org/）。
- Maven SCM Integration（Optional）：Eclipse 环境中 Maven 与 SCM 集成核心的模块。它利用各种 SCM 工具如 SVN 实现 Maven 项目的签出和具体化等操作。

2. 不重要的

- Maven issue tracking configurator for Mylyn 3.x（Optional）：该模块能够帮助我们使用 POM 中的缺陷跟踪系统信息连接 Mylyn 至服务器。
- Maven SCM handler for Team/CVS（Optional）：该模块帮助我们从 CVS 服务器签出 Maven 项目，如果还在使用 CVS，就需要安装它。
- Maven Integration for WTP（Optional）：使用该模块可以让 Eclipse 自动读取 POM 信息并配置 WTP 项目。
- M2Eclipse Extensions Development Support（Optional）：用来支持扩展 m2eclipse，一般用户不会用到。

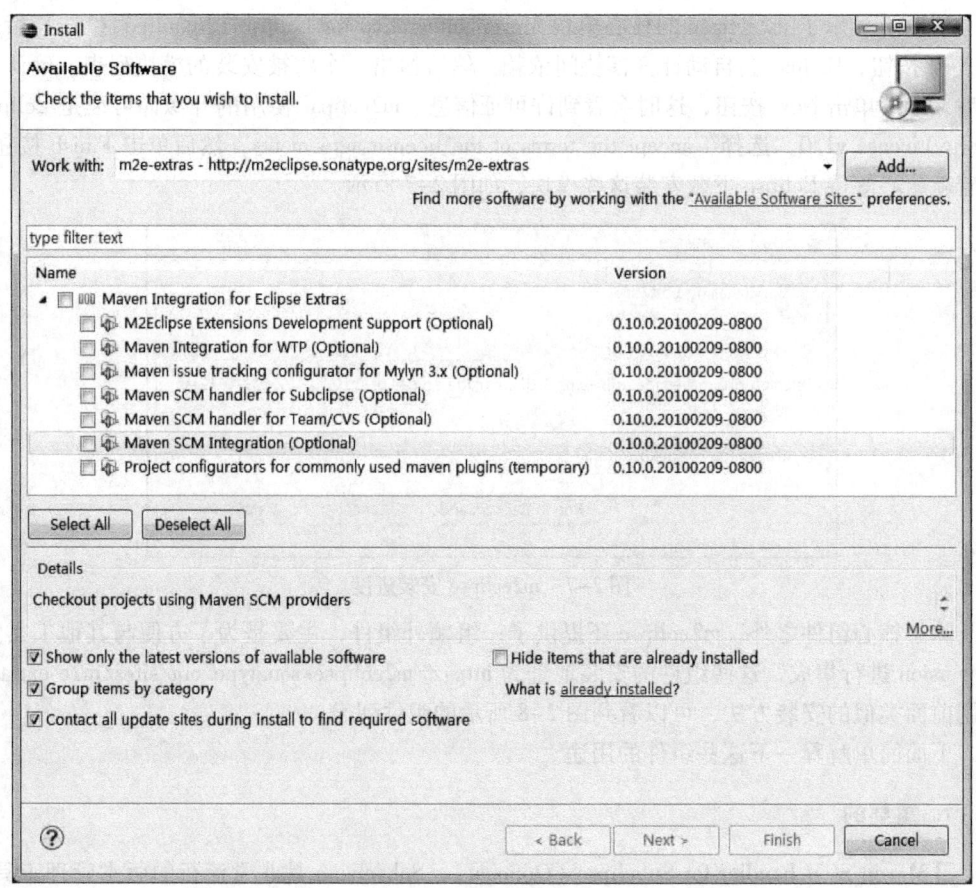

图 2-8 m2eclipse 的额外组件安装资源列表

- Project configurators for commonly used maven plugins (temporary)：一个临时的组件，用来支持一些 Maven 插件与 Eclipse 的集成，建议安装。

读者可以根据自己的需要安装相应组件，具体步骤这里不再赘述。

待安装完毕后，重启 Eclipse。现在来验证一下 m2eclipse 是否正确安装了。首先，单击菜单栏中的 Help，然后选择 About Eclipse。在弹出的对话框中，单击 Installation Details 按钮，会得到一个对话框。在 Installed Software 标签中，检查刚才选择的模块是否在这个列表中，如图 2-9 所示。

如果一切没问题，再检查一下 Eclipse 现在是否已经支持创建 Maven 项目。依次单击菜单栏中的 File→New→Other，在弹出的对话框中，找到 Maven 一项，再将其展开，应该能够看到图 2-10 所示的对话框。

如果一切正常，说明 m2eclipse 已经正确安装了。

最后，关于 m2eclipse 的安装需要提醒的一点是，你可能会在使用 m2eclipse 时遇到类似这样的错误：

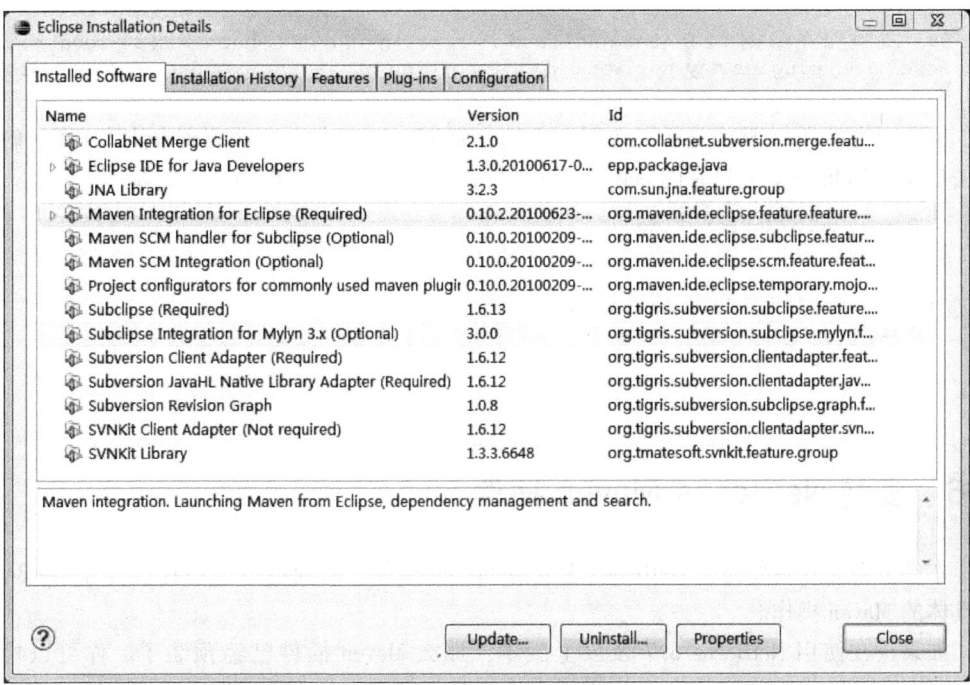

图 2-9　m2eclipse 安装结果

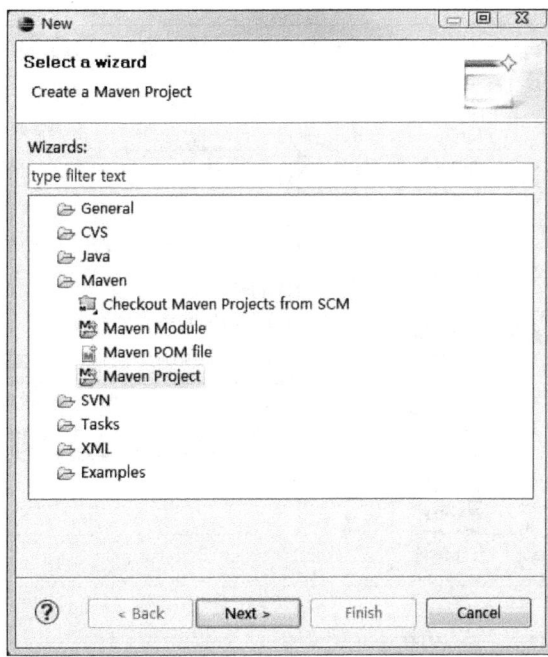

图 2-10　Eclipse 中创建 Maven 项目向导

09-10-6 上午01时14分49秒: Eclipse is running in a JRE, but a JDK is required Some Maven plugins may not work when importing projects or updating source folders.

这是因为 Eclipse 默认是运行在 JRE 上的，而 m2eclipse 的一些功能要求使用 JDK。解决方法是配置 Eclipse 安装目录的 eclipse.ini 文件，添加 vm 配置指向 JDK。例如：

```
-launcher.XXMaxPermSize
256m
-vm
D:\java\jdk1.6.0_07\bin\javaw.exe
-vmargs
-Dosgi.requiredJavaVersion=1.5
-Xms128m
-Xmx256m
```

2.6　安装 NetBeans Maven 插件

本小节会先介绍如何在 NetBeans 上安装 Maven 插件，后面的章节中还会介绍 NetBeans 中具体的 Maven 操作。

如果正在使用 NetBeans 6.7 及以上版本，那么 Maven 插件已经预装了。你可以检查 Maven 插件安装，单击菜单栏中的工具，接着选择插件，在弹出的插件对话框中选择已安装标签，应该能够看到 Maven 插件，如图 2-11 所示。

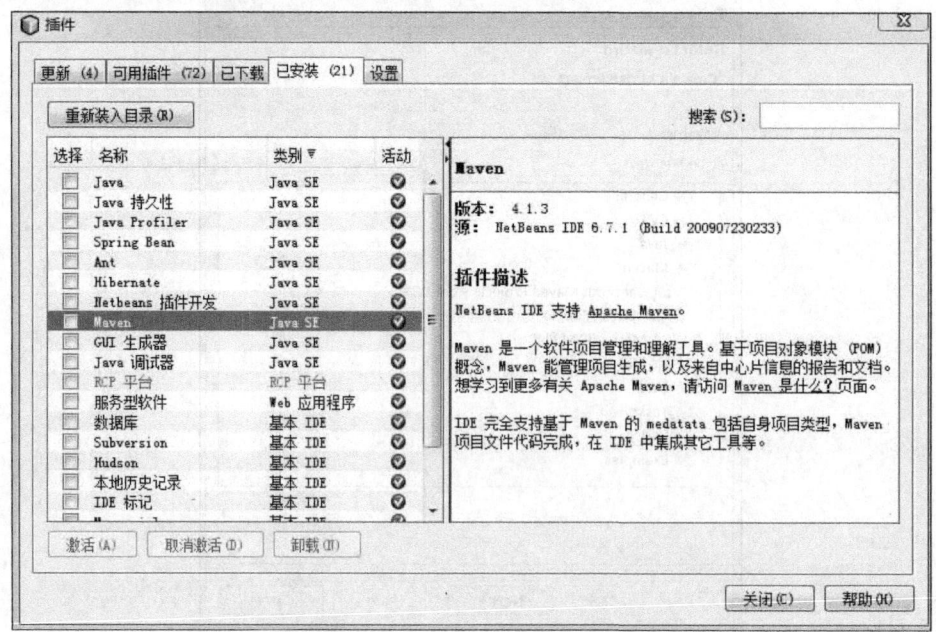

图 2-11　已安装的 NetBeans Maven 插件

如果在使用 NetBeans 6.7 之前的版本，或者由于某些原因 NetBeans Maven 插件被卸载了，那么就需要安装 NetBeans Maven 插件。下面以 NetBeans 6.1 为例，介绍 Maven 插件的安装。

同样，单击菜单栏中的工具，选择插件，在弹出的插件对话框中选择可用插件标签，接着在右边的搜索框内输入 Maven，这时会在左边的列表中看到一个名为 Maven 的插件。选择该插件，然后单击下面的"安装"按钮，如图 2-12 所示。

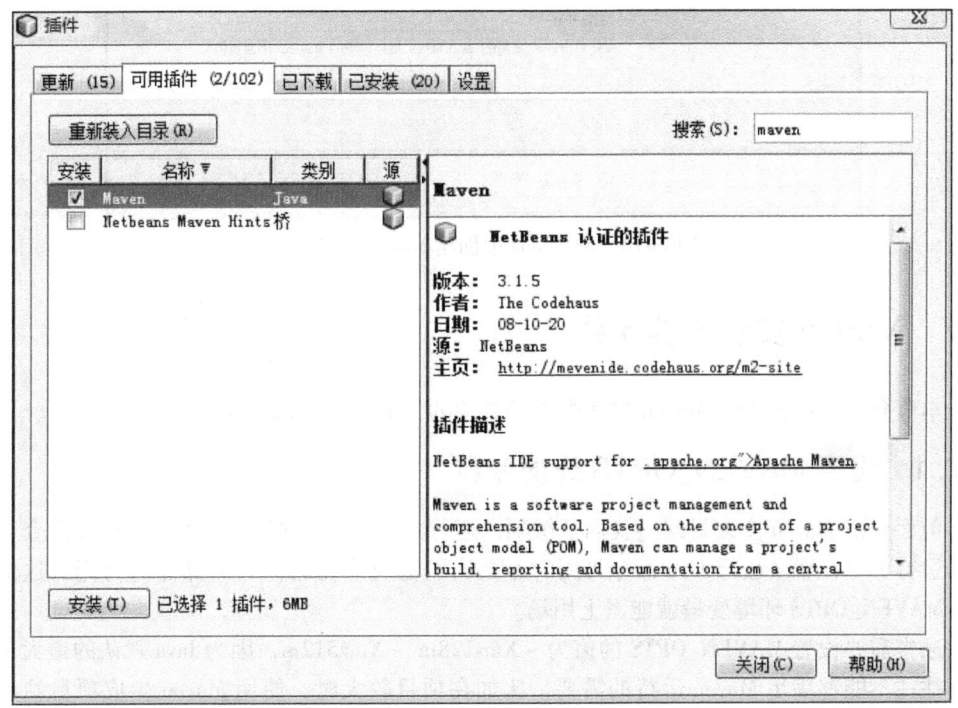

图 2-12　安装 NetBeans Maven 插件

接着在随后的对话框中根据提示操作，阅读相关许可证并接受，NetBeans 会自动帮我们下载并安装 Maven 插件，结束之后会提示安装完成。之后再单击插件对话框中的已安装标签，就能看到已经激活的 Maven 插件。

最后，为了确认 Maven 插件确实已经正确安装了，可以看一下 NetBeans 是否已经拥有创建 Maven 项目的相关菜单。在菜单栏中选择文件，然后选择新建项目，这时应该能够看到项目类别中有 Maven 一项。选择该类别，右边会相应地显示 Maven 项目和基于现有 POM 的 Maven 项目，如图 2-13 所示。

如果能看到类似的对话框，说明 NetBeans Maven 已经正确安装了。

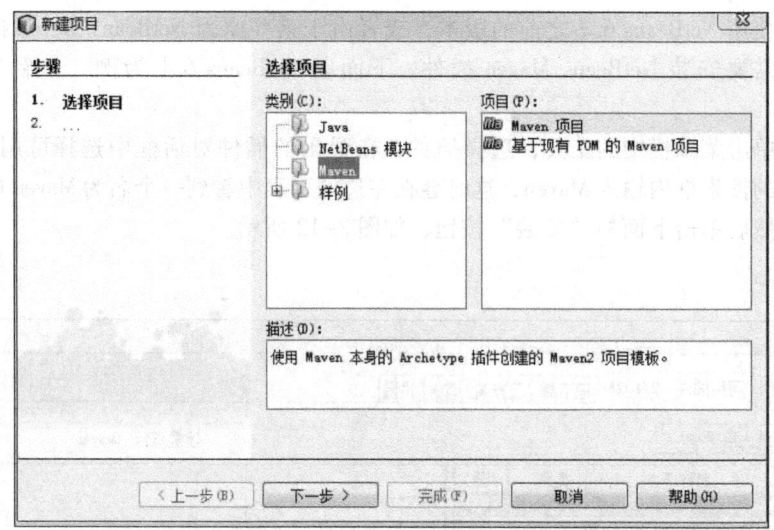

图 2-13　NetBeans 中创建 Maven 项目向导

2.7　Maven 安装最佳实践

本节介绍一些在安装 Maven 过程中不是必须的，但十分有用的实践。

2.7.1　设置 MAVEN_OPTS 环境变量

前面介绍 Maven 安装目录时我们了解到，运行 mvn 命令实际上是执行了 Java 命令，既然是运行 Java，那么运行 Java 命令可用的参数当然也应该在运行 mvn 命令时可用。这个时候，MAVEN_OPTS 环境变量就能派上用场。

通常需要设置 MAVEN_OPTS 的值为 -Xms128m -Xmx512m，因为 Java 默认的最大可用内存往往不能够满足 Maven 运行的需要，比如在项目较大时，使用 Maven 生成项目站点需要占用大量的内存，如果没有该配置，则很容易得到 java.lang.OutOfMemeoryError。因此，一开始就配置该变量是推荐的做法。

关于如何设置环境变量，请参考前面设置 M2_HOME 环境变量的做法，尽量不要直接修改 mvn.bat 或者 mvn 这两个 Maven 执行脚本文件。因为如果修改了脚本文件，升级 Maven 时就不得不再次修改，一来麻烦，二来容易忘记。同理，应该尽可能地不去修改任何 Maven 安装目录下的文件。

2.7.2　配置用户范围 settings.xml

Maven 用户可以选择配置 $M2_HOME/conf/settings.xml 或者 ~/.m2/settings.xml。前者是全局范围的，整台机器上的所有用户都会直接受到该配置的影响，而后者是用户范围的，只有当前用户才会受到该配置的影响。

推荐使用用户范围的 settings.xml，主要是为了避免无意识地影响到系统中的其他用户。如果有切实的需求，需要统一系统中所有用户的 settings.xml 配置，当然应该使用全局范围的 settings.xml。

除了影响范围这一因素，配置用户范围 settings.xml 文件还便于 Maven 升级。直接修改 conf 目录下的 settings.xml 会导致 Maven 升级不便，每次升级到新版本的 Maven，都需要复制 settings.xml 文件。如果使用 ~/.m2 目录下的 settings.xml，就不会影响到 Maven 安装文件，升级时就不需要触动 settings.xml 文件。

2.7.3 不要使用 IDE 内嵌的 Maven

无论 Eclipse 还是 NetBeans，当集成 Maven 时，都会安装上一个内嵌的 Maven，这个内嵌的 Maven 通常会比较新，但不一定很稳定，而且往往也会和在命令行使用的 Maven 不是同一个版本。这里又会出现两个潜在的问题：首先，较新版本的 Maven 存在很多不稳定因素，容易造成一些难以理解的问题；其次，除了 IDE，也经常还会使用命令行的 Maven，如果版本不一致，容易造成构建行为的不一致，这是我们所不希望看到的。因此，应该在 IDE 中配置 Maven 插件时使用与命令行一致的 Maven。

在 m2eclipse 环境中，单击菜单栏中的 Windows，然后选择 Preferences，在弹出的对话框中，展开左边的 Maven 项，选择 Installation 子项，在右边的面板中，能够看到有一个默认的 Embedded Maven 安装被选中了。单击 Add... 按钮，然后选择 Maven 安装目录 M2_HOME，添加完毕之后选择这一个外部的 Maven，如图 2-14 所示。

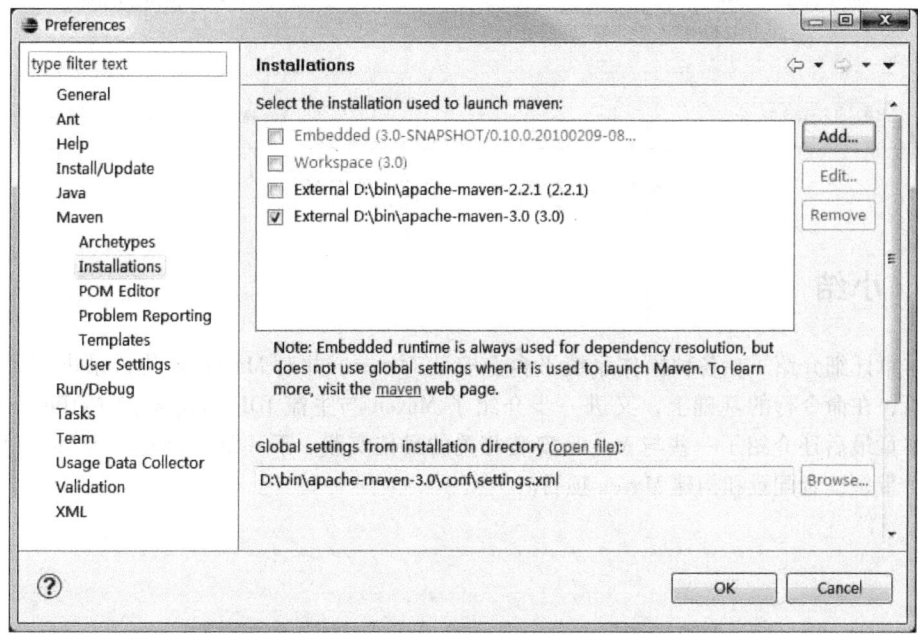

图 2-14　在 Eclipse 中使用外部 Maven

NetBeans Maven 插件默认会侦测 PATH 环境变量，因此会直接使用与命令行一致的 Maven 环境。依次单击菜单栏中的工具→选项→其他→Maven 标签栏，就能看到图 2-15 所示的配置。

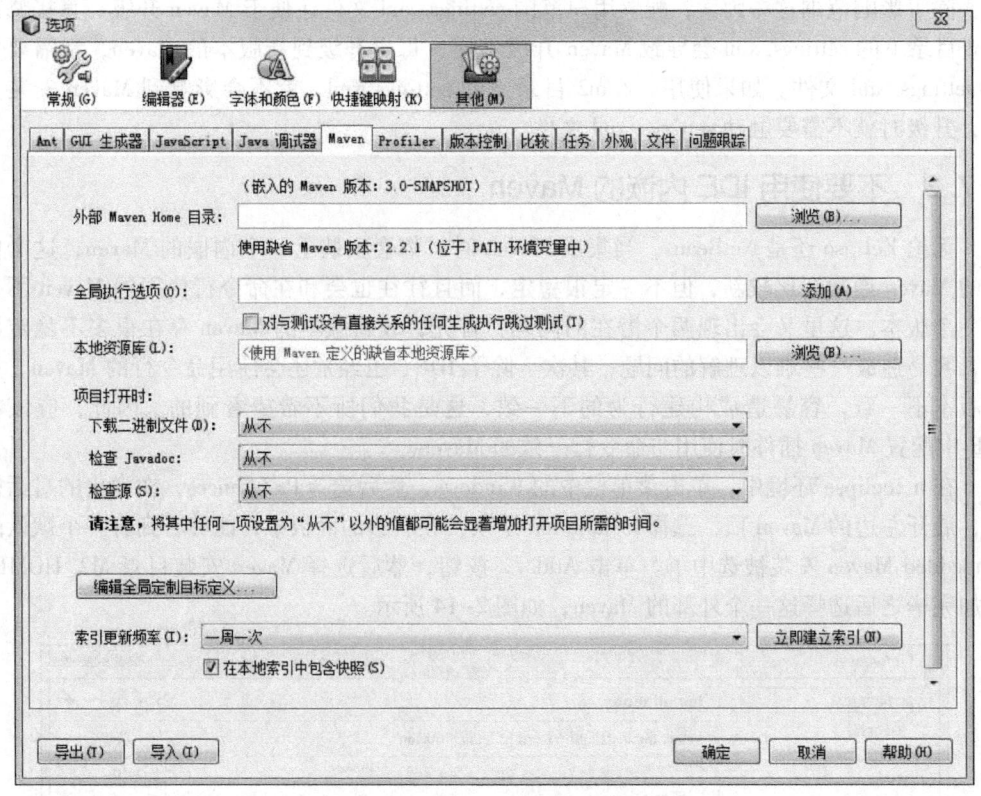

图 2-15　在 NetBeans 中使用外部 Maven

2.8　小结

本章详细介绍了在各种操作系统平台上安装 Maven，并对 Maven 安装目录进行了深入的分析，在命令行的基础上，又进一步介绍了 Maven 与主流 IDE Eclipse 及 NetBeans 的集成。本章最后还介绍了一些与 Maven 安装相关的最佳实践。下一章会创建一个 Hello World 项目，带领读者配置和构建 Maven 项目。

第 3 章
Maven 使用入门

本章内容
- 编写 POM
- 编写主代码
- 编写测试代码
- 打包和运行
- 使用 Archetype 生成项目骨架
- m2eclipse 简单使用
- NetBeans Maven 插件简单使用
- 小结

到目前为止，已经大概了解并安装好了 Maven，现在，我们开始创建一个最简单的 Hello World 项目。如果你是初次接触 Maven，建议按照本章的内容一步步地编写代码并执行，其中可能你会碰到一些概念暂时难以理解，不用着急，记下这些疑难点，相信本书的后续章节会帮你逐一解答。

3.1 编写 POM

就像 Make 的 Makefile、Ant 的 build.xml 一样，Maven 项目的核心是 pom.xml。POM（Project Object Model，项目对象模型）定义了项目的基本信息，用于描述项目如何构建，声明项目依赖，等等。现在先为 Hello World 项目编写一个最简单的 pom.xml。

首先创建一个名为 hello-world 的文件夹，打开该文件夹，新建一个名为 pom.xml 的文件，输入其内容，如代码清单 3-1 所示。

代码清单 3-1　Hello World 的 POM

```xml
<?xml version="1.0" encoding="UTF-8"?>
<project xmlns="http://maven.apache.org/POM/4.0.0"
    xmlns:xsi="http://www.w3.org/2001/XMLSchema-instance"
    xsi:schemaLocation="http://maven.apache.org/POM/4.0.0
http://maven.apache.org/maven-v4_0_0.xsd">
    <modelVersion>4.0.0</modelVersion>
    <groupId>com.juvenxu.mvnbook</groupId>
    <artifactId>hello-world</artifactId>
    <version>1.0-SNAPSHOT</version>
    <name>Maven Hello World Project</name>
</project>
```

代码的第一行是 XML 头，指定了该 xml 文档的版本和编码方式。紧接着是 project 元素，project 是所有 pom.xml 的根元素，它还声明了一些 POM 相关的命名空间及 xsd 元素，虽然这些属性不是必须的，但使用这些属性能够让第三方工具（如 IDE 中的 XML 编辑器）帮助我们快速编辑 POM。

根元素下的第一个子元素 modelVersion 指定了当前 POM 模型的版本，对于 Maven 2 及 Maven 3 来说，它只能是 4.0.0。

这段代码中最重要的是包含 groupId、artifactId 和 version 的三行。这三个元素定义了一个项目基本的坐标，在 Maven 的世界，任何的 jar、pom 或者 war 都是以基于这些基本的坐标进行区分的。

groupId 定义了项目属于哪个组，这个组往往和项目所在的组织或公司存在关联，譬如在 googlecode 上建立了一个名为 myapp 的项目，那么 groupId 就应该是 com.googlecode.myapp，如果你的公司是 mycom，有一个项目为 myapp，那么 groupId 就应该是 com.mycom.myapp。本书中所有的代码都基于 groupId com.juvenxu.mvnbook。

artifactId 定义了当前 Maven 项目在组中唯一的 ID，我们为这个 Hello World 项目定义 artifactId 为 hello-world，本书其他章节代码会分配其他的 artifactId。而在前面的 groupId 为 com.googlecode.myapp 的例子中，你可能会为不同的子项目（模块）分配 artifactId，如 myapp-util、myapp-domain、myapp-web 等。

顾名思义，version 指定了 Hello World 项目当前的版本——1.0-SNAPSHOT。SNAPSHOT 意为快照，说明该项目还处于开发中，是不稳定的版本。随着项目的发展，version 会不断更新，如升级为 1.0、1.1-SNAPSHOT、1.1、2.0 等。6.5 节会详细介绍 SNAPSHOT，第 13 章会介绍如何使用 Maven 管理项目版本的升级发布。

最后一个 name 元素声明了一个对于用户更为友好的项目名称，虽然这不是必须的，但还是推荐为每个 POM 声明 name，以方便信息交流。

没有任何实际的 Java 代码，我们就能够定义一个 Maven 项目的 POM，这体现了 Maven 的一大优点，它能让项目对象模型最大程度地与实际代码相独立，我们可以称之为解耦，或者正交性。这在很大程度上避免了 Java 代码和 POM 代码的相互影响。比如当项目需要升级版本时，只需要修改 POM，而不需要更改 Java 代码；而在 POM 稳定之后，日常的 Java 代码开发工作基本不涉及 POM 的修改。

3.2 编写主代码

项目主代码和测试代码不同，项目的主代码会被打包到最终的构件中（如 jar），而测试代码只在运行测试时用到，不会被打包。默认情况下，Maven 假设项目主代码位于 src/main/java 目录，我们遵循 Maven 的约定，创建该目录，然后在该目录下创建文件 com/juvenxu/mvnbook/helloworld/HelloWorld.java，其内容如代码清单 3-2 所示：

代码清单 3-2　Hello World 的主代码

```
package com.juvenxu.mvnbook.helloworld;

public class HelloWorld
{
  public String sayHello()
  {
      return "Hello Maven";
  }

  public static void main(String[] args)
  {
      System.out.print( new HelloWorld().sayHello() );
  }
}
```

这是一个简单的 Java 类，它有一个 sayHello() 方法，返回一个 String。同时这个类还带有一个 main 方法，创建一个 HelloWorld 实例，调用 sayHello() 方法，并将结果输出到控制台。

关于该 Java 代码有两点需要注意。首先，在绝大多数情况下，应该把项目主代码放到

src/main/java/ 目录下（遵循 Maven 的约定），而无须额外的配置，Maven 会自动搜寻该目录找到项目主代码。其次，该 Java 类的包名是 com. juvenxu. mvnbook. helloworld，这与之前在 POM 中定义的 groupId 和 artifactId 相吻合。一般来说，项目中 Java 类的包都应该基于项目的 groupId 和 artifactId，这样更加清晰，更加符合逻辑，也方便搜索构件或者 Java 类。

代码编写完毕后，使用 Maven 进行编译，在项目根目录下运行命令 mvn clean compile 会得到如下输出：

```
[INFO] Scanning for projects…
[INFO] ------------------------------------------------------------------------
[INFO] Building Maven Hello World Project
[INFO]     task-segment: [clean, compile]
[INFO] ------------------------------------------------------------------------
[INFO] [clean:clean {execution: default-clean}]
[INFO] Deleting directory D:\code\hello-world\target
[INFO] [resources:resources {execution: default-resources}]
[INFO] skip non existing resourceDirectory D:\code\hello-world\src\main\resources
[INFO] [compiler:compile {execution: default-compile}]
[INFO] Compiling 1 source file to D:\code\hello-world\target\classes
[INFO] ------------------------------------------------------------------------
[INFO] BUILD SUCCESSFUL
[INFO] ------------------------------------------------------------------------
[INFO] Total time: 1 second
[INFO] Finished at: Fri Oct 09 02:08:09 CST 2009
[INFO] Final Memory: 9M/16M
[INFO] ------------------------------------------------------------------------
```

clean 告诉 Maven 清理输出目录 target/，compile 告诉 Maven 编译项目主代码，从输出中看到 Maven 首先执行了 clean:clean 任务，删除 target/ 目录。默认情况下，Maven 构建的所有输出都在 target/ 目录中；接着执行 resources:resources 任务（未定义项目资源，暂且略过）；最后执行 compiler:compile 任务，将项目主代码编译至 target/classes 目录（编译好的类为 com/juvenxu/mvnbook/helloworld/HelloWorld. Class）。

上文提到的 clean:clean、resources:resources 和 compiler:compile 对应了一些 Maven 插件及插件目标，比如 clean:clean 是 clean 插件的 clean 目标，compiler:compile 是 compiler 插件的 compile 目标。后文会详细讲述 Maven 插件及其编写方法。

至此，Maven 在没有任何额外的配置的情况下就执行了项目的清理和编译任务。接下来，编写一些单元测试代码并让 Maven 执行自动化测试。

3.3 编写测试代码

为了使项目结构保持清晰，主代码与测试代码应该分别位于独立的目录中。3.2 节讲过

Maven 项目中默认的主代码目录是 src/main/java，对应地，Maven 项目中默认的测试代码目录是 src/test/java。因此，在编写测试用例之前，应当先创建该目录。

在 Java 世界中，由 Kent Beck 和 Erich Gamma 建立的 JUnit 是事实上的单元测试标准。要使用 JUnit，首先需要为 Hello World 项目添加一个 JUnit 依赖，修改项目的 POM 如代码清单 3-3 所示：

代码清单 3-3　为 Hello World 的 POM 添加依赖

```xml
<?xml version="1.0" encoding="UTF-8"?>
<project xmlns="http://maven.apache.org/POM/4.0.0"
    xmlns:xsi="http://www.w3.org/2001/XMLSchema-instance"
    xsi:schemaLocation="http://maven.apache.org/POM/4.0.0
http://maven.apache.org/maven-v4_0_0.xsd">
  <modelVersion>4.0.0</modelVersion>
  <groupId>com.juvenxu.mvnbook</groupId>
  <artifactId>hello-world</artifactId>
  <version>1.0-SNAPSHOT</version>
  <name>Maven Hello World Project</name>
  <dependencies>
    <dependency>
      <groupId>junit</groupId>
      <artifactId>junit</artifactId>
      <version>4.7</version>
      <scope>test</scope>
    </dependency>
  </dependencies>
</project>
```

代码中添加了 dependencies 元素，该元素下可以包含多个 dependency 元素以声明项目的依赖。这里添加了一个依赖——groupId 是 junit，artifactId 是 junit，version 是 4.7。前面提到 groupId、artifactId 和 version 是任何一个 Maven 项目最基本的坐标，JUnit 也不例外，有了这段声明，Maven 就能够自动下载 junit-4.7.jar。也许你会问，Maven 从哪里下载这个 jar 呢？在 Maven 之前，可以去 JUnit 的官方网站下载分发包，有了 Maven，它会自动访问中央仓库（http://repo1.maven.org/maven2/），下载需要的文件。读者也可以自己访问该仓库，打开路径 junit/junit/4.7/，就能看到 junit-4.7.pom 和 junit-4.7.jar。第 6 章会详细介绍 Maven 仓库及中央仓库。

上述 POM 代码中还有一个值为 test 的元素 scope，scope 为依赖范围，若依赖范围为 test 则表示该依赖只对测试有效。换句话说，测试代码中的 import JUnit 代码是没有问题的，但是如果在主代码中用 import JUnit 代码，就会造成编译错误。如果不声明依赖范围，那么默认值就是 compile，表示该依赖对主代码和测试代码都有效。

配置了测试依赖，接着就可以编写测试类。回顾一下前面的 HelloWorld 类，现在要测试该类的 sayHello() 方法，检查其返回值是否为"Hello Maven"。在 src/test/java 目录下创建文件，其内容如代码清单 3-4 所示：

代码清单3-4　Hello World 的测试代码

```
package com.juvenxu.mvnbook.helloworld;

import static org.junit.Assert.assertEquals;
import org.junit.Test;

public class HelloWorldTest
{
    @Test
    public void testSayHello()
    {
        HelloWorld helloWorld = new HelloWorld();

        String result = helloWorld.sayHello();

        assertEquals( "Hello Maven", result );
    }
}
```

一个典型的单元测试包含三个步骤：① 准备测试类及数据；② 执行要测试的行为；③ 检查结果。上述样例首先初始化了一个要测试的 HelloWorld 实例，接着执行该实例的 sayHello( ) 方法并保存结果到 result 变量中，最后使用 JUnit 框架的 Assert 类检查结果是否为我们期望的"Hello Maven"。在 JUnit 3 中，约定所有需要执行测试的方法都以 test 开头，这里使用了 JUnit 4，但仍然遵循这一约定。在 JUnit 4 中，需要执行的测试方法都应该以 @Test 进行标注。

测试用例编写完毕之后就可以调用 Maven 执行测试。运行 mvn clean test：

```
[INFO] Scanning for projects...
[INFO] ------------------------------------------------------------------------
[INFO] Building Maven Hello World Project
[INFO]    task-segment: [clean, test]
[INFO] ------------------------------------------------------------------------
[INFO] [clean:clean {execution: default-clean}]
[INFO] Deleting directory D:\git-juven\mvnbook\code\hello-world\target
[INFO] [resources:resources {execution: default-resources}]
...
Downloading: http://repo1.maven.org/maven2/junit/junit/4.7/junit-4.7.pom
1K downloaded (junit-4.7.pom)
[INFO] [compiler:compile {execution: default-compile}]
[INFO] Compiling 1 source file to D:\code\hello-world\target\classes
[INFO] [resources:testResources {execution: default-testResources}]
...
Downloading: http://repo1.maven.org/maven2/junit/junit/4.7/junit-4.7.jar
226K downloaded (junit-4.7.jar)
[INFO] [compiler:testCompile {execution: default-testCompile}]
[INFO] Compiling 1 source file to D:\code\hello-world\target\test-classes
[INFO] ------------------------------------------------------------------------
[ERROR] BUILD FAILURE
```

```
[INFO] ------------------------------------------------------------
[INFO] Compilation failure
D:\code\hello-world\src\test\java\com\juvenxu\mvnbook\helloworld\Hel
loWorldTest.java:[8,5]-source 1.3 中不支持注释
(请使用-source 5 或更高版本以启用注释)
  @ Test
[INFO]
------------------------------------------------------------
[INFO] For more information, run Maven with the-e switch
...
```

不幸的是构建失败了,先耐心分析一下这段输出(为了本书的简洁,一些不重要的信息用省略号略去了)。命令行输入的是 mvn clean test,而 Maven 实际执行的可不止这两个任务,还有 clean:clean、resources:resources、compiler:compile、resources:testResources 以及 compiler:testCompile。暂时需要了解的是,在 Maven 执行测试(test)之前,它会先自动执行项目主资源处理、主代码编译、测试资源处理、测试代码编译等工作,这是 Maven 生命周期的一个特性。本书后续章节会详细解释 Maven 的生命周期。

从输出中还看到:Maven 从中央仓库下载了 junit-4.7.pom 和 junit-4.7.jar 这两个文件到本地仓库(~/.m2/repository)中,供所有 Maven 项目使用。

构建在执行 compiler:testCompile 任务的时候失败了,Maven 输出提示我们需要使用-source 5 或更高版本以启动注释,也就是前面提到的 JUnit 4 的@Test 注解。这是 Maven 初学者常常会遇到的一个问题。由于历史原因,Maven 的核心插件之一——compiler 插件默认只支持编译 Java 1.3,因此需要配置该插件使其支持 Java 5,见代码清单 3-5。

代码清单 3-5　配置 maven-compiler-plugin 支持 Java 5

```
<project>
...
    <build>
        <plugins>
            <plugin>
                <groupId>org.apache.maven.plugins</groupId>
                <artifactId>maven-compiler-plugin</artifactId>
                <configuration>
                    <source>1.5</source>
                    <target>1.5</target>
                </configuration>
            </plugin>
        </plugins>
    </build>
...
</project>
```

该 POM 省略了除插件配置以外的其他部分。我们暂且不去关心插件配置的细节,只需要知道 compiler 插件支持 Java 5 的编译。现在再执行 mvn clean test,输出如下:

```
...
[INFO] [compiler:testCompile {execution: default-testCompile}]
```

```
[INFO] Compiling 1 source file to D:\code\hello-world\target\test-classes
[INFO] [surefire:test {execution: default-test}]
[INFO] Surefire report directory: D:\code\hello-world\target\surefire-reports
-------------------------------------------------------
 T E S T S
-------------------------------------------------------
Running com.juvenxu.mvnbook.helloworld.HelloWorldTest
Tests run: 1, Failures: 0, Errors: 0, Skipped: 0, Time elapsed: 0.055 sec
Results :
Tests run: 1, Failures: 0, Errors: 0, Skipped: 0
[INFO]
------------------------------------------------------------------------
[INFO] BUILD SUCCESSFUL
[INFO]
------------------------------------------------------------------------
…
```

我们看到 compiler:testCompile 任务执行成功了，测试代码通过编译之后在 target/test-classes 下生成了二进制文件，紧接着 surefire:test 任务运行测试，surefire 是 Maven 中负责执行测试的插件，这里它运行测试用例 HelloWorldTest，并且输出测试报告，显示一共运行了多少测试，失败了多少，出错了多少，跳过了多少。显然，我们的测试通过了。

3.4 打包和运行

将项目进行编译、测试之后，下一个重要步骤就是打包（package）。Hello World 的 POM 中没有指定打包类型，使用默认打包类型 jar。简单地执行命令 mvn clean package 进行打包，可以看到如下输出：

```
…
Tests run: 1, Failures: 0, Errors: 0, Skipped: 0

[INFO] [jar:jar {execution: default-jar}]
[INFO] Building jar: D:\code\hello-world\target\hello-world-1.0-SNAPSHOT.jar
[INFO]
------------------------------------------------------------------------
[INFO] BUILD SUCCESSFUL
…
```

类似地，Maven 会在打包之前执行编译、测试等操作。这里看到 jar:jar 任务负责打包，实际上就是 jar 插件的 jar 目标将项目主代码打包成一个名为 hello-world-1.0-SNAPSHOT.jar 的文件。该文件也位于 target/输出目录中，它是根据 artifact-version.jar 规则进行命名的，如有需要，还可以使用 finalName 来自定义该文件的名称，这里暂且不展开，后面会详细解释。

至此，我们得到了项目的输出，如果有需要的话，就可以复制这个 jar 文件到其他项目的 Classpath 中从而使用 HelloWorld 类。但是，如何才能让其他的 Maven 项目直接引用这个 jar 呢？还需要一个安装的步骤，执行 mvn clean install：

```
…
[INFO] [jar:jar {execution: default-jar}]
```

```
[INFO] Building jar: D:\code\hello-world\target\hello-world-1.0-SNAPSHOT.jar
[INFO] [install:install {execution: default-install}]
[INFO] Installing D:\code\hello-world\target\hello-world-1.0-SNAPSHOT.jar to
C:\Users\juven\.m2\repository\com\juvenxu\mvnbook\hello-world\1.0-SNAPSHOT\
hello-world-1.0-SNAPSHOT.jar
[INFO]
------------------------------------------------------------------------
[INFO] BUILD SUCCESSFUL
...
```

在打包之后，又执行了安装任务 install:install。从输出可以看到该任务将项目输出的 jar 安装到了 Maven 本地仓库中，可以打开相应的文件夹看到 Hello World 项目的 pom 和 jar。之前讲述 JUnit 的 POM 及 jar 的下载的时候，我们说只有构件被下载到本地仓库后，才能由所有 Maven 项目使用，这里是同样的道理，只有将 Hello World 的构件安装到本地仓库之后，其他 Maven 项目才能使用它。

我们已经体验了 Maven 最主要的命令：mvn clean compile、mvn clean test、mvn clean package、mvn clean install。执行 test 之前是会先执行 compile 的，执行 package 之前是会先执行 test 的，而类似地，install 之前会执行 package。可以在任何一个 Maven 项目中执行这些命令，而且我们已经清楚它们是用来做什么的。

到目前为止，还没有运行 Hello World 项目，不要忘了 HelloWorld 类可是有一个 main 方法的。默认打包生成的 jar 是不能够直接运行的，因为带有 main 方法的类信息不会添加到 manifest 中（打开 jar 文件中的 META-INF/MANIFEST.MF 文件，将无法看到 Main-Class 一行）。为了生成可执行的 jar 文件，需要借助 maven-shade-plugin，配置该插件如下：

```
<plugin>
<groupId>org.apache.maven.plugins</groupId>
  <artifactId>maven-shade-plugin</artifactId>
  <version>1.2.1</version>
  <executions>
    <execution>
      <phase>package</phase>
      <goals>
        <goal>shade</goal>
      </goals>
      <configuration>
        <transformers>
        <transformer implementation="org.apache.maven.plugins.shade.resource.
          ManifestResourceTransformer">
          <mainClass>com.juvenxu.mvnbook.helloworld.HelloWorld</mainClass>
        </transformer>
        </transformers>
      </configuration>
    </execution>
  </executions>
</plugin>
```

plugin 元素在 POM 中的相对位置应该在 <project><build><plugins> 下面。我们配置了 mainClass 为 com.juvenxu.mvnbook.helloworld.HelloWorld，项目在打包时会将该信息放到

MANIFEST 中。现在执行 mvn clean install，待构建完成之后打开 target/ 目录，可以看到 hello-world-1.0-SNAPSHOT.jar 和 original-hello-world-1.0-SNAPSHOT.jar，前者是带有 Main-Class 信息的可运行 jar，后者是原始的 jar，打开 hello-world-1.0-SNAPSHOT.jar 的 META-INF/MANIFEST.MF，可以看到它包含这样一行信息：

```
Main-Class: com.juvenxu.mvnbook.helloworld.HelloWorld
```

现在，在项目根目录中执行该 jar 文件：

```
D:\code\hello-world>java-jar target\hello-world-1.0-SNAPSHOT.jar
Hello Maven
```

控制台输出为 Hello Maven，这正是我们所期望的。

本小节介绍了 Hello World 项目，侧重点是 Maven 而非 Java 代码本身，介绍了 POM、Maven 项目结构以及如何编译、测试、打包等。

3.5 使用 Archetype 生成项目骨架

Hello World 项目中有一些 Maven 的约定：在项目的根目录中放置 pom.xml，在 src/main/java 目录中放置项目的主代码，在 src/test/java 中放置项目的测试代码。之所以一步一步地展示这些步骤，是为了能让可能是 Maven 初学者的你得到最实际的感受。我们称这些基本的目录结构和 pom.xml 文件内容称为项目的骨架，当第一次创建项目骨架的时候，你还会饶有兴趣地去体会这些默认约定背后的思想，第二次、第三次，你也许还会满意自己的熟练程度，但第四、第五次做同样的事情，你可能就会恼火了。为此 Maven 提供了 Archetype 以帮助我们快速勾勒出项目骨架。

还是以 Hello World 为例，我们使用 maven archetype 来创建该项目的骨架，离开当前的 Maven 项目目录。

如果是 Maven 3，简单地运行：

```
mvn archetype:generate
```

如果是 Maven 2，最好运行如下命令：

```
mvn org.apache.maven.plugins:maven-archetype-plugin:2.0-alpha-5:generate
```

很多资料会让你直接使用更为简单的 mvn archetype:generate 命令，但在 Maven 2 中这是不安全的，因为该命令没有指定 Archetype 插件的版本，于是 Maven 会自动去下载最新的版本，进而可能得到不稳定的 SNAPSHOT 版本，导致运行失败。然而在 Maven 3 中，即使用户没有指定版本，Maven 也只会解析最新的稳定版本，因此这是安全的。具体内容见 7.7 节。

我们实际上是在运行插件 maven-archetype-plugin，注意冒号的分隔，其格式为 groupId:artifactId:version:goal，org.apache.maven.plugins 是 maven 官方插件的 groupId，maven-archetype-plugin 是 Archetype 插件的 artifactId，2.0-alpha-5 是目前该插件最新的稳定版，generate 是要使用的插件目标。

紧接着会看到一段长长的输出，有很多可用的 Archetype 供选择，包括著名的 Appfuse

项目的 Archetype、JPA 项目的 Archetype 等。每一个 Archetype 前面都会对应有一个编号，同时命令行会提示一个默认的编号，其对应的 Archetype 为 maven-archetype-quickstart，直接回车以选择该 Archetype，紧接着 Maven 会提示输入要创建项目的 groupId、artifactId、version 以及包名 package。如下输入并确认：

```
Define value for groupId: : com.juvenxu.mvnbook
Define value for artifactId: : hello-world
Define value for version:1.0-SNAPSHOT: :
Define value for package:com.juvenxu.mvnbook: : com.juvenxu.mvnbook.helloworld
Confirm properties configuration:
groupId: com.juvenxu.mvnbook
artifactId: hello-world
version: 1.0-SNAPSHOT
package: com.juvenxu.mvnbook.helloworld
Y: : Y
```

Archetype 插件将根据我们提供的信息创建项目骨架。在当前目录下，Archetype 插件会创建一个名为 hello-world（我们定义的 artifactId）的子目录，从中可以看到项目的基本结构：基本的 pom.xml 已经被创建，里面包含了必要的信息以及一个 junit 依赖；主代码目录 src/main/java 已经被创建，在该目录下还有一个 Java 类 com.juvenxu.mvnbook.helloworld.App，注意这里使用到了刚才定义的包名，而这个类也仅仅只有一个简单的输出 Hello World! 的 main 方法；测试代码目录 src/test/java 也被创建好了，并且包含了一个测试用例 com.juvenxu.mvnbook.helloworld.AppTest。

Archetype 可以帮助我们迅速地构建起项目的骨架，在前面的例子中，我们完全可以在 Archetype 生成的骨架的基础上开发 Hello World 项目以节省大量时间。

此外，这里仅仅是看到了一个最简单的 Archetype，如果有很多项目拥有类似的自定义项目结构以及配置文件，则完全可以一劳永逸地开发自己的 Archetype，然后在这些项目中使用自定义的 Archetype 来快速生成项目骨架。本书后面的章节会详细阐述如何开发 Maven Archetype。

3.6 m2eclipse 简单使用

介绍前面 Hello World 项目的时候，并没有涉及 IDE，如此简单的一个项目，使用最简单的编辑器也能很快完成。但对于稍微大一些的项目来说，没有 IDE 就是不可想象的。本节介绍 m2eclipse 的基本使用。

3.6.1 导入 Maven 项目

第 2 章介绍了如何安装 m2eclipse，现在，使用 m2ecilpse 导入 Hello World 项目。选择菜单项 File，然后选择 Import，我们会看到一个 Import 对话框。在该对话框中选择 General 目录下的 Maven Projects，然后单击 Next 按钮，就会出现 Import Projects 对话框。在该对话框中单击 Browse 按钮选择 Hello World 的根目录（即包含 pom.xml 文件的那个目录），这时对话框中的 Projects：部分就会显示该目录包含的 Maven 项目，如图 3-1 所示。

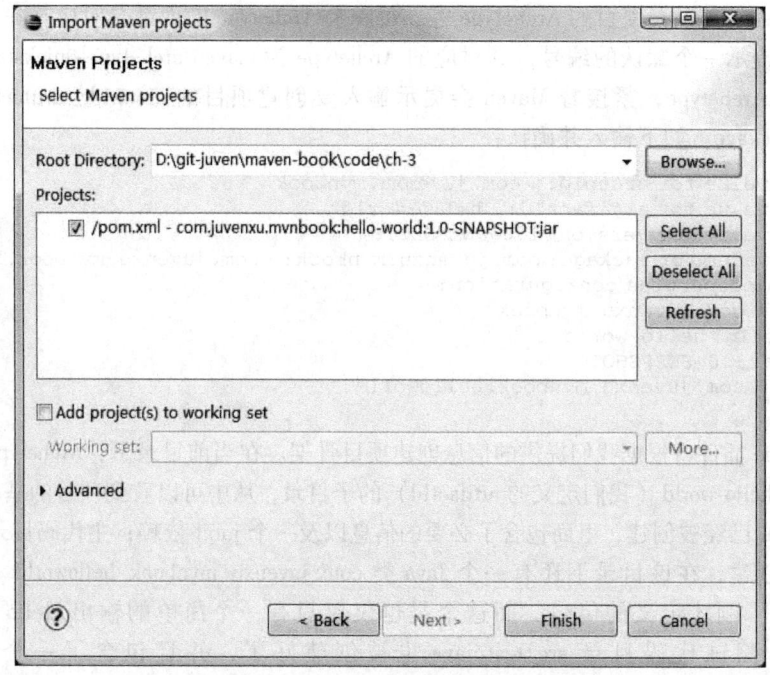

图 3-1　在 Eclipse 中导入 Maven 项目

单击 Finish 按钮之后，m2ecilpse 就会将该项目导入到当前的 workspace 中，导入完成之后，就可以在 Package Explorer 视图中看到图 3-2 所示的项目结构。

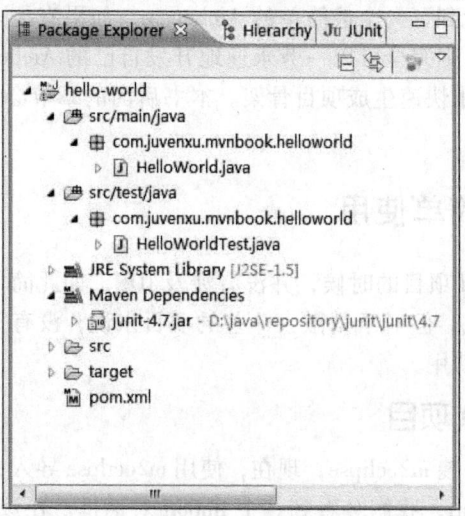

图 3-2　Eclipse 中导入的 Maven 项目结构

我们看到主代码目录 src/main/java 和测试代码目录 src/test/java 成了 Eclipse 中的资源目录，包和类的结构也十分清晰。当然 pom.xml 永远在项目的根目录下，而从这个视图中甚至还能看到项目的依赖 junit-4.7.jar，其实际的位置指向了 Maven 本地仓库（这里自定义了 Maven 本地仓库地址为 D:\java\repository。后续章节会介绍如何自定义本地仓库位置）。

3.6.2 创建 Maven 项目

创建一个 Maven 项目也十分简单，选择菜单项 File→New→Other，在弹出的对话框中选择 Maven 下的 Maven Project，然后单击 Next 按钮，在弹出的 New Maven Project 对话框中，使用默认的选项（不要选择 Create a simple project 选项，那样我们就能使用 Maven Archetype），单击 Next 按钮，此时 m2eclipse 会提示我们选择一个 Archetype。这里选择 maven-archetype-quickstart，再单击 Next 按钮。由于 m2eclipse 实际上是在使用 maven-archetype-plugin 插件创建项目，因此这个步骤与上一节使用 archetype 创建项目骨架类似，输入 groupId、artifactId、version、package（暂时不考虑 Properties），如图 3-3 所示。

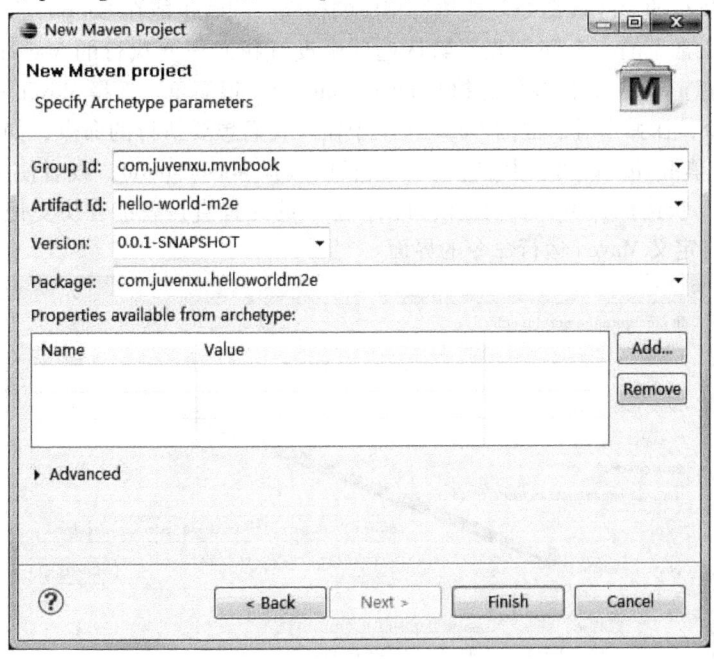

图 3-3 在 Eclipse 中使用 Archetype 创建项目

注意，为了不和前面已导入的 Hello World 项目产生冲突和混淆，这里使用不同的 artifactId 和 package。单击 Finish 按钮，Maven 项目就创建完成了。其结构与前一个已导入的 Hello World 项目基本一致。

3.6.3 运行 mvn 命令

我们需要在命令行输入如 mvn clean install 之类的命令来执行 maven 构建，m2eclipse 中也有对应的功能。在 Maven 项目或者 pom.xml 上右击，再在弹出的快捷菜单中选择 Run As，就能看到常见的 Maven 命令，如图 3-4 所示。

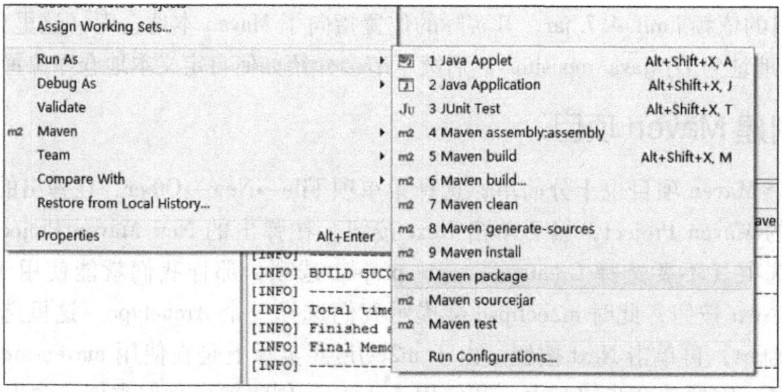

图 3-4　在 Eclipse 中运行默认 mvn 命令

选择想要执行的 Maven 命令就能执行相应的构建，同时也能在 Eclipse 的 console 中看到构建输出。这里常见的一个问题是，默认选项中没有我们想要执行的 Maven 命令怎么办？比如，默认带有 mvn test，但我们想执行 mvn clean test，很简单，选择 Maven build 以自定义 Maven 运行命令，在弹出对话框的 Goals 一项中输入我们想要执行的命令，如 clean test，设置一下 Name，单击 Run 即可。并且，下一次我们选择 Maven build，或者使用快捷键"Alt + Shift + X, M"快速执行 Maven 构建的时候，上次的配置直接就能在历史记录中找到。图 3-5 所示就是自定义 Maven 运行命令的界面。

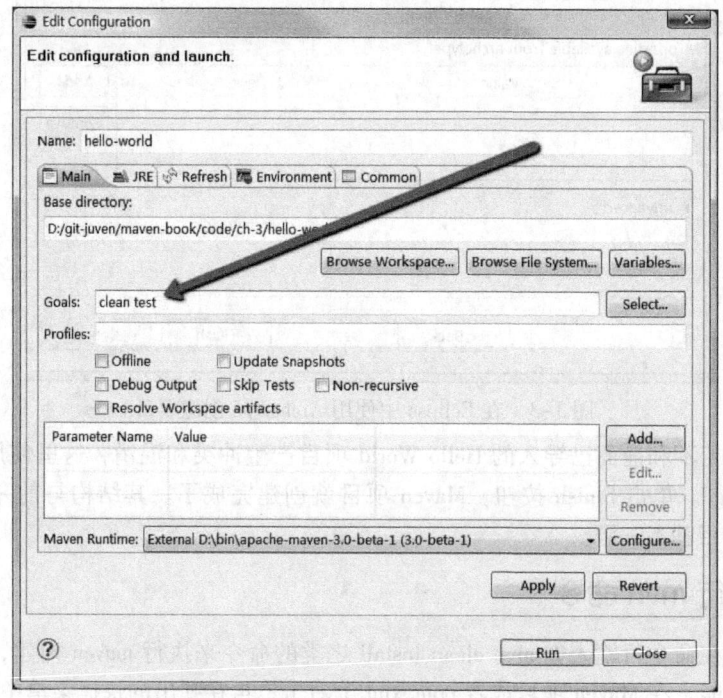

图 3-5　在 Eclipse 中自定义 mvn 命令

3.7　NetBeans Maven 插件简单使用

NetBeans 的 Maven 插件也十分简单易用，我们可以轻松地在 NetBeans 中导入现有的 Maven 项目，或者使用 Archetype 创建 Maven 项目，还能够在 NetBeans 中直接运行 mvn 命令。

3.7.1　打开 Maven 项目

与其说打开 Maven 项目，不如称之为导入更为合适，因为这个项目不需要是 NetBeans 创建的 Maven 项目。不过这里还是遵照 NetBeans 菜单中使用的名称。

选择菜单栏中的文件，然后选择打开项目，直接定位到 Hello World 项目的根目录，NetBeans 会十分智能地识别出 Maven 项目，如图 3-6 所示。

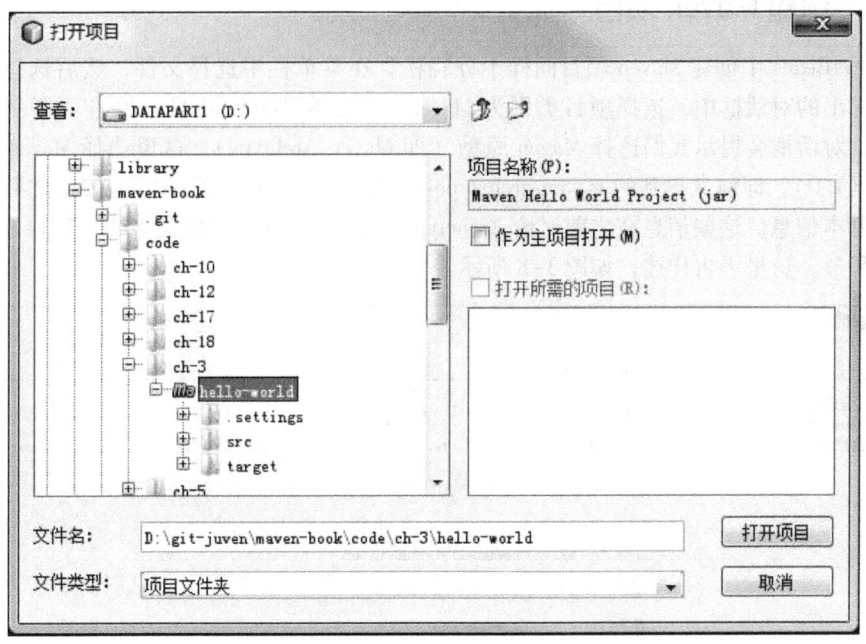

图 3-6　在 NetBeans 中导入 Maven 项目

Maven 项目的图标有别于一般的文件夹，单击打开项目后，Hello World 项目就会被导入到 NetBeans 中，在项目视图中可以看到图 3-7 所示的项目结构。

NetBeans 中项目主代码目录的名称为源包，测试代码目录成了测试包，编译范围依赖为库，测试范围依赖为测试库。这里也能看到 pom.xml，NetBeans 甚至还帮我们引用了 settings.xml。

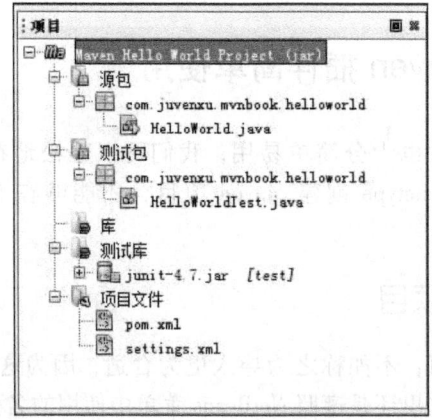

图 3-7 NetBeans 中导入的 Maven 项目结构

3.7.2 创建 Maven 项目

在 NetBeans 中创建 Maven 项目同样十分轻松。在菜单栏中选择文件，然后选择新建项目，在弹出的对话框中，选择项目类别为 Maven，项目为 Maven 项目，单击"下一步"按钮之后，对话框会提示我们选择 Maven 原型（即 Maven Archtype）。这里选择 Maven 快速启动原型（1.0），即前文提到的 maven-archetype-quickstart，单击"下一步"按钮之后，输入项目的基本信息。这些信息在之前讨论 Archetype 及在 m2eclipse 中创建 Maven 项目的时候都仔细解释过，这里不再详述，如图 3-8 所示。

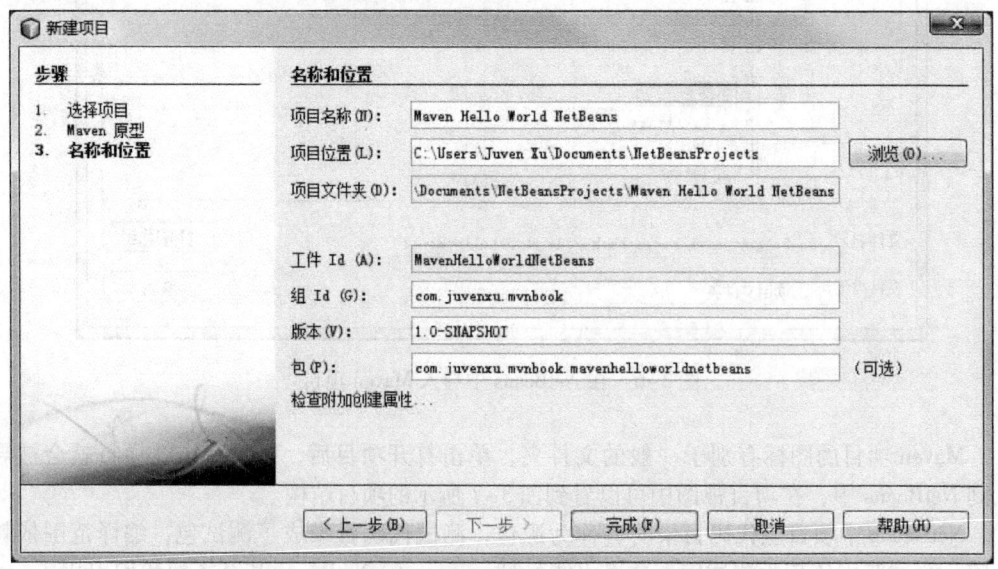

图 3-8 在 NetBeans 中使用 Archetype 创建 Maven 项目

单击"完成"按钮之后,一个新的 Maven 项目就创建好了。

3.7.3 运行 mvn 命令

NetBeans 在默认情况下提供两种 Maven 运行方式,单击菜单栏中的运行,可以看到生成项目和清理并生成项目两个选项。可以尝试"点击运行 Maven 构建",根据 NetBeans 控制台的输出,就能发现它们实际上对应了 mvn install 和 mvn clean install 两个命令。

在实际开发过程中,我们往往不会满足于这两种简单的方式。比如,有时候我们只想执行项目的测试,而不需要打包,这时就希望能够执行 mvn clean test 命令,所幸的是 NetBeans Maven 插件完全支持自定义的 mvn 命令配置。

在菜单栏中选择工具,接着选择选项,在对话框的最上面一栏选择其他,在下面选择 Maven 标签栏。在这里可以对 NetBeans Maven 插件进行全局的配置(还记得第 2 章中如何配置 NetBeans 使用外部 Maven 吗?)。现在,选择倒数第三行的编辑全局定制目标定义…,添加一个名为 Maven Test 的操作,执行目标为 clean test,暂时不考虑其他配置选项,如图 3-9 所示。

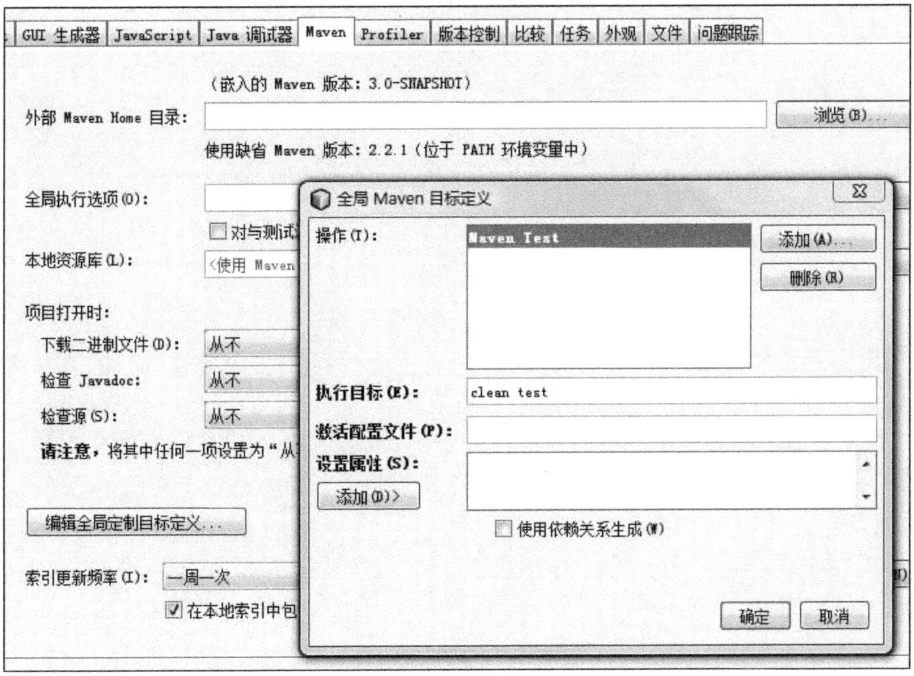

图 3-9 在 NetBeans 中自定义 mvn 命令

单击"缺省保存该配置",在 Maven 项目上右击,选择定制,就能看到刚才配置好的 Maven 运行操作。选择 Maven Test 之后,终端将执行 mvn clean test。值得一提的是,也可以在项目上右击,选择定制,再选择目标,再输入想要执行的 Maven 目标(如 clean package)，单击"确定"按钮之后 NetBeans 就会执行相应的 Maven 命令。这种方式十分便捷，但这是临时的，该配置不会被保存，也不会有历史记录。

3.8 小结

本章以尽可能简单且详细的方式叙述了一个 Hello World 项目，重点解释了 POM 的基本内容、Maven 项目的基本结构以及构建项目基本的 Maven 命令。在此基础上，还介绍了如何使用 Archetype 快速创建项目骨架。最后讲述的是如何在 Eclipse 和 NetBeans 中导入、创建及构建 Maven 项目。

第 4 章

背 景 案 例

本章内容

- 简单的账户注册服务
- 需求阐述
- 简要设计
- 小结

前几章已经大概解释了 Maven 是什么，并且介绍了 Maven 的安装和最基本的使用。从本章开始，引入一个较为真实的背景案例，以演示 Maven 使用的真实场景。由于本书的主题是 Maven，我们不想让项目变得过于复杂，或者涉及过多的技术，因此该案例的目的还是帮助我们理解 Maven 的概念，以及展示大部分 Maven 项目需要面对和处理的一些问题。

建议读者至少大概浏览本章内容，因为本章是几乎所有后续章节的背景，了解了背景需求，将能够更好地理解相关 Maven 概念及实践的阐述。

4.1 简单的账户注册服务

注册互联网账户是日常生活中再熟悉不过的一件事情，作为一个用户，注册账户的时候往往需要做以下事情：

- 提供一个未被使用的账号 ID
- 提供一个未被使用的 email 地址
- 提供一个任意的显示名称
- 设置安全密码，并重复输入以确认
- 输入验证码
- 前往邮箱查收激活链接并单击激活账号
- 登录

账号的 ID 和 email 地址都可以用来唯一地标识某个账户，而显示名称则用来显示在页面上，方便浏览。注册的时候用户还需要输入两次密码，以确保没有输错。系统则需要负责检查 ID 和 email 的唯一性，验证两次输入的密码是否一致。验证码是由系统随机生成的只能由肉眼识别其内容的图片，可以有效防止机器恶意批量注册，若输入正确的验证码信息，系统则会进行检查，如果验证码错误，系统会生成并返回新的验证码。一旦所有检查都没问题了，系统就会生成一个激活链接，并发送到用户的邮箱中。单击激活链接后，账户就被激活了，这时账户注册完成，用户可以进行登录。

对于一个账户注册服务，还需要考虑一些安全因素。例如，需要在服务器端密文地保存密码，检查密码的强弱程度，更进一步则需要考虑验证码的失效时间，激活链接的失效时间，等等。

本章的主要目的是让读者清楚地了解这个背景案例，即账户注册服务，它的需求是什么，基于这样的一个需求，我们会怎样设计这个小型的系统。本章的描述几乎不会涉及 Maven，但后面的章节在讲述各种 Maven 概念和实践的时候，都会基于这一实际的背景案例。

4.2 需求阐述

了解账户注册服务之后，下面从软件工程的视角来分析一下该服务的需求。

4.2.1 需求用例

为了帮助读者详细地了解账户注册服务的需求，这里正式阐述一下账户注册服务的需求用例，见图 4-1。

注册账户

主要场景：

1. 用户访问注册页面

2. 系统生成验证码图片

3. 用户输入想要的 ID、Email 地址，想要的显示名称、密码、确认密码

4. 用户输入验证码

5. 用户提交注册请求

6. 系统检查验证码

7. 系统检查 ID 是否已经被注册，Email 是否已经被注册，密码和确认密码是否一致

8. 系统保存未激活的账户信息

9. 系统生成激活链接，并发送至用户邮箱

10. 用户打开邮箱，访问激活链接

11. 系统解析激活链接，激活相关账户

12. 用户使用 ID 和密码登录

扩展场景：

4a: 用户无法看清验证码，请求重新生成

   1. 跳转到步骤 2

6a: 系统检测到用户输入的验证码错误

   1. 系统提示验证码错误

   2. 跳转到步骤 2

7a: 系统检测到 ID 已被注册，或者 Email 已被注册，或者密码和确认密码不一致

   1. 系统提示相关错误信息

   2. 跳转到步骤 2

图 4-1　账户注册服务需求用例

该注册账户用例包含了一个主要场景和几个扩展场景。该用例的角色只有两个：用户和系统。"主要场景"描述了用户如何与系统一步一步地交互，并且成功完成注册。"扩展场景"则描述了一些中途发生意外的情形，比如用户输错验证码的时候，系统就需要重新生成验证码，用户也需要重新输入验证码。

该用例没有涉及非功能性需求（如安全性），也没有详细定义用户界面，用例也不会告诉我们使用何种技术。关于该服务的安全性，你将会看到一些实际的措施，但我们不会过于深入；关于用户界面，下一小节会给出一个界面原型；至于使用的技术，该项目会基于大家所熟知的 Spring 进一步开发。

4.2.2 界面原型

虽然根据图 4-1 中的文字描述，我们已经了解了用户注册服务所涉及的内容，但图 4-2 所示的注册页面更加直观。图 4-2 清楚地标示了注册账户所需要填写的各个字段，还展示了一个验证码图片，旁边还有一个简单的链接用来获取新的验证码图片。

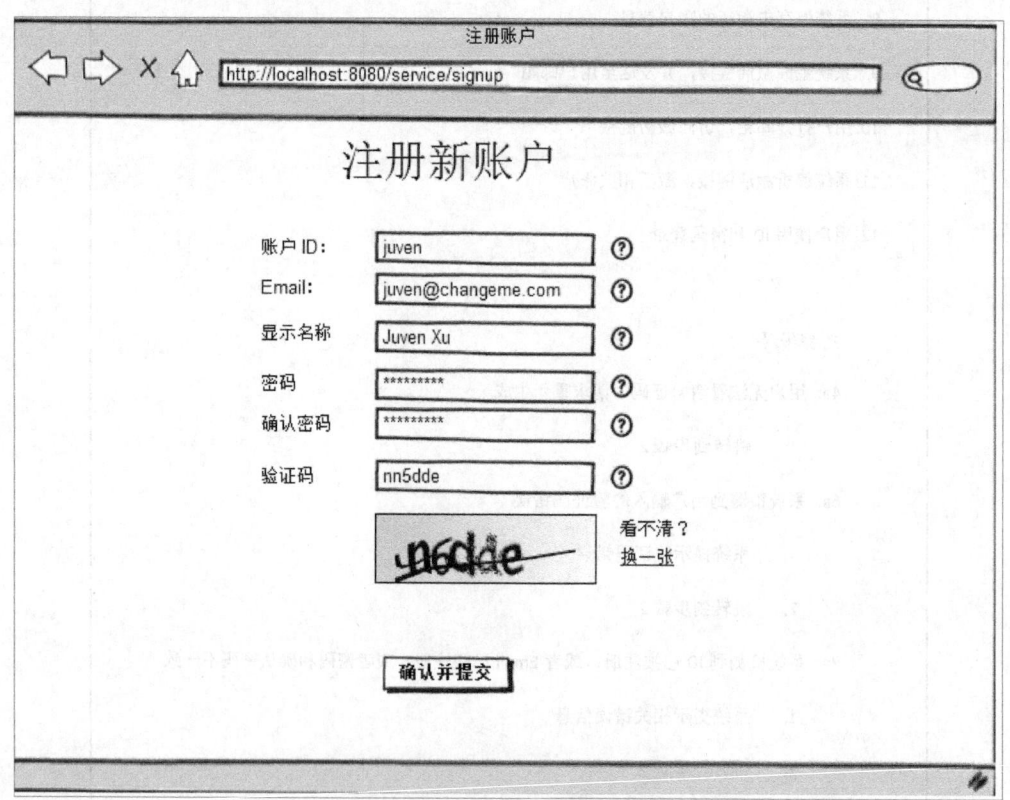

图 4-2　注册账户服务界面原型

4.3 简要设计

4.3.1 接口

详细了解了这个简单账户注册服务的需求之后,就能勾勒出该系统对外的接口。从需求用例中可以看到,系统对外的接口包括生成验证码图片、处理注册请求、激活账户以及处理登录等。图4-3描述了系统的接口。

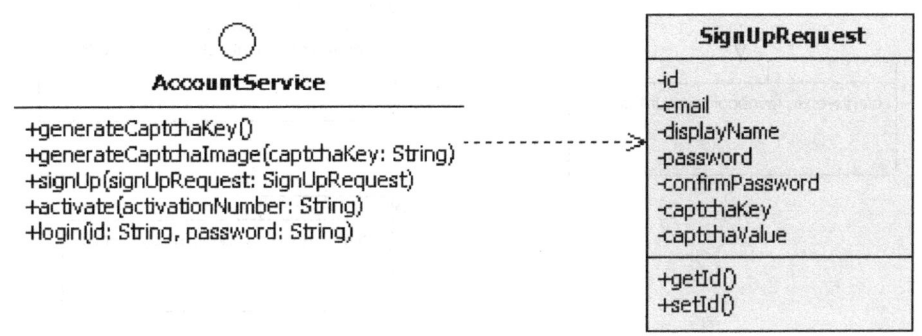

图4-3 注册账户服务系统接口

首先需要解释的是 generateCaptchaKey() 和 generateCaptchaImage() 方法,对于 Captcha 的简单解释就是验证码。每个 Captcha 都需要有一个 key,根据这个 key,系统才能得到对应的验证码图片以及实际值。因此,generateCaptchaKey() 会生成一个 Captcha key,使用这个 key 再调用 generateImage() 方法就能得到验证码图片。验证码的 key 以及验证码图片被传送到客户端,用户通过肉眼识别再输入验证码的值,伴随着 key 再传送到服务器端验证,服务器端就可以通过这个 key 查到正确的验证码值,并与客户端传过来的值进行比对验证。

SignUpRequest 包含了注册用户所需要的信息,包括 ID、email、显示名称、密码、确认密码等。这些信息伴随着 Captcha key 和 Captcha value 构成了一个注册请求,signUp() 方法接收 SignUpRequest 对象,进行验证,如果验证正确,则创建一个未被激活的账户,同时在后台也需要发送一封带有激活链接的邮件。

activate() 方法接收一个激活码,查找对应的账户进行激活。

账户激活之后,用户可以使用 login() 方法进行登录。

4.3.2 模块结构

定义了系统核心的接口之后,基于功能分割和方便复用的原则,再对系统进一步进行划分。这里基于包名划分模块,这也是在 Java 中比较常见的做法。

也许你会觉得为如此简单的一个系统(或许根本就不该称之为系统)划分模块有点小题大做了,有经验的程序员根本不需要多少设计就能快速完成这样的一个注册功能。不过本书的目的不在这个功能本身，我们需要一个像模像样的、有很多模块的系统来演示 Maven 很多非常酷的特性，同时，又不想引入一个拥有成千上万行代码的过于庞大的系统。账户注册服务的模块划分如图 4-4 所示。

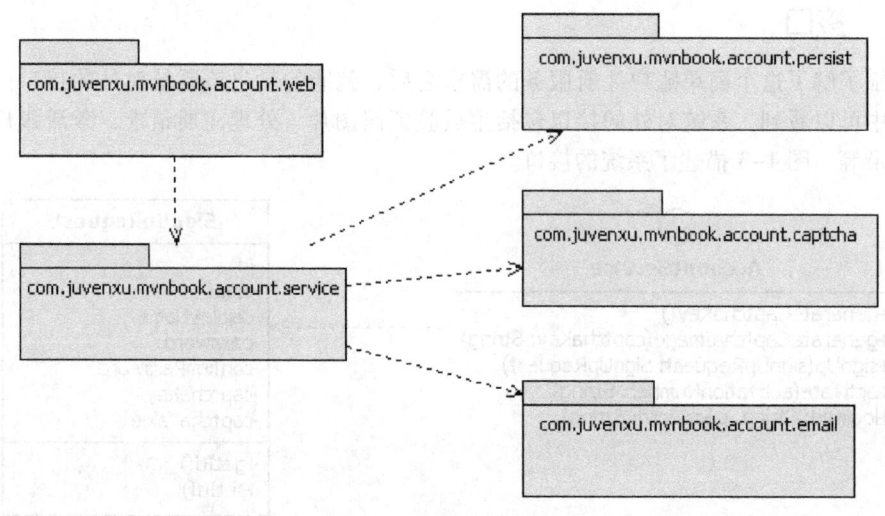

图 4-4　注册账户服务包图

现在逐个解释一下各个模块（包）的作用：

- com.juvenxu.mvnbook.account.service：系统的核心，它封装了所有下层细节，对外暴露简单的接口。这实际上是一个 Facade 模式，了解设计模式的读者应该能马上理解。
- com.juvenxu.mvnbook.account.web：顾名思义，该模块包含所有与 web 相关的内容，包括可能的 JSP、Servlet、web.xml 等，它直接依赖于 com.juvenxu.mvnbook.account.service 模块，使用其提供的服务。
- com.juvenxu.mvnbook.account.persist：处理账户信息的持久化，包括增、删、改、查等，根据实现，可以基于数据库或者文件。
- com.juvenxu.mvnbook.account.captcha：处理验证码的 key 生成、图片生成以及验证等，这里需要第三方的类库来帮助实现这些功能。
- com.juvenxu.mvnbook.account.email：处理邮件服务的配置、激活邮件的编写和发送等工作。

4.4　小结

到目前为止，我们已经了解了账户注册服务的需求、大概的界面、简单的接口设计以及模块的职责划分，虽然我们没有实际编写代码，但这已足够支持本书后续章节关于 Maven 概念和实践的描述。在下面的章节中，这个简单的账户注册服务将得以一步步地实现和完善，同时我们也将看到 Maven 如何与实际项目结合并发挥自己的功效。

第 5 章

坐标和依赖

本章内容

- 何为 Maven 坐标
- 坐标详解
- account-email
- 依赖的配置
- 依赖范围
- 传递性依赖
- 依赖调解
- 可选依赖
- 最佳实践
- 小结

正如第 1 章所述，Maven 的一大功能是管理项目依赖。为了能自动化地解析任何一个 Java 构件，Maven 就必须将它们唯一标识，这就依赖管理的底层基础——坐标。本章将详细分析 Maven 坐标的作用，解释其每一个元素；在此基础上，再介绍如何配置 Maven，以及相关的经验和技巧，以帮助我们管理项目依赖。

5.1　何为 Maven 坐标

关于坐标（Coordinate），大家最熟悉的定义应该来自于平面几何。在一个平面坐标系中，坐标（x, y）表示该平面上与 x 轴距离为 y，与 y 轴距离为 x 的一点，任何一个坐标都能够唯一标识该平面中的一点。

在实际生活中，我们也可以将地址看成是一种坐标。省、市、区、街道等一系列信息同样可以唯一标识城市中的任一居住地址和工作地址。邮局和快递公司正是基于这样一种坐标进行日常工作的。

对应于平面中的点和城市中的地址，Maven 的世界中拥有数量非常巨大的构件，也就是平时用的一些 jar、war 等文件。在 Maven 为这些构件引入坐标概念之前，我们无法使用任何一种方式来唯一标识所有这些构件。因此，当需要用到 Spring Framework 依赖的时候，大家会去 Spring Framework 网站寻找，当需要用到 log4j 依赖的时候，大家又会去 Apache 网站寻找。又因为各个项目的网站风格迥异，大量的时间花费在了搜索、浏览网页等工作上面。没有统一的规范、统一的法则，该工作就无法自动化。重复地搜索、浏览网页和下载类似的 jar 文件，这本就应该交给机器来做。而机器工作必须基于预定义的规则，Maven 定义了这样一组规则：世界上任何一个构件都可以使用 Maven 坐标唯一标识，Maven 坐标的元素包括 groupId、artifactId、version、packaging、classifier。现在，只要我们提供正确的坐标元素，Maven 就能找到对应的构件。比如说，当需要使用 Java5 平台上 TestNG 的 5.8 版本时，就告诉 Maven："groupId = org. testng; artifactId = testng; version = 5.8; classifier = jdk15"，Maven 就会从仓库中寻找相应的构件供我们使用。也许你会奇怪，"Maven 是从哪里下载构件的呢？"答案其实很简单，Maven 内置了一个中央仓库的地址（http://repo1.maven.org/maven2），该中央仓库包含了世界上大部分流行的开源项目构件，Maven 会在需要的时候去那里下载。

在我们开发自己项目的时候，也需要为其定义适当的坐标，这是 Maven 强制要求的。在这个基础上，其他 Maven 项目才能引用该项目生成的构件，见图 5-1。

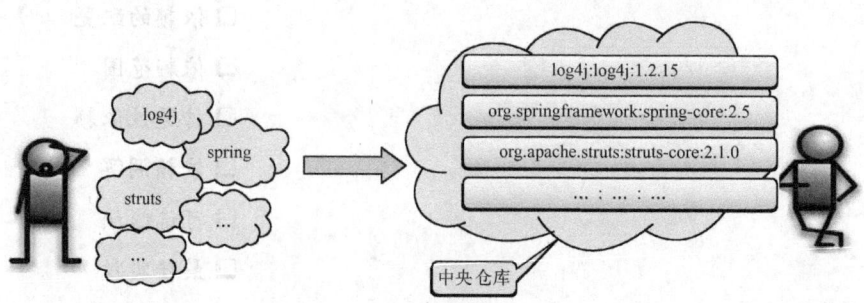

图 5-1　坐标为构件引入秩序

5.2 坐标详解

Maven 坐标为各种构件引入了秩序，任何一个构件都必须明确定义自己的坐标，而一组 Maven 坐标是通过一些元素定义的，它们是 groupId、artifactId、version、packaging、classifier。先看一组坐标定义，如下：

```
<groupId>org.sonatype.nexus</groupId>
<artifactId>nexus-indexer</artifactId>
<version>2.0.0</version>
<packaging>jar</packaging>
```

这是 nexus-indexer 的坐标定义，nexus-indexer 是一个对 Maven 仓库编纂索引并提供搜索功能的类库，它是 Nexus 项目的一个子模块。后面会详细介绍 Nexus。上述代码片段中，其坐标分别为 groupId：org.sonatype.nexus、artifactId：nexus-indexer、version：2.0.0、packaging：jar，没有 classifier。下面详细解释一下各个坐标元素：

- **groupId**：定义当前 Maven 项目隶属的实际项目。首先，Maven 项目和实际项目不一定是一对一的关系。比如 SpringFramework 这一实际项目，其对应的 Maven 项目会有很多，如 spring-core、spring-context 等。这是由于 Maven 中模块的概念，因此，一个实际项目往往会被划分成很多模块。其次，groupId 不应该对应项目隶属的组织或公司。原因很简单，一个组织下会有很多实际项目，如果 groupId 只定义到组织级别，而后面我们会看到，artifactId 只能定义 Maven 项目（模块），那么实际项目这个层将难以定义。最后，groupId 的表示方式与 Java 包名的表示方式类似，通常与域名反向一一对应。上例中，groupId 为 org.sonatype.nexus，org.sonatype 表示 Sonatype 公司建立的一个非盈利性组织，nexus 表示 Nexus 这一实际项目，该 groupId 与域名 nexus.sonatype.org 对应。

- **artifactId**：该元素定义实际项目中的一个 Maven 项目（模块），推荐的做法是使用实际项目名称作为 artifactId 的前缀。比如上例中的 artifactId 是 nexus-indexer，使用了实际项目名 nexus 作为前缀，这样做的好处是方便寻找实际构件。在默认情况下，Maven 生成的构件，其文件名会以 artifactId 作为开头，如 nexus-indexer-2.0.0.jar，使用实际项目名称作为前缀之后，就能方便从一个 lib 文件夹中找到某个项目的一组构件。考虑有 5 个项目，每个项目都有一个 core 模块，如果没有前缀，我们会看到很多 core-1.2.jar 这样的文件，加上实际项目名前缀之后，便能很容易区分 foo-core-1.2.jar、bar-core-1.2.jar……

- **version**：该元素定义 Maven 项目当前所处的版本，如上例中 nexus-indexer 的版本是 2.0.0。需要注意的是，Maven 定义了一套完整的版本规范，以及快照（SNAPSHOT）的概念。第 13 章会详细讨论版本管理内容。

- **packaging**：该元素定义 Maven 项目的打包方式。首先，打包方式通常与所生成构件的文件扩展名对应，如上例中 packaging 为 jar，最终的文件名为 nexus-indexer-

2.0.0.jar，而使用 war 打包方式的 Maven 项目，最终生成的构件会有一个 .war 文件，不过这不是绝对的。其次，打包方式会影响到构建的生命周期，比如 jar 打包和 war 打包会使用不同的命令。最后，当不定义 packaging 的时候，Maven 会使用默认值 jar。

- **classifier**：该元素用来帮助定义构建输出的一些附属构件。附属构件与主构件对应，如上例中的主构件是 nexus-indexer-2.0.0.jar，该项目可能还会通过使用一些插件生成如 nexus-indexer-2.0.0-javadoc.jar、nexus-indexer-2.0.0-sources.jar 这样一些附属构件，其包含了 Java 文档和源代码。这时候，javadoc 和 sources 就是这两个附属构件的 classifier。这样，附属构件也就拥有了自己唯一的坐标。还有一个关于 classifier 的典型例子是 TestNG，TestNG 的主构件是基于 Java 1.4 平台的，而它又提供了一个 classifier 为 jdk5 的附属构件。注意，不能直接定义项目的 classifier，因为附属构件不是项目直接默认生成的，而是由附加的插件帮助生成。

上述 5 个元素中，groupId、artifactId、version 是必须定义的，packaging 是可选的（默认为 jar），而 classifier 是不能直接定义的。

同时，项目构件的文件名是与坐标相对应的，一般的规则为 artifactId-version[-classifier].packaging，[-classifier] 表示可选。比如上例 nexus-indexer 的主构件为 nexus-indexer-2.0.0.jar，附属构件有 nexus-indexer-2.0.0-javadoc.jar。这里还要强调的一点是，packaging 并非一定与构件扩展名对应，比如 packaging 为 maven-plugin 的构件扩展名为 jar。

此外，Maven 仓库的布局也是基于 Maven 坐标，这一点会在介绍 Maven 仓库的时候详细解释。

理解清楚城市中地址的定义方式后，邮递员就能够开始工作了；同样地，理解清楚 Maven 坐标之后，我们就能开始讨论 Maven 的依赖管理了。

5.3 account-email

在详细讨论 Maven 依赖之前，先稍微回顾一下上一章提到的背景案例。案例中有一个 email 模块负责发送账户激活的电子邮件，本节就详细阐述该模块的实现，包括 POM 配置、主代码和测试代码。由于该背景案例的实现是基于 Spring Framework，因此还会涉及相关的 Spring 配置。

5.3.1 account-email 的 POM

首先看一下该模块的 POM，见代码清单 5-1。

代码清单 5-1 account-email 的 POM

```
<project xmlns = "http://maven.apache.org/POM/4.0.0"
    xmlns:xsi = http://www.w3.org/2001/XMLSchema-instance
    xsi:schemaLocation = "http://maven.apache.org/POM/4.0.0
    http://maven.apache.org/maven-v4_0_0.xsd" >
```

```xml
<modelVersion>4.0.0</modelVersion>
<groupId>com.juvenxu.mvnbook.account</groupId>
<artifactId>account-email</artifactId>
<name>Account Email</name>
<version>1.0.0-SNAPSHOT</version>

<dependencies>
    <dependency>
        <groupId>org.springframework</groupId>
        <artifactId>spring-core</artifactId>
        <version>2.5.6</version>
    </dependency>
    <dependency>
        <groupId>org.springframework</groupId>
        <artifactId>spring-beans</artifactId>
        <version>2.5.6</version>
    </dependency>
    <dependency>
        <groupId>org.springframework</groupId>
        <artifactId>spring-context</artifactId>
        <version>2.5.6</version>
    </dependency>
    <dependency>
        <groupId>org.springframework</groupId>
        <artifactId>spring-context-support</artifactId>
        <version>2.5.6</version>
    </dependency>
    <dependency>
        <groupId>javax.mail</groupId>
        <artifactId>mail</artifactId>
        <version>1.4.1</version>
    </dependency>
    <dependency>
        <groupId>junit</groupId>
        <artifactId>junit</artifactId>
        <version>4.7</version>
        <scope>test</scope>
    </dependency>
    <dependency>
        <groupId>com.icegreen</groupId>
        <artifactId>greenmail</artifactId>
        <version>1.3.1b</version>
        <scope>test</scope>
    </dependency>
</dependencies>

<build>
    <plugins>
        <plugin>
            <groupId>org.apache.maven.plugins</groupId>
            <artifactId>maven-compiler-plugin</artifactId>
            <configuration>
                <source>1.5</source>
                <target>1.5</target>
            </configuration>
```

```
        </plugin>
      </plugins>
   </build>
</project>
```

先观察该项目模块的坐标，groupId：com.juvenxu.mvnbook.account；artifactId：account-email；version：1.0.0-SNAPSHOT。由于该模块属于账户注册服务项目的一部分，因此，其 groupId 对应了 account 项目。紧接着，该模块的 artifactId 仍然以 account 作为前缀，以方便区分其他项目的构建。最后，1.0.0-SNAPSHOT 表示该版本处于开发中，还不稳定。

再看 dependencies 元素，其包含了多个 dependency 子元素，这是 POM 中定义项目依赖的位置。以第一个依赖为例，其 groupId：artifactId：version 为 org.springframework：spring-core：2.5.6，这便是依赖的坐标，任何一个 Maven 项目都需要定义自己的坐标，当这个 Maven 项目成为其他 Maven 项目的依赖的时候，这组坐标就体现了其价值。本例中的 spring-core，以及后面的 spring-beans、spring-context、spring-context-support 是 Spring Framework 实现依赖注入等功能必要的构件，由于本书的关注点在于 Maven，只会涉及简单的 Spring Framework 的使用，不会详细解释 Spring Framework 的用法，如果读者有不清楚的地方，请参阅 Spring Framework 相关的文档。

在 spring-context-support 之后，有一个依赖为 javax.mail：mail：1.4.1，这是实现发送必须的类库。

紧接着的依赖为 junit：junit：4.7，JUnit 是 Java 社区事实上的单元测试标准，详细信息请参阅 http://www.junit.org/，这个依赖特殊的地方在于一个值为 test 的 scope 子元素，scope 用来定义依赖范围。这里读者暂时只需要了解当依赖范围是 test 的时候，该依赖只会被加入到测试代码的 classpath 中。也就是说，对于项目主代码，该依赖是没有任何作用的。JUnit 是单元测试框架，只有在测试的时候才需要，因此使用该依赖范围。

随后的依赖是 com.icegreen：greenmail：1.3.1b，其依赖范围同样为 test。这时也许你已经猜到，该依赖同样只服务于测试目的，GreenMail 是开源的邮件服务测试套件，account-email 模块使用该套件来测试邮件的发送。关于 GreenMail 的详细信息可访问 http://www.icegreen.com/greenmail/。

最后，POM 中有一段关于 maven-compiler-plugin 的配置，其目的是开启 Java 5 的支持，第 3 章已经对该配置做过解释，这里不再赘述。

5.3.2　account-email 的主代码

account-email 项目 Java 主代码位于 src/main/java，资源文件（非 Java）位于 src/main/resources 目录下。

account-email 只有一个很简单的接口，见代码清单 5-2。

代码清单 5-2　AccountEmailService.java

```java
package com.juvenxu.mvnbook.account.email;

public interface AccountEmailService
{
    void sendMail( String to, String subject, String htmlText )
        throws AccountEmailException;
}
```

sendMail()方法用来发送 html 格式的邮件，to 为接收地址，subject 为邮件主题，htmlText 为邮件内容，如果发送邮件出错，则抛出 AccountEmailException 异常。

对应于该接口的实现见代码清单 5-3。

代码清单 5-3　AccountEmailServiceImpl.java

```java
package com.juvenxu.mvnbook.account.email;

import javax.mail.MessagingException;
import javax.mail.internet.MimeMessage;

import org.springframework.mail.javamail.JavaMailSender;
import org.springframework.mail.javamail.MimeMessageHelper;

public class AccountEmailServiceImpl
    implements AccountEmailService
{
    private JavaMailSender javaMailSender;

    private String systemEmail;

    public void sendMail( String to, String subject, String htmlText )
        throws AccountEmailException
    {
        try
        {
            MimeMessage msg = javaMailSender.createMimeMessage();
            MimeMessageHelper msgHelper = new MimeMessageHelper( msg );

            msgHelper.setFrom( systemEmail );
            msgHelper.setTo( to );
            msgHelper.setSubject( subject );
            msgHelper.setText( htmlText, true );

            javaMailSender.send( msg );
        }
        catch ( MessagingException e )
        {
            throw new AccountEmailException( "Faild to send mail.", e );
        }
    }

    public JavaMailSender getJavaMailSender()
    {
```

```
        return javaMailSender;
    }

    public void setJavaMailSender( JavaMailSender javaMailSender )
    {
        this.javaMailSender = javaMailSender;
    }

    public String getSystemEmail()
    {
        return systemEmail;
    }

    public void setSystemEmail( String systemEmail )
    {
        this.systemEmail = systemEmail;
    }
}
```

首先，该 AccountEmailServiceImpl 类有一个私有字段 javaMailSender，该字段的类型 org.springframework.mail.javamail.JavaMailSender 是来自于 Spring Framework 的帮助简化邮件发送的工具类库，对应于该字段有一组 getter() 和 setter() 方法，它们用来帮助实现依赖注入。本节随后会讲述 Spring Framework 依赖注入相关的配置。

在 sendMail() 的方法实现中，首先使用 javaMailSender 创建一个 MimeMessage，该 msg 对应了将要发送的邮件。接着使用 MimeMessageHelper 帮助设置该邮件的发送地址、收件地址、主题以及内容，msgHelper.setText（htmlText, true）中的 true 表示邮件的内容为 html 格式。最后，使用 javaMailSender 发送该邮件，如果发送出错，则捕捉 MessageException 异常，包装后再抛出该模块自己定义的 AccountEmailException 异常。

这段 Java 代码中没有邮件服务器配置信息，这得益于 Spring Framework 的依赖注入，这些配置都通过外部的配置注入到了 javaMailSender 中，相关配置信息都在 src/main/resources/account-email.xml 这个配置文件中，见代码清单 5-4。

代码清单 5-4　account-email.xml

```
<?xml version="1.0" encoding="UTF-8"?>
<beans xmlns="http://www.springframework.org/schema/beans"
    xmlns:xsi="http://www.w3.org/2001/XMLSchema-instance"
    xsi:schemaLocation="http://www.springframework.org/schema/beans
    http://www.springframework.org/schema/beans/spring-beans-2.5.xsd">

    <bean id="propertyConfigurer"
    class="org.springframework.beans.factory.config.PropertyPlaceholder-Configurer">
        <property name="location" value="classpath:service.properties" />
    </bean>

    <bean id="javaMailSender" class="org.springframework.mail.javamail.JavaMail-SenderImpl">
        <property name="protocol" value="${email.protocol}" />
```

```xml
            <property name="host" value="${email.host}" />
            <property name="port" value="${email.port}" />
            <property name="username" value="${email.username}" />
            <property name="password" value="${email.password}" />
            <property name="javaMailProperties">
                <props>
                    <prop key="mail.${email.protocol}.auth">${email.auth}</prop>
                </props>
            </property>
        </bean>

        <bean id="accountEmailService"
            class="com.juvenxu.mvnbook.account.email.AccountEmailServiceImpl">
            <property name="javaMailSender" ref="javaMailSender" />
            <property name="systemEmail" value="${email.systemEmail}" />
        </bean>
</beans>
```

Spring Framework 会使用该 XML 配置创建 ApplicationContext，以实现依赖注入。该配置文件定义了一些 bean，基本对应了 Java 程序中的对象。首先解释下 id 为 propertyConfigurer 的 bean，其实现为 org.springframework.beans.factory.config.PropertyPlaceholderConfigurer，这是 Spring Framework 中用来帮助载入 properties 文件的组件。这里定义 location 的值为 classpath:email.properties，表示从 classpath 的根路径下载入名为 email.properties 文件中的属性。

接着定义 id 为 javaMailSender 的 bean，其实现为 org.springframework.mail.javamail.JavaMailSenderImpl，这里需要定义邮件服务器的一些配置，包括协议、端口、主机、用户名、密码，是否需要认证等属性。这段配置还使用了 Spring Framework 的属性引用，比如 host 的值为 ${email.host}，之前定义 propertyConfigurer 的作用就在于此。这么做可以将邮件服务器相关的配置分离到外部的 properties 文件中，比如可以定义这样一个 properties 文件，配置 javaMailSender 使用 gmail：

```
email.protocol=smtps
email.host=smtp.gmail.com
email.port=465
email.username=your-id@gmail.com
email.password=your-password
email.auth=true
email.systemEmail=your-id@juvenxu.com
```

这样，javaMailSender 实际使用的 protocol 就会成为 smtps，host 会成为 smtp.gmail.com，同理还有 port、username 等其他属性。

最后一个 bean 是 accountEmailService，对应了之前描述的 com.juvenxu.mvnbook.account.email.AccountEmailServiceImpl，配置中将另外一个 bean javaMailSender 注入，使其成为该类 javaMailSender 字段的值。

上述就是 Spring Framework 相关的配置，这里不再进一步深入，读者如果有不是很理解的地方，请查询 Spring Framework 相关文档。

5.3.3　account-email 的测试代码

测试相关的 Java 代码位于 src/test/java 目录，相关的资源文件则位于 src/test/resources 目录。

该模块需要测试的只有一个 AccountEmailService.sendMail() 接口。为此，需要配置并启动一个测试使用的邮件服务器，然后提供对应的 properties 配置文件供 Spring Framework 载入以配置程序。准备就绪之后，调用该接口发送邮件，然后检查邮件是否发送正确。最后，关闭测试邮件服务器，见代码清单 5-5。

代码清单 5-5　AccountEmailServiceTest.java

```java
package com.juvenxu.mvnbook.account.email;

import static junit.framework.Assert.assertEquals;

import javax.mail.Message;

import org.junit.After;
import org.junit.Before;
import org.junit.Test;
import org.springframework.context.ApplicationContext;
import org.springframework.context.support.ClassPathXmlApplicationContext;

import com.icegreen.greenmail.util.GreenMail;
import com.icegreen.greenmail.util.GreenMailUtil;
import com.icegreen.greenmail.util.ServerSetup;

public class AccountEmailServiceTest
{
    private GreenMail greenMail;

    @Before
    public void startMailServer()
        throws Exception
    {
        greenMail = new GreenMail( ServerSetup.SMTP );
        greenMail.setUser( "test@juvenxu.com", "123456" );
        greenMail.start();
    }

    @Test
    public void testSendMail()
        throws Exception
    {
        ApplicationContext ctx = new ClassPathXmlApplicationContext( "account-email.xml" );
        AccountEmailService accountEmailService = (AccountEmailService) ctx.getBean( "accountEmailService" );

        String subject = "Test Subject";
        String htmlText = "<h3>Test</h3>";
```

```java
        accountEmailService.sendMail( "test2@juvenxu.com", subject, htmlText );

        greenMail.waitForIncomingEmail( 2000, 1 );

        Message[] msgs = greenMail.getReceivedMessages();
        assertEquals( 1, msgs.length );
        assertEquals( subject, msgs[0].getSubject() );
        assertEquals( htmlText, GreenMailUtil.getBody( msgs[0] ).trim() );
    }

    @After
    public void stopMailServer()
        throws Exception
    {
        greenMail.stop();
    }
}
```

这里使用 GreenMail 作为测试邮件服务器，在 startMailServer() 中，基于 SMTP 协议初始化 GreenMail，然后创建一个邮件账户并启动邮件服务，该服务默认会监听 25 端口。如果你的机器已经有程序使用该端口，请配置自定义的 ServerSetup 实例使用其他端口。startMailServer() 方法使用了 @before 标注，表示该方法会先于测试方法（@test）之前执行。

对应于 startMailServer()，该测试还有一个 stopMailServer() 方法，标注 @After 表示执行测试方法之后会调用该方法，停止 GreenMail 的邮件服务。

代码的重点在于使用了 @Test 标注的 testSendMail() 方法，该方法首先会根据 classpath 路径中的 account-email.xml 配置创建一个 Spring Framework 的 ApplicationContext，然后从这个 ctx 中获取需要测试的 id 为 accountEmailService 的 bean，并转换成 AccountEmailService 接口，针对接口测试是一个单元测试的最佳实践。得到了 AccountEmailService 之后，就能调用其 sendMail() 方法发送电子邮件。当然，这个时候不能忘了邮件服务器的配置，其位于 src/test/resources/service.properties：

```
email.protocol = smtp
email.host = localhost
email.port = 25
email.username = test@juvenxu.com
email.password = 123456
email.auth = true
email.systemEmail = your-id@juvenxu.com
```

这段配置与之前 GreenMail 的配置对应，使用了 smtp 协议，使用本机的 25 端口，并有用户名、密码等认证配置。

回到测试方法中，邮件发送完毕后，再使用 GreenMail 进行检查。greenMail.waitForIncomingEmail（2000, 1）表示接收一封邮件，最多等待 2 秒。由于 GreenMail 服务完全基于内存，实际情况下基本不会超过 2 秒。随后的几行代码读取收到的邮件，检查邮件的数目以及第一封邮件的主题和内容。

这时，可以运行 mvn clean test 执行测试，Maven 会编译主代码和测试代码，并执行测试，报告一个测试得以正确执行，构建成功。

5.3.4 构建 account-email

使用 mvn clean install 构建 account-email，Maven 会根据 POM 配置自动下载所需要的依赖构件，执行编译、测试、打包等工作，最后将项目生成的构件 account-email-1.0.0-SNAP-SHOT.jar 安装到本地仓库中。这时，该模块就能供其他 Maven 项目使用了。

5.4 依赖的配置

5.3.1 节已经罗列了一些简单的依赖配置，读者可以看到依赖会有基本的 groupId、artifactId 和 version 等元素组成。其实一个依赖声明可以包含如下的一些元素：

```
<project>
  ...
  <dependencies>
    <dependency>
      <groupId>...</groupId>
      <artifactId>...</artifactId>
      <version>...</version>
      <type>...</type>
      <scope>...</scope>
      <optional>...</optional>
      <exclusions>
        <exclusion>
          ...
        </exclusion>
      </exclusions>
    </dependency>
    ...
  </dependencies>
  ...
</project>
```

根元素 project 下的 dependencies 可以包含一个或者多个 dependency 元素，以声明一个或者多个项目依赖。每个依赖可以包含的元素有：

- **groupId、artifactId 和 version**：依赖的基本坐标，对于任何一个依赖来说，基本坐标是最重要的，Maven 根据坐标才能找到需要的依赖。
- **type**：依赖的类型，对应于项目坐标定义的 packaging。大部分情况下，该元素不必声明，其默认值为 jar。
- **scope**：依赖的范围，见 5.5 节。
- **optional**：标记依赖是否可选，见 5.8 节。
- **exclusions**：用来排除传递性依赖，见 5.9.1 节。

大部分依赖声明只包含基本坐标，然而在一些特殊情况下，其他元素至关重要。本章下面的小节会对它们的原理和使用方式详细介绍。

5.5 依赖范围

上一节提到，JUnit 依赖的测试范围是 test，测试范围用元素 scope 表示。本节将详细解释什么是测试范围，以及各种测试范围的效果和用途。

首先需要知道，Maven 在编译项目主代码的时候需要使用一套 classpath。在上例中，编译项目主代码的时候需要用到 spring-core，该文件以依赖的方式被引入到 classpath 中。其次，Maven 在编译和执行测试的时候会使用另外一套 classpath。上例中的 JUnit 就是一个很好的例子，该文件也以依赖的方式引入到测试使用的 classpath 中，不同的是这里的依赖范围是 test。最后，实际运行 Maven 项目的时候，又会使用一套 classpath，上例中的 spring-core 需要在该 classpath 中，而 JUnit 则不需要。

依赖范围就是用来控制依赖与这三种 classpath（编译 classpath、测试 classpath、运行 classpath）的关系，Maven 有以下几种依赖范围：

- **compile**：编译依赖范围。如果没有指定，就会默认使用该依赖范围。使用此依赖范围的 Maven 依赖，对于编译、测试、运行三种 classpath 都有效。典型的例子是 spring-core，在编译、测试和运行的时候都需要使用该依赖。
- **test**：测试依赖范围。使用此依赖范围的 Maven 依赖，只对于测试 classpath 有效，在编译主代码或者运行项目的使用时将无法使用此类依赖。典型的例子是 JUnit，它只有在编译测试代码及运行测试的时候才需要。
- **provided**：已提供依赖范围。使用此依赖范围的 Maven 依赖，对于编译和测试 classpath 有效，但在运行时无效。典型的例子是 servlet-api，编译和测试项目的时候需要该依赖，但在运行项目的时候，由于容器已经提供，就不需要 Maven 重复地引入一遍。
- **runtime**：运行时依赖范围。使用此依赖范围的 Maven 依赖，对于测试和运行 classpath 有效，但在编译主代码时无效。典型的例子是 JDBC 驱动实现，项目主代码的编译只需要 JDK 提供的 JDBC 接口，只有在执行测试或者运行项目的时候才需要实现上述接口的具体 JDBC 驱动。
- **system**：系统依赖范围。该依赖与三种 classpath 的关系，和 provided 依赖范围完全一致。但是，使用 system 范围的依赖时必须通过 systemPath 元素显式地指定依赖文件的路径。由于此类依赖不是通过 Maven 仓库解析的，而且往往与本机系统绑定，可能造成构建的不可移植，因此应该谨慎使用。systemPath 元素可以引用环境变量，如：

```
<dependency>
  <groupId>javax.sql</groupId>
  <artifactId>jdbc-stdext</artifactId>
  <version>2.0</version>
```

```
<scope>system</scope>
<systemPath>${java.home}/lib/rt.jar</systemPath>
</dependency>
```

- **import**（**Maven 2.0.9 及以上**）：导入依赖范围。该依赖范围不会对三种 classpath 产生实际的影响，本书将在 8.3.3 节介绍 Maven 依赖和 dependencyManagement 的时候详细介绍此依赖范围。

上述除 import 以外的各种依赖范围与三种 classpath 的关系如表 5-1 所示。

表 5-1 依赖范围与 classpath 的关系

依赖范围 （Scope）	对于编译 classpath 有效	对于测试 classpath 有效	对于运行时 classpath 有效	例　子
compile	Y	Y	Y	spring-core
test	—	Y	—	JUnit
provided	Y	Y	—	servlet-api
runtime	—	Y	Y	JDBC 驱动实现
system	Y	Y	—	本地的，Maven 仓库之外的类库文件

5.6 传递性依赖

5.6.1 何为传递性依赖

考虑一个基于 Spring Framework 的项目，如果不使用 Maven，那么在项目中就需要手动下载相关依赖。由于 Spring Framework 又会依赖于其他开源类库，因此实际中往往会下载一个很大的如 spring-framework-2.5.6-with-dependencies.zip 的包，这里包含了所有 Spring Framework 的 jar 包，以及所有它依赖的其他 jar 包。这么做往往就引入了很多不必要的依赖。另一种做法是只下载 spring-framework-2.5.6.zip 这样一个包，这里不包含其他相关依赖，到实际使用的时候，再根据出错信息，或者查询相关文档，加入需要的其他依赖。很显然，这也是一件非常麻烦的事情。

Maven 的传递性依赖机制可以很好地解决这一问题。以 account-email 项目为例，该项目有一个 org.springframework:spring-core:2.5.6 的依赖，而实际上 spring-core 也有它自己的依赖，我们可以直接访问位于中央仓库的该构件的 POM：http://repo1.maven.org/maven2/org/springframework/spring-core/2.5.6/spring-core-2.5.6.pom。该文件包含了一个 commons-logging 依赖，见代码清单 5-6。

代码清单 5-6 spring-core 的 commons-logging 依赖

```
<dependency>
    <groupId>commons-logging</groupId>
    <artifactId>commons-logging</artifactId>
```

```
    <version>1.1.1</version>
</dependency>
```

该依赖没有声明依赖范围,那么其依赖范围就是默认的 compile。同时回顾一下 account-email、spring-core 的依赖范围也是 compile。

account-mail 有一个 compile 范围的 spring-core 依赖,spring-core 有一个 compile 范围的 commons-logging 依赖,那么 commons-logging 就会成为 account-email 的 compile 范围依赖,commons-logging 是 account-email 的一个传递性依赖,如图 5-2 所示。

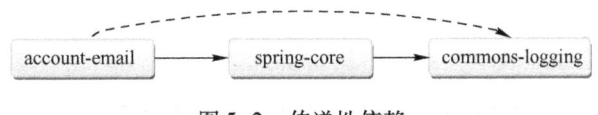

图 5-2 传递性依赖

有了传递性依赖机制,在使用 Spring Framework 的时候就不用去考虑它依赖了什么,也不用担心引入多余的依赖。Maven 会解析各个直接依赖的 POM,将那些必要的间接依赖,以传递性依赖的形式引入到当前的项目中。

5.6.2 传递性依赖和依赖范围

依赖范围不仅可以控制依赖与三种 classpath 的关系,还对传递性依赖产生影响。上面的例子中,account-email 对于 spring-core 的依赖范围是 compile,spring-core 对于 commons-logging 的依赖范围是 compile,那么 account-email 对于 commons-logging 这一传递性依赖的范围也就是 compile。假设 A 依赖于 B,B 依赖于 C,我们说 A 对于 B 是第一直接依赖,B 对于 C 是第二直接依赖,A 对于 C 是传递性依赖。第一直接依赖的范围和第二直接依赖的范围决定了传递性依赖的范围,如表 5-2 所示,最左边一列表示第一直接依赖范围,最上面一行表示第二直接依赖范围,中间的交叉单元格则表示传递性依赖范围。

表 5-2 依赖范围影响传递性依赖

	compile	test	provided	runtime
compile	compile	—	—	runtime
test	test	—	—	test
provided	provided	—	provided	provided
runtime	runtime	—	—	runtime

为了能够帮助读者更好地理解表 5-2,这里再举个例子。account-email 项目有一个 com.icegreen:greenmail:1.3.1b 的直接依赖,我们说这是第一直接依赖,其依赖范围是 test;而 greenmail 又有一个 javax.mail:mail:1.4 的直接依赖,我们说这是第二直接依赖,其依赖范围是 compile。显然 javax.mail:mail:1.4 是 account-email 的传递性依赖,对照表 5-2 可以知道,当第一直接依赖范围为 test,第二直接依赖范围是 compile 的时候,传递性依赖的范

围是 test，因此 javax.mail:mail:1.4 是 account-email 的一个范围是 test 的传递性依赖。

仔细观察一下表 5-2，可以发现这样的规律：当第二直接依赖的范围是 compile 的时候，传递性依赖的范围与第一直接依赖的范围一致；当第二直接依赖的范围是 test 的时候，依赖不会得以传递；当第二直接依赖的范围是 provided 的时候，只传递第一直接依赖范围也为 provided 的依赖，且传递性依赖的范围同样为 provided；当第二直接依赖的范围是 runtime 的时候，传递性依赖的范围与第一直接依赖的范围一致，但 compile 例外，此时传递性依赖的范围为 runtime。

5.7 依赖调解

Maven 引入的传递性依赖机制，一方面大大简化和方便了依赖声明，另一方面，大部分情况下我们只需要关心项目的直接依赖是什么，而不用考虑这些直接依赖会引入什么传递性依赖。但有时候，当传递性依赖造成问题的时候，我们就需要清楚地知道该传递性依赖是从哪条依赖路径引入的。

例如，项目 A 有这样的依赖关系：A->B->C->X(1.0)、A->D->X(2.0)，X 是 A 的传递性依赖，但是两条依赖路径上有两个版本的 X，那么哪个 X 会被 Maven 解析使用呢？两个版本都被解析显然是不对的，因为那会造成依赖重复，因此必须选择一个。Maven 依赖调解（Dependency Mediation）的第一原则是：路径最近者优先。该例中 X(1.0) 的路径长度为 3，而 X(2.0) 的路径长度为 2，因此 X(2.0) 会被解析使用。

依赖调解第一原则不能解决所有问题，比如这样的依赖关系：A->B->Y(1.0)、A->C->Y(2.0)，Y(1.0) 和 Y(2.0) 的依赖路径长度是一样的，都为 2。那么到底谁会被解析使用呢？在 Maven 2.0.8 及之前的版本中，这是不确定的，但是从 Maven 2.0.9 开始，为了尽可能避免构建的不确定性，Maven 定义了依赖调解的第二原则：第一声明者优先。在依赖路径长度相等的前提下，在 POM 中依赖声明的顺序决定了谁会被解析使用，顺序最靠前的那个依赖优胜。该例中，如果 B 的依赖声明在 C 之前，那么 Y（1.0）就会被解析使用。

5.8 可选依赖

假设有这样一个依赖关系，项目 A 依赖于项目 B，项目 B 依赖于项目 X 和 Y，B 对于 X 和 Y 的依赖都是可选依赖：A->B、B->X(可选)、B->Y(可选)。根据传递性依赖的定义，如果所有这三个依赖的范围都是 compile，那么 X、Y 就是 A 的 compile 范围传递性依赖。然而，由于这里 X、Y 是可选依赖，依赖将不会得以传递。换句话说，X、Y 将不会对 A 有任何影响，如图 5-3 所示。

为什么要使用可选依赖这一特性呢？可能项目 B 实现了两个特性，其中的特性一依赖于 X，特性二依赖于 Y，而且这两个特性是互斥的，用户不可能同时使用两个特性。比如 B 是一个持久层隔离工具包，它支持多种数据库，包括 MySQL、PostgreSQL 等，在构建这个

第 5 章 坐标和依赖 ❖ 67

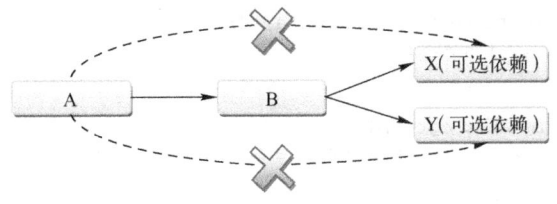

图 5-3 可选依赖

工具包的时候，需要这两种数据库的驱动程序，但在使用这个工具包的时候，只会依赖一种数据库。

项目 B 的依赖声明见代码清单 5-7。

代码清单 5-7 可选依赖的配置

```xml
<project>
  <modelVersion>4.0.0</modelVersion>
  <groupId>com.juvenxu.mvnbook</groupId>
  <artifactId>project-b</artifactId>
  <version>1.0.0</version>
  <dependencies>
    <dependency>
      <groupId>mysql</groupId>
      <artifactId>mysql-connector-java</artifactId>
      <version>5.1.10</version>
      <optional>true</optional>
    </dependency>
    <dependency>
      <groupId>postgresql</groupId>
      <artifactId>postgresql</artifactId>
      <version>8.4-701.jdbc3</version>
      <optional>true</optional>
    </dependency>
  </dependencies>
</project>
```

上述 XML 代码片段中，使用 \<optional\> 元素表示 mysql-connector-java 和 postgresql 这两个依赖为可选依赖，它们只会对当前项目 B 产生影响，当其他项目依赖于 B 的时候，这两个依赖不会被传递。因此，当项目 A 依赖于项目 B 的时候，如果其实际使用基于 MySQL 数据库，那么在项目 A 中就需要显式地声明 mysql-connector-java 这一依赖，见代码清单 5-8。

代码清单 5-8 可选依赖不被传递

```xml
<project>
  <modelVersion>4.0.0</modelVersion>
  <groupId>com.juvenxu.mvnbook</groupId>
  <artifactId>project-a</artifactId>
  <version>1.0.0</version>
  <dependencies>
    <dependency>
      <groupId>com.juvenxu.mvnbook</groupId>
```

```
            <artifactId>project-b</artifactId>
            <version>1.0.0</version>
        </dependency>
        <dependency>
            <groupId>mysql</groupId>
            <artifactId>mysql-connector-java</artifactId>
            <version>5.1.10</version>
        </dependency>
    </dependencies>
</project>
```

最后，关于可选依赖需要说明的一点是，在理想的情况下，是不应该使用可选依赖的。前面我们可以看到，使用可选依赖的原因是某一个项目实现了多个特性，在面向对象设计中，有个单一职责性原则，意指一个类应该只有一项职责，而不是糅合太多的功能。这个原则在规划 Maven 项目的时候也同样适用。在上面的例子中，更好的做法是为 MySQL 和 PostgreSQL 分别创建一个 Maven 项目，基于同样的 groupId 分配不同的 artifactId，如 com.juvenxu.mvnbook:project-b-mysql 和 com.juvenxu.mvnbook:project-b-postgresql，在各自的 POM 中声明对应的 JDBC 驱动依赖，而且不使用可选依赖，用户则根据需要选择使用 project-b-mysql 或者 project-b-postgresql。由于传递性依赖的作用，就不用再声明 JDBC 驱动依赖。

5.9 最佳实践

Maven 依赖涉及的知识点比较多，在理解了主要的功能和原理之后，最需要的当然就是前人的经验总结了，我们称之为最佳实践。本小节归纳了一些使用 Maven 依赖常见的技巧，方便用来避免和处理很多常见的问题。

5.9.1 排除依赖

传递性依赖会给项目隐式地引入很多依赖，这极大地简化了项目依赖的管理，但是有些时候这种特性也会带来问题。例如，当前项目有一个第三方依赖，而这个第三方依赖由于某些原因依赖了另外一个类库的 SNAPSHOT 版本，那么这个 SNAPSHOT 就会成为当前项目的传递性依赖，而 SNAPSHOT 的不稳定性会直接影响到当前的项目。这时就需要排除掉该 SNAPSHOT，并且在当前项目中声明该类库的某个正式发布的版本。还有一些情况，你可能也想要替换某个传递性依赖，比如 Sun JTA API，Hibernate 依赖于这个 JAR，但是由于版权的因素，该类库不在中央仓库中，而 Apache Geronimo 项目有一个对应的实现。这时你就可以排除 Sun JAT API，再声明 Geronimo 的 JTA API 实现，见代码清单 5-9。

代码清单 5-9　排除传递性依赖

```
<project>
    <modelVersion>4.0.0</modelVersion>
```

```xml
    <groupId>com.juvenxu.mvnbook</groupId>
    <artifactId>project-a</artifactId>
    <version>1.0.0</version>
    <dependencies>
      <dependency>
        <groupId>com.juvenxu.mvnbook</groupId>
        <artifactId>project-b</artifactId>
        <version>1.0.0</version>
        <exclusions>
          <exclusion>
            <groupId>com.juvenxu.mvnbook</groupId>
            <artifactId>project-c</artifactId>
          </exclusion>
        </exclusions>
      </dependency>
      <dependency>
        <groupId>com.juvenxu.mvnbook</groupId>
        <artifactId>project-c</artifactId>
        <version>1.1.0</version>
      </dependency>
    </dependencies>
</project>
```

上述代码中，项目 A 依赖于项目 B，但是由于一些原因，不想引入传递性依赖 C，而是自己显式地声明对于项目 C 1.1.0 版本的依赖。代码中使用 exclusions 元素声明排除依赖，exclusions 可以包含一个或者多个 exclusion 子元素，因此可以排除一个或者多个传递性依赖。需要注意的是，声明 exclusion 的时候只需要 groupId 和 artifactId，而不需要 version 元素，这是因为只需要 groupId 和 artifactId 就能唯一定位依赖图中的某个依赖。换句话说，Maven 解析后的依赖中，不可能出现 groupId 和 artifactId 相同，但是 version 不同的两个依赖，这一点在 5.6 节中已做过解释。该例的依赖解析逻辑如图 5-4 所示。

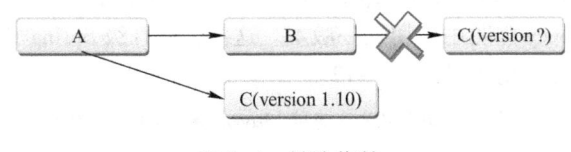

图 5-4　排除依赖

5.9.2　归类依赖

在 5.3.1 节中，有很多关于 Spring Framework 的依赖，它们分别是 org.springframework:spring-core:2.5.6、org.springframework:spring-beans:2.5.6、org.springframework:spring-context:2.5.6 和 org.springframework:spring-context-support:2.5.6，它们是来自同一项目的不同模块。因此，所有这些依赖的版本都是相同的，而且可以预见，如果将来需要升级 Spring Framework，这些依赖的版本会一起升级。这一情况在 Java 中似曾相识，考虑如下简单代码（见代码清单 5-10）。

代码清单 5-10　Java 中重复使用字面量

```
public double c( double r )
{
    return 2 * 3.14 * r;
}
public double s( double r )
{
    return 3.14 * r * r;
}
```

这两个简单的方程式计算圆的周长和面积，稍微有经验的程序员一眼就会看出一个问题，使用字面量（3.14）显然不合适，应该使用定义一个常量并在方法中使用，见代码清单 5-11。

代码清单 5-11　Java 中使用常量

```
public final double PI = 3.14;

public double c( double r )
{
    return 2 * PI * r;
}
public double s( double r )
{
    return PI * r * r;
}
```

使用常量不仅让代码变得更加简洁，更重要的是可以避免重复，在需要更改 PI 的值的时候，只需要修改一处，降低了错误发生的概率。

同理，对于 account-email 中这些 Spring Framework 来说，也应该在一个唯一的地方定义版本，并且在 dependency 声明中引用这一版本。这样，在升级 Spring Framework 的时候就只需要修改一处，实现方式见代码清单 5-12。

代码清单 5-12　使用 Maven 属性归类依赖

```
<project>
    <modelVersion>4.0.0</modelVersion>
    <groupId>com.juven.mvnbook.account</groupId>
    <artifactId>account-email</artifactId>
    <name>Account Email</name>
    <version>1.0.0-SNAPSHOT</version>

    <properties>
        <springframework.version>2.5.6</springframework.version>
    </properties>

    <dependencies>
        <dependency>
```

```xml
            <groupId>org.springframework</groupId>
            <artifactId>spring-core</artifactId>
            <version>${springframework.version}</version>
        </dependency>
        <dependency>
            <groupId>org.springframework</groupId>
            <artifactId>spring-beans</artifactId>
            <version>${springframework.version}</version>
        </dependency>
        <dependency>
            <groupId>org.springframework</groupId>
            <artifactId>spring-context</artifactId>
            <version>${springframework.version}</version>
        </dependency>
        <dependency>
            <groupId>org.springframework</groupId>
            <artifactId>spring-context-support</artifactId>
            <version>${springframework.version}</version>
        </dependency>
    </dependencies>
</project>
```

这里简单用到了 Maven 属性（14.1 节会详细介绍 Maven 属性），首先使用 properties 元素定义 Maven 属性，该例中定义了一个 springframework.version 子元素，其值为 2.5.6。有了这个属性定义之后，Maven 运行的时候会将 POM 中的所有的 ${springframework.version} 替换成实际值 2.5.6。也就是说，可以使用美元符号和大括弧环绕的方式引用 Maven 属性。然后，将所有 Spring Framework 依赖的版本值用这一属性引用表示。这和在 Java 中用常量 PI 替换 3.14 是同样的道理，不同的只是语法。

5.9.3 优化依赖

在软件开发过程中，程序员会通过重构等方式不断地优化自己的代码，使其变得更简洁、更灵活。同理，程序员也应该能够对 Maven 项目的依赖了然于胸，并对其进行优化，如去除多余的依赖，显式地声明某些必要的依赖。

通过阅读本章前面的内容，读者应该能够了解到：Maven 会自动解析所有项目的直接依赖和传递性依赖，并且根据规则正确判断每个依赖的范围，对于一些依赖冲突，也能进行调节，以确保任何一个构件只有唯一的版本在依赖中存在。在这些工作之后，最后得到的那些依赖被称为已解析依赖（Resolved Dependency）。可以运行如下的命令查看当前项目的已解析依赖：

```
mvn dependency:list
```

在 account-email 项目中执行该命令，结果如图 5-5 所示。

图 5-5 显示了所有 account-email 的已解析依赖，同时，每个依赖的范围也得以明确标示。

在此基础上，还能进一步了解已解析依赖的信息。将直接在当前项目 POM 声明的依赖定义为顶层依赖，而这些顶层依赖的依赖则定义为第二层依赖，以此类推，有第三、第四

```
[INFO] Scanning for projects...
[INFO] Searching repository for plugin with prefix: 'dependency'.
[INFO] ------------------------------------------------------------------------
[INFO] Building Account Email
[INFO]    task-segment: [dependency:list]
[INFO] ------------------------------------------------------------------------
[INFO] [dependency:list {execution: default-cli}]
[INFO]
[INFO] The following files have been resolved:
[INFO]    aopalliance:aopalliance:jar:1.0:compile
[INFO]    com.icegreen:greenmail:jar:1.3.1b:test
[INFO]    commons-logging:commons-logging:jar:1.1.1:compile
[INFO]    javax.activation:activation:jar:1.1:compile
[INFO]    javax.mail:mail:jar:1.4.1:compile
[INFO]    junit:junit:jar:4.7:test
[INFO]    org.slf4j:slf4j-api:jar:1.3.1:test
[INFO]    org.springframework:spring-beans:jar:2.5.6:compile
[INFO]    org.springframework:spring-context:jar:2.5.6:compile
[INFO]    org.springframework:spring-context-support:jar:2.5.6:compile
[INFO]    org.springframework:spring-core:jar:2.5.6:compile
[INFO]
[INFO] ------------------------------------------------------------------------
[INFO] BUILD SUCCESSFUL
[INFO] ------------------------------------------------------------------------
```

图 5-5 已解析依赖列表

层依赖。当这些依赖经 Maven 解析后，就会构成一个依赖树，通过这棵依赖树就能很清楚地看到某个依赖是通过哪条传递路径引入的。可以运行如下命令查看当前项目的依赖树：

```
mvn dependency:tree
```

在 acccount-email 中执行该命令，效果如图 5-6 所示。

```
[INFO] Scanning for projects...
[INFO] Searching repository for plugin with prefix: 'dependency'.
[INFO] ------------------------------------------------------------------------
[INFO] Building Account Email
[INFO]    task-segment: [dependency:tree]
[INFO] ------------------------------------------------------------------------
[INFO] [dependency:tree {execution: default-cli}]
[INFO] com.juven.mvnbook.account:account-email:jar:1.0.0-SNAPSHOT
[INFO] +- org.springframework:spring-core:jar:2.5.6:compile
[INFO] |  \- commons-logging:commons-logging:jar:1.1.1:compile
[INFO] +- org.springframework:spring-beans:jar:2.5.6:compile
[INFO] +- org.springframework:spring-context:jar:2.5.6:compile
[INFO] |  \- aopalliance:aopalliance:jar:1.0:compile
[INFO] +- org.springframework:spring-context-support:jar:2.5.6:compile
[INFO] +- javax.mail:mail:jar:1.4.1:compile
[INFO] |  \- javax.activation:activation:jar:1.1:compile
[INFO] +- junit:junit:jar:4.7:test
[INFO] \- com.icegreen:greenmail:jar:1.3.1b:test
[INFO]    \- org.slf4j:slf4j-api:jar:1.3.1:test
[INFO] ------------------------------------------------------------------------
[INFO] BUILD SUCCESSFUL
[INFO] ------------------------------------------------------------------------
```

图 5-6 已解析依赖树

从图 5-6 中能够看到，虽然我们没有声明 org.slf4j:slf4j-api:1.3 这一依赖，但它还是经过 com.icegreen:greenmail:1.3 成为了当前项目的传递性依赖，而且其范围是 test。

使用 dependency:list 和 dependency:tree 可以帮助我们详细了解项目中所有依赖的具体信息，在此基础上，还有 dependency:analyze 工具可以帮助分析当前项目的依赖。

为了说明该工具的用途，先将 5.3.1 节中的 spring-context 这一依赖删除，然后构建项目，你会发现编译、测试和打包都不会有任何问题。通过分析依赖树，可以看到 spring-context 是 spring-context-support 的依赖，因此会得以传递到项目的 classspath 中。现在再运行如下命令：

```
mvn dependency:analyze
```

结果如图 5-7 所示。

```
[INFO] Preparing dependency:analyze
[INFO] [resources:resources {execution: default-resources}]
[WARNING] Using platform encoding (GB18030 actually) to copy filtered
[INFO] Copying 1 resource
[INFO] [compiler:compile {execution: default-compile}]
[INFO] Nothing to compile - all classes are up to date
[INFO] [resources:testResources {execution: default-testResources}]
[WARNING] Using platform encoding (GB18030 actually) to copy filtered
[INFO] Copying 1 resource
[INFO] [compiler:testCompile {execution: default-testCompile}]
[INFO] Nothing to compile - all classes are up to date
[INFO] [dependency:analyze {execution: default-cli}]
[WARNING] Used undeclared dependencies found:
[WARNING]    org.springframework:spring-context:jar:2.5.6:compile
[WARNING] Unused declared dependencies found:
[WARNING]    org.springframework:spring-core:jar:2.5.6:compile
[WARNING]    org.springframework:spring-beans:jar:2.5.6:compile
[INFO] -
```

图 5-7 使用但未声明的依赖与声明但未使用的依赖

该结果中重要的是两个部分。首先是 Used undeclared dependencies，意指项目中使用到的，但是没有显式声明的依赖，这里是 spring-context。这种依赖意味着潜在的风险，当前项目直接在使用它们，例如有很多相关的 Java import 声明，而这种依赖是通过直接依赖传递进来的，当升级直接依赖的时候，相关传递性依赖的版本也可能发生变化，这种变化不易察觉，但是有可能导致当前项目出错。例如由于接口的改变，当前项目中的相关代码无法编译。这种隐藏的、潜在的威胁一旦出现，就往往需要耗费大量的时间来查明真相。因此，显式声明任何项目中直接用到的依赖。

结果中还有一个重要的部分是 Unused declared dependencies，意指项目中未使用的，但显式声明的依赖，这里有 spring-core 和 spring-beans。需要注意的是，对于这样一类依赖，我们不应该简单地直接删除其声明，而是应该仔细分析。由于 dependency:analyze 只会分析编译主代码和测试代码需要用到的依赖，一些执行测试和运行时需要的依赖它就发现不了。很显然，该例中的 spring-core 和 spring-beans 是运行 Spring Framework 项目必要的类库，因此不应该删除依赖声明。当然，有时候确实能通过该信息找到一些没用的依赖，但一定要小心测试。

5.10　小结

本章主要介绍了 Maven 的两个核心概念：坐标和依赖。解释了坐标的由来，并详细阐述了各坐标元素的作用及定义方式。随后引入 account-email 这一实际的基于 Spring Framework 的模块，包括了 POM 定义、主代码和测试代码。在这一直观感受的基础上，再花了大篇幅介绍 Maven 依赖，包括依赖范围、传递性依赖、可选依赖等概念。最后，当然少不了关于依赖的一些最佳实践。通过阅读本章，读者应该已经能够透彻地了解 Maven 的依赖管理机制。下一章将会介绍 Maven 的另一个核心概念：仓库。

第 6 章

仓　　库

本章内容

- 何为 Maven 仓库
- 仓库的布局
- 仓库的分类
- 远程仓库的配置
- 快照版本
- 从仓库解析依赖的机制
- 镜像
- 仓库搜索服务
- 小结

第 5 章详细介绍了 Maven 坐标和依赖，坐标和依赖是任何一个构件在 Maven 世界中的逻辑表示方式；而构件的物理表示方式是文件，Maven 通过仓库来统一管理这些文件。本章将详细介绍 Maven 仓库，在了解了 Maven 如何使用仓库之后，将能够更高效地使用 Maven。

6.1 何为 Maven 仓库

在 Maven 世界中，任何一个依赖、插件或者项目构建的输出，都可以称为构件。例如，依赖 log4j-1.2.15.jar 是一个构件，插件 maven-compiler-plugin-2.0.2.jar 是一个构件，第 5 章的 account-email 项目构建完成后的输出 account-email-1.0.0-SNAPSHOT.jar 也是一个构件。任何一个构件都有一组坐标唯一标识。

在一台工作站上，可能会有几十个 Maven 项目，所有项目都使用 maven-compiler-plugin，这些项目中的大部分都用到了 log4j，有一小部分用到了 Spring Framework，还有另外一小部分用到了 Struts2。在每个有需要的项目中都放置一份重复的 log4j 或者 struts2 显然不是最好的解决方案，这样做不仅造成了磁盘空间的浪费，而且也难于统一管理，文件的复制等操作也会降低构建的速度。而实际情况是，在不使用 Maven 的那些项目中，我们往往就能发现命名为 lib/ 的目录，各个项目 lib/ 目录下的内容存在大量的重复。

得益于坐标机制，任何 Maven 项目使用任何一个构件的方式都是完全相同的。在此基础上，Maven 可以在某个位置统一存储所有 Maven 项目共享的构件，这个统一的位置就是仓库。实际的 Maven 项目将不再各自存储其依赖文件，它们只需要声明这些依赖的坐标，在需要的时候（例如，编译项目的时候需要将依赖加入到 classpath 中），Maven 会自动根据坐标找到仓库中的构件，并使用它们。

为了实现重用，项目构建完毕后生成的构件也可以安装或者部署到仓库中，供其他项目使用。

6.2 仓库的布局

任何一个构件都有其唯一的坐标，根据这个坐标可以定义其在仓库中的唯一存储路径，这便是 Maven 的仓库布局方式。例如，log4j:log4j:1.2.15 这一依赖，其对应的仓库路径为 log4j/log4j/1.2.15/log4j-1.2.15.jar，细心的读者可以观察到，该路径与坐标的大致对应关系为 groupId/artifactId/version/artifactId-version.packaging。下面看一段 Maven 的源码，并结合具体的实例来理解 Maven 仓库的布局方式，见代码清单 6-1：

代码清单 6-1　Maven 处理仓库布局的源码

```
private static final char PATH_SEPARATOR = '/';

private static final char GROUP_SEPARATOR = '.';

private static final char ARTIFACT_SEPARATOR = '-';
```

```
public String pathOf( Artifact artifact )
{
    ArtifactHandler artifactHandler = artifact.getArtifactHandler();

    StringBuilder path = new StringBuilder( 128 );

    path.append( formatAsDirectory( artifact.getGroupId() ) ).append( PATH_SEPA-
RATOR );
    path.append( artifact.getArtifactId() ).append( PATH_SEPARATOR );
    path.append( artifact.getBaseVersion() ).append( PATH_SEPARATOR );
    path.append( artifact.getArtifactId() ).append( ARTIFACT_SEPARATOR ).append
( artifact.getVersion() );

    if ( artifact.hasClassifier() )
    {
        path.append( ARTIFACT_SEPARATOR ).append( artifact.getClassifier() );
    }

    if ( artifactHandler.getExtension() != null && artifactHandler.getExtension()
.length() > 0 )
    {
        path.append( GROUP_SEPARATOR ).append( artifactHandler.getExtension() );
    }

    return path.toString();
}

private String formatAsDirectory( String directory )
{
    return directory.replace( GROUP_SEPARATOR, PATH_SEPARATOR );
}
```

该 pathOf( )方法的目的是根据构件信息生成其在仓库中的路径。在阅读本段代码之前，可以先回顾一下第 5 章的相关内容。这里根据一个实际的例子来分析路径的生成，考虑这样一个构件：groupId = org.testng、artifactId = testng、version = 5.8、classifier = jdk15、packaging = jar，其对应的路径按如下步骤生成：

1）基于构件的 groupId 准备路径，formatAsDirectory( )将 groupId 中的句点分隔符转换成路径分隔符。该例中，groupId org.testng 就会被转换成 org/testng，之后再加一个路径分隔符斜杠，那么，org.testng 就成为了 org/testng/。

2）基于构件的 artifactId 准备路径，也就是在前面的基础上加上 artifactId 以及一个路径分隔符。该例中的 artifactId 为 testng，那么，在这一步过后，路径就成为了 org/testng/testng/。

3）使用版本信息。在前面的基础上加上 version 和路径分隔符。该例中版本是 5.8，那么路径就成为了 org/testng/tesgng/5.8/。

4）依次加上 artifactId，构件分隔符连字号，以及 version，于是构建的路径就变成了 org/testng/testng/5.8/testng-5.8。读者可能会注意到，这里使用了 artifactId.getVersion( )，而上一步用的是 artifactId.getBaseVersion( )，baseVersion 主要是为 SNAPSHOT 版本服务的，例如 version 为 1.0-SNAPSHOT 的构件，其 baseVersion 就是 1.0。

5）如果构件有 classifier，就加上构件分隔符和 classifier。该例中构件的 classifier 是 jdk15，那么路径就变成 org/testng/testng/5.8/testng-5.8-jdk5。

6）检查构件的 extension，若 extension 存在，则加上句点分隔符和 extension。从代码中可以看到，extension 是从 artifactHandler 而非 artifact 获取，artifactHandler 是由项目的 packaging 决定的。因此，可以说，packaging 决定了构件的扩展名，该例的 packaging 是 jar，因此最终的路径为 org/testng/testng/5.8/testng-5.8-jdk5.jar。

到这里，应该感谢 Maven 开源社区，正是由于 Maven 的所有源代码都是开放的，我们才能仔细地深入到其内部工作的所有细节。

Maven 仓库是基于简单文件系统存储的，我们也理解了其存储方式，因此，当遇到一些与仓库相关的问题时，可以很方便地查找相关文件，方便定位问题。例如，当 Maven 无法获得项目声明的依赖时，可以查看该依赖对应的文件在仓库中是否存在，如果不存在，查看是否有其他版本可用，等等。

6.3 仓库的分类

对于 Maven 来说，仓库只分为两类：本地仓库和远程仓库。当 Maven 根据坐标寻找构件的时候，它首先会查看本地仓库，如果本地仓库存在此构件，则直接使用；如果本地仓库不存在此构件，或者需要查看是否有更新的构件版本，Maven 就会去远程仓库查找，发现需要的构件之后，下载到本地仓库再使用。如果本地仓库和远程仓库都没有需要的构件，Maven 就会报错。

在这个最基本分类的基础上，还有必要介绍一些特殊的远程仓库。中央仓库是 Maven 核心自带的远程仓库，它包含了绝大部分开源的构件。在默认配置下，当本地仓库没有 Maven 需要的构件的时候，它就会尝试从中央仓库下载。

私服是另一种特殊的远程仓库，为了节省带宽和时间，应该在局域网内架设一个私有的仓库服务器，用其代理所有外部的远程仓库。内部的项目还能部署到私服上供其他项目使用。

除了中央仓库和私服，还有很多其他公开的远程仓库，常见的有 Java.net Maven 库（http://download.java.net/maven/2/）和 JBoss Maven 库（http://repository.jboss.com/maven2/）等。

Maven 仓库的分类见图 6-1。

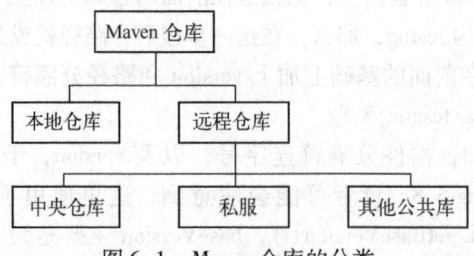

图 6-1 Maven 仓库的分类

6.3.1 本地仓库

一般来说，在 Maven 项目目录下，没有诸如 lib/ 这样用来存放依赖文件的目录。当 Maven 在执行编译或测试时，如果需要使用依赖文件，它总是基于坐标使用本地仓库的依赖文件。

默认情况下，不管是在 Windows 还是 Linux 上，每个用户在自己的用户目录下都有一个路径名为 .m2/repository/ 的仓库目录。例如，笔者的用户名是 juven，我在 Windows 机器上的本地仓库地址为 C:\Users\juven\.m2\repository\，而我在 Linux 上的本地仓库地址为 /home/juven/.m2/repository/。注意，在 Linux 系统中，以点(.)开头的文件或目录默认是隐藏的，可以使用 **ls -a** 命令显示隐藏文件或目录。

有时候，因为某些原因（例如 C 盘空间不够），用户会想要自定义本地仓库目录地址。这时，可以编辑文件 ~/.m2/settings.xml，设置 localRepository 元素的值为想要的仓库地址。例如：

```
<settings>
    <localRepository>D:\java\repository\</localRepository>
</settings>
```

这样，该用户的本地仓库地址就被设置成了 D:\java\repository\。

需要注意的是，默认情况下，~/.m2/settings.xml 文件是不存在的，用户需要从 Maven 安装目录复制 $M2_HOME/conf/settings.xml 文件再进行编辑。本书始终推荐大家不要直接修改全局目录的 settings.xml 文件，具体原因已在第 2.7.2 节中阐述。

一个构件只有在本地仓库中之后，才能由其他 Maven 项目使用，那么构件如何进入到本地仓库中呢？最常见的是依赖 Maven 从远程仓库下载到本地仓库中。还有一种常见的情况是，将本地项目的构件安装到 Maven 仓库中。例如，本地有两个项目 A 和 B，两者都无法从远程仓库获得，而同时 A 又依赖于 B，为了能构建 A，B 就必须首先得以构建并安装到本地仓库中。

在某个项目中执行 **mvn clean install** 命令，就能看到如下输出：

```
[INFO] [jar:jar {execution: default-jar}]
[INFO] Building jar: D:\git-juven\maven-book\code\ch-5\account-email\target\account-email-1.0.0-SNAPSHOT.jar
[INFO] [install:install {execution: default-install}]
[INFO] Installing D:\git-juven\maven-book\code\ch-5\account-email\target\account-email-1.0.0-SNAPSHOT.jar to D:\java\repository\com\juven\mvnbook\account\account-email\1.0.0-SNAPSHOT\account-email-1.0.0-SNAPSHOT.jar
[INFO] ------------------------------------------------------------
[INFO] BUILD SUCCESSFUL
[INFO] ------------------------------------------------------------
```

Install 插件的 install 目标将项目的构建输出文件安装到本地仓库。在上述输出中，构建输出文件是 account-email-1.0.0-SNAPSHOT.jar，本地仓库地址是 D:\java\repository，Maven 使用 Install 插件将该文件复制到本地仓库中，具体的路径根据坐标计算获得。计算逻辑请参考 6.2 节。

6.3.2 远程仓库

安装好 Maven 后，如果不执行任何 Maven 命令，本地仓库目录是不存在的。当用户输入第一条 Maven 命令之后，Maven 才会创建本地仓库，然后根据配置和需要，从远程仓库下载构件至本地仓库。

这好比藏书。例如，我想要读《红楼梦》，会先检查自己的书房是否已经收藏了这本书，如果发现没有这本书，于是就跑去书店买一本回来，放到书房里。可能有一天我又想读一本英文版的《程序员修炼之道》，而书房里只有中文版，于是又去书店找，可发现书店没有，好在还有网上书店，于是从 Amazon 买了一本，几天后我收到了这本书，又放到了自己的书房。

本地仓库就好比书房，我需要读书的时候先从书房找，相应地，Maven 需要构件的时候先从本地仓库找。远程仓库就好比书店（包括实体书店、网上书店等），当我无法从自己的书房找到需要的书的时候，就会从书店购买后放到书房里。当 Maven 无法从本地仓库找到需要的构件的时候，就会从远程仓库下载构件至本地仓库。一般地，对于每个人来说，书房只有一个，但外面的书店有很多，类似地，对于 Maven 来说，每个用户只有一个本地仓库，但可以配置访问很多远程仓库。

6.3.3 中央仓库

由于最原始的本地仓库是空的，Maven 必须知道至少一个可用的远程仓库，才能在执行 Maven 命令的时候下载到需要的构件。中央仓库就是这样一个默认的远程仓库，Maven 的安装文件自带了中央仓库的配置。读者可以使用解压工具打开 jar 文件 $M2_HOME/lib/maven-model-builder-3.0.jar（在 Maven 2 中，jar 文件路径类似于 $M2_HOME/lib/maven-2.2.1-uber.jar），然后访问路径 org/apache/maven/model/pom-4.0.0.xml（maven 2 中为 org/apache/maven/project/pom-4.0.0.xml），可以看到：

```
<repositories>
  <repository>
    <id>central</id>
    <name>Maven Repository Switchboard</name>
    <url>http://repo1.maven.org/maven2</url>
    <layout>default</layout>
    <snapshots>
      <enabled>false</enabled>
    </snapshots>
  </repository>
</repositories>
```

包含这段配置的文件是所有 Maven 项目都会继承的超级 POM，第 8 章会详细介绍继承及超级 POM。这段配置使用 id central 对中央仓库进行唯一标识，其名称为 Maven Repository Switchboard，它使用 default 仓库布局，也就是在第 6.2 节介绍的仓库布局。对于 Maven 1 的仓库，需要配置值为 legacy 的 layout，本书不会涉及 Maven 1。最后需要注意的是 snapshots 元素，其子元素 enabled 的值为 false，表示不从该中央仓库下载快照版本的构件（本章稍后详细介绍快照版本)。

中央仓库包含了这个世界上绝大多数流行的开源 Java 构件,以及源码、作者信息、SCM、信息、许可证信息等,每个月这里都会接受全世界 Java 程序员大概 1 亿次的访问,它对全世界 Java 开发者的贡献由此可见一斑。由于中央仓库包含了超过 2000 个开源项目的构件,因此,一般来说,一个简单 Maven 项目所需要的依赖构件都能从中央仓库下载到。这也解释了为什么 Maven 能做到"开箱即用"。

6.3.4 私服

私服是一种特殊的远程仓库,它是架设在局域网内的仓库服务,私服代理广域网上的远程仓库,供局域网内的 Maven 用户使用。当 Maven 需要下载构件的时候,它从私服请求,如果私服上不存在该构件,则从外部的远程仓库下载,缓存在私服上之后,再为 Maven 的下载请求提供服务。此外,一些无法从外部仓库下载到的构件也能从本地上传到私服上供大家使用,如图 6-2 所示。

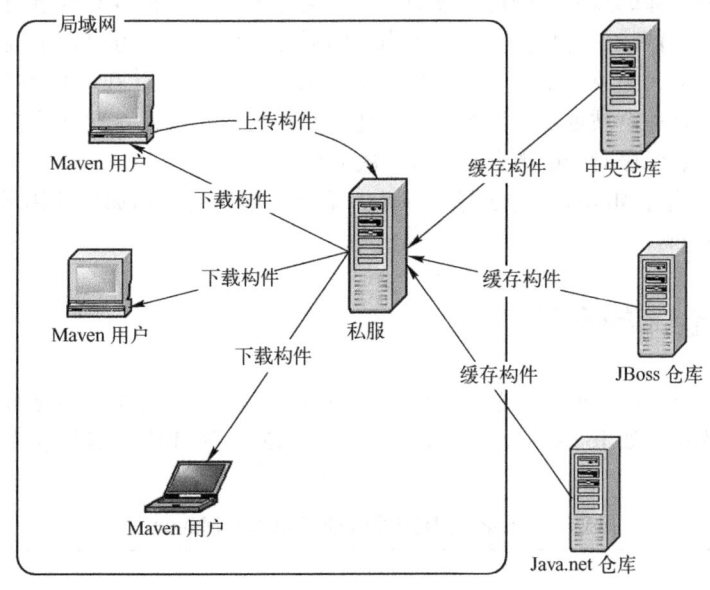

图 6-2 私服的用途

图 6-2 展示的是组织内部使用私服的情况。即使在一台直接连入 Internet 的个人机器上使用 Maven,也应该在本地建立私服。因为私服可以帮助你:

- ❏ **节省自己的外网带宽**。建立私服同样可以减少组织自己的开支,大量的对于外部仓库的重复请求会消耗很大的带宽,利用私服代理外部仓库之后,对外的重复构件下载便得以消除,即降低外网带宽的压力。
- ❏ **加速 Maven 构建**。不停地连接请求外部仓库是十分耗时的,但是 Maven 的一些内部机制（如快照更新检查）要求 Maven 在执行构建的时候不停地检查远程仓库数据。因此，当项目配置了很多外部远程仓库的时候，构建的速度会被大大降低。使用私服可以很好地解决这一问题，当 Maven 只需要检查局域网内私服的数据时，构建的速度便能得到很大程度的提高。

- **部署第三方构件**。当某个构件无法从任何一个外部远程仓库获得，怎么办？这样的例子有很多，如组织内部生成的私有构件肯定无法从外部仓库获得、Oracle 的 JDBC 驱动由于版权因素不能发布到公共仓库中。建立私服之后，便可以将这些构件部署到这个内部的仓库中，供内部的 Maven 项目使用。
- **提高稳定性，增强控制**。Maven 构建高度依赖于远程仓库，因此，当 Internet 不稳定的时候，Maven 构建也会变得不稳定，甚至无法构建。使用私服后，即使暂时没有 Internet 连接，由于私服中已经缓存了大量构件，Maven 也仍然可以正常运行。此外，一些私服软件（如 Nexus）还提供了很多额外的功能，如权限管理、RELEASE/SNAPSHOT 区分等，管理员可以对仓库进行一些更高级的控制。
- **降低中央仓库的负荷**。运行并维护一个中央仓库不是一件容易的事情，服务数百万的请求，存储数 T 的数据，需要相当大的财力。使用私服可以避免很多对中央仓库重复的下载，想象一下，一个有数百位开发人员的公司，在不使用私服的情况下，一个构件往往会被重复下载数百次；建立私服之后，这几百次下载就只会发生在内网范围内，私服对于中央仓库只有一次下载。

建立私服是用好 Maven 十分关键的一步，第 9 章会专门介绍如何使用最流行的 Maven 私服软件——Nexus。

6.4 远程仓库的配置

在很多情况下，默认的中央仓库无法满足项目的需求，可能项目需要的构件存在于另外一个远程仓库中，如 JBoss Maven 仓库。这时，可以在 POM 中配置该仓库，见代码清单 6-2。

代码清单 6-2　配置 POM 使用 JBoss Maven 仓库

```xml
<project>
 ...
  <repositories>
    <repository>
      <id>jboss</id>
      <name>JBoss Repository</name>
      <url>http://repository.jboss.com/maven2/</url>
      <releases>
        <enabled>true</enabled>
      </releases>
      <snapshots>
        <enabled>false</enabled>
      </snapshots>
```

```
            <layout>default</layout>
        </repository>
    </repositories>
    ...
</project>
```

在 repositories 元素下，可以使用 repository 子元素声明一个或者多个远程仓库。该例中声明了一个 id 为 jboss，名称为 JBoss Repository 的仓库。任何一个仓库声明的 id 必须是唯一的，尤其需要注意的是，Maven 自带的中央仓库使用的 id 为 central，如果其他的仓库声明也使用该 id，就会覆盖中央仓库的配置。该配置中的 url 值指向了仓库的地址，一般来说，该地址都基于 http 协议，Maven 用户都可以在浏览器中打开仓库地址浏览构件。

该例配置中的 releases 和 snapshots 元素比较重要，它们用来控制 Maven 对于发布版构件和快照版构件的下载。关于快照版本，在第 6.5 节中会详细解释。这里需要注意的是 enabled 子元素，该例中 releases 的 enabled 值为 true，表示开启 JBoss 仓库的发布版本下载支持，而 snapshots 的 enabled 值为 false，表示关闭 JBoss 仓库的快照版本的下载支持。因此，根据该配置，Maven 只会从 JBoss 仓库下载发布版的构件，而不会下载快照版的构件。

该例中的 layout 元素值 default 表示仓库的布局是 Maven 2 及 Maven 3 的默认布局，而不是 Maven 1 的布局。

对于 releases 和 snapshots 来说，除了 enabled，它们还包含另外两个子元素 updatePolicy 和 checksumPolicy：

```
<snapshots>
    <enabled>true</enabled>
    <updatePolicy>daily</updatePolicy>
    <checksumPolicy>ignore</checksumPolicy>
</snapshots>
```

元素 updatePolicy 用来配置 Maven 从远程仓库检查更新的频率，默认的值是 daily，表示 Maven 每天检查一次。其他可用的值包括：never——从不检查更新；always——每次构建都检查更新；interval：X——每隔 X 分钟检查一次更新（X 为任意整数）。

元素 checksumPolicy 用来配置 Maven 检查检验和文件的策略。当构件被部署到 Maven 仓库中时，会同时部署对应的校验和文件。在下载构件的时候，Maven 会验证校验和文件，如果校验和验证失败，怎么办？当 checksumPolicy 的值为默认的 warn 时，Maven 会在执行构建时输出警告信息，其他可用的值包括：fail——Maven 遇到校验和错误就让构建失败；ignore——使 Maven 完全忽略校验和错误。

6.4.1 远程仓库的认证

大部分远程仓库无须认证就可以访问，但有时候出于安全方面的考虑，我们需要提供认证信息才能访问一些远程仓库。例如，组织内部有一个 Maven 仓库服务器，该服务器为每个项目都提供独立的 Maven 仓库，为了防止非法的仓库访问，管理员为每个仓库提供了一组用户名及密码。这时，为了能让 Maven 访问仓库内容，就需要配置认证信息。

配置认证信息和配置仓库信息不同，仓库信息可以直接配置在 POM 文件中，但是认证信息必须配置在 settings.xml 文件中。这是因为 POM 往往是被提交到代码仓库中供所有成员访问的，而 settings.xml 一般只放在本机。因此，在 settings.xml 中配置认证信息更为安全。

假设需要为一个 id 为 my-proj 的仓库配置认证信息，编辑 settings.xml 文件见代码清单 6-3：

代码清单 6-3　在 settings.xml 中配置仓库认证信息

```xml
<settings>
  ...
  <servers>
    <server>
      <id>my-proj</id>
      <username>repo-user</username>
      <password>repo-pwd</password>
    </server>
  </servers>
  ...
</settings>
```

Maven 使用 settings.xml 文件中并不显而易见的 servers 元素及其 server 子元素配置仓库认证信息。代码清单 6-3 中该仓库的认证用户名为 repo-user，认证密码为 repo-pwd。这里的关键是 id 元素，settings.xml 中 server 元素的 id 必须与 POM 中需要认证的 repository 元素的 id 完全一致。换句话说，正是这个 id 将认证信息与仓库配置联系在了一起。

6.4.2　部署至远程仓库

在第 6.3.4 节中提到，私服的一大作用是部署第三方构件，包括组织内部生成的构件以及一些无法从外部仓库直接获取的构件。无论是日常开发中生成的构件，还是正式版本发布的构件，都需要部署到仓库中，供其他团队成员使用。

Maven 除了能对项目进行编译、测试、打包之外，还能将项目生成的构建部署到仓库中。首先，需要编辑项目的 pom.xml 文件。配置 distributionManagement 元素见代码清单 6-4。

代码清单 6-4　在 POM 中配置构件部署地址

```xml
<project>
  ...
  <distributionManagement>
    <repository>
      <id>proj-releases</id>
      <name>Proj Release Repository</name>
      <url>http://192.168.1.100/content/repositories/proj-releases</url>
    </repository>
    <snapshotRepository>
      <id>proj-snapshots</id>
      <name>Proj Snapshot Repository</name>
      <url>http://192.168.1.100/content/repositories/proj-snapshots</url>
    </snapshotRepository>
```

```
        </distributionManagement>
        ...
</project>
```

distributionManagement 包含 repository 和 snapshotRepository 子元素，前者表示发布版本构件的仓库，后者表示快照版本的仓库。关于发布版本和快照版本，第 6.5 节会详细解释。这两个元素下都需要配置 id、name 和 url，id 为该远程仓库的唯一标识，name 是为了方便人阅读，关键的 url 表示该仓库的地址。

往远程仓库部署构件的时候，往往需要认证。配置认证的方式已在第 6.4.1 节中详细阐述，简而言之，就是需要在 settings.xml 中创建一个 server 元素，其 id 与仓库的 id 匹配，并配置正确的认证信息。不论从远程仓库下载构件，还是部署构件至远程仓库，当需要认证的时候，配置的方式是一样的。

配置正确后，在命令行运行 **mvn clean deploy**，Maven 就会将项目构建输出的构件部署到配置对应的远程仓库，如果项目当前的版本是快照版本，则部署到快照版本仓库地址，否则就部署到发布版本仓库地址。如下是部署一个快照版本的输出：

```
[INFO] --- maven-deploy-plugin:2.4:deploy (default-deploy) @ account-email ---
[INFO] Retrieving previous build number from proj-snapshots
Uploading:
http://192.168.1.100/content/repositories/proj-snapshots/com/juven/mvnbook/
account/account-email/1.0.0-SNAPSHOT/account-email-1.0.0-2
0100103.150936-2.jar
6 KB uploaded at 727.8 KB/sec
[INFO] Retrieving previous metadata from proj-snapshots
[INFO] Uploading repository metadata for:'artifact com.juven.mvnbook.account:ac-
count-email'
[INFO] Uploading project information for account-email 1.0.0-20100103.150936-2
[INFO] Retrieving previous metadata from proj-snapshots
[INFO] Uploading repository metadata for:'snapshot com.juven.mvnbook.account:ac-
count-email:1.0.0-SNAPSHOT'
[INFO] ------------------------------------------------------------
[INFO] BUILD SUCCESS
[INFO] ------------------------------------------------------------
```

6.5 快照版本

在 Maven 的世界中，任何一个项目或者构件都必须有自己的版本。版本的值可能是 1.0.0、1.3-alpha-4、2.0、2.1-SNAPSHOT 或者 2.1-20091214.221414-13。其中，1.0.0、1.3-alpha-4 和 2.0 是稳定的发布版本，而 2.1-SNAPSHOT 和 2.1-20091214.221414-13 是不稳定的快照版本。

Maven 为什么要区分发布版和快照版呢？简单的 1.0.0、1.2、2.1 等不就够了吗？为什么还要有 2.1-SNAPSHOT，甚至是长长的 2.1-20091214.221414-13？试想一下这样的情况，小张在开发模块 A 的 2.1 版本，该版本还未正式发布，与模块 A 一同开发的还有模块 B，它由小张的同事季 MM 开发，B 的功能依赖于 A。在开发的过程中，小张需要经常将自己最新的构建输出，交给季 MM，供她开发和集成调试，问题是，这个工作如何进行呢？

1. 方案一

让季 MM 自己签出模块 A 的源码进行构建。这种方法能够确保季 MM 得到模块 A 的最新构件，不过她不得不去构建模块 A。多了一些版本控制和 Maven 操作还不算，当构建 A 失败的时候，她会是一头雾水，最后不得不找小张解决。显然，这种方式是低效的。

2. 方案二

重复部署模块 A 的 2.1 版本供季 MM 下载。虽然小张能够保证仓库中的构件是最新的，但对于 Maven 来说，同样的版本和同样的坐标就意味着同样的构件。因此，如果季 MM 在本机的本地仓库包含了模块 A 的 2.1 版本构件，Maven 就不会再对照远程仓库进行更新。除非她每次执行 Maven 命令之前，清除本地仓库，但这种要求手工干预的做法显然也是不可取的。

3. 方案三

不停更新版本 2.1.1、2.1.2、2.1.3……。首先，小张和季 MM 两人都需要频繁地更改 POM，如果有更多的模块依赖于模块 A，就会涉及更多的 POM 更改；其次，大量的版本其实仅仅包含了微小的差异，有时候是对版本号的滥用。

Maven 的快照版本机制就是为了解决上述问题。在该例中，小张只需要将模块 A 的版本设定为 2.1-SNAPSHOT，然后发布到私服中，在发布的过程中，Maven 会自动为构件打上时间戳。比如 2.1-20091214.221414-13 就表示 2009 年 12 月 14 日 22 点 14 分 14 秒的第 13 次快照。有了该时间戳，Maven 就能随时找到仓库中该构件 2.1-SNAPSHOT 版本最新的文件。这时，季 MM 配置对于模块 A 的 2.1-SNAPSHOT 版本的依赖，当她构建模块 B 的时候，Maven 会自动从仓库中检查模块 A 的 2.1-SNAPSHOT 的最新构件，当发现有更新时便进行下载。默认情况下，Maven 每天检查一次更新（由仓库配置的 updatePolicy 控制，见第 6.4 节），用户也可以使用命令行 -U 参数强制让 Maven 检查更新，如 **mvn clean install-U**。

基于快照版本机制，小张在构建成功之后才能将构件部署至仓库，而季 MM 可以完全不用考虑模块 A 的构建，并且她能确保随时得到模块 A 的最新可用的快照构件，而这一切都不需要额外的手工操作。

当项目经过完善的测试后需要发布的时候，就应该将快照版本更改为发布版本。例如，将 2.1-SNAPSHOT 更改为 2.1，表示该版本已经稳定，且只对应了唯一的构件。相比之下，2.1-SNAPSHOT 往往对应了大量的带有不同时间戳的构件，这也决定了其不稳定性。

快照版本只应该在组织内部的项目或模块间依赖使用，因为这时，组织对于这些快照版本的依赖具有完全的理解及控制权。项目不应该依赖于任何组织外部的快照版本依赖，由于快照版本的不稳定性，这样的依赖会造成潜在的危险。也就是说，即使项目构建今天是成功的，由于外部的快照版本依赖实际对应的构件随时可能变化，项目的构建就可能由于这些外部的不受控制的因素而失败。

6.6 从仓库解析依赖的机制

第5章详细介绍了 Maven 的依赖机制，本章又深入阐述了 Maven 仓库，这两者是如何具体联系到一起的呢？Maven 是根据怎样的规则从仓库解析并使用依赖构件的呢？

当本地仓库没有依赖构件的时候，Maven 会自动从远程仓库下载；当依赖版本为快照版本的时候，Maven 会自动找到最新的快照。这背后的依赖解析机制可以概括如下：

1）当依赖的范围是 system 的时候，Maven 直接从本地文件系统解析构件。

2）根据依赖坐标计算仓库路径后，尝试直接从本地仓库寻找构件，如果发现相应构件，则解析成功。

3）在本地仓库不存在相应构件的情况下，如果依赖的版本是显式的发布版本构件，如 1.2、2.1-beta-1 等，则遍历所有的远程仓库，发现后，下载并解析使用。

4）如果依赖的版本是 RELEASE 或者 LATEST，则基于更新策略读取所有远程仓库的元数据 groupId/artifactId/maven-metadata.xml，将其与本地仓库的对应元数据合并后，计算出 RELEASE 或者 LATEST 真实的值，然后基于这个真实的值检查本地和远程仓库，如步骤2）和3）。

5）如果依赖的版本是 SNAPSHOT，则基于更新策略读取所有远程仓库的元数据 groupId/artifactId/version/maven-metadata.xml，将其与本地仓库的对应元数据合并后，得到最新快照版本的值，然后基于该值检查本地仓库，或者从远程仓库下载。

6）如果最后解析得到的构件版本是时间戳格式的快照，如 1.4.1-20091104.121450-121，则复制其时间戳格式的文件至非时间戳格式，如 SNAPSHOT，并使用该非时间戳格式的构件。

当依赖的版本不明晰的时候，如 RELEASE、LATEST 和 SNAPSHOT，Maven 就需要基于更新远程仓库的更新策略来检查更新。在第6.4节提到的仓库配置中，有一些配置与此有关：首先是 <releases><enabled> 和 <snapshots><enabled>，只有仓库开启了对于发布版本的支持时，才能访问该仓库的发布版本构件信息，对于快照版本也是同理；其次要注意的是 <releases> 和 <snapshots> 的子元素 <updatePolicy>，该元素配置了检查更新的频率，每日检查更新、永远检查更新、从不检查更新、自定义时间间隔检查更新等。最后，用户还可以从命令行加入参数-U，强制检查更新，使用参数后，Maven 就会忽略 <updatePolicy> 的配置。

当 Maven 检查完更新策略，并决定检查依赖更新的时候，就需要检查仓库元数据 maven-metadata.xml。

回顾一下前面提到的 RELEASE 和 LATEST 版本，它们分别对应了仓库中存在的该构件的最新发布版本和最新版本（包含快照），而这两个"最新"是基于 groupId/artifactId/maven-metadata.xml 计算出来的，见代码清单6-5。

代码清单6-5　基于 groupId 和 artifactId 的 maven-metadata.xml

```
<?xml version = "1.0" encoding = "UTF-8"?>
<metadata>
  <groupId>org.sonatype.nexus</groupId>
  <artifactId>nexus</artifactId>
```

```xml
<versioning>
  <latest>1.4.2-SNAPSHOT</latest>
  <release>1.4.0</release>
  <versions>
    <version>1.3.5</version>
    <version>1.3.6</version>
    <version>1.4.0-SNAPSHOT</version>
    <version>1.4.0</version>
    <version>1.4.0.1-SNAPSHOT</version>
    <version>1.4.1-SNAPSHOT</version>
    <version>1.4.2-SNAPSHOT</version>
  </versions>
  <lastUpdated>20091214221557</lastUpdated>
</versioning>
</metadata>
```

该 XML 文件列出了仓库中存在的该构件所有可用的版本，同时 latest 元素指向了这些版本中最新的那个版本，该例中是 1.4.2-SNAPSHOT。而 release 元素指向了这些版本中最新的发布版本，该例中是 1.4.0。Maven 通过合并多个远程仓库及本地仓库的元数据，就能计算出基于所有仓库的 latest 和 release 分别是什么，然后再解析具体的构件。

需要注意的是，在依赖声明中使用 LATEST 和 RELEASE 是不推荐的做法，因为 Maven 随时都可能解析到不同的构件，可能今天 LATEST 是 1.3.6，明天就成为 1.4.0-SNAPSHOT 了，且 Maven 不会明确告诉用户这样的变化。当这种变化造成构建失败的时候，发现问题会变得比较困难。RELEASE 因为对应的是最新发布版构建，还相对可靠，LATEST 就非常不可靠了，为此，Maven 3 不再支持在插件配置中使用 LATEST 和 RELEASE。如果不设置插件版本，其效果就和 RELEASE 一样，Maven 只会解析最新的发布版本构件。不过即使这样，也还存在潜在的问题。例如，某个依赖的 1.1 版本与 1.2 版本可能发生一些接口的变化，从而导致当前 Maven 构建的失败。

当依赖的版本设为快照版本的时候，Maven 也需要检查更新，这时，Maven 会检查仓库元数据 groupId/artifactId/version/maven-metadata.xml，见代码清单 6-6。

代码清单 6-6　基于 groupId、artifactId 和 version 的 maven-metadata.xml

```xml
<?xml version="1.0" encoding="UTF-8"?>
<metadata>
  <groupId>org.sonatype.nexus</groupId>
  <artifactId>nexus</artifactId>
  <version>1.4.2-SNAPSHOT</version>
  <versioning>
    <snapshot>
      <timestamp>20091214.221414</timestamp>
      <buildNumber>13</buildNumber>
    </snapshot>
    <lastUpdated>20091214221558</lastUpdated>
  </versioning>
</metadata>
```

该 XML 文件的 snapshot 元素包含了 timestamp 和 buildNumber 两个子元素，分别代表了这一快照的时间戳和构建号，基于这两个元素可以得到该仓库中此快照的最新构件版本实际为 1.4.2-20091214.221414-13。通过合并所有远程仓库和本地仓库的元数据，Maven 就能知道所有仓库中该构件的最新快照。

最后，仓库元数据并不是永远正确的，有时候当用户发现无法解析某些构件，或者解析得到错误构件的时候，就有可能是出现了仓库元数据错误，这时就需要手工地，或者使用工具（如 Nexus）对其进行修复。

6.7 镜像

如果仓库 X 可以提供仓库 Y 存储的所有内容，那么就可以认为 X 是 Y 的一个镜像。换句话说，任何一个可以从仓库 Y 获得的构件，都能够从它的镜像中获取。举个例子，http://maven.net.cn/content/groups/public/ 是中央仓库 http://repo1.maven.org/maven2/ 在中国的镜像，由于地理位置的因素，该镜像往往能够提供比中央仓库更快的服务。因此，可以配置 Maven 使用该镜像来替代中央仓库。编辑 settings.xml，见代码清单 6-7。

代码清单 6-7　配置中央仓库镜像

```xml
<settings>
  …
  <mirrors>
    <mirror>
      <id>maven.net.cn</id>
      <name>one of the central mirrors in China</name>
      <url>http://maven.net.cn/content/groups/public/</url>
      <mirrorOf>central</mirrorOf>
    </mirror>
  </mirrors>
  …
</settings>
```

该例中，<mirrorOf> 的值为 central，表示该配置为中央仓库的镜像，任何对于中央仓库的请求都会转至该镜像，用户也可以使用同样的方法配置其他仓库的镜像。另外三个元素 id、name、url 与一般仓库配置无异，表示该镜像仓库的唯一标识符、名称以及地址。类似地，如果该镜像需要认证，也可以基于该 id 配置仓库认证。

关于镜像的一个更为常见的用法是结合私服。由于私服可以代理任何外部的公共仓库（包括中央仓库），因此，对于组织内部的 Maven 用户来说，使用一个私服地址就等于使用了所有需要的外部仓库，这可以将配置集中到私服，从而简化 Maven 本身的配置。在这种情况下，任何需要的构件都可以从私服获得，私服就是所有仓库的镜像。这时，可以配置这样的一个镜像，见代码清单 6-8。

代码清单 6-8　配置使用私服作为镜像

```xml
<settings>
  …
  <mirrors>
```

```xml
<mirror>
  <id>internal-repository</id>
  <name>Internal Repository Manager</name>
  <url>http://192.168.1.100/maven2/</url>
  <mirrorOf>*</mirrorOf>
</mirror>
  </mirrors>
  ...
</settings>
```

该例中 <mirrorOf> 的值为星号，表示该配置是所有 Maven 仓库的镜像，任何对于远程仓库的请求都会被转至 http://192.168.1.100/maven2/。如果该镜像仓库需要认证，则配置一个 id 为 internal-repository 的 <server> 即可，详见第 5.4 节。

为了满足一些复杂的需求，Maven 还支持更高级的镜像配置：

- <mirrorOf>*</mirrorOf>：匹配所有远程仓库。
- <mirrorOf>external:*</mirrorOf>：匹配所有远程仓库，使用 localhost 的除外，使用 file：//协议的除外。也就是说，匹配所有不在本机上的远程仓库。
- <mirrorOf>repo1,repo2</mirrorOf>：匹配仓库 repo1 和 repo2，使用逗号分隔多个远程仓库。
- <mirrorOf>*,!repo1</mirrorOf>：匹配所有远程仓库，repo1 除外，使用感叹号将仓库从匹配中排除。

需要注意的是，由于镜像仓库完全屏蔽了被镜像仓库，当镜像仓库不稳定或者停止服务的时候，Maven 仍将无法访问被镜像仓库，因而将无法下载构件。

6.8　仓库搜索服务

使用 Maven 进行日常开发的时候，一个常见的问题就是如何寻找需要的依赖，我们可能只知道需要使用类库的项目名称，但添加 Maven 依赖要求提供确切的 Maven 坐标。这时，就可以使用仓库搜索服务来根据关键字得到 Maven 坐标。本节介绍几个常用的、功能强大的公共 Maven 仓库搜索服务。

6.8.1　Sonatype Nexus

地址：http://repository.sonatype.org/

Nexus 是当前最流行的开源 Maven 仓库管理软件，本书后面会有专门的章节讲述如何使用 Nexus 假设私服。这里要介绍的是 Sonatype 架设的一个公共 Nexus 仓库实例。

Nexus 提供了关键字搜索、类名搜索、坐标搜索、校验和搜索等功能。搜索后，页面清晰地列出了结果构件的坐标及所属仓库。用户可以直接下载相应构件，还可以直接复制已经根据坐标自动生成的 XML 依赖声明，见图 6-3。

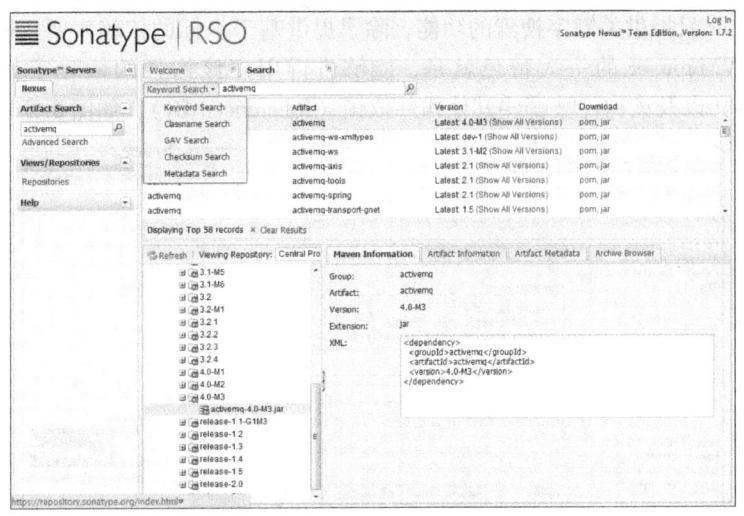

图 6-3 Sonatype Nexus 仓库搜索服务

6.8.2 Jarvana

地址：http://www.jarvana.com/jarvana/

Jarvana 提供了基于关键字、类名的搜索，构件下载、依赖声明片段等功能也一应俱全。值得一提的是，Jarvana 还支持浏览构件内部的内容。此外，Jarvana 还提供了便捷的 Java 文档浏览的功能。Jarvana 的搜索结果页面如图 6-4 所示。

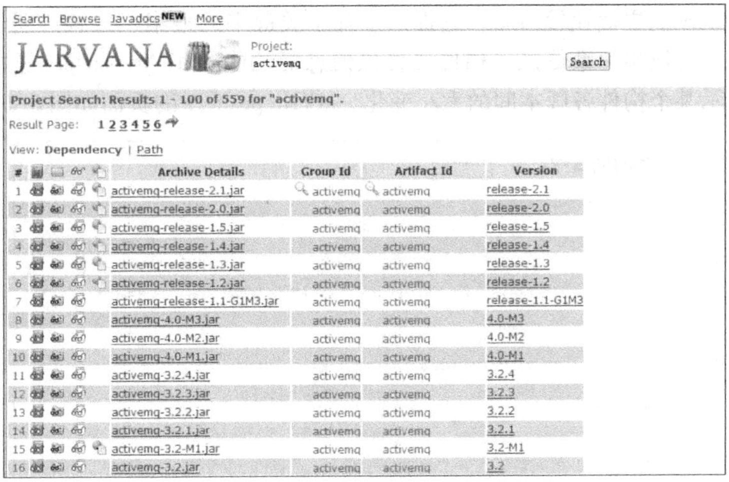

图 6-4 Jarvana 仓库搜索服务

6.8.3 MVNbrowser

地址：http://www.mvnbrowser.com

MVNbrowser 只提供关键字搜索的功能,除了提供基于坐标的依赖声明代码片段等基本功能之外,MVNbrowser 的一大特色就是,能够告诉用户该构件的依赖于其他哪些构件(Dependencies)以及该构件被哪些其他构件依赖(Referenced By),如图 6-5 所示。

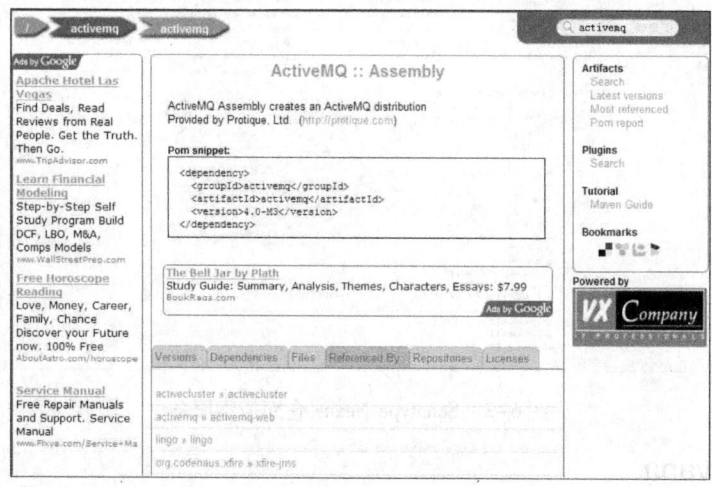

图 6-5　MVNbrowser 仓库搜索服务

6.8.4　MVNrepository

地址：http://mvnrepository.com/

MVNrepository 的界面比较清新,它提供了基于关键字的搜索、依赖声明代码片段、构件下载、依赖与被依赖关系信息、构件所含包信息等功能。MVNrepository 还能提供一个简单的图表,显示某个构件各版本间的大小变化。MVNrepository 的页面如图 6-6 所示。

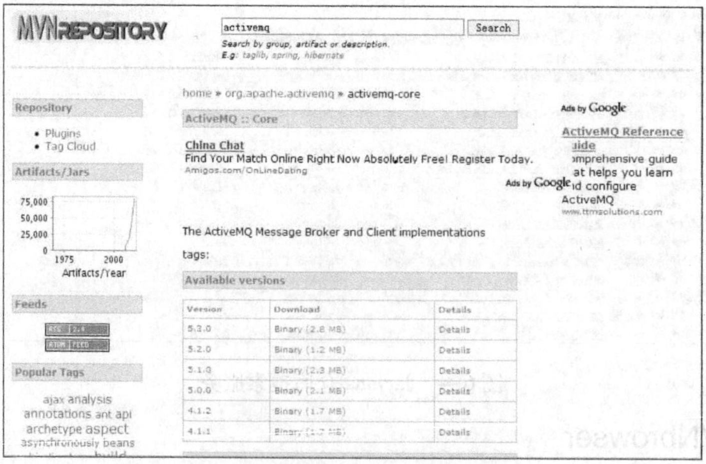

图 6-6　MVNrepository 仓库搜索服务

6.8.5 选择合适的仓库搜索服务

上述介绍的四个仓库搜索服务都代理了主流的 Maven 公共仓库,如 central、JBoss、Java.net 等。这些服务都提供了完备的搜索、浏览、下载等功能,区别只在于页面风格和额外功能。例如,Nexus 提供了其他三种服务所没有的基于校验和搜索的功能。用户可以根据喜好和特殊需要选择最合适自己的搜索服务,当然,也可以综合使用所有这些服务。

6.9 小结

本章深入阐述了仓库这一 Maven 核心概念。首先介绍了仓库的由来;接着直接剖析了一段 Maven 源码,介绍仓库的布局,以方便读者将仓库与实际文件联系起来;而仓库的分类这一部分则分别介绍了本地仓库、远程仓库、中央仓库以及私服等概念;基于这些概念,又详细介绍了仓库的配置;在此基础上,我们再深入仓库的内部工作机制,并同时解释了 Maven 中快照的概念。本章还解释了镜像的概念及用法。最后,本章介绍了一些常用的仓库搜索服务,以方便读者的日常开发工作。

第 7 章

生命周期和插件

本章内容

- 何为生命周期
- 生命周期详解
- 插件目标
- 插件绑定
- 插件配置
- 获取插件信息
- 从命令行调用插件
- 插件解析机制
- 小结

除了坐标、依赖以及仓库之外，Maven 另外两个核心概念是生命周期和插件。在有关 Maven 的日常使用中，命令行的输入往往就对应了生命周期，如 mvn package 就表示执行默认生命周期阶段 package。Maven 的生命周期是抽象的，其实际行为都由插件来完成，如 package 阶段的任务可能就会由 maven-jar-plugin 完成。生命周期和插件两者协同工作，密不可分，本章对它们进行深入介绍。

7.1 何为生命周期

在 Maven 出现之前，项目构建的生命周期就已经存在，软件开发人员每天都在对项目进行清理、编译、测试及部署。虽然大家都在不停地做构建工作，但公司和公司间、项目和项目间，往往使用不同的方式做类似的工作。有的项目以手工的方式在执行编译测试，有的项目写了自动化脚本执行编译测试。可以想象的是，虽然各种手工方式十分类似，但不可能完全一样；同样地，对于自动化脚本，大家也是各写各的，能满足自身需求即可，换个项目就需要重头再来。

Maven 的生命周期就是为了对所有的构建过程进行抽象和统一。Maven 从大量项目和构建工具中学习和反思，然后总结了一套高度完善的、易扩展的生命周期。这个生命周期包含了项目的清理、初始化、编译、测试、打包、集成测试、验证、部署和站点生成等几乎所有构建步骤。也就是说，几乎所有项目的构建，都能映射到这样一个生命周期上。

Maven 的生命周期是抽象的，这意味着生命周期本身不做任何实际的工作，在 Maven 的设计中，实际的任务（如编译源代码）都交由插件来完成。这种思想与设计模式中的模板方法（Template Method）非常相似。模板方法模式在父类中定义算法的整体结构，子类可以通过实现或者重写父类的方法来控制实际的行为，这样既保证了算法有足够的可扩展性，又能够严格控制算法的整体结构。如下的模板方法抽象类能够很好地体现 Maven 生命周期的概念，见代码清单 7-1。

代码清单 7-1　模拟生命周期的模板方法抽象类

```
package com.juvenxu.mvnbook.template.method;

public abstract class AbstractBuild
{
    public void build()
    {
        initialize();
        compile();
        test();
        packagee();
        integrationTest();
        deploy();
    }

    protected abstract void initialize();
```

```
    protected abstract void compile();
    protected abstract void test();
    protected abstract void packagee();
    protected abstract void integrationTest();
    protected abstract void deploy();
}
```

这段代码非常简单，build( )方法定义了整个构建的过程，依次初始化、编译、测试、打包（由于package与Java关键字冲突，这里使用了单词packagee）、集成测试和部署，但是这个类中没有具体实现初始化、编译、测试等行为，它们都交由子类去实现。

虽然上述代码和Maven实际代码相去甚远，Maven的生命周期包含更多的步骤和更复杂的逻辑，但它们的基本理念是相同的。生命周期抽象了构建的各个步骤，定义了它们的次序，但没有提供具体实现。那么谁来实现这些步骤呢？不能让用户为了编译而写一堆代码，为了测试又写一堆代码，那不就成了大家在重复发明轮子吗？Maven当然必须考虑这一点，因此它设计了插件机制。每个构建步骤都可以绑定一个或者多个插件行为，而且Maven为大多数构建步骤编写并绑定了默认插件。例如，针对编译的插件有maven-compiler-plugin，针对测试的插件有maven-surefire-plugin等。虽然在大多数时间里，用户几乎都不会觉察到插件的存在，但实际上编译是由maven-compiler-plugin完成的，而测试是由maven-surefire-plugin完成的。当用户有特殊需要的时候，也可以配置插件定制构建行为，甚至自己编写插件。生命周期和插件的关系如图7-1所示。

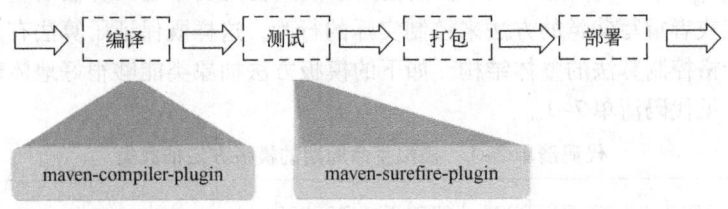

图7-1　生命周期和插件的关系

Maven定义的生命周期和插件机制一方面保证了所有Maven项目有一致的构建标准，另一方面又通过默认插件简化和稳定了实际项目的构建。此外，该机制还提供了足够的扩展空间，用户可以通过配置现有插件或者自行编写插件来自定义构建行为。

7.2　生命周期详解

到目前为止，本书只是介绍了Maven生命周期背后的指导思想，要想熟练地使用Maven，还必须详细了解其生命周期的具体定义和使用方式。

7.2.1 三套生命周期

初学者往往会以为 Maven 的生命周期是一个整体，其实不然，Maven 拥有三套相互独立的生命周期，它们分别为 clean、default 和 site。clean 生命周期的目的是清理项目，default 生命周期的目的是构建项目，而 site 生命周期的目的是建立项目站点。

每个生命周期包含一些阶段（phase），这些阶段是有顺序的，并且后面的阶段依赖于前面的阶段，用户和 Maven 最直接的交互方式就是调用这些生命周期阶段。以 clean 生命周期为例，它包含的阶段有 pre-clean、clean 和 post-clean。当用户调用 pre-clean 的时候，只有 pre-clean 阶段得以执行；当用户调用 clean 的时候，pre-clean 和 clean 阶段会得以顺序执行；当用户调用 post-clean 的时候，pre-clean、clean 和 post-clean 会得以顺序执行。

较之于生命周期阶段的前后依赖关系，三套生命周期本身是相互独立的，用户可以仅仅调用 clean 生命周期的某个阶段，或者仅仅调用 default 生命周期的某个阶段，而不会对其他生命周期产生任何影响。例如，当用户调用 clean 生命周期的 clean 阶段的时候，不会触发 default 生命周期的任何阶段，反之亦然，当用户调用 default 生命周期的 compile 阶段的时候，也不会触发 clean 生命周期的任何阶段。

7.2.2 clean 生命周期

clean 生命周期的目的是清理项目，它包含三个阶段：
1）**pre-clean** 执行一些清理前需要完成的工作。
2）**clean** 清理上一次构建生成的文件。
3）**post-clean** 执行一些清理后需要完成的工作。

7.2.3 default 生命周期

default 生命周期定义了真正构建时所需要执行的所有步骤，它是所有生命周期中最核心的部分，其包含的阶段如下，这里笔者只对重要的阶段进行解释：

- **validate**
- **initialize**
- **generate-sources**
- **process-sources** 处理项目主资源文件。一般来说，是对 src/main/resources 目录的内容进行变量替换等工作后，复制到项目输出的主 classpath 目录中。
- **generate-resources**
- **process-resources**
- **compile** 编译项目的主源码。一般来说，是编译 src/main/java 目录下的 Java 文件至项目输出的主 classpath 目录中。
- **process-classes**
- **generate-test-sources**

- **process-test-sources** 处理项目测试资源文件。一般来说，是对 src/test/resources 目录的内容进行变量替换等工作后，复制到项目输出的测试 classpath 目录中。
- **generate-test-resources**
- **process-test-resources**
- **test-compile** 编译项目的测试代码。一般来说，是编译 src/test/java 目录下的 Java 文件至项目输出的测试 classpath 目录中。
- **process-test-classes**
- **test** 使用单元测试框架运行测试，测试代码不会被打包或部署。
- **prepare-package**
- **package** 接受编译好的代码，打包成可发布的格式，如 JAR。
- **pre-integration-test**
- **integration-test**
- **post-integration-test**
- **verify**
- **install** 将包安装到 Maven 本地仓库，供本地其他 Maven 项目使用。
- **deploy** 将最终的包复制到远程仓库，供其他开发人员和 Maven 项目使用。

对于上述未加解释的阶段，读者也应该能够根据名字大概猜到其用途，若想了解进一步的这些阶段的详细信息，可以参阅官方的解释：http://maven.apache.org/guides/introduction/introduction-to-the-lifecycle.html。

7.2.4 site 生命周期

site 生命周期的目的是建立和发布项目站点，Maven 能够基于 POM 所包含的信息，自动生成一个友好的站点，方便团队交流和发布项目信息。该生命周期包含如下阶段：

- **pre-site** 执行一些在生成项目站点之前需要完成的工作。
- **site** 生成项目站点文档。
- **post-site** 执行一些在生成项目站点之后需要完成的工作。
- **site-deploy** 将生成的项目站点发布到服务器上。

7.2.5 命令行与生命周期

从命令行执行 Maven 任务的最主要方式就是调用 Maven 的生命周期阶段。需要注意的是，各个生命周期是相互独立的，而一个生命周期的阶段是有前后依赖关系的。下面以一些常见的 Maven 命令为例，解释其执行的生命周期阶段：

- **$mvn clean**：该命令调用 clean 生命周期的 clean 阶段。实际执行的阶段为 clean 生命周期的 pre-clean 和 clean 阶段。
- **$mvn test**：该命令调用 default 生命周期的 test 阶段。实际执行的阶段为 default 生命周期的 validate、initialize 等，直到 test 的所有阶段。这也解释了为什么在执行测试的时候，项目的代码能够自动得以编译。
- **$mvn clean install**：该命令调用 clean 生命周期的 clean 阶段和 default 生命周期的 install 阶段。实际执行的阶段为 clean 生命周期的 pre-clean、clean 阶段，以及 default 生命周期的从 validate 至 install 的所有阶段。该命令结合了两个生命周期，在执行真正的项目构建之前清理项目是一个很好的实践。
- **$mvn clean deploy site-deploy**：该命令调用 clean 生命周期的 clean 阶段、default 生命周期的 deploy 阶段，以及 site 生命周期的 site-deploy 阶段。实际执行的阶段为 clean 生命周期的 pre-clean、clean 阶段，default 生命周期的所有阶段，以及 site 生命周期的所有阶段。该命令结合了 Maven 所有三个生命周期，且 deploy 为 default 生命周期的最后一个阶段，site-deploy 为 site 生命周期的最后一个阶段。

由于 Maven 中主要的生命周期阶段并不多，而常用的 Maven 命令实际都是基于这些阶段简单组合而成的，因此只要对 Maven 生命周期有一个基本的理解，读者就可以正确而熟练地使用 Maven 命令。

7.3 插件目标

在进一步详述插件和生命周期的绑定关系之前，必须先了解插件目标（Plugin Goal）的概念。我们知道，Maven 的核心仅仅定义了抽象的生命周期，具体的任务是交由插件完成的，插件以独立的构件形式存在，因此，Maven 核心的分发包只有不到 3MB 的大小，Maven 会在需要的时候下载并使用插件。

对于插件本身，为了能够复用代码，它往往能够完成多个任务。例如 maven-dependency-plugin，它能够基于项目依赖做很多事情。它能够分析项目依赖，帮助找出潜在的无用依赖；它能够列出项目的依赖树，帮助分析依赖来源；它能够列出项目所有已解析的依赖，等等。为每个这样的功能编写一个独立的插件显然是不可取的，因为这些任务背后有很多可以复用的代码，因此，这些功能聚集在一个插件里，每个功能就是一个插件目标。

maven-dependency-plugin 有十多个目标，每个目标对应了一个功能，上述提到的几个功能分别对应的插件目标为 dependency:analyze、dependency:tree 和 dependency:list。这是一种通用的写法，冒号前面是插件前缀，冒号后面是该插件的目标。类似地，还可以写出 compiler:compile（这是 maven-compiler-plugin 的 compile 目标）和 surefire:test（这是 maven-surefire-plugin 的 test 目标）。

7.4 插件绑定

Maven 的生命周期与插件相互绑定，用以完成实际的构建任务。具体而言，是生命周期的阶段与插件的目标相互绑定，以完成某个具体的构建任务。例如项目编译这一任务，它对应了 default 生命周期的 compile 这一阶段，而 maven-compiler-plugin 这一插件的 compile

目标能够完成该任务。因此，将它们绑定，就能实现项目编译的目的，如图 7-2 所示。

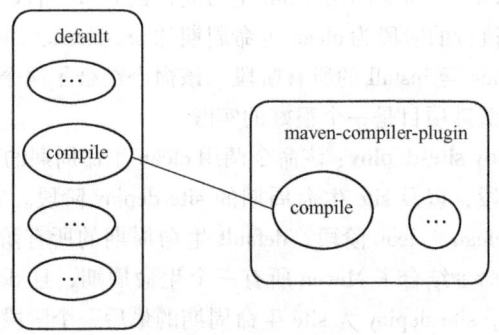

图 7-2　生命周期阶段与插件目标绑定

7.4.1　内置绑定

为了能让用户几乎不用任何配置就能构建 Maven 项目，Maven 在核心为一些主要的生命周期阶段绑定了很多插件的目标，当用户通过命令行调用生命周期阶段的时候，对应的插件目标就会执行相应的任务。

clean 生命周期仅有 pre-clean、clean 和 post-clean 三个阶段，其中的 clean 与 maven-clean-plugin:clean 绑定。maven-clean-plugin 仅有 clean 这一个目标，其作用就是删除项目的输出目录。clean 生命周期阶段与插件目标的绑定关系如表 7-1 所示。

site 生命周期有 pre-site、site、post-site 和 site-deploy 四个阶段，其中，site 和 maven-site-plugin:site 相互绑定，site-deploy 和 maven-site-plugin:depoy 相互绑定。maven-site-plugin 有很多目标，其中，site 目标用来生成项目站点，deploy 目标用来将项目站点部署到远程服务器上。site 生命周期阶段与插件目标的绑定关系如表 7-2 所示。

表 7-1　clean 生命周期阶段与插件
　　　　目标的绑定关系

生命周期阶段	插件目标
pre-clean	
clean	maven-clean-plugin:clean
post-clean	

表 7-2　site 生命周期阶段与插件
　　　　目标的绑定关系

生命周期阶段	插件目标
pre-site	
site	maven-site-plugin:site
post-site	
site-deploy	maven-site-plugin:deploy

相对于 clean 和 site 生命周期来说，default 生命周期与插件目标的绑定关系就显得复杂一些。这是因为对于任何项目来说，例如 jar 项目和 war 项目，它们的项目清理和站点生成任务是一样的，不过构建过程会有区别。例如 jar 项目需要打成 JAR 包，而 war 项目需要打成 WAR 包。

由于项目的打包类型会影响构建的具体过程，因此，default 生命周期的阶段与插件目标的绑定关系由项目打包类型所决定，打包类型是通过 POM 中的 packaging 元素定义的，具体可回顾第 5.2 节。最常见、最重要的打包类型是 jar，它也是默认的打包类型。基于该打包类型的项目，其 default 生命周期的内置插件绑定关系及具体任务如表 7-3 所示。

表 7-3 default 生命周期的内置插件绑定关系及具体任务（打包类型：jar）

生命周期阶段	插件目标	执行任务
process-resources	maven-resources-plugin:resources	复制主资源文件至主输出目录
compile	maven-compiler-plugin:compile	编译主代码至主输出目录
process-test-resources	maven-resources-plugin:testResources	复制测试资源文件至测试输出目录
test-compile	maven-compiler-plugin:testCompile	编译测试代码至测试输出目录
test	maven-surefire-plugin:test	执行测试用例
package	maven-jar-plugin:jar	创建项目 jar 包
install	maven-install-plugin:install	将项目输出构件安装到本地仓库
deploy	maven-deploy-plugin:deploy	将项目输出构件部署到远程仓库

注意，表 7-3 只列出了拥有插件绑定关系的阶段，default 生命周期还有很多其他阶段，默认它们没有绑定任何插件，因此也没有任何实际行为。

除了默认的打包类型 jar 之外，常见的打包类型还有 war、pom、maven-plugin、ear 等。它们的 default 生命周期与插件目标的绑定关系可参阅 Maven 官方文档：http://maven.apache.org/guides/introduction/introduction-to-the-lifecycle.html#Built-in_Lifecycle_Bindings，这里不再赘述。

读者可以从 Maven 的命令行输出中看到在项目构建过程执行了哪些插件目标，例如基于 account-email 执行 **mvn clean install** 命令，可以看到如下输出，见代码清单 7-2。

代码清单 7-2 Maven 输出中包含了生命周期阶段与插件的绑定关系

```
[INFO] ------------------------------------------------------------
[INFO] Building Account Email 1.0.0-SNAPSHOT
[INFO] ------------------------------------------------------------
[INFO]
[INFO] --- maven-clean-plugin:2.3:clean (default-clean) @ account-email ---
[INFO] Deleting file set: D:\git-juven\maven-book\code\ch-5\account-email\tar-
get…
    …
    [INFO] --- maven-resources-plugin:2.4.1:resources (default-resources) @ ac-
count-email ---
    [INFO] Using 'UTF-8' encoding to copy filtered resources.
    …
    [INFO] --- maven-compiler-plugin:2.0.2:compile (default-compile) @ account-
email ---
    [INFO] Compiling 3 source files to D:\git-juven\maven-book\code\…
    …
    [INFO] --- maven-resources-plugin:2.4.1:testResources (default-testResources)
@ account-email ---
```

```
[INFO] Using 'UTF-8' encoding to copy filtered resources.
…
[INFO] --- maven-compiler-plugin:2.0.2:testCompile (default-testCompile) @ ac-
count-email ---
[INFO] Compiling 1 source file to …
…
[INFO] --- maven-surefire-plugin:2.4.3:test (default-test) @ account-email --
[INFO] Surefire report directory: D:\git-juven\maven-book\code\…
…
[INFO] --- maven-jar-plugin:2.2:jar (default-jar) @ account-email ---
[INFO] Building jar: D:\git-juven\maven-book\code\….
…
[INFO] --- maven-install-plugin:2.3:install (default-install) @ account-email
[INFO] Installing D:\git-juven\maven-book\code\…
…
[INFO] ------------------------------------------------------------
[INFO] BUILD SUCCESS
[INFO] ------------------------------------------------------------
```

从输出中可以看到，执行的插件目标依次为 maven-clean-plugin:clean、maven-resources-plugin:resources、maven-compiler-plugin:compile、maven-resources-plugin:testResources、maven-compiler-plugin:testCompile、maven-surefire-plugin:test、maven-jar-plugin:jar 和 maven-install-plugin:install。我们知道，**mvn clean install** 命令实际调用了 clean 生命周期的 pre-clean、clean 阶段，以及 default 生命周期的从 validate 至 install 所有阶段。在此基础上，通过对照表 7-1 和表 7-3，就能从理论上得到将会执行的插件目标任务，而实际的输出完全验证了这一点。

7.4.2 自定义绑定

除了内置绑定以外，用户还能够自己选择将某个插件目标绑定到生命周期的某个阶段上，这种自定义绑定方式能让 Maven 项目在构建过程中执行更多更富特色的任务。

一个常见的例子是创建项目的源码 jar 包，内置的插件绑定关系中并没有涉及这一任务，因此需要用户自行配置。maven-source-plugin 可以帮助我们完成该任务，它的 jar-no-fork 目标能够将项目的主代码打包成 jar 文件，可以将其绑定到 default 生命周期的 verify 阶段上，在执行完集成测试后和安装构件之前创建源码 jar 包。具体配置见代码清单 7-3。

代码清单7-3 自定义绑定插件目标

```xml
<build>
    <plugins>
        <plugin>
            <groupId>org.apache.maven.plugins</groupId>
            <artifactId>maven-source-plugin</artifactId>
            <version>2.1.1</version>
            <executions>
                <execution>
                    <id>attach-sources</id>
                    <phase>verify</phase>
                    <goals>
                        <goal>jar-no-fork</goal>
```

```xml
                    </goals>
                </execution>
            </executions>
        </plugin>
    </plugins>
</build>
```

在 POM 的 build 元素下的 plugins 子元素中声明插件的使用,该例中用到的是 maven-source-plugin,其 groupId 为 org.apache.maven.plugins,这也是 Maven 官方插件的 groupId,紧接着 artifactId 为 maven-source-plugin,version 为 2.1.1。对于自定义绑定的插件,用户总是应该声明一个非快照版本,这样可以避免由于插件版本变化造成的构建不稳定性。

上述配置中,除了基本的插件坐标声明外,还有插件执行配置,executions 下每个 execution 子元素可以用来配置执行一个任务。该例中配置了一个 id 为 attach-sources 的任务,通过 phrase 配置,将其绑定到 verify 生命周期阶段上,再通过 goals 配置指定要执行的插件目标。至此,自定义插件绑定完成。运行 **mvn verify** 就能看到如下输出:

```
[INFO] --- maven-source-plugin:2.1.1:jar-no-fork (attach-sources) @ my-proj --
[INFO] Building jar: D:\code\ch-7\target\my-proj-0.0.1-SNAPSHOT-sources.jar
```

我们可以看到,当执行 verify 生命周期阶段的时候,maven-source-plugin:jar-no-fork 会得以执行,它会创建一个以-sources.jar 结尾的源码文件包。

有时候,即使不通过 phase 元素配置生命周期阶段,插件目标也能够绑定到生命周期中去。例如,可以尝试删除上述配置中的 phase 一行,再次执行 **mvn verify**,仍然可以看到 maven-source-plugin:jar-no-fork 得以执行。出现这种现象的原因是:有很多插件的目标在编写时已经定义了默认绑定阶段。可以使用 maven-help-plugin 查看插件详细信息,了解插件目标的默认绑定阶段。运行命令如下:

```
$ mvn help:describe-Dplugin = org.apache.maven.plugins:maven-source-plugin:
2.1.1-Ddetail
```

该命令输出对应插件的详细信息。在输出信息中,能够看到关于目标 jar-no-fork 的如下信息:

```
…
source:jar-no-fork
  Description: This goal bundles all the sources into a jar archive. This
    goal functions the same as the jar goal but does not fork the build and is
    suitable for attaching to the build lifecycle.
  Deprecated. No reason given
  Implementation: org.apache.maven.plugin.source.SourceJarNoForkMojo
  Language: java
  Bound to phase: package

  Available parameters:
…
```

该输出包含了一段关于 jar-no-fork 目标的描述,这里关心的是 Bound to phase 这一项,它表示该目标默认绑定的生命周期阶段(这里是 package)。也就是说,当用户配置使用

maven-source-plugin 的 jar-no-fork 目标的时候，如果不指定 phase 参数，该目标就会被绑定到 package 阶段。

我们知道，当插件目标被绑定到不同的生命周期阶段的时候，其执行顺序会由生命周期阶段的先后顺序决定。如果多个目标被绑定到同一个阶段，它们的执行顺序会是怎样？答案很简单，当多个插件目标绑定到同一个阶段的时候，这些插件声明的先后顺序决定了目标的执行顺序。

7.5 插件配置

完成了插件和生命周期的绑定之后，用户还可以配置插件目标的参数，进一步调整插件目标所执行的任务，以满足项目的需求。几乎所有 Maven 插件的目标都有一些可配置的参数，用户可以通过命令行和 POM 配置等方式来配置这些参数。

7.5.1 命令行插件配置

在日常的 Maven 使用中，我们会经常从命令行输入并执行 Maven 命令。在这种情况下，如果能够方便地更改某些插件的行为，无疑会十分方便。很多插件目标的参数都支持从命令行配置，用户可以在 Maven 命令中使用-D 参数，并伴随一个参数键=参数值的形式，来配置插件目标的参数。

例如，maven-surefire-plugin 提供了一个 maven.test.skip 参数，当其值为 true 的时候，就会跳过执行测试。于是，在运行命令的时候，加上如下-D 参数就能跳过测试：

```
$ mvn install-Dmaven.test.skip=true
```

参数-D 是 Java 自带的，其功能是通过命令行设置一个 Java 系统属性，Maven 简单地重用了该参数，在准备插件的时候检查系统属性，便实现了插件参数的配置。

7.5.2 POM 中插件全局配置

并不是所有的插件参数都适合从命令行配置，有些参数的值从项目创建到项目发布都不会改变，或者说很少改变，对于这种情况，在 POM 文件中一次性配置就显然比重复在命令行输入要方便。

用户可以在声明插件的时候，对此插件进行一个全局的配置。也就是说，所有该基于该插件目标的任务，都会使用这些配置。例如，我们通常会需要配置 maven-compiler-plugin 告诉它编译 Java 1.5 版本的源文件，生成与 JVM 1.5 兼容的字节码文件，见代码清单 7-4。

代码清单 7-4　在 POM 中对插件进行全局配置

```
<build>
  <plugins>
    <plugin>
```

```xml
        <groupId>org.apache.maven.plugins</groupId>
        <artifactId>maven-compiler-plugin</artifactId>
        <version>2.1</version>
        <configuration>
          <source>1.5</source>
          <target>1.5</target>
        </configuration>
      </plugin>
    </plugins>
  </build>
```

这样，不管绑定到 compile 阶段的 maven-compiler-plugin:compile 任务，还是绑定到 test-compiler 阶段的 maven-compiler-plugin:testCompiler 任务，就都能够使用该配置，基于 Java 1.5 版本进行编译。

7.5.3 POM 中插件任务配置

除了为插件配置全局的参数，用户还可以为某个插件任务配置特定的参数。以 maven-antrun-plugin 为例，它有一个目标 run，可以用来在 Maven 中调用 Ant 任务。用户将 maven-antrun-plugin:run 绑定到多个生命周期阶段上，再加以不同的配置，就可以让 Maven 在不同的生命阶段执行不同的任务，见代码清单 7-5。

代码清单 7-5 在 POM 中对插件进行任务配置

```xml
<build>
    <plugins>
        <plugin>
            <groupId>org.apache.maven.plugins</groupId>
            <artifactId>maven-antrun-plugin</artifactId>
            <version>1.3</version>
            <executions>
                <execution>
                    <id>ant-validate</id>
                    <phase>validate</phase>
                    <goals>
                        <goal>run</goal>
                    </goals>
                    <configuration>
                        <tasks>
                            <echo>I'm bound to validate phase.</echo>
                        </tasks>
                    </configuration>
                </execution>
                <execution>
                    <id>ant-verify</id>
                    <phase>verify</phase>
                    <goals>
                        <goal>run</goal>
                    </goals>
                    <configuration>
                        <tasks>
```

```
                    <echo>I'm bound to verify phase.</echo>
                </tasks>
            </configuration>
        </execution>
    </executions>
</plugin>
    </plugins>
</build>
```

在上述代码片段中，首先，maven-antrun-plugin:run 与 validate 阶段绑定，从而构成一个 id 为 ant-validate 的任务。插件全局配置中的 configuration 元素位于 plugin 元素下面，而这里的 configuration 元素则位于 execution 元素下，表示这是特定任务的配置，而非插件整体的配置。这个 ant-validate 任务配置了一个 echo Ant 任务，向命令行输出一段文字，表示该任务是绑定到 validate 阶段的。第二个任务的 id 为 ant-verify，它绑定到了 verify 阶段，同样它也输出一段文字到命令行，告诉该任务绑定到了 verify 阶段。

7.6 获取插件信息

仅仅理解如何配置使用插件是不够的。当遇到一个构建任务的时候，用户还需要知道去哪里寻找合适的插件，以帮助完成任务。找到正确的插件之后，还要详细了解该插件的配置点。由于 Maven 的插件非常多，而且这其中的大部分没有完善的文档，因此，使用正确的插件并进行正确的配置，其实并不是一件容易的事。

7.6.1 在线插件信息

基本上所有主要的 Maven 插件都来自 Apache 和 Codehaus。由于 Maven 本身是属于 Apache 软件基金会的，因此它有很多官方的插件，每天都有成千上万的 Maven 用户在使用这些插件，它们具有非常好的稳定性。详细的列表可以在这个地址得到：http://maven.apache.org/plugins/index.html，单击某个插件的链接便可以得到进一步的信息。所有官方插件能在这里下载：http://repo1.maven.org/maven2/org/apache/maven/plugins/。

除了 Apache 上的官方插件之外，托管于 Codehaus 上的 Mojo 项目也提供了大量了 Maven 插件，详细的列表可以访问：http://mojo.codehaus.org/plugins.html。需要注意的是，这些插件的文档和可靠性相对较差，在使用时，如果遇到问题，往往只能自己去看源代码。所有 Codehaus 的 Maven 插件能在这里下载：http://repository.codehaus.org/org/codehaus/mojo/。

由于上述两个站点提供的插件非常多，而实际使用中常用的插件远不会是这个数量，因此附录 C 归纳了一些比较常用的插件。

虽然并非所有插件都提供了完善的文档，但一些核心插件的文档还是非常丰富的。以 maven-surefire-plugin 为例，访问 http://maven.apache.org/plugins/maven-surefire-plugin/ 可以看到该插件的简要介绍、包含的目标、使用介绍、FAQ 以及很多实例，如图 7-3 所示。

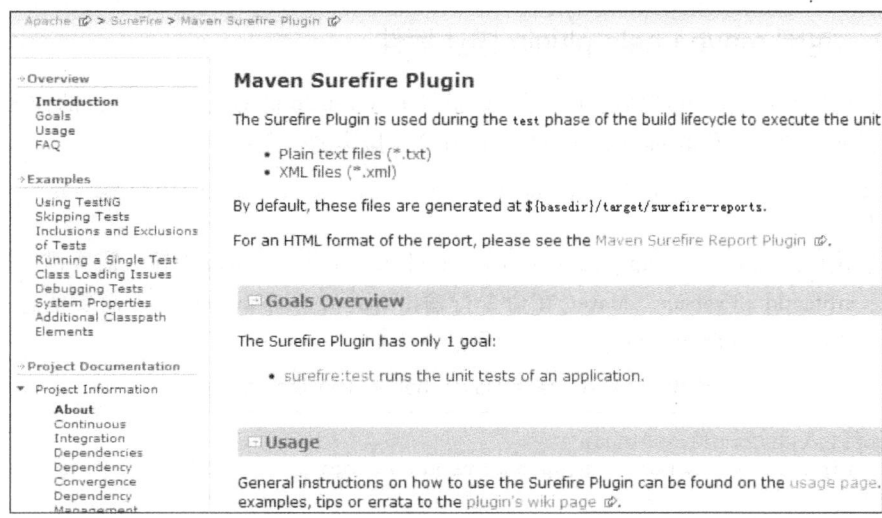

图 7-3　maven-surefire-plugin 的文档页面

一般来说，通过阅读插件文档中的使用介绍和实例，就应该能够在自己的项目中很好地使用该插件。但当我们想了解非常细节的目标参数时，就需要进一步访问该插件每个目标的文档。以 maven-surefire-plugin 为例（见第 7.5.1 节），可以通过在命令行传入 maven.test.skip 参数来跳过测试执行，而执行测试的插件目标是 surefire:test，访问其文档：http://maven.apache.org/plugins/maven-surefire-plugin/test-mojo.html，可以找到目标参数 skip，如图 7-4 所示。

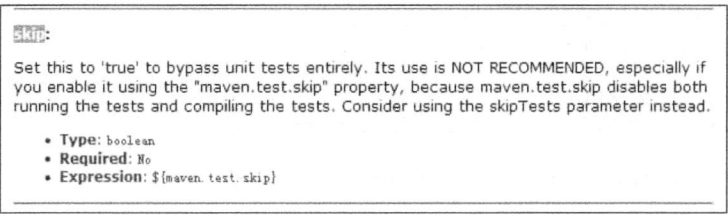

图 7-4　maven-surefire-plugin：test 的 skip 参数

文档详细解释了该参数的作用、类型等信息。基于该信息，用户可以在 POM 中配置 maven-surefire-plugin 的 skip 参数为 true 来跳过测试。这个时候读者可能会不理解了，之前在命令行传入的参数不是 maven.test.skip 吗？的确如此，虽然对于该插件目标的作用是一样的，但从命令行传入的参数确实不同于该插件目标的参数名称。命令行参数是由该插件参数的表达式（Expression）决定的。从图 7-4 中能够看到，surefire:test skip 参数的表达式为 ${maven.test.skip}，它表示可以在命令行以 -Dmaven.test.skip=true 的方式配置该目标。并不是所有插件目标参数都有表达式，也就是说，一些插件目标参数只能在 POM 中配置。

7.6.2 使用 maven-help-plugin 描述插件

除了访问在线的插件文档之外，还可以借助 maven-help-plugin 来获取插件的详细信息。可以运行如下命令来获取 maven-compiler-plugin 2.1 版本的信息：

```
$ mvn help:describe -Dplugin = org.apache.maven.plugins:maven-compiler-plugin:2.1
```

这里执行的是 maven-help-plugin 的 describe 目标，在参数 plugin 中输入需要描述插件的 groupId、artifactId 和 version。Maven 在命令行输出 maven-compiler-plugin 的简要信息，包括该插件的坐标、目标前缀和目标等，见代码清单 7-6。

代码清单 7-6 使用 maven-help-plugin 获取插件信息

```
Name: Maven Compiler Plugin
Description: The Compiler Plugin is used to compile the sources of your
  project.
Group Id: org.apache.maven.plugins
Artifact Id: maven-compiler-plugin
Version: 2.1
Goal Prefix: compiler

This plugin has 3 goals:

compiler:compile
  Description: Compiles application sources

compiler:help
  Description: Display help information on maven-compiler-plugin.
    Call
      mvn compiler:help -Ddetail = true -Dgoal = <goal-name>
    to display parameter details.

compiler:testCompile
  Description: Compiles application test sources.

For more information, run 'mvn help:describe [...] -Ddetail'
```

对于坐标和插件目标，不再多做解释，这里值得一提的是目标前缀（Goal Prefix），其作用是方便在命令行直接运行插件。在第 7.8 节会做进一步解释。maven-compiler-plugin 的目标前缀是 compiler。

在描述插件的时候，还可以省去版本信息，让 Maven 自动获取最新版本来进行表述。例如：

```
$ mvn help:describe -Dplugin = org.apache.maven.plugins:maven-compiler-plugin
```

进一步简化，可以使用插件目标前缀替换坐标。例如：

```
$ mvn help:describe -Dplugin = compiler
```

如果想仅仅描述某个插件目标的信息，可以加上 goal 参数：

```
$ mvn help:describe-Dplugin=compiler-Dgoal=compile
```

如果想让 maven-help-plugin 输出更详细的信息,可以加上 detail 参数:

```
$ mvn help:describe-Dplugin=compiler-Ddetail
```

读者可以在实际环境中使用 help:describe 描述一些常用插件的信息,以得到更加直观的感受。

7.7 从命令行调用插件

如果在命令行运行 **mvn-h** 来显示 mvn 命令帮助,就可以看到如下的信息:

```
usage: mvn [options] [<goal(s)>] [<phase(s)>]

Options:
 ...
```

该信息告诉了我们 mvn 命令的基本用法,options 表示可用的选项,mvn 命令有 20 多个选项,这里暂不详述,读者可以根据说明来了解每个选项的作用。除了选项之外,mvn 命令后面可以添加一个或者多个 goal 和 phase,它们分别是指插件目标和生命周期阶段。第 7.2.5 节已经详细介绍了如何通过该参数控制 Maven 的生命周期。现在我们关心的是另外一个参数:goal。

我们知道,可以通过 mvn 命令激活生命周期阶段,从而执行那些绑定在生命周期阶段上的插件目标。但 Maven 还支持直接从命令行调用插件目标。Maven 支持这种方式是因为有些任务不适合绑定在生命周期上,例如 maven-help-plugin:describe,我们不需要在构建项目的时候去描述插件信息,又如 maven-dependency-plugin:tree,我们也不需要在构建项目的时候去显示依赖树。因此这些插件目标应该通过如下方式使用:

```
$ mvn help:describe-Dplugin=compiler
```

```
$ mvn dependency:tree
```

不过,这里还有一个疑问,describe 是 maven-help-plugin 的目标没错,但冒号前面的 help 是什么呢?它既不是 groupId,也不是 artifactId,Maven 是如何根据该信息找到对应版本插件的呢?同理,为什么不是 maven-dependency-plugin:tree,而是 dependency:tree?

解答该疑问之前,可以先尝试一下如下的命令:

```
$ mvn org.apache.maven.plugins:maven-help-plugin:2.1:describe-Dplugin=compiler
```

```
$ mvn org.apache.maven.plugins:maven-dependency-plugin:2.1:tree
```

这两条命令就比较容易理解了,插件的 groupId、artifactId、version 以及 goal 都得以清晰描述。它们的效果与之前的两条命令基本是一样的,但显然前面的命令更简洁,更容易记忆和使用。为了达到该目的,Maven 引入了目标前缀的概念,help 是 maven-help-plugin 的目标前缀,dependency 是 maven-dependency-plugin 的前缀,有了插件前缀,Maven 就能找到对应的 artifactId。不过,除了 artifactId,Maven 还需要得到 groupId 和 version 才能精确定位到某个插件。下一节将详细解释这个过程。

7.8 插件解析机制

为了方便用户使用和配置插件,Maven 不需要用户提供完整的插件坐标信息,就可以解析得到正确的插件,Maven 的这一特性是一把双刃剑,虽然它简化了插件的使用和配置,可一旦插件的行为出现异常,用户就很难快速定位到出问题的插件构件。例如 **mvn help:system** 这样一条命令,它到底执行了什么插件?该插件的 groupId、artifactId 和 version 分别是什么?这个构件是从哪里来的?本节就详细介绍 Maven 的运行机制,以让读者不仅知其然,更知其所以然。

7.8.1 插件仓库

与依赖构件一样,插件构件同样基于坐标存储在 Maven 仓库中。在需要的时候,Maven 会从本地仓库寻找插件,如果不存在,则从远程插件仓库查找。找到插件之后,再下载到本地仓库使用。

值得一提的是,Maven 会区别对待依赖的远程仓库与插件的远程仓库,第 6.4 节介绍了如何配置远程仓库,但那种配置只对一般依赖有效果。当 Maven 需要的依赖在本地仓库不存在时,它会去所配置的远程仓库查找,可是当 Maven 需要的插件在本地仓库不存在时,它就不会去这些远程仓库查找。

不同于 repositories 及其 repository 子元素,插件的远程仓库使用 pluginRepositories 和 pluginRepository 配置。例如,Maven 内置了如下的插件远程仓库配置,见代码清单 7-7。

代码清单 7-7 Maven 内置的插件仓库配置

```xml
<pluginRepositories>
  <pluginRepository>
    <id>central</id>
    <name>Maven Plugin Repository</name>
    <url>http://repo1.maven.org/maven2</url>
    <layout>default</layout>
    <snapshots>
      <enabled>false</enabled>
    </snapshots>
    <releases>
      <updatePolicy>never</updatePolicy>
    </releases>
  </pluginRepository>
</pluginRepositories>
```

除了 pluginRepositories 和 pluginRepository 标签不同之外,其余所有子元素表达的含义与第 6.4 节所介绍的依赖远程仓库配置完全一样。我们甚至看到,这个默认插件仓库的地址就是中央仓库,它关闭了对 SNAPSHOT 的支持,以防止引入 SNAPSHOT 版本的插件而导致不稳定的构建。

一般来说，中央仓库所包含的插件完全能够满足我们的需要，因此也不需要配置其他的插件仓库。只有在很少的情况下，项目使用的插件无法在中央仓库找到，或者自己编写了插件，这个时候可以参考上述的配置，在 POM 或者 settings.xml 中加入其他的插件仓库配置。

7.8.2 插件的默认 groupId

在 POM 中配置插件的时候，如果该插件是 Maven 的官方插件（即如果其 groupId 为 org.apache.maven.plugins），就可以省略 groupId 配置，见代码清单 7-8。

代码清单 7-8　配置官方插件和省略 groupId

```xml
<build>
  <plugins>
    <plugin>
      <artifactId>maven-compiler-plugin</artifactId>
      <version>2.1</version>
      <configuration>
        <source>1.5</source>
        <target>1.5</target>
      </configuration>
    </plugin>
  </plugins>
</build>
```

上述配置中省略了 maven-compiler-plugin 的 groupId，Maven 在解析该插件的时候，会自动用默认 groupId org.apache.maven.plugins 补齐。

笔者不推荐使用 Maven 的这一机制，虽然这么做可以省略一些配置，但这样的配置会让团队中不熟悉 Maven 的成员感到费解，况且能省略的配置也就仅仅一行而已。

7.8.3 解析插件版本

同样是为了简化插件的配置和使用，在用户没有提供插件版本的情况下，Maven 会自动解析插件版本。

首先，Maven 在超级 POM 中为所有核心插件设定了版本，超级 POM 是所有 Maven 项目的父 POM，所有项目都继承这个超级 POM 的配置，因此，即使用户不加任何配置，Maven 使用核心插件的时候，它们的版本就已经确定了。这些插件包括 maven-clean-plugin、maven-compiler-plugin、maven-surefire-plugin 等。

如果用户使用某个插件时没有设定版本，而这个插件又不属于核心插件的范畴，Maven 就会去检查所有仓库中可用的版本，然后做出选择。读者可以回顾一下第 6.6 节中介绍的仓库元数据 groupId/artifactId/maven-metadata.xml。以 maven-compiler-plugin 为例，它在中央仓库的仓库元数据为 http://repo1.maven.org/maven2/org/apache/maven/plugins/maven-compiler-plugin/maven-metadata.xml，其内容见代码清单 7-9。

代码清单 7-9 maven-compiler-plugin 的 groupId/artifactId 仓库元数据

```xml
<?xml version="1.0" encoding="UTF-8"?>
<metadata>
  <groupId>org.apache.maven.plugins</groupId>
  <artifactId>maven-compiler-plugin</artifactId>
  <versioning>
    <latest>2.1</latest>
    <release>2.1</release>
    <versions>
      <version>2.0-beta-1</version>
      <version>2.0</version>
      <version>2.0.1</version>
      <version>2.0.2</version>
      <version>2.1</version>
    </versions>
    <lastUpdated>20100102092331</lastUpdated>
  </versioning>
</metadata>
```

Maven 遍历本地仓库和所有远程插件仓库，将该路径下的仓库元数据归并后，就能计算出 latest 和 release 的值。latest 表示所有仓库中该构件的最新版本，而 release 表示最新的非快照版本。在 Maven 2 中，插件的版本会被解析至 latest。也就是说，当用户使用某个非核心插件且没有声明版本的时候，Maven 会将版本解析为所有可用仓库中的最新版本，而这个版本也可能是快照版。

当插件的版本为快照版本时，就会出现潜在的问题。Maven 会基于更新策略，检查并使用快照的更新。某个插件可能昨天还用得好好的，今天就出错了，其原因就是这个快照版本的插件发生了变化。为了防止这类问题，Maven 3 调整了解析机制，当插件没有声明版本的时候，不再解析至 latest，而是使用 release。这样就可以避免由于快照频繁更新而导致的插件行为不稳定。

依赖 Maven 解析插件版本其实是不推荐的做法，即使 Maven 3 将版本解析到最新的非快照版，也还是会有潜在的不稳定性。例如，可能某个插件发布了一个新的版本，而这个版本的行为与之前的版本发生了变化，这种变化就可能导致项目构建失败。因此，使用插件的时候，应该一直显式地设定版本，这也解释了 Maven 为什么要在超级 POM 中为核心插件设定版本。

7.8.4 解析插件前缀

前面讲到 mvn 命令行支持使用插件前缀来简化插件的调用，现在解释 Maven 如何根据插件前缀解析得到插件的坐标。

插件前缀与 groupId:artifactId 是一一对应的，这种匹配关系存储在仓库元数据中。与之前提到的 groupId/artifactId/maven-metadata.xml 不同，这里的仓库元数据为 groupId/maven-metadata.xml，那么这里的 groupId 是什么呢？第 7.6.1 节提到主要的插件都位于 http://repo1.maven.org/maven2/org/apache/maven/plugins/ 和 http://repository.codehaus.org/org/codehaus/mojo/，相应地，Maven 在解析插件仓库元数据的时候，会默认使用 org.apache.maven.plugins 和 org.codehaus.mojo 两个 groupId。也可以通过配置 settings.xml 让 Maven 检查其他 groupId 上的插件仓库元数据：

```
<settings>
  <pluginGroups>
    <pluginGroup>com.your.plugins</pluginGroup>
  </pluginGroups>
</settings>
```

基于该配置，Maven 就不仅仅会检查 org/apache/maven/plugins/maven-metadata.xml 和 org/codehaus/mojo/maven-metadata.xml，还会检查 com/your/plugins/maven-metadata.xml。

下面看一下插件仓库元数据的内容，见代码清单 7-10。

代码清单 7-10　插件仓库元数据

```
<metadata>
  <plugins>
    <plugin>
      <name>Maven Clean Plugin</name>
      <prefix>clean</prefix>
      <artifactId>maven-clean-plugin</artifactId>
    </plugin>
    <plugin>
      <name>Maven Compiler Plugin</name>
      <prefix>compiler</prefix>
      <artifactId>maven-compiler-plugin</artifactId>
    </plugin>
    <plugin>
      <name>Maven Dependency Plugin</name>
      <prefix>dependency</prefix>
      <artifactId>maven-dependency-plugin</artifactId>
    </plugin>
  </plugins>
</metadata>
```

上述内容是从中央仓库的 org.apache.maven.plugins groupId 下插件仓库元数据中截取的一些片段，从这段数据中就能看到 maven-clean-plugin 的前缀为 clean，maven-compiler-plugin 的前缀为 compiler，maven-dependency-plugin 的前缀为 dependency。

当 Maven 解析到 dependency:tree 这样的命令后，它首先基于默认的 groupId 归并所有插件仓库的元数据 org/apache/maven/plugins/maven-metadata.xml；其次检查归并后的元数据，找到对应的 artifactId 为 maven-dependency-plugin；然后结合当前元数据的 groupId org.apache.maven.plugins；最后使用第 7.8.3 节描述的方法解析得到 version，这时就得到了完整的插件坐标。如果 org/apache/maven/plugins/maven-metadata.xml 没有记录该插件前缀，则接着检查其他 groupId 下的元数据，如 org/codehaus/mojo/maven-metadata.xml，以及用户自定义的插件组。如果所有元数据中都不包含该前缀，则报错。

7.9 小结

本章介绍了 Maven 的生命周期和插件这两个重要的概念。不仅解释了生命周期背后的理念，还详细阐述了 clean、default、site 三套生命周期各自的内容。此外，本章还重点介绍了 Maven 插件如何与生命周期绑定，以及如何配置插件行为，如何获取插件信息。读者还能从命令行的视角来理解生命周期和插件。本章最后结合仓库元数据剖析了 Maven 内部的插件解析机制，希望能使得读者对 Maven 有更深刻的理解。

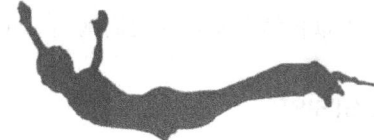

第 8 章

聚合与继承

本章内容

- account-persist
- 聚合
- 继承
- 聚合与继承的关系
- 约定优于配置
- 反应堆
- 小结

在这个技术飞速发展的时代,各类用户对软件的要求越来越高,软件本身也变得越来越复杂。因此,软件设计人员往往会采用各种方式对软件划分模块,以得到更清晰的设计及更高的重用性。当把 Maven 应用到实际项目中的时候,也需要将项目分成不同的模块,例如,在4.3.2节中,本书的背景案例账户注册服务就被划分成了 account-email、account-persist 等五个模块。Maven 的聚合特性能够把项目的各个模块聚合在一起构建,而 Maven 的继承特性则能帮助抽取各模块相同的依赖和插件等配置,在简化 POM 的同时,还能促进各个模块配置的一致性。本章将结合实际的案例阐述 Maven 的这两个特性。

8.1 account-persist

在讨论多模块 Maven 项目的聚合与继承之前,本书先引入账户注册服务的 account-persist 模块。该模块负责账户数据的持久化,以 XML 文件的形式保存账户数据,并支持账户的创建、读取、更新、删除等操作。

8.1.1 account-persist 的 POM

首先,看一下 account-persist 模块的 POM 文件,见代码清单8-1。

代码清单8-1　account-persist 的 POM

```xml
<project xmlns="http://maven.apache.org/POM/4.0.0"
xmlns:xsi="http://www.w3.org/2001/XMLSchema-instance"
    xsi:schemaLocation="http://maven.apache.org/POM/4.0.0
http://maven.apache.org/maven-v4_0_0.xsd">
    <modelVersion>4.0.0</modelVersion>
    <groupId>com.juvenxu.mvnbook.account</groupId>
    <artifactId>account-persist</artifactId>
    <name>Account Persist</name>
    <version>1.0.0-SNAPSHOT</version>

    <dependencies>
      <dependency>
        <groupId>dom4j</groupId>
        <artifactId>dom4j</artifactId>
        <version>1.6.1</version>
      </dependency>
      <dependency>
        <groupId>org.springframework</groupId>
        <artifactId>spring-core</artifactId>
        <version>2.5.6</version>
      </dependency>
      <dependency>
        <groupId>org.springframework</groupId>
        <artifactId>spring-beans</artifactId>
        <version>2.5.6</version>
      </dependency>
      <dependency>
        <groupId>org.springframework</groupId>
```

```xml
            <artifactId>spring-context</artifactId>
            <version>2.5.6</version>
        </dependency>
        <dependency>
            <groupId>junit</groupId>
            <artifactId>junit</artifactId>
            <version>4.7</version>
            <scope>test</scope>
        </dependency>
    </dependencies>

    <build>
        <testResources>
            <testResource>
                <directory>src/test/resources</directory>
                <filtering>true</filtering>
            </testResource>
        </testResources>
        <plugins>
            <plugin>
                <groupId>org.apache.maven.plugins</groupId>
                <artifactId>maven-compiler-plugin</artifactId>
                <configuration>
                    <source>1.5</source>
                    <target>1.5</target>
                </configuration>
            </plugin>
            <plugin>
                <groupId>org.apache.maven.plugins</groupId>
                <artifactId>maven-resources-plugin</artifactId>
                <configuration>
                    <encoding>UTF-8</encoding>
                </configuration>
            </plugin>
        </plugins>
    </build>
</project>
```

该模块的坐标为 com.juvenxu.mvnbook.account:account-persist:1.0.0-SNAPSHOT，回顾一下 5.3.1 节，读者就能发现，该模块 groupId 和 version 与 account-email 模块完全一致，而且 artifactId 也有相同的前缀。一般来说，一个项目的子模块都应该使用同样的 groupId，如果它们一起开发和发布，还应该使用同样的 version，此外，它们的 artifactId 还应该使用一致的前缀，以方便同其他项目区分。

POM 中配置了一些依赖。其中，dom4j 是用来支持 XML 操作的；接下来是几个 spring-framework 的依赖，与 account-email 中一样，它们主要用来支持依赖注入；最后是一个测试范围的 junit 依赖，用来支持单元测试。

接着是 build 元素，它先是包含了一个 testResources 子元素，这是为了开启资源过滤。稍后讨论 account-persist 单元测试的时候，我们会详细介绍。

build 元素下还包含了两个插件的配置。首先是配置 maven-compiler-plugin 支持 Java

1.5,我们知道,虽然这里没有配置插件版本,但由于 maven-compiler-plugin 是核心插件,它的版本已经在超级 POM 中设定了。此外,如果这里不配置 groupId,Maven 也会使用默认的 groupId org.apache.maven.plugins。除了 maven-compiler-plugin,这里还配置了 maven-resources-plugin 使用 UTF-8 编码处理资源文件。

8.1.2 account-persist 的主代码

account-persist 的 Java 主代码位于默认的 src/main/java 目录,包含 Account.java、AccountPersistService.java、AccountPersistServiceImpl.java 和 AccountPersistException.java 四个文件,它们的包名都是 com.juvenxu.mvnbook.account.persist,该包名与 account-persist 的 groupId com.juvenxu.mvnbook.account 及 artifactId account-persist 对应。

Account 类定义了账户的简单模型,它包含 id、name 等字段,并为每个字段提供了一组 getter 和 setter 方法,见代码清单 8-2。

代码清单 8-2 Account.java

```java
package com.juvenxu.mvnbook.account.persist;

public class Account
{
    private String id;

    private String name;

    private String email;

    private String password;

    private boolean activated;

    public String getId()
    {
        return id;
    }

    public void setId( String id )
    {
        this.id = id;
    }

    public String getName()
    {
        return name;
    }

    public void setName( String name )
    {
        this.name = name;
    }
```

```
    //getter and setter methods for email, password and activated
}
```

account-persist 对外提供的服务在接口 AccountPersistService 中定义，其方法对应了账户的增、删、改、查，见代码清单 8-3。

代码清单 8-3　AccountPersistService.java

```
package com.juvenxu.mvnbook.account.persist;

public interface AccountPersistService
{
    Account createAccount( Account account ) throws AccountPersistException;

    Account readAccount( String id ) throws AccountPersistException;

    Account updateAccount( Account account ) throws AccountPersistException;

    void deleteAccount( String id ) throws AccountPersistException;
}
```

当增、删、改、查操作发生异常的时候，该服务则抛出 AccountPersistException。
AccountPersistService 对应的实现为 AccountPersistServiceImpl，它通过操作 XML 文件实现账户数据的持久化。首先看一下该类的两个私有方法：readDocument() 和 writeDocument()，见代码清单 8-4。

代码清单 8-4　AccountPersistServiceImpl.java 第 1 部分

```
private String file;

private SAXReader reader = new SAXReader();

private Document readDocument() throws AccountPersistException
{
        File dataFile = new File( file );

        if( !dataFile.exists() )
        {
          dataFile.getParentFile().mkdirs();

          Document doc = DocumentFactory.getInstance().createDocument();

          Element rootEle = doc.addElement( ELEMENT_ROOT );

          rootEle.addElement( ELEMENT_ACCOUNTS );

          writeDocument( doc );
        }

    try
    {
        return reader.read( new File( file ) );
    }
```

```java
        catch ( DocumentException e )
        {
            throw new AccountPersistException( "Unable to read persist data xml", e );
        }
    }

    private void writeDocument( Document doc ) throws AccountPersistException
    {
        Writer out = null;

        try
        {
            out = new OutputStreamWriter( new FileOutputStream( file ), "utf-8" );

            XMLWriter writer = newk XMLWriter( out, OutputFormat.createPrettyPrint() );

            writer.write( doc );
        }
        catch ( IOException e )
        {
            throw new AccountPersistException( "Unable to write persist data xml", e );
        }
        finally
        {
            try
            {
                if ( out != null )
                {
                    out.close();
                }
            }
            catch ( IOException e )
            {
                throw new AccountPersistException( "Unable to close persist data xml writer", e );
            }
        }
    }
```

先看 writeDocument() 方法。该方法首先使用变量 file 构建一个文件输出流，file 是 AccountPersistServiceImpl 的一个私有变量，它的值通过 SpringFramework 注入。得到输出流后，该方法再使用 DOM4J 创建一个 XMLWriter，这里的 OutputFormat.createPrettyPrint() 用来创建一个带缩进及换行的友好格式。得到 XMLWriter 后，就调用其 write() 方法，将 Document 写入到文件中。该方法的其他代码用做处理流的关闭及异常处理。

readDocument() 方法与 writeDocument() 对应，它负责从文件中读取 XML 数据，也就是 Document 对象。不过，在这之前，该方法首先会检查文件是否存在，如果不存在，则需要初始化一个 XML 文档，于是借助 DocumentFactory 创建一个 Document 对象，接着添加 XML 元素，再把这个不包含任何账户数据的 XML 文档写入文件中。如果文件已经被初始化了，则该方法使用 SAXReader 读取文件至 Document 对象。

用来存储账户数据的 XML 文件结构十分简单，如下是一个包含一个账户数据的文件，见代码清单 8-5。

代码清单 8-5　账户数据的 XML 文件

```xml
<?xml version="1.0" encoding="UTF-8"?>
<account-persist>
  <accounts>
    <account>
      <id>juven</id>
      <name>Juven Xu</name>
      <email>juven@changeme.com</email>
      <password>this_should_be_encrypted</password>
      <activated>false</activated>
    </account>
  </accounts>
</account-persist>
```

这个 XML 文件的根元素是 account-persist，其下是 accounts 元素，accounts 可以包含零个或者多个 account 元素，每个 account 元素代表一个账户，其子元素表示该账户的 id、姓名、电子邮件、密码以及是否被激活等信息。

现在看一下 readAccount() 方法是如何从 XML 文档读取并构建 Account 对象的，见代码清单 8-6。

代码清单 8-6　AccountPersistServiceImpl.java 第 2 部分

```java
public Account readAccount( String id ) throws AccountPersistException
{
    Document doc = readDocument();

    Element accountsEle = doc.getRootElement().element( ELEMENT_ACCOUNTS );

    for ( Element accountEle : (List<Element>) accountsEle.elements() )
    {
        if ( accountEle.elementText( ELEMENT_ACCOUNT_ID ).equals( id ) )
        {
            return buildAccount( accountEle );
        }
    }

    return null;
}

private Account buildAccount( Element element )
{
    Account account = new Account();

    account.setId( element.elementText( ELEMENT_ACCOUNT_ID ) );
    account.setName( element.elementText( ELEMENT_ACCOUNT_NAME ) );
    account.setEmail( element.elementText( ELEMENT_ACCOUNT_EMAIL ) );
    account.setPassword( element.elementText( ELEMENT_ACCOUNT_PASSWORD ) );
    account.setActivated( ( "true".equals( element.elementText( ELEMENT_ACCOUNT_
```

```
        ACTIVATED ) ) ? true : false ) );
        return account;
}
```

readAccount( )方法首先获取 XML 文档的 Document 对象,接着获取根元素的 accounts 子元素,这里的 ELEMENT_ACCOUNTS 是一个静态常量,其值就是 accounts。接着遍历 accounts 的子元素,如果当前子元素的 id 与要读取的账户的 id 一致,并且基于该子元素构建 Account 对象,这也就是 buildAccount( )方法。

在 buildAccount( )方法中,先创建一个 Account 对象,然后当前 XML 元素的子元素的值设置该对象。Element 的 elementText( )方法能够根据子元素名称返回子元素的值,与 ELEMENT_ACCOUNTS 类似,这里使用了一些静态常量表示 id、name、email 等 XML 中的元素名称。Account 对象设置完后就直接返回,如果 XML 文档中没有匹配的 id,则返回 null。

为了使本章内容不致过于冗长,这里就不再介绍 createAccount( )、updateAccount( )和 deleteAccount( )几个方法的实现。感兴趣的读者可以参照 DOM4J 的文档实现这几个方法,过程应该非常简单。

除了 Java 代码,account-persist 模块还需要一个 SpringFramework 的配置文件,它位于 src/main/resources 目录,其内容见代码清单 8-7。

代码清单 8-7 account-persist 的 Spring 配置文件

```
<?xml version="1.0" encoding="UTF-8"?>
<beans xmlns="http://www.springframework.org/schema/beans"
    xmlns:xsi="http://www.w3.org/2001/XMLSchema-instance"
    xsi:schemaLocation="http://www.springframework.org/schema/beans
http://www.springframework.org/schema/beans/spring-beans-2.5.xsd">

    <bean id="propertyConfigurer"
    class="org.springframework.beans.factory.config.PropertyPlaceholderConfigurer">
        <property name="location" value="classpath:account-service.properties"/>
    </bean>

    <bean id="accountPersistService"
        class="com.juvenxu.mvnbook.account.persist.AccountPersistServiceImpl">
        <property name="file" value="${persist.file}"/>
    </bean>

</beans>
```

该配置文件首先配置了一个 id 为 propertyConfigurer 的 bean,其实现为 PropertyPlaceholderConfigurer,作用是从项目 classpath 载入名为 account-service.properties 的配置文件。随后的 bean 是 accountPersistService,实现为 AccountPersistServiceImpl,同时这里使用属性 persist.file

配置其 file 字段的值。也就是说，XML 数据文档的位置是由项目 classpath 下 account-service. properties 文件中 persist. file 属性的值配置的。

8.1.3 account-persist 的测试代码

定义并实现了账户的增、删、改、查操作，当然也不能少了相应的测试。测试代码位于 src/test/java/ 目录下，测试资源文件位于 src/test/resources/ 目录下。上一节 SpringFramework 的定义要求项目 classpath 下有一个名为 account-service. properties 的文件，并且该文件中需要包含一个 persist. file 属性，以定义文件存储的位置。为了能够测试账户数据的持久化，在测试资源目录下创建属性文件 account-service. properties。其内容如下：

```
persist.file = ${project.build.testOutputDirectory}/persist-data.xml
```

该文件只包含一个 persist. file 属性，表示存储账户数据的文件路径，但是它的值并不是简单的文件路径，而是包含了 ${project.build.testOutputDirectory}。这是一个 Maven 属性，这里读者暂时只要了解该属性表示了 Maven 的测试输出目录，其默认的地址为项目根目录下的 target/test-classes 文件夹。也就是说，在测试中使用测试输出目录下的 persist-data.xml 文件存储账户数据。

现在编写测试用例测试 AccountPersistService。同样为了避免冗余，这里只测试 readAccount( ) 方法，见代码清单 8-8。

代码清单 8-8　AccountPersistServiceTest. java

```java
package com.juvenxu.mvnbook.account.persist;

import static org.junit.Assert.*;
import java.io.File;
import org.junit.Before;
import org.junit.Test;
import org.springframework.context.ApplicationContext;
import org.springframework.context.support.ClassPathXmlApplicationContext;

public class AccountPersistServiceTest
{
    private AccountPersistService service;

    @Before
    public void prepare()
        throws Exception
    {
        File persistDataFile = new File ( "target/test-classes/persist-data.xml" );

        if ( persistDataFile.exists() )
        {
            persistDataFile.delete();
        }

        ApplicationContext ctx = new ClassPathXmlApplicationContext ( "account-persist.xml" );
```

```java
        service = (AccountPersistService) ctx.getBean("accountPersistService");

        Account account = new Account();
        account.setId("juven");
        account.setName("Juven Xu");
        account.setEmail("juven@changeme.com");
        account.setPassword("this_should_be_encrypted");
        account.setActivated(true);

        service.createAccount(account);
    }

    @Test
    public void testReadAccount()
        throws Exception
    {
        Account account = service.readAccount("juven");
        assertNotNull(account);
        assertEquals("juven", account.getId());
        assertEquals("Juven Xu", account.getName());
        assertEquals("juven@changeme.com", account.getEmail());
        assertEquals("this_should_be_encrypted", account.getPassword());
        assertTrue(account.isActivated());
    }
}
```

该测试用例使用与 AccountPersistService 一致的包名，它有两个方法：prepare() 与 testReadAccount()。其中 prepare() 方法使用了 @Before 标注，表示在执行测试用例之前执行该方法。它首先检查数据存储文件是否存在，如果存在则将其删除以得到干净的测试环境，接着使用 account-persist.xml 配置文件初始化 SpringFramwork 的 IoC 容器，再从容器中获取要测试的 AccountPersistService 对象。最后，prepare() 方法创建一个 Account 对象，设置对象字段的值之后，使用 AccountPersistService 的 createAccount() 方法将其持久化。

使用 @Test 标注的 testReadAccount() 方法就是要测试的方法。该方法非常简单，它根据 id 使用 AccountPersistService 读取 Account 对象，然后检查该对象不为空，并且每个字段的值必须与刚才插入的对象的值完全一致。

该测试用例遵守了测试接口而不测试实现这一原则。也就是说，测试代码不能引用实现类，由于测试是从接口用户的角度编写的，这样就能保证接口的用户无须知晓接口的实现细节，既保证了代码的解耦，也促进了代码的设计。

8.2 聚合

到目前为止，本书实现了用户注册服务的两个模块，它们分别是第 5 章实现的 account-email 和本章实现的 account-persist。这时，一个简单的需求就会自然而然地显现出来：我们会想要一次构建两个项目,而不是到两个模块的目录下分别执行 mvn 命令。Maven 聚合(或者称为多模块)这一特性就是为该需求服务的。

为了能够使用一条命令就能构建 account-email 和 account- persist 两个模块,我们需要创建一个额外的名为 account-aggregator 的模块,然后通过该模块构建整个项目的所有模块。account-aggregator 本身作为一个 Maven 项目,它必须要有自己的 POM,不过,同时作为一个聚合项目,其 POM 又有特殊的地方。如下为 account-aggregator 的 pom.xml 内容,见代码清单 8-9。

代码清单 8-9　account-aggregator 的 POM

```
<project                        xmlns="http://maven.apache.org/POM/4.0.0"
xmlns:xsi="http://www.w3.org/2001/XMLSchema-instance"
    xsi:schemaLocation="http://maven.apache.org/POM/4.0.0
http://maven.apache.org/maven-v4_0_0.xsd">
    <modelVersion>4.0.0</modelVersion>
    <groupId>com.juvenxu.mvnbook.account</groupId>
    <artifactId>account-aggregator</artifactId>
    <version>1.0.0-SNAPSHOT</version>
    <packaging>pom</packaging>
    <name>Account Aggregator</name>
    <modules>
        <module>account-email</module>
        <module>account-persist</module>
    </modules>
</project>
```

上述 POM 依旧使用了账户注册服务共同的 groupId com.juvenxu.mvnbook.account,artifactId 为独立的 account-aggregator,版本也与其他两个模块一致,为 1.0.0-SNAPSHOT。这里的第一个特殊的地方为 packaging,其值为 POM。回顾 account-email 和 account- persist,它们都没有声明 packaging,即使用了默认值 jar。对于聚合模块来说,其打包方式 packaging 的值必须为 pom,否则就无法构建。

POM 的 name 字段是为了给项目提供一个更容易阅读的名字。之后是本书之前都没提到过的元素 modules,这是实现聚合的最核心的配置。用户可以通过在一个打包方式为 pom 的 Maven 项目中声明任意数量的 module 元素来实现模块的聚合。这里每个 module 的值都是一个当前 POM 的相对目录,譬如该例中,account-aggregator 的 POM 的路径为 D:\…\code\ch-8\account-aggregator\pom.xml,那么 account-email 就对应了目录 D:\…\code\ch-8\account-aggregator\account-email\,而 account- persist 对应于目录 D:\…\code\ch-8\account-aggregator\account- persist\。这两个目录各自包含了 pom.xml、src/main/java、src/test/java 等内容,离开 account-aggregator 也能独立构建。

一般来说,为了方便快速定位内容,模块所处的目录名称应当与其 artifactId 一致,不过这不是 Maven 的要求,用户也可以将 account-email 项目放到 email-account/ 目录下。这时,聚合的配置就需要相应地改成 <module>email-account</module>。

为了方便用户构建项目,通常将聚合模块放在项目目录的最顶层,其他模块则作为聚合模块的子目录存在，这样当用户得到源码的时候，第一眼发现的就是聚合模块的POM，不用从多个模块中去寻找聚合模块来构建整个项目。图8-1所示为account-aggregator与另外两个模块的目录结构关系。

从图8-1中能够看到，account-aggregator的内容仅是一个pom.xml文件，它不像其他模块那样有src/main/java、src/test/java等目录。这也是容易理解的，聚合模块仅仅是帮助聚合其他模块构建的工具，它本身并无实质的内容。

关于目录结构还需要注意的是，聚合模块与其他模块的目录结构并非一定要是父子关系。图8-2展示了另一种平行的目录结构。

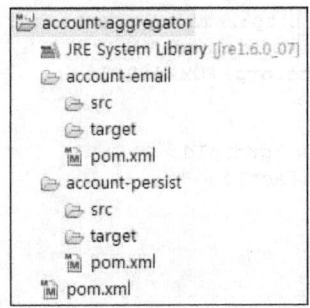
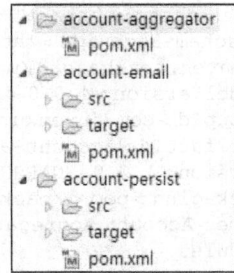

图8-1　聚合模块的父子目录结构　　　图8-2　聚合模块的平行目录结构

如果使用平行目录结构，聚合模块的POM也需要做相应的修改，以指向正确的模块目录：

```
<modules>
    <module>../account-email</module>
    <module>../account-persist</module>
</modules>
```

最后，为了得到直观的感受，看一下从聚合模块运行 **mvn clean install** 命令会得到怎样的输出：

```
[INFO] Scanning for projects…
[INFO] ------------------------------------------------------------
[INFO] Reactor Build Order:
[INFO]
[INFO] Account Aggregator
[INFO] Account Email
[INFO] Account Persist
[INFO]
[INFO] ------------------------------------------------------------
[INFO] Building Account Aggregator 1.0.0-SNAPSHOT
[INFO] ------------------------------------------------------------
[INFO] …
[INFO] ------------------------------------------------------------
[INFO] Building Account Email 1.0.0-SNAPSHOT
[INFO] ------------------------------------------------------------
```

```
[INFO] ...
[INFO] ------------------------------------------------------------
[INFO] Building Account Persist 1.0.0-SNAPSHOT
[INFO] ------------------------------------------------------------
[INFO] ...
[INFO] ------------------------------------------------------------
[INFO] Reactor Summary:
[INFO]
[INFO] Account Aggregator ………………………… SUCCESS [0.496s]
[INFO] Account Email ……………………………………… SUCCESS [3.372s]
[INFO] Account Persist …………………………………… SUCCESS [2.176s]
[INFO] ------------------------------------------------------------
[INFO] BUILD SUCCESS
[INFO] ------------------------------------------------------------
[INFO] Total time: 6.158s
[INFO] Finished at: Sun Feb 14 16:36:29 CST 2010
[INFO] Final Memory: 11M/20M
[INFO] ------------------------------------------------------------
```

Maven 会首先解析聚合模块的 POM、分析要构建的模块、并计算出一个反应堆构建顺序（Reactor Build Order），然后根据这个顺序依次构建各个模块。反应堆是所有模块组成的一个构建结构。8.6 节会详细讲述 Maven 的反应堆。

上述输出中显示的是各模块的名称，而不是 artifactId，这也解释了为什么要在 POM 中配置合理的 name 字段，其目的是让 Maven 的构建输出更清晰。输出的最后是一个项目构建的小结报告，包括各个模块构建成功与否、花费的时间，以及整个构建花费的时间、使用的内存等。

8.3 继承

到目前为止，我们已经能够使用 Maven 的聚合特性通过一条命令同时构建 account-email 和 account-persist 两个模块，不过这仅仅解决了多模块 Maven 项目的一个问题。那么多模块的项目还有什么问题呢？

细心的读者可能已经比较过 5.3.1 节和 8.1.1 节，这两个 POM 有着很多相同的配置，例如它们有相同的 groupId 和 version，有相同的 spring-core、spring-beans、spring-context 和 junit 依赖，还有相同的 maven-compiler-plugin 与 maven-resources-plugin 配置。程序员的嗅觉对这种现象比较敏感，没错，这是重复！大量的前人经验告诉我们，重复往往就意味着更多的劳动和更多的潜在的问题。在面向对象世界中，程序员可以使用类继承在一定程度上消除重复，在 Maven 的世界中，也有类似的机制能让我们抽取出重复的配置，这就是 POM 的继承。

8.3.1 account-parent

面向对象设计中，程序员可以建立一种类的父子结构，然后在父类中声明一些字段和方法供子类继承，这样就可以做到"一处声明，多处使用"。类似地，我们需要创建 POM

的父子结构，然后在父 POM 中声明一些配置供子 POM 继承，以实现"一处声明，多处使用"的目的。

我们继续以账户注册服务为基础，在 account-aggregator 下创建一个名为 account- parent 的子目录，然后在该子目录下建立一个所有除 account-aggregator 之外模块的父模块。为此，在该子目录创建一个 pom.xml 文件，内容见代码清单 8-10。

代码清单 8-10 account- parent 的 POM

```
<project                         xmlns="http://maven.apache.org/POM/4.0.0"
xmlns:xsi="http://www.w3.org/2001/XMLSchema-instance"
    xsi:schemaLocation="http://maven.apache.org/POM/4.0.0
http://maven.apache.org/maven-v4_0_0.xsd">
    <modelVersion>4.0.0</modelVersion>
    <groupId>com.juvenxu.mvnbook.account</groupId>
    <artifactId>account-parent</artifactId>
    <version>1.0.0-SNAPSHOT</version>
    <packaging>pom</packaging>
    <name>Account Parent</name>
</project>
```

该 POM 十分简单，它使用了与其他模块一致的 groupId 和 version，使用的 artifactId 为 account- parent 表示这是一个父模块。需要特别注意的是，它的 packaging 为 pom，这一点与聚合模块一样，作为父模块的 POM，其打包类型也必须为 pom。

由于父模块只是为了帮助消除配置的重复，因此它本身不包含除 POM 之外的项目文件，也就不需要 src/main/java/ 之类的文件夹了。

有了父模块，就需要让其他模块来继承它。首先将 account-email 的 POM 修改如下，见代码清单 8-11。

代码清单 8-11 修改 account-email 继承 account- parent

```
<project                         xmlns="http://maven.apache.org/POM/4.0.0"
xmlns:xsi="http://www.w3.org/2001/XMLSchema-instance"
    xsi:schemaLocation="http://maven.apache.org/POM/4.0.0
http://maven.apache.org/maven-v4_0_0.xsd">
    <modelVersion>4.0.0</modelVersion>

    <parent>
        <groupId>com.juvenxu.mvnbook.account</groupId>
        <artifactId>account-parent</artifactId>
        <version>1.0.0-SNAPSHOT</version>
        <relativePath>../account-parent/pom.xml</relativePath>
    </parent>

    <artifactId>account-email</artifactId>
    <name>Account Email</name>

    <dependencies>
        …
    </dependencies>
```

```xml
    <build>
        <plugins>
        ...
        </plugins>
    </build>
</project>
```

上述 POM 中使用 parent 元素声明父模块，parent 下的子元素 groupId、artifactId 和 version 指定了父模块的坐标，这三个元素是必须的。元素 relativePath 表示父模块 POM 的相对路径，该例中的 ../account-parent/pom.xml 表示父 POM 的位置在与 account-email/ 目录平行的 account-parent/ 目录下。当项目构建时，Maven 会首先根据 relativePath 检查父 POM，如果找不到，再从本地仓库查找。relativePath 的默认值是 ../pom.xml，也就是说，Maven 默认父 POM 在上一层目录下。

正确设置 relativePath 非常重要。考虑这样一个情况，开发团队的新成员从源码库签出一个包含父子模块关系的 Maven 项目。由于只关心其中的某一个子模块，它就直接到该模块的目录下执行构建，这个时候，父模块是没有被安装到本地仓库的，因此如果子模块没有设置正确的 relativePath，Maven 将无法找到父 POM，这将直接导致构建失败。如果 Maven 能够根据 relativePath 找到父 POM，它就不需要再去检查本地仓库。

这个更新过的 POM 没有为 account-email 声明 groupId 和 version，不过这并不代表 account-email 没有 groupId 和 version。实际上，这个子模块隐式地从父模块继承了这两个元素，这也就消除了一些不必要的配置。在该例中，父子模块使用同样的 groupId 和 version，如果遇到子模块需要使用和父模块不一样的 groupId 或者 version 的情况，那么用户完全可以在子模块中显式声明。对于 artifactId 元素来说，子模块应该显式声明，一方面，如果完全继承 groupId、artifactId 和 version，会造成坐标冲突；另一方面，即使使用不同的 groupId 或 version，同样的 artifactId 容易造成混淆。

为了节省篇幅，上述 POM 中省略了依赖配置和插件配置，稍后本章会介绍如何将共同的依赖配置提取到父模块中。

与 account-email 的 POM 类似，以下是 account-persist 更新后的 POM，见代码清单 8-12。

代码清单 8-12　修改 account-persist 继承 account-parent

```xml
<project xmlns="http://maven.apache.org/POM/4.0.0"
    xmlns:xsi="http://www.w3.org/2001/XMLSchema-instance"
    xsi:schemaLocation="http://maven.apache.org/POM/4.0.0
    http://maven.apache.org/maven-v4_0_0.xsd">
    <modelVersion>4.0.0</modelVersion>

    <parent>
        <groupId>com.juvenxu.mvnbook.account</groupId>
        <artifactId>account-parent</artifactId>
        <version>1.0.0-SNAPSHOT</version>
        <relativePath>../account-parent/pom.xml</relativePath>
    </parent>
```

```xml
<artifactId>account-persist</artifactId>
<name>Account Persist</name>

<dependencies>
  ...
</dependencies>

<build>
    <testResources>
        <testResource>
            <directory>src/test/resources</directory>
            <filtering>true</filtering>
        </testResource>
    </testResources>
    <plugins>
      ...
    </plugins>
</build>
</project>
```

最后,同样还需要把 account-parent 加入到聚合模块 account-aggregator 中,见代码清单 8-13。

代码清单 8-13　将 account-parent 加入到聚合模块

```xml
<project xmlns="http://maven.apache.org/POM/4.0.0"
  xmlns:xsi="http://www.w3.org/2001/XMLSchema-instance"
  xsi:schemaLocation="http://maven.apache.org/POM/4.0.0
http://maven.apache.org/maven-v4_0_0.xsd">
    <modelVersion>4.0.0</modelVersion>
    <groupId>com.juvenxu.mvnbook.account</groupId>
    <artifactId>account-aggregator</artifactId>
    <version>1.0.0-SNAPSHOT</version>
    <packaging>pom</packaging>
    <name>Account Aggregator</name>
    <modules>
        <module>account-parent</module>
        <module>account-email</module>
        <module>account-persist</module>
    </modules>
```

8.3.2　可继承的 POM 元素

在上一节我们看到,groupId 和 version 是可以被继承的,那么还有哪些 POM 元素可以被继承呢?以下是一个完整的列表,并附带了简单的说明:

- groupId:项目组 ID,项目坐标的核心元素。
- version:项目版本,项目坐标的核心元素。
- description:项目的描述信息。

- organization：项目的组织信息。
- inceptionYear：项目的创始年份。
- url：项目的 URL 地址。
- developers：项目的开发者信息。
- contributors：项目的贡献者信息。
- distributionManagement：项目的部署配置。
- issueManagement：项目的缺陷跟踪系统信息。
- ciManagement：项目的持续集成系统信息。
- scm：项目的版本控制系统信息。
- mailingLists：项目的邮件列表信息。
- properties：自定义的 Maven 属性。
- dependencies：项目的依赖配置。
- dependencyManagement：项目的依赖管理配置。
- repositories：项目的仓库配置。
- build：包括项目的源码目录配置、输出目录配置、插件配置、插件管理配置等。
- reporting：包括项目的报告输出目录配置、报告插件配置等。

8.3.3 依赖管理

上一节的可继承元素列表包含了 dependencies 元素，说明依赖是会被继承的，这时我们就会很容易想到将这一特性应用到 account-parent 中。子模块 account-email 和 account-persist 同时依赖了 org.springframework:spring-core:2.5.6、org.springframework:spring-beans:2.5.6、org.springframework:spring-context:2.5.6 和 junit:junit:4.7，因此可以将这些依赖配置放到父模块 account-parent 中，两个子模块就能移除这些依赖，简化配置。

上述做法是可行的，但却存在问题。到目前为止，我们能够确定这两个子模块都包含那四个依赖，不过我们无法确定将来添加的子模块就一定需要这四个依赖。假设将来项目中需要加入一个 account-util 模块，该模块只是提供一些简单的帮助工具，与 springframework 完全无关，难道也让它依赖 spring-core、spring-beans 和 spring-context 吗？那显然是不合理的。

Maven 提供的 dependencyManagement 元素既能让子模块继承到父模块的依赖配置，又能保证子模块依赖使用的灵活性。在 dependencyManagement 元素下的依赖声明不会引入实际的依赖，不过它能够约束 dependencies 下的依赖使用。例如，可以在 account-parent 中加入这样的 dependencyManagement 配置，见代码清单 8-14。

代码清单 8-14　在 account-parent 中配置 dependencyManagement 元素

```
<project
xmlns = "http://maven.apache.org/POM/4.0.0"
xmlns:xsi = "http://www.w3.org/2001/XMLSchema-instance"
    xsi:schemaLocation = "http://maven.apache.org/POM/4.0.0
```

```xml
    http://maven.apache.org/maven-v4_0_0.xsd">
    <modelVersion>4.0.0</modelVersion>
    <groupId>com.juvenxu.mvnbook.account</groupId>
    <artifactId>account-parent</artifactId>
    <version>1.0.0-SNAPSHOT</version>
    <packaging>pom</packaging>
    <name>Account Parent</name>
    <properties>
        <springframework.version>2.5.6</springframework.version>
        <junit.version>4.7</junit.version>
    </properties>
    <dependencyManagement>
        <dependencies>
            <dependency>
                <groupId>org.springframework</groupId>
                <artifactId>spring-core</artifactId>
                <version>${springframework.version}</version>
            </dependency>
            <dependency>
                <groupId>org.springframework</groupId>
                <artifactId>spring-beans</artifactId>
                <version>${springframework.version}</version>
            </dependency>
            <dependency>
                <groupId>org.springframework</groupId>
                <artifactId>spring-context</artifactId>
                <version>${springframework.version}</version>
            </dependency>
            <dependency>
                <groupId>org.springframework</groupId>
                <artifactId>spring-context-support</artifactId>
                <version>${springframework.version}</version>
            </dependency>
            <dependency>
                <groupId>junit</groupId>
                <artifactId>junit</artifactId>
                <version>${junit.version}</version>
                <scope>test</scope>
            </dependency>
        </dependencies>
    </dependencyManagement>
</project>
```

首先该父 POM 使用了 5.9.2 节介绍的方法，将 springframework 和 junit 依赖的版本以 Maven 变量的形式提取了出来，不仅消除了一些重复，也使得各依赖的版本处于更加明显的位置。

这里使用 dependencyManagement 声明的依赖既不会给 account-parent 引入依赖，也不会给它的子模块引入依赖，不过这段配置是会被继承的。现在修改 account-email 的 POM 如下，见代码清单 8-15。

代码清单 8-15 继承了 dependencyManagement 的 account-email POM

```xml
<properties>
    <javax.mail.version>1.4.1</javax.mail.version>
```

```xml
        <greenmail.version>1.3.1b</greenmail.version>
    </properties>

    <dependencies>
        <dependency>
            <groupId>org.springframework</groupId>
            <artifactId>spring-core</artifactId>
        </dependency>
        <dependency>
            <groupId>org.springframework</groupId>
            <artifactId>spring-beans</artifactId>
        </dependency>
        <dependency>
            <groupId>org.springframework</groupId>
            <artifactId>spring-context</artifactId>
        </dependency>
        <dependency>
            <groupId>org.springframework</groupId>
            <artifactId>spring-context-support</artifactId>
        </dependency>
        <dependency>
            <groupId>junit</groupId>
            <artifactId>junit</artifactId>
        </dependency>
        <dependency>
            <groupId>javax.mail</groupId>
            <artifactId>mail</artifactId>
            <version>${javax.mail.version}</version>
        </dependency>
        <dependency>
            <groupId>com.icegreen</groupId>
            <artifactId>greenmail</artifactId>
            <version>${greenmail.version}</version>
            <scope>test</scope>
        </dependency>
    </dependencies>
```

上述 POM 中的依赖配置较原来简单了一些，所有的 springframework 依赖只配置了 groupId 和 artifactId，省去了 version，而 junit 依赖不仅省去了 version，还省去了依赖范围 scope。这些信息可以省略是因为 account-email 继承了 account-parent 中的 dependencyManagement 配置，完整的依赖声明已经包含在父 POM 中，子模块只需要配置简单的 groupId 和 artifactId 就能获得对应的依赖信息，从而引入正确的依赖。

使用这种依赖管理机制似乎不能减少太多的 POM 配置，不过笔者还是强烈推荐采用这种方法。其主要原因在于在父 POM 中使用 dependencyManagement 声明依赖能够统一项目范围中依赖的版本，当依赖版本在父 POM 中声明之后，子模块在使用依赖的时候就无须声明版本，也就不会发生多个子模块使用依赖版本不一致的情况。这可以帮助降低依赖冲突的几率。

如果子模块不声明依赖的使用，即使该依赖已经在父 POM 的 dependencyManagement 中声明了，也不会产生任何实际的效果，如 account-persist 的 POM，见代码清单 8-16。

代码清单 8-16 继承了 dependencyManagement 的 account-persist POM

```
<properties>
    <dom4j.version>1.6.1</dom4j.version>
</properties>

<dependencies>
    <dependency>
        <groupId>dom4j</groupId>
        <artifactId>dom4j</artifactId>
        <version>${dom4j.version}</version>
    </dependency>
    <dependency>
        <groupId>org.springframework</groupId>
        <artifactId>spring-core</artifactId>
    </dependency>
    <dependency>
        <groupId>org.springframework</groupId>
        <artifactId>spring-beans</artifactId>
    </dependency>
    <dependency>
        <groupId>org.springframework</groupId>
        <artifactId>spring-context</artifactId>
    </dependency>
    <dependency>
        <groupId>junit</groupId>
        <artifactId>junit</artifactId>
    </dependency>
</dependencies>
```

这里没有声明 spring-context-support，那么该依赖就不会被引入。这正是 dependencyManagement 的灵活性所在。

5.5 节在介绍依赖范围的时候提到了名为 import 的依赖范围，推迟到现在介绍是因为该范围的依赖只在 dependencyManagement 元素下才有效果，使用该范围的依赖通常指向一个 POM，作用是将目标 POM 中的 dependencyManagement 配置导入并合并到当前 POM 的 dependencyManagement 元素中。例如想要在另外一个模块中使用与代码清单 8-14 完全一样的 dependencyManagement 配置，除了复制配置或者继承这两种方式之外，还可以使用 import 范围依赖将这一配置导入，见代码清单 8-17。

代码清单 8-17 使用 import 范围依赖导入依赖管理配置

```
<dependencyManagement>
    <dependencies>
        <dependency>
            <groupId>com.juvenxu.mvnbook.account</groupId>
            <artifactId>account-parent</artifactId>
            <version>1.0-SNAPSHOT</version>
            <type>pom</type>
            <scope>import</scope>
        </dependency>
    </dependencies>
```

```
</dependencyManagement>
```

注意，上述代码中依赖的 type 值为 pom，import 范围依赖由于其特殊性，一般都是指向打包类型为 pom 的模块。如果有多个项目，它们使用的依赖版本都是一致的，则就可以定义一个使用 dependencyManagement 专门管理依赖的 POM，然后在各个项目中导入这些依赖管理配置。

8.3.4 插件管理

Maven 提供了 dependencyManagement 元素帮助管理依赖，类似地，Maven 也提供了 pluginManagement 元素帮助管理插件。在该元素中配置的依赖不会造成实际的插件调用行为，当 POM 中配置了真正的 plugin 元素，并且其 groupId 和 artifactId 与 pluginManagement 中配置的插件匹配时，pluginManagement 的配置才会影响实际的插件行为。

7.4.2 节中配置了 maven-source-plugin，将其 jar-no-fork 目标绑定到了 verity 生命周期阶段，以生成项目源码包。如果一个项目中有很多子模块，并且需要得到所有这些模块的源码包，那么很显然，为所有模块重复类似的插件配置不是最好的办法。这时更好的方法是在父 POM 中使用 pluginManagement 配置插件，见代码清单 8-18。

代码清单 8-18　在父 POM 中配置 pluginManagement

```
<build>
  <pluginManagement>
    <plugins>
      <plugin>
        <groupId>org.apache.maven.plugins</groupId>
        <artifactId>maven-source-plugin</artifactId>
        <version>2.1.1</version>
        <executions>
          <execution>
            <id>attach-sources</id>
            <phase>verify</phase>
            <goals>
              <goal>jar-no-fork</goal>
            </goals>
          </execution>
        </executions>
      </plugin>
    </plugins>
  </pluginManagement>
</build>
```

当子模块需要生成源码包的时候，只需要如下简单的配置，见代码清单 8-19。

代码清单 8-19　继承了 pluginManagement 后的插件配置

```
<build>
  <plugins>
    <plugin>
      <groupId>org.apache.maven.plugins</groupId>
```

```xml
            <artifactId>maven-source-plugin</artifactId>
        </plugin>
    </plugins>
</build>
```

子模块声明使用了 maven-source-plugin 插件，同时又继承了父模块的 pluginManagement 配置，两者基于 groupId 和 artifactId 匹配合并之后就相当于 7.4.2 节中的插件配置。

如果子模块不需要使用父模块中 pluginManagement 配置的插件，可以尽管将其忽略。如果子模块需要不同的插件配置，则可以自行配置以覆盖父模块的 pluginManagement 配置。

有了 pluginManagement 元素，account-email 和 account-persist 的 POM 也能得以简化了，它们都配置了 maven-compiler-plugin 和 maven-resources-plugin。可以将这两个插件的配置移到 account-parent 的 pluginManagement 元素中，见代码清单 8-20。

代码清单 8-20　account-parent 的 pluginManagement 配置

```xml
<build>
    <pluginManagement>
        <plugins>
            <plugin>
                <groupId>org.apache.maven.plugins</groupId>
                <artifactId>maven-compiler-plugin</artifactId>
                <configuration>
                    <source>1.5</source>
                    <target>1.5</target>
                </configuration>
            </plugin>
            <plugin>
                <groupId>org.apache.maven.plugins</groupId>
                <artifactId>maven-resources-plugin</artifactId>
                <configuration>
                    <encoding>UTF-8</encoding>
                </configuration>
            </plugin>
        </plugins>
    </pluginManagement>
</build>
```

account-email 和 account-persist 可以完全地移除关于 maven-compiler-plugin 和 maven-resources-plugin 的配置，但它们仍能享受这两个插件的服务，前一插件开启了 Java 5 编译的支持，后一插件也会使用 UTF-8 编码处理资源文件。这背后涉及了很多 Maven 机制，首先，内置的插件绑定关系将两个插件绑定到了 account-email 和 account-persist 的生命周期上；其次，超级 POM 为这两个插件声明了版本；最后，account-parent 中的 pluginManagement 对这两个插件的行为进行了配置。

当项目中的多个模块有同样的插件配置时，应当将配置移到父 POM 的 pluginManagement 元素中。即使各个模块对于同一插件的具体配置不尽相同，也应当使用父 POM 的 pluginManagement 元素统一声明插件的版本。甚至可以要求将所有用到的插件的版本在父

POM 的 pluginManagement 元素中声明，子模块使用插件时不配置版本信息，这么做可以统一项目的插件版本，避免潜在的插件不一致或者不稳定问题，也更易于维护。

8.4 聚合与继承的关系

基于前面三节的内容，读者可以了解到，多模块 Maven 项目中的聚合与继承其实是两个概念，其目的完全是不同的。前者主要是为了方便快速构建项目，后者主要是为了消除重复配置。

对于聚合模块来说，它知道有哪些被聚合的模块，但那些被聚合的模块不知道这个聚合模块的存在。

对于继承关系的父 POM 来说，它不知道有哪些子模块继承于它，但那些子模块都必须知道自己的父 POM 是什么。

如果非要说这两个特性的共同点，那么可以看到，聚合 POM 与继承关系中的父 POM 的 packaging 都必须是 pom，同时，聚合模块与继承关系中的父模块除了 POM 之外都没有实际的内容，如图 8-3 所示。

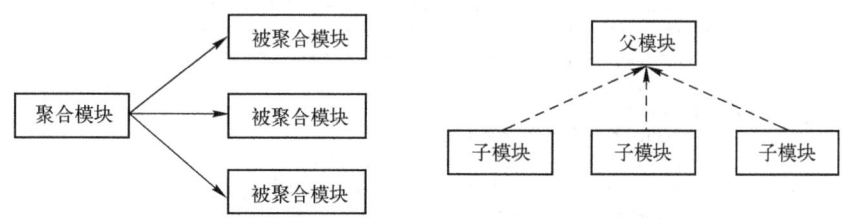

图 8-3　聚合关系与继承关系的比较

在现有的实际项目中，读者往往会发现一个 POM 既是聚合 POM，又是父 POM，这么做主要是为了方便。一般来说，融合使用聚合与继承也没有什么问题，例如可以将 account-aggregator 和 account-parent 合并成一个新的 account-parent，其 POM 见代码清单 8-21。

代码清单 8-21　合并聚合和继承功能后的 account-parent

```
<project xmlns = "http://maven.apache.org/POM/4.0.0"
    xmlns:xsi = "http://www.w3.org/2001/XMLSchema-instance"
    xsi:schemaLocation = "http://maven.apache.org/POM/4.0.0
    http://maven.apache.org/maven-v4_0_0.xsd" >
    <modelVersion >4.0.0 </modelVersion >
    <groupId >com.juvenxu.mvnbook.account </groupId >
    <artifactId >account-parent </artifactId >
    <version >1.0.0-SNAPSHOT </version >
    <packaging >pom </packaging >
    <name >Account Parent </name >
    <modules >
        <module >account-email </module >
```

```xml
        <module>account-persist</module>
    </modules>
    <properties>
        <springframework.version>2.5.6</springframework.version>
        <junit.version>4.7</junit.version>
    </properties>
    <dependencyManagement>
        <dependencies>
            <dependency>
                <groupId>org.springframework</groupId>
                <artifactId>spring-core</artifactId>
                <version>${springframework.version}</version>
            </dependency>
            <dependency>
                <groupId>org.springframework</groupId>
                <artifactId>spring-beans</artifactId>
                <version>${springframework.version}</version>
            </dependency>
            <dependency>
                <groupId>org.springframework</groupId>
                <artifactId>spring-context</artifactId>
                <version>${springframework.version}</version>
            </dependency>
            <dependency>
                <groupId>org.springframework</groupId>
                <artifactId>spring-context-support</artifactId>
                <version>${springframework.version}</version>
            </dependency>
            <dependency>
                <groupId>junit</groupId>
                <artifactId>junit</artifactId>
                <version>${junit.version}</version>
                <scope>test</scope>
            </dependency>
        </dependencies>
    </dependencyManagement>
    <build>
        <pluginManagement>
            <plugins>
                <plugin>
                    <groupId>org.apache.maven.plugins</groupId>
                    <artifactId>maven-compiler-plugin</artifactId>
                    <configuration>
                        <source>1.5</source>
                        <target>1.5</target>
                    </configuration>
                </plugin>
                <plugin>
                    <groupId>org.apache.maven.plugins</groupId>
                    <artifactId>maven-resources-plugin</artifactId>
                    <configuration>
                        <encoding>UTF-8</encoding>
                    </configuration>
                </plugin>
            </plugins>
```

```xml
        </pluginManagement>
    </build>
</project>
```

在代码清单 8-21 中可以看到,该 POM 的打包方式为 pom,它包含了一个 modules 元素,表示用来聚合 account-persist 和 account-email 两个模块,它还包含了 properties、dependencyManagement 和 pluginManagement 元素供子模块继承。

相应地,account-email 和 account-persist 的 POM 配置也要做微小的修改。本来 account-parent 和它们位于同级目录,因此需要使用值为 ../account-parent/pom.xml 的 relativePath 元素。现在新的 account-parent 在上一层目录,这是 Maven 默认能识别的父模块位置,因此不再需要配置 relativePath,见代码清单 8-22。

代码清单 8-22　当父模块在上级目录时不再需要 relativePath

```xml
<parent>
    <groupId>com.juvenxu.mvnbook.account</groupId>
    <artifactId>account-parent</artifactId>
    <version>1.0.0-SNAPSHOT</version>
</parent>

<artifactId>account-email</artifactId>
<name>Account Email</name>
...
```

8.5　约定优于配置

标准的重要性已不用过多强调,想象一下,如果不是所有程序员都基于 HTTP 协议开发 Web 应用,互联网会乱成怎样。各个版本的 IE、Firefox 等浏览器之间的差别已经让很多开发者头痛不已。而 Java 成功的重要原因之一就是它能屏蔽大部分操作系统的差异,XML 流行的原因之一是所有语言都接受它。Maven 当然还不能和这些既成功又成熟的技术相比,但 Maven 的用户都应该清楚,Maven 提倡"约定优于配置"(Convention Over Configuration),这是 Maven 最核心的设计理念之一。

那么为什么要使用约定而不是自己更灵活的配置呢?原因之一是,使用约定可以大量减少配置。先看一个简单的 Ant 配置文件,见代码清单 8-23。

代码清单 8-23　构建简单项目使用的 Ant 配置文件

```xml
<project name="my-project" default="dist" basedir=".">
    <description>
        simple example build file
    </description>
    <!--设置构建的全局属性 -->
    <property name="src" location="src/main/java"/>
    <property name="build" location="target/classes"/>
```

```xml
<property name="dist" location="target"/>

<target name="init">
    <!--创建时间戳 -->
    <tstamp/>
    <!--创建编译使用的构建目录 -->
    <mkdir dir="${build}"/>
</target>

<target name="compile" depends="init"
        description="compile the source ">
    <!--将java代码从目录 ${src} 编译至 ${build} -->
    <javac srcdir="${src}" destdir="${build}"/>
</target>

<target name="dist" depends="compile"
        description="generate the distribution" >
    <!--创建分发目录 -->
    <mkdir dir="${dist}/lib"/>

    <!--将 ${build} 目录的所有内容打包至 MyProject-${DSTAMP}.jar file -->
    <jar jarfile="${dist}/lib/MyProject-${DSTAMP}.jar" basedir="${build}"/>
</target>

<target name="clean"
        description="clean up" >
    <!--删除 ${build} 和 ${dist} 目录树 -->
    <delete dir="${build}"/>
    <delete dir="${dist}"/>
</target>
</project>
```

这段代码做的事情就是清除构建目录、创建目录、编译代码、复制依赖至目标目录，最后打包。这是一个项目构建要完成的最基本的事情，不过为此还是需要写很多的 XML 配置：源码目录是什么、编译目标目录是什么、分发目录是什么，等等。用户还需要记住各种 Ant 任务命令，如 delete、mkdir、javac 和 jar。

做同样的事情，Maven 需要什么配置呢？Maven 只需要一个最简单的 POM，见代码清单 8-24。

代码清单 8-24　构建简单项目使用的 Maven 配置文件

```xml
<project>
    <modelVersion>4.0.0</modelVersion>
    <groupId>com.juvenxu.mvnbook</groupId>
    <artifactId>my-project</artifactId>
    <version>1.0</version>
</project>
```

这段配置简单得令人惊奇，但为了获得这样简洁的配置，用户是需要付出一定的代价的，那就是遵循 Maven 的约定。Maven 会假设用户的项目是这样的：

❏ 源码目录为 src/main/java/

❏ 编译输出目录为 target/classes/
❏ 打包方式为 jar
❏ 包输出目录为 target/

遵循约定虽然损失了一定的灵活性，用户不能随意安排目录结构，但是却能减少配置。更重要的是，遵循约定能够帮助用户遵守构建标准。

如果没有约定，10 个项目可能使用 10 种不同的项目目录结构，这意味着交流学习成本的增加，当新成员加入项目的时候，它就不得不花时间去学习这种构建配置。而有了 Maven 的约定，大家都知道什么目录放什么内容。此外，与 Ant 的自定义目标名称不同，Maven 在命令行暴露的用户接口是统一的，像 mvn clean install 这样的命令可以用来构建几乎任何的 Maven 项目。

也许这时候有读者会问，如果我不想遵守约定该怎么办？这时，请首先问自己三遍，你真的需要这么做吗？如果仅仅是因为喜好，就不要耍个性，个性往往意味着牺牲通用性，意味着增加无谓的复杂度。例如，Maven 允许你自定义源码目录，如代码清单 8-25 所示。

代码清单 8-25　使用 Maven 自定义源码目录

```
<project>
  <modelVersion>4.0.0</modelVersion>
  <groupId>com.juvenxu.mvnbook</groupId>
  <artifactId>my-project</artifactId>
  <version>1.0</version>
  <build>
    <sourceDirectory>src/java</sourceDirectory>
  </build>
</project>
```

该例中源码目录就成了 src/java 而不是默认的 src/main/java。但这往往会造成交流问题，习惯 Maven 的人会奇怪，源代码去哪里了？当这种自定义大量存在的时候，交流成本就会大大提高。只有在一些特殊的情况下，这种自定义配置的方式才应该被正确使用以解决实际问题。例如你在处理遗留代码，并且没有办法更改原来的目录结构，这个时候就只能让 Maven 妥协。

本书曾多次提到超级 POM，任何一个 Maven 项目都隐式地继承自该 POM，这有点类似于任何一个 Java 类都隐式地继承于 Object 类。因此，大量超级 POM 的配置都会被所有 Maven 项目继承，这些配置也就成为了 Maven 所提倡的约定。

对于 Maven 3，超级 POM 在文件 $MAVEN_HOME/lib/maven-model-builder-x.x.x.jar 中的 org/apache/maven/model/pom-4.0.0.xml 路径下。对于 Maven 2，超级 POM 在文件 $MAVEN_HOME/lib/maven-x.x-uber.jar 中的 org/apache/maven/project/pom-4.0.0.xml 目录下。这里的 x.x.x 表示 Maven 的具体版本。

超级 POM 的内容在 Maven 2 和 Maven 3 中基本一致，现在分段看一下，见代码清单 8-26。

代码清单 8-26　超级 POM 中关于仓库的定义

```xml
<repositories>
  <repository>
    <id>central</id>
    <name>Maven Repository Switchboard</name>
    <url>http://repo1.maven.org/maven2</url>
    <layout>default</layout>
    <snapshots>
      <enabled>false</enabled>
    </snapshots>
  </repository>
</repositories>

<pluginRepositories>
  <pluginRepository>
    <id>central</id>
    <name>Maven Plugin Repository</name>
    <url>http://repo1.maven.org/maven2</url>
    <layout>default</layout>
    <snapshots>
      <enabled>false</enabled>
    </snapshots>
    <releases>
      <updatePolicy>never</updatePolicy>
    </releases>
  </pluginRepository>
</pluginRepositories>
```

首先超级 POM 定义了仓库及插件仓库，两者的地址都为中央仓库 http://repo1.maven.org/maven2，并且都关闭了 SNAPSHOT 的支持。这也就解释了为什么 Maven 默认就可以按需要从中央仓库下载构件。

再看以下内容，见代码清单 8-27。

代码清单 8-27　超级 POM 中关于项目结构的定义

```xml
<build>
  <directory>${project.basedir}/target</directory>
  <outputDirectory>${project.build.directory}/classes</outputDirectory>
  <finalName>${project.artifactId}-${project.version}</finalName>
  <testOutputDirectory>${project.build.directory}/test-classes</testOutputDirectory>
  <sourceDirectory>${project.basedir}/src/main/java</sourceDirectory>
  <scriptSourceDirectory>src/main/scripts</scriptSourceDirectory>
  <testSourceDirectory>${project.basedir}/src/test/java</testSourceDirectory>
  <resources>
    <resource>
      <directory>${project.basedir}/src/main/resources</directory>
    </resource>
  </resources>
  <testResources>
    <testResource>
```

```xml
        <directory>${project.basedir}/src/test/resources</directory>
      </testResource>
    </testResources>
```

这里依次定义了项目的主输出目录、主代码输出目录、最终构件的名称格式、测试代码输出目录、主源码目录、脚本源码目录、测试源码目录、主资源目录和测试资源目录。这就是 Maven 项目结构的约定。

紧接着超级 POM 为核心插件设定版本，见代码清单 8-28。

代码清单 8-28　超级 POM 中关于插件版本的定义

```xml
<pluginManagement>
  <plugins>
    <plugin>
      <artifactId>maven-antrun-plugin</artifactId>
      <version>1.3</version>
    </plugin>
    <plugin>
      <artifactId>maven-assembly-plugin</artifactId>
      <version>2.2-beta-4</version>
    </plugin>
    <plugin>
      <artifactId>maven-clean-plugin</artifactId>
      <version>2.3</version>
    </plugin>
    <plugin>
      <artifactId>maven-compiler-plugin</artifactId>
      <version>2.0.2</version>
    </plugin>
    …
  </plugins>
</pluginManagement>
</build>
```

由于篇幅原因，这里不完整罗列，读者可自己找到超级 POM 了解插件的具体版本。Maven 设定核心插件的原因是防止由于插件版本的变化而造成构建不稳定。

超级 POM 的最后是关于项目报告输出目录的配置和一个关于项目发布的 profile，这里暂不深入解释。后面会有相关的章节讨论这两项配置。

可以看到，超级 POM 实际上很简单，但从这个 POM 我们就能够知晓 Maven 约定的由来，不仅理解了什么是约定，为什么要遵循约定，还能明白约定是如何实现的。

8.6　反应堆

在一个多模块的 Maven 项目中，反应堆（Reactor）是指所有模块组成的一个构建结构。对于单模块的项目，反应堆就是该模块本身，但对于多模块项目来说，反应堆就包含了各模块之间继承与依赖的关系，从而能够自动计算出合理的模块构建顺序。

8.6.1 反应堆的构建顺序

本节仍然以账户注册服务为例来解释反应堆。首先，为了能更清楚地解释反应堆的构建顺序，将 account-aggregator 的聚合配置修改如下：

```xml
<modules>
    <module>account-email</module>
    <module>account-persist</module>
    <module>account-parent</module>
</modules>
```

修改完毕之后构建 account-aggregator 会看到如下的输出：

```
[INFO] ------------------------------------------------------------
[INFO] Reactor Build Order:
[INFO]
[INFO] Account Aggregator
[INFO] Account Parent
[INFO] Account Email
[INFO] Account Persist
[INFO]
[INFO] ------------------------------------------------------------
```

上述输出告诉了我们反应堆的构建顺序，它们依次为 account-aggregator、account-parent、account-email 和 account-persist。我们知道，如果按顺序读取 POM 文件，首先应该读到的是 account-aggregator 的 POM，实际情况与预料的一致，可是接下来几个模块的构建次序显然与它们在聚合模块中的声明顺序不一致，account-parent 跑到了 account-email 前面，这是为什么呢？为了解释这一现象，先看图 8-4。

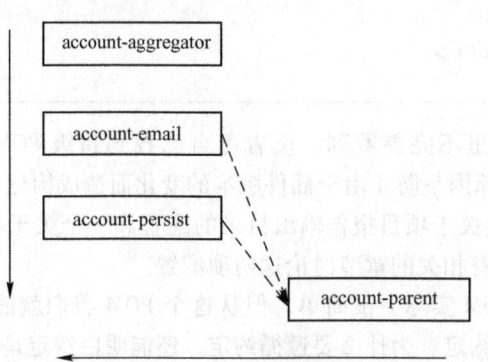

图 8-4 账户注册服务 4 模块的反应堆

图 8-4 中从上至下的箭头表示 POM 的读取次序，但这不足以决定反应堆的构建顺序，Maven 还需要考虑模块之间的继承和依赖关系，图中的有向虚连接线表示模块之间的继承或者依赖（本章以下内容使用依赖泛指这种模块间的依赖或继承关系），该例中 account-email 和 account-persist 依赖于 account-parent，那么 account-parent 就必须先于另外两个模块构建。也就是说，这里还有一个从右向左的箭头。实际的构建顺序是这样形成的：Maven 按序读取 POM，如果该 POM 没有依赖模块，那么就构建该模块，否则就先构建其依赖模块，如果该依赖还依赖于其他模块，则进一步先构建依赖的依赖。该例中，account-aggregator 没有依赖模块，因此先构建它，接着到 account-email，它依赖于 account-parent 模块，必须先构建 account-parent，然后再构建 account-email，最后到 account-persist 的时候，由于其依赖模块已经被构建，因此直接构建它。

模块间的依赖关系会将反应堆构成一个有向非循环图（Directed Acyclic Graph，DAG），各个模块是该图的节点，依赖关系构成了有向边。这个图不允许出现循环，因此，当出现模块 A 依赖于 B，而 B 又依赖于 A 的情况时，Maven 就会报错。

8.6.2 裁剪反应堆

一般来说，用户会选择构建整个项目或者选择构建单个模块，但有些时候，用户会想要仅仅构建完整反应堆中的某些个模块。换句话说，用户需要实时地裁剪反应堆。

Maven 提供很多的命令行选项支持裁剪反应堆，输入 mvn-h 可以看到这些选项：

- -am, --also-make 同时构建所列模块的依赖模块
- -amd -also-make-dependents 同时构建依赖于所列模块的模块
- -pl, --projects <arg> 构建指定的模块，模块间用逗号分隔
- -rf -resume-from <arg> 从指定的模块回复反应堆

下面还是以账户服务为例（为合并聚合和继承），解释这几个选项的作用。默认情况从 account-aggregator 执行 **mvn clean install** 会得到如下完整的反应堆：

```
[INFO] ------------------------------------------------------------
[INFO] Reactor Build Order:
[INFO]
[INFO] Account Aggregator
[INFO] Account Parent
[INFO] Account Email
[INFO] Account Persist
[INFO]
[INFO] ------------------------------------------------------------
```

可以使用-pl 选项指定构建某几个模块，如运行如下命令：

```
$ mvn clean install -pl account-email,account-persist
```

得到的反应堆为：

```
[INFO] ------------------------------------------------------------
[INFO] Reactor Build Order:
[INFO]
[INFO] Account Email
[INFO] Account Persist
[INFO]
[INFO] ------------------------------------------------------------
```

使用-am 选项可以同时构建所列模块的依赖模块。例如：

```
$ mvn clean install -pl account-email -am
```

由于 account-email 依赖于 account-parent，因此会得到如下反应堆：

```
[INFO] ------------------------------------------------------------
[INFO] Reactor Build Order:
[INFO]
[INFO] Account Parent
[INFO] Account Email
[INFO]
[INFO] ------------------------------------------------------------
```

使用-amd 选项可以同时构建依赖于所列模块的模块。例如：

```
$ mvn clean install -pl account-parent -amd
```

由于 account-email 和 account-persist 都依赖于 account-parent，因此会得到如下反应堆：

```
[INFO] ------------------------------------------------------------
[INFO] Reactor Build Order:
[INFO]
[INFO] Account Parent
[INFO] Account Email
[INFO] Account Persist
[INFO]
[INFO] ------------------------------------------------------------
```

使用-rf 选项可以在完整的反应堆构建顺序基础上指定从哪个模块开始构建。例如：

```
$ mvn clean install -rf account-email
```

完整的反应堆构建顺序中，account-email 位于第三，它之后只有 account-persist，因此会得到如下的裁剪反应堆：

```
[INFO] ------------------------------------------------------------
[INFO] Reactor Build Order:
[INFO]
[INFO] Account Email
[INFO] Account Persist
[INFO]
[INFO] ------------------------------------------------------------
```

最后，在-pl -am 或者-pl -amd 的基础上，还能应用-rf 参数，以对裁剪后的反应堆再次裁剪。例如：

```
$ mvn clean install -pl account-parent -amd -rf account-email
```

该命令中的-pl 和-amd 参数会裁剪出一个 account-parent、account-email 和 account-persist 的反应堆，在此基础上，-rf 参数指定从 account-email 参数构建。因此会得到如下的反应堆：

```
[INFO] ------------------------------------------------------------
[INFO] Reactor Build Order:
[INFO]
```

```
[INFO] Account Email
[INFO] Account Persist
[INFO]
[INFO] ------------------------------------------------------------
```

在开发过程中，灵活应用上述 4 个参数，可以帮助我们跳过无须构建的模块，从而加速构建。在项目庞大、模块特别多的时候，这种效果就会异常明显。

8.7 小结

本章介绍并实现了账户注册服务的第二个模块 account- persist。基于这一模块和第 5 章实现的 account-email，Maven 的聚合特性得到了介绍和使用，从而产生了 account-aggregator 模块。除了聚合之外，继承也是多模块项目不可不用的特性。account- parent 模块伴随着继承的概念被一并引入，有了继承，项目的依赖和插件配置也得以大幅优化。

为了进一步消除读者可能存在的混淆，本章还专门将聚合与继承做了详细比较。Maven 的一大设计理念"约定优于配置"在本章得以阐述，读者甚至可以了解到这个概念是如何通过超级 POM 的方式实现的。本章最后介绍了多模块构建的反应堆，包括其构建的顺序，以及可以通过怎样的方式裁剪反应堆。

第 9 章
使用 Nexus 创建私服

本章内容

- Nexus 简介
- 安装 Nexus
- Nexus 的仓库与仓库组
- Nexus 的索引与构件搜索
- 配置 Maven 从 Nexus 下载构件
- 部署构件至 Nexus
- Nexus 的权限管理
- Nexus 的调度任务
- 其他私服软件
- 小结

私服不是 Maven 的核心概念，它仅仅是一种衍生出来的特殊的 Maven 仓库，本书已经在 6.3.4 节解释了其概念和用途，然而这还不够。通过建立自己的私服，就可以降低中央仓库负荷、节省外网带宽、加速 Maven 构建、自己部署构件等，从而高效地使用 Maven。

有三种专门的 Maven 仓库管理软件可以用来帮助大家建立私服：Apache 基金会的 Archiva、JFrog 的 Artifactory 和 Sonatype 的 Nexus。其中，Archiva 是开源的，而 Artifactory 和 Nexus 的核心也是开源的，因此读者可以自由选择使用。笔者作为 Nexus 开发团队的成员，自然十分推崇 Nexus。事实上，Nexus 也是当前最流行的 Maven 仓库管理软件。

本章将介绍 Nexus 的主要功能，并结合大量图片帮助读者快速地建立起自己的 Maven 私服。

9.1 Nexus 简介

2005 年 12 月，Tamas Cservenak 由于受不了匈牙利电信 ADSL 的低速度，开始着手开发 Proximity——一个很简单的 Web 应用。它可以代理并缓存 Maven 构件，当 Maven 需要下载构件的时候，就不需要反复依赖于 ADSL。到 2007 年，Sonatype 邀请 Tamas 参与创建一个更酷的 Maven 仓库管理软件，这就是后来的 Nexus。

Nexus 团队的成员来自世界各地，它也从社区收到了大量反馈和帮助，在写本书的时候，Nexus 刚发布 1.7.2 版本，它也正健康快速地成长着。

Nexus 分为开源版和专业版，其中开源版本基于 GPLv3 许可证，其特性足以满足大部分 Maven 用户的需要。以下是一些 Nexus 开源版本的特性：

- 较小的内存占用（最少仅为 28MB）
- 基于 ExtJS 的友好界面
- 基于 Restlet 的完全 REST API
- 支持代理仓库、宿主仓库和仓库组
- 基于文件系统，不需要数据库
- 支持仓库索引和搜索
- 支持从界面上传 Maven 构件
- 细粒度的安全控制

Nexus 专业版本是需要付费购买的，除了开源版本的所有特性之外，它主要包含一些企业安全控制、发布流程控制等需要的特性。感兴趣的读者可以访问该地址了解详情：http://www.sonatype.com/products/nexus/community。

9.2 安装 Nexus

Nexus 是典型的 Java Web 应用，它有两种安装包，一种是包含 Jetty 容器的 Bundle 包，另一种是不包含 Web 容器的 war 包。

9.2.1 下载 Nexus

首先从 http://nexus.sonatype.org/downloads/ 下载最新版本的 Nexus，在本书编写的时候，

Nexus 的最新版本为 1.7.2。读者可以根据需要下载 Bundle 包 nexus-webapp-1.7.2-bundle.tar.gz 和 nexus-webapp-1.7.2-bundle.zip，或者 war 包 nexus-webapp-1.7.2.war。

9.2.2 Bundle 方式安装 Nexus

Nexus 的 Bundle 自带了 Jetty 容器，因此用户不需要额外的 Web 容器就能直接启动 Nexus。首先将 Bundle 文件解压（例如笔者将其解压到 D:\bin\ 目录），这时就会得到如下两个子目录：

- **nexus-webapp-1.7.2/**：该目录包含了 Nexus 运行所需要的文件，如启动脚本、依赖 jar 包等。
- **sonatype-work/**：该目录包含 Nexus 生成的配置文件、日志文件、仓库文件等。

其中，第一个目录是运行 Nexus 所必需的，而且所有相同版本 Nexus 实例所包含的该目录内容都是一样的。而第二个目录不是必须的，Nexus 会在运行的时候动态创建该目录，不过它的内容对于各个 Nexus 实例是不一样的，因为不同用户在不同机器上使用的 Nexus 会有不同的配置和仓库内容。当用户需要备份 Nexus 的时候，默认备份 sonatype-work/ 目录，因为该目录包含了用户特定的内容，而 nexus-webapp-1.7.2 目录下的内容是可以从安装包直接获得的。

用户只需要调用对应操作系统的脚本就可以启动 Nexus，这里介绍主流的在 Windows 和 Linux 平台上启动 Nexus 的方式。

在 Windows 操作系统上，用户需进入 nexus-webppp-1.7.2/bin/jsw/windows-x86-32/ 子目录，然后直接运行 nexus.bat 脚本就能启动 Nexus。如果看到如下输出，就说明启动成功了：

```
jvm 1    | 2010-09-02 15:27:11 INFO   [er_start_runner] -o.s.n.DefaultNexus -
Started Nexus (version 1.7.2 OSS)
jvm 1    | 2010-09-02 15:27:11 INFO   [er_start_runner] -o.s.n.p.a.DefaultAt~
-Attribute storage directory does not exists, creating it here
:.\..\sonatype-work\nexus\proxy\attributes
jvm 1    | 2010-09-02 15:27:11 WARN [er_start_runner] -o.s.s.m.s.FileModel~ -
No configuration file in place, copying the default one and c
ontinuing with it.
jvm 1    | 2010-09-02 15:27:11 INFO [er_start_runner] -o.s.s.m.s.FileModel~ -
Loading Security configuration from D:\bin\nexus-oss-webapp-1
.7.2\.\..\sonatype-work\nexus\conf\security.xml
jvm 1    | 2010-09-02 15:27:11 INFO [er_start_runner] -o.s.s.w.PlexusConfi~ -
SecurityManager with role ='org.sonatype.security.PlexusSecuri
tyManager'and roleHint ='web'found in Plexus.
jvm 1    | 2010-09-02 15:27:12 INFO [er_start_runner] -org.mortbay.log -Star
ted SelectChannelConnector@ 0.0.0.0:8081
```

这时，打开浏览器访问 http://localhost:8081/nexus/ 就能看到 Nexus 的界面，如图 9-1 所示。

要停止 Nexus，可以在命令行按 Ctrl + C 键。

在 nexus-webppp-1.7.2/bin/jsw/windows-x86-32/ 目录下还有其他一些脚本：

- **Installnexus.bat**：将 Nexus 安装成 Windows 服务。
- **Uninstallnexus.bat**：卸载 Nexus Windows 服务。
- **Startnexus.bat**：启动 Nexus Windows 服务。

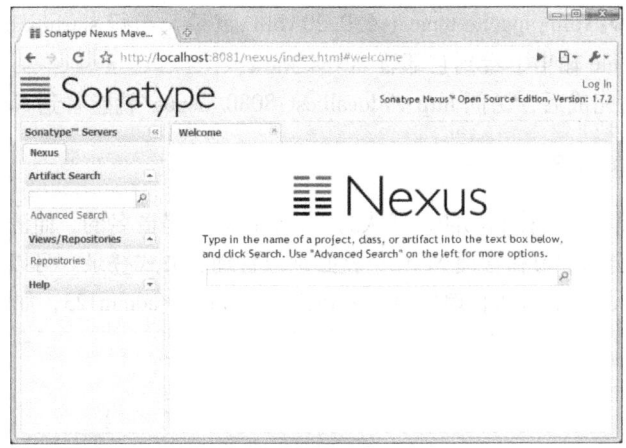

图 9-1　Nexus 的初始界面

- **Stopnexus.bat**：停止 Nexus Windows 服务。
- **Pausenexus.bat**：暂停 Nexus Windows 服务。
- **Resumenexus.bat**：恢复暂停的 Nexus Windows 服务。

借助 Windows 服务，用户就可以让 Nexus 伴随着 Windows 自动启动，非常方便。

在 Linux 系统上启动 Nexus 也非常方便，例如笔者使用 Ubuntu 32 位系统，那么只需要进入到 nexus-webapp-1.7.2/bin/jsw/linux-x86-32/，然后运行如下命令：

```
$ ./nexus console
```

同样地，读者可以看到 Nexus 启动的命令行输出，并且可以使用 Ctrl + C 键停止 Nexus。除了 console 之外，Nexus 的 Linux 脚本还提供如下的命令：

- **./nexus start**：在后台启动 Nexus 服务。
- **./nexus stop**：停止后台的 Nexus 服务。
- **./nexus status**：查看后台 Nexus 服务的状态。
- **./nexus restart**：重新启动后台的 Nexus 服务。

关于 Bundle 安装的一个常见问题是端口冲突。Nexus Bundle 默认使用的端口是 8081，如果该端口已经被其他应用程序占用，或者你想使用 80 端口开放 Nexus 服务，则编辑文件 nexus-webapp-1.7.2/conf/plexus.properties，找到属性 application-port，按需要将默认值 8081 改成其他端口号，然后保存该文件，重启 Nexus 便可。

9.2.3　WAR 方式安装 Nexus

除了 Bundle，Nexus 还提供一个可以直接部署到 Web 容器中的 war 包。该 war 包支持主流的 Web 容器，如 Tomcat、Glassfish、Jetty 和 Resin。

以 Tomcat 6 为例，笔者在 Vista 机器上的目录为 D:\bin\apache-tomcat-6.0.20\，那么只需要复制 Nexus war 包至 Tomcat 的部署目录 D:\bin\apache-tomcat-6.0.20\webapps\nexus.war，然后转到 D:\bin\apache-tomcat-6.0.20\bin\目录，运行 startup.bat。这时，读者可以从 Tomcat 的 console 输出中看到它部署 nexus.war。

待 Tomcat 启动完成后，访问 http://localhost:8080/nexus/ 就能看到 Nexus 的界面了。

9.2.4 登录 Nexus

Nexus 拥有全面的权限控制功能，默认的 Nexus 访问都是匿名的，而匿名用户仅包含一些最基本的权限，要全面学习和管理 Nexus，就必须以管理员方式登录。可以单击界面右上角的 Log In 进行登录，Nexus 的默认管理员用户名和密码为 admin/admin123，如图 9-2 所示。

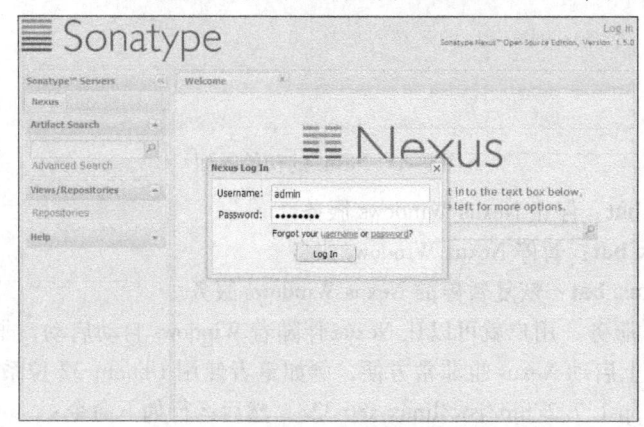

图 9-2　使用默认用户名登录 Nexus

9.3　Nexus 的仓库与仓库组

作为 Maven 仓库服务软件，仓库自然是 Nexus 中最重要的概念。Nexus 包含了各种类型的仓库概念，包括代理仓库、宿主仓库和仓库组等。每一种仓库都提供了丰富实用的配置参数，方便用户根据需要进行定制。

9.3.1　Nexus 内置的仓库

在具体介绍每一种类型的仓库之前，先浏览一下 Nexus 内置的一些仓库。单击 Nexus 界面左边导航栏中的 Repositories 链接，就能在界面右边看到如图 9-3 所示的内容。

这个列表已经包含了所有类型的 Nexus 仓库。从中可以看到仓库有四种类型：group（仓库组）、hosted（宿主）、proxy（代理）和 virtual（虚拟）。每个仓库的格式为 maven2 或者 maven1。此外，仓库还有一个属性为 Policy（策略），表示该仓库为发布（Release）版本仓库还是快照（Snapshot）版本仓库。最后两列的值为仓库的状态和路径。

下面解释一下各个仓库的用途。由于本书不涉及 Maven 1 的内容，maven1 格式的仓库会被省略。此外，由于虚拟类型仓库的作用实际上是动态地将仓库内容格式转换，换言之也是为了服务 maven1 格式，因此也被省略。

Repository	Type	Format	Policy	Repository S	Repository Path
Public Repositories	group	maven2			http://localhost:8081/nexus/content/groups/public
Public Snapshot Repositories	group	maven2			http://localhost:8081/nexus/content/groups/public-snapshots
3rd party	hosted	maven2	Release	In Service	http://localhost:8081/nexus/content/repositories/thirdparty
Apache Snapshots	proxy	maven2	Snapshot	In Service	http://localhost:8081/nexus/content/repositories/apache-snapshots
Central M1 shadow	virtual	maven1	Release	In Service	http://localhost:8081/nexus/content/shadows/central-m1
Codehaus Snapshots	proxy	maven2	Snapshot	In Service	http://localhost:8081/nexus/content/repositories/codehaus-snapsh
Google Code	proxy	maven2	Release	In Service	http://localhost:8081/nexus/content/repositories/google
java.net - Maven 2	proxy	maven2	Release	In Service	http://localhost:8081/nexus/content/repositories/java.net-m2
java.net-m1	proxy	maven1	Release	In Service	http://localhost:8081/nexus/content/repositories/java.net-m1
java.net-m1 M2 shadow	virtual	maven2	Release	In Service	http://localhost:8081/nexus/content/shadows/java.net-m1-m2
Maven Central	proxy	maven2	Release	In Service	http://localhost:8081/nexus/content/repositories/central
Releases	hosted	maven2	Release	In Service	http://localhost:8081/nexus/content/repositories/releases
Snapshots	hosted	maven2	Snapshot	In Service	http://localhost:8081/nexus/content/repositories/snapshots

图 9-3　Nexus 内置的仓库列表

- **Maven Central**：该仓库代理 Maven 中央仓库，其策略为 Release，因此只会下载和缓存中央仓库中的发布版本构件。
- **Releases**：这是一个策略为 Release 的宿主类型仓库，用来部署组织内部的发布版本构件。
- **Snapshots**：这是一个策略为 Snapshot 的宿主类型仓库，用来部署组织内部的快照版本构件。
- **3rd party**：这是一个策略为 Release 的宿主类型仓库，用来部署无法从公共仓库获得的第三方发布版本构件。
- **Apache Snapshots**：这是一个策略为 Snapshot 的代理仓库，用来代理 Apache Maven 仓库的快照版本构件。
- **Codehaus Snapshots**：这是一个策略为 Snapshot 的代理仓库，用来代理 Codehaus Maven 仓库的快照版本构件。
- **Google Code**：这是一个策略为 Release 的代理仓库，用来代理 Google Code Maven 仓库的发布版本构件。
- **java. net - Maven 2**：这是一个策略为 Release 的代理仓库，用来代理 java. net Maven 仓库的发布版本构件。
- **Public Repositories**：该仓库组将上述所有策略为 Release 的仓库聚合并通过一致的地址提供服务。
- **Public Snapshot Repositories**：该仓库组将上述所有策略为 Snapshot 的仓库聚合并通过一致的地址提供服务。

举一个简单的例子。假设某公司建立了 Maven 项目 X，公司内部建立了 Nexus 私服，为所有 Maven 项目提供服务。项目 X 依赖于很多流行的开源类库如 JUnit 等，这些构件都能从 Maven 中央仓库获得，因此 Maven Central 代理仓库会被用来代理中央仓库的内容，并在私服上缓存下来，X 还依赖于某个 Google Code 的项目，其构件在中央仓库中不存在，只存在于 Google Code 的仓库中，因此上述列表中的 Google Code 代理仓库会被用来代理并缓存这样的构件。X 还依赖于 Oracle 的 JDBC 驱动，由于版权的因素，该类库无法从公共仓库获得，因此公司管理员将其部署到 3rd party 宿主仓库中，供 X 使用。X 的快照版本构件成功后，会被部署到 Snapshots 宿主仓库中,供其他项目使用。当 X 发布正式版本的时候,其构件会被部署到 Release 宿主仓库中。由于 X 用到了上述列表中的很多仓库,为每个仓库声明 Maven 配置又比较麻烦,因此可以直接使用仓库组 Public Repositories 和 Public Snapshot Repositories,当 X 需要 JUnit 的时候,它直接从 Public Repositories 下载,Public Repositories 会选择 Maven Central 提供实际的内容。

9.3.2 Nexus 仓库分类的概念

为了帮助读者理解宿主仓库、代理仓库和仓库组的概念,图 9-4 用更为直观的方式展现了它们的用途和区别。

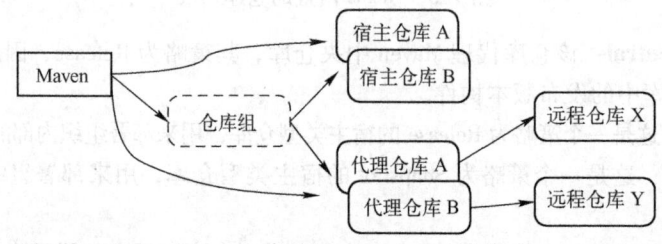

图 9-4 各种类型的 Nexus 仓库

从图 9-4 中可以看到,Maven 可以直接从宿主仓库下载构件;Maven 也可以从代理仓库下载构件,而代理仓库会间接地从远程仓库下载并缓存构件;最后,为了方便,Maven 可以从仓库组下载构件,而仓库组没有实际内容(图中用虚线表示),它会转向其包含的宿主仓库或者代理仓库获得实际构件的内容。

9.3.3 创建 Nexus 宿主仓库

要创建一个宿主仓库,首先单击界面左边导航栏中的 Repositories 链接,在右边的面板中,选择 Add,接着在下拉菜单中选择 Hosted Repository,就会看到图 9-5 所示的配置界面。

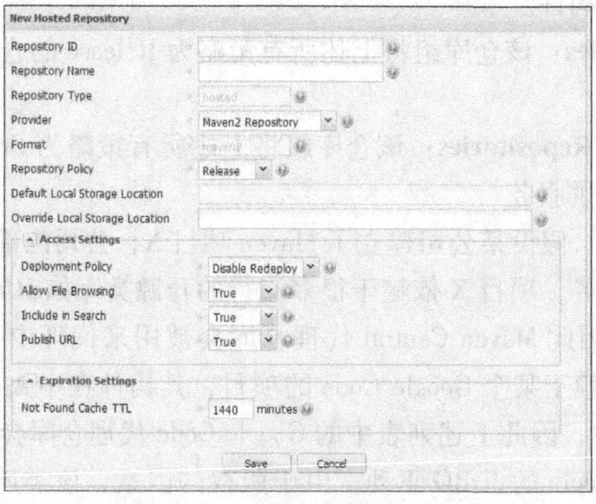

图 9-5 创建 Nexus 宿主仓库

根据自己的需要填入仓库的 ID 和名称，下一字段 Repository Type 表示该仓库的类型。Provider 用来确定该仓库的格式。一般来说，选择默认的 Maven2 Repository。然后是 Repository Policy，读者可以根据自己的需要来配置该仓库是发布版构件仓库还是快照版构件仓库。Default Local Storage Location 表示该仓库的默认存储目录，图中该字段的值为空，待仓库创建好之后，该值就会成为基于 sonatype-work 的一个文件路径，如 sonatype-work/nexus/storage/repository-id/，Override Local Storage Location 可以用来配置自定义的仓库目录位置。

在 Access Settings 小组中，Deployment Policy 用来配置该仓库的部署策略，选项有只读（禁止部署）、关闭重新部署（同一构件只能部署一次）以及允许重新部署。Allow File Browsing 表示是否允许浏览仓库内容，一般选 True。每个仓库（包括代理仓库和仓库组）都有一个 Browse Storage 选项卡，用户以树形结构浏览仓库存储文件的内容，如图 9-6 所示。Include in Search 表示是否对该仓库进行索引并提供搜索，我们会在 9.4 节详细讨论索引和搜索。Publish URL 用来控制是否通过 URL 提供服务，如果选 False，当访问该仓库的地址时，会得到 HTTP 404 Not Found 错误。配置中最后的 Not Found Cache TTL 表示当一个文件没有找到后，缓存这一不存在信息的时间。以默认值 1440 分钟为例，如果某文件不存在，那么在之后的 1440 分钟内，如果 Nexus 再次得到该文件的请求，它将直接返回不存在信息，而不会查找文件系统。这么做是为了避免重复的文件查找操作以提升性能。

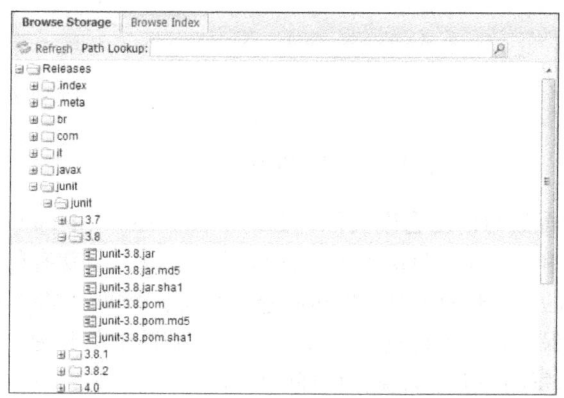

图 9-6　浏览 Nexus 仓库内容

9.3.4　创建 Nexus 代理仓库

首先单击界面左边导航栏中的 Repositories 链接，在右边的面板中，选择 Add...，接着在下拉菜单中选择 Proxy Repository，就会看到图 9-7 所示的配置界面。

仓库的 ID、名称、Provider、Format、Policy、默认本地存储位置和覆盖本地存储位置等配置前面都已提过，这里不再赘述。需要注意的是，这里的 Repository Type 的值为 proxy。

对于代理仓库来说，最重要的是远程仓库的地址，即 Remote Storage Location，用户必须在这里输入有效的值。Download Remote Indexes 表示是否下载远程仓库的索引，有些远程仓库拥有索引，下载其索引后，即使没有缓存远程仓库的构件，用户还是能够在本地搜索和浏览那些构件的基本信息。Checksum Policy 配置校验和出错时的策略，用户可以选择忽略、记录警告信息或者拒绝下载。当远程仓库需要认证的时候，这里的 Authentication 配置就能派上用处。

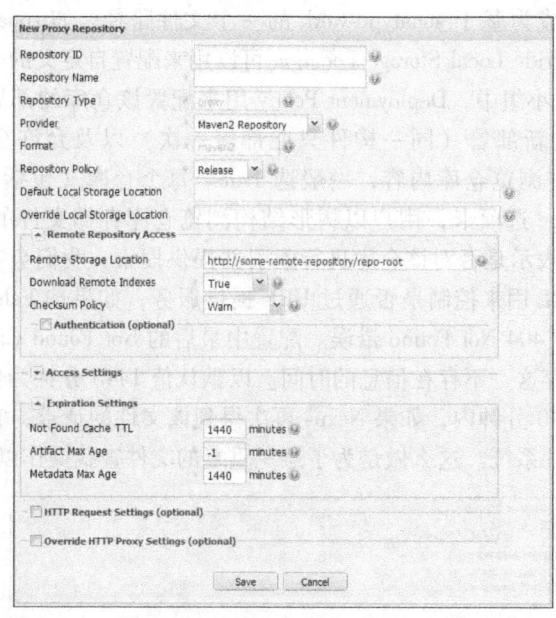

图 9-7　创建 Nexus 代理仓库

Access Settings 的配置与宿主仓库类似，在此不再赘述。Expiration Settings 较宿主仓库多了 Artifact Max Age 和 Metadata Max Age。其中，前者表示构件缓存的最长时间，后者表示仓库元数据文件缓存的最长时间。对于发布版仓库来说，Artifact Max Age 默认值为 -1，表示构件缓存后就一直保存着，不再重新下载。对于快照版仓库来说，Artifact Max Age 默认值为 1440 分钟，表示每隔一天重新缓存代理的构件。

配置中最后两项为 HTTP Request Settings 和 Override HTTP Proxy Settings，其中前者用来配置 Nexus 访问远程仓库时 HTTP 请求的参数，后者用来配置 HTTP 代理。

9.3.5　创建 Nexus 仓库组

要创建一个仓库组，首先单击界面左边导航栏中的 Repositories 链接，在右边的面板中，选择 Add，接着在下拉菜单中选择 Repository Group，就会看到图 9-8 所示的配置界面。

配置中的 ID、Name 等信息这里不再赘述。需要注意的是，仓库组没有 Release 和 Snapshot 的区别，这不同于宿主仓库和代理仓库。在配置界面中，用户可以非常直观地选择 Nexus 中的仓库，将其聚合成一个虚拟的仓库组。注意，仓库组所包含的仓库的顺序决定了仓库组遍历其所含仓库的次序，因此最好将常用的仓库放在前面，当用户从仓库组下载构件的时候，就能够尽快地访问到包含构件的仓库。

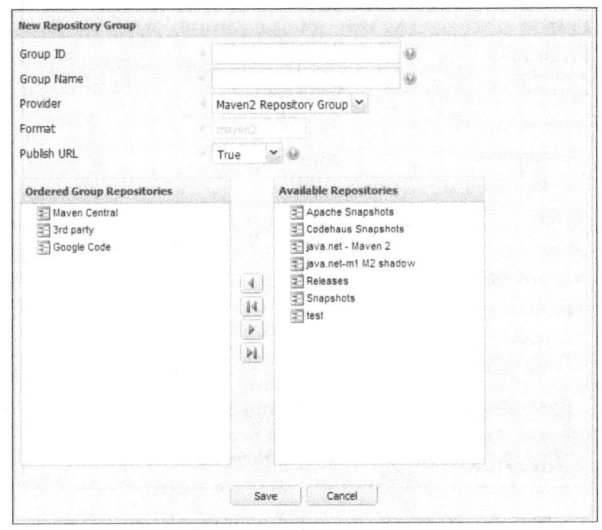

图 9-8　创建 Nexus 仓库组

9.4　Nexus 的索引与构件搜索

既然 Nexus 能够维护宿主仓库并代理缓存远程仓库（如 Maven 中央库），那么一个简单的需求就自然浮现出来了，这就是搜索。Maven 中央库有几十万构件供用户使用，但有时我们往往仅仅知道某个关键字，如 Ehcache，而不知道其确切的 Maven 坐标。Nexus 通过维护仓库的索引来提供搜索功能，能在很大程度上方便 Maven 用户定位构件坐标。

6.8.1 节介绍了 Sonatype 提供的在线免费搜索服务，其实用户可以很方便地自己维护一个 Nexus 实例，并提供搜索服务。

为了能够搜索 Maven 中央库，首先需要设置 Nexus 中的 Maven Central 代理仓库下载远程索引，如图 9-9 所示。需要注意的是，默认这个配置的值是关闭的。此外，由于中央库的内容比较多，因此其索引文件比较大，Nexus 下载该文件也需要比较长的时间，读者还需要耐心等待。

可以想象到，Nexus 在后台运行了一个任务来下载中央仓库的索引，幸运的是，用户可以通过界面直接观察这一任务的状态。单击界面左边导航栏中的 Scheduled Tasks 链接后，用户就能在界面的右边看到系统的调度任务，如果 Nexus 正在下载中央仓库的索引，用户就能看到图 9-10 所示的一个任务，其状态为 RUNNING。在索引下载完毕之后，该任务就会消失。

有了索引，用户即可搜索 Maven 构件了。Nexus 界面左边导航栏有一个快捷搜索框，在其中输入关键字后，单击搜索按钮就能快速得到搜索结果，如图 9-11 所示。

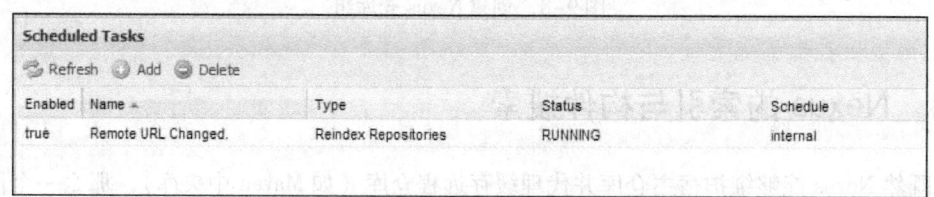

图 9-9　为 Maven Central 仓库开启远程索引下载

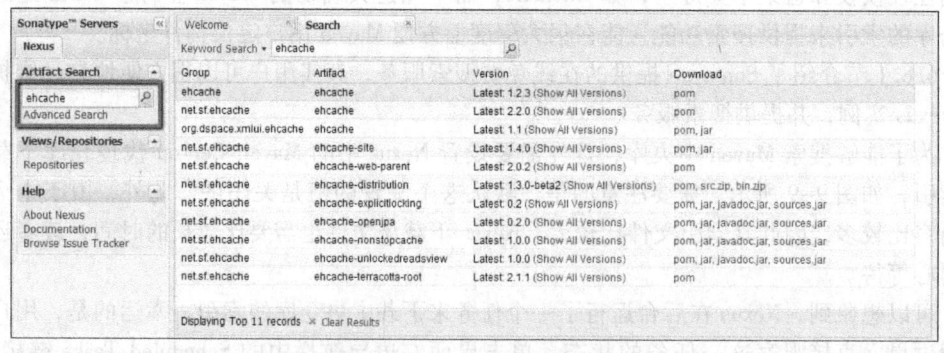

图 9-10　下载 Maven 中央仓库索引的后台任务

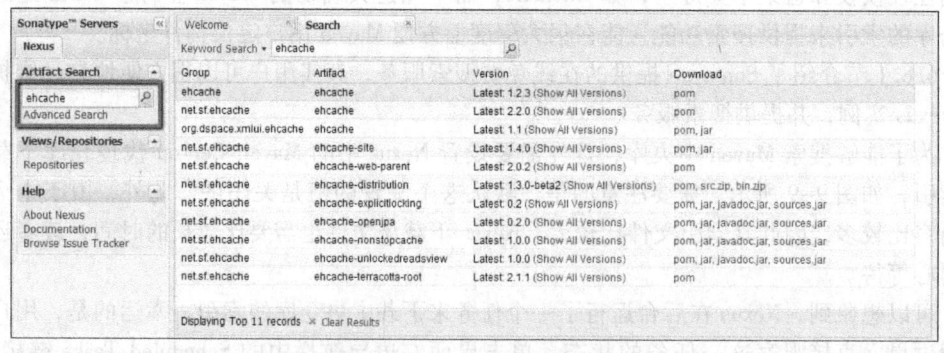

图 9-11　在 Nexus 中快速搜索构件

该例使用了 ehcache 关键字进行搜索，因此得到了大量与 ehcache 相关的结果，结果中的每一行都表示了一类构件，信息包括 GroupId、ArtifactId、最新版本以及最新版本的相关文件下载等。单击其中的某一行，界面的下端会浮出一个更具体的构件信息面板，如图 9-12 所示。

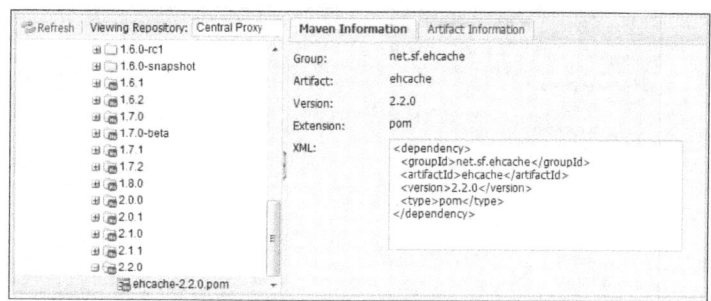

图 9-12　Nexus 的构件信息面板

该面板除了显示构件的坐标，还包含了一段 XML 依赖声明，用户可以直接复制粘贴到项目的 POM 中。此外，用户还能从该面板获知构件在仓库中的相对位置。单击 Artifact Information 还能看到文件具体的大小、更新时间、SHA1 和 MD5 校验和以及下载链接。除了简单的关键字搜索，Nexus 还提供了 GAV 搜索、类名搜索和校验和搜索等功能，用户可以单击搜索页面左上角的下拉菜单选择高级搜索功能：

- **GAV 搜索**（GAV Search）　允许用户通过设置 GroupId、ArtifactId 和 Version 等信息来进行更有针对性的搜索。
- **类名搜索**（Classname Search）　允许用户搜索包含某个 Java 类的构件。
- **校验和搜索**（Checksum Search）　允许用户直接使用构件的校验和来搜索该构件。

图 9-11 所示的结果中包含了各种坐标的结果。基于该结果的信息，笔者进一步确定了自己需要的构件的 GroupId 和 ArtifactId，它们分别为 net.sf.ehcache 和 ehcache。这时就可以单击对应的 Show All Versions 转到 GAV 搜索功能来缩小搜索范围，如图 9-13 所示。

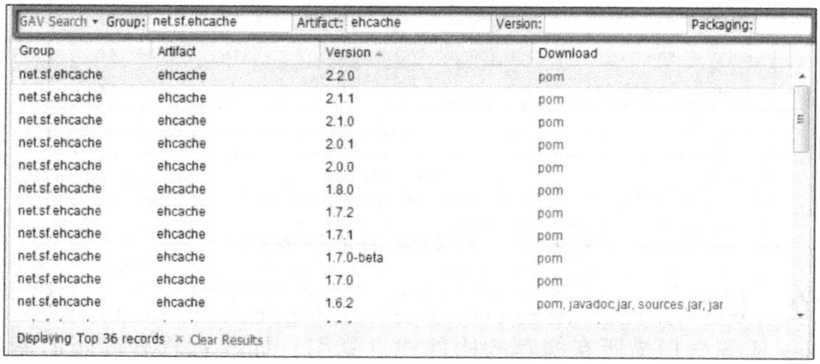

图 9-13　在 Nexus 中使用 GAV 搜索构件

当然，用户也可以自己手动输入 GroupId、ArtifactId 等信息来进行 GAV 搜索。

有了中央仓库的索引，用户不仅能够搜索构件，还能够直接浏览中央仓库的内容。这便是 Nexus 的索引浏览功能。在 Repositories 页面中，选择 Browse Index 选项卡，就能看到中央仓库内容的树形结构，如图 9-14 所示。

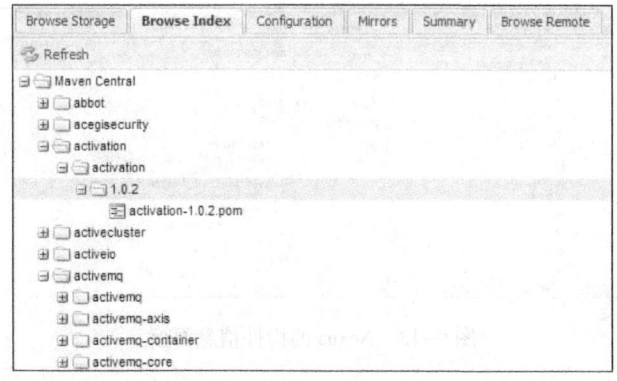

图 9-14 Nexus 的索引浏览

以上的搜索及浏览功能都是基于 Nexus 索引而实现的，确切地应该称之为 nexus-indexer。Nexus 能够遍历一个 Maven 仓库所有的内容，搜集它们的坐标、校验和及所含的 Java 类信息，然后以 nexus-indexer 的形式保存起来。中央仓库维护了这样的一个 nexus-indexer，因此本地的 Nexus 下载到这个索引之后，就能在此基础上提供搜索和浏览等服务。需要注意的是，不是任何一个公共仓库都提供 nexus-indexer，对于那些不提供索引的仓库来说，我们就无法对其进行搜索。

除了下载使用远程仓库的索引，我们也能为宿主仓库和代理仓库建立索引。只需要在仓库上右击，从弹出的快捷菜单中选择 ReIndex 即可，如图 9-15 所示。待索引编纂任务完成之后，就能搜索该仓库所包含的构件。

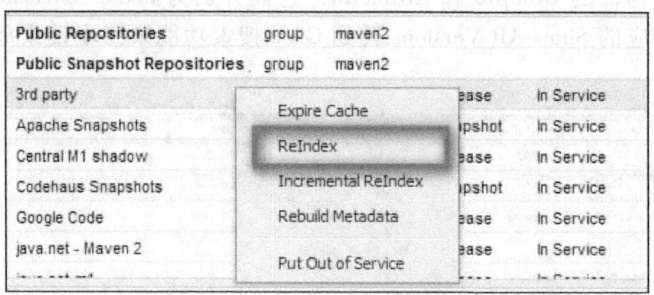

图 9-15 为 Nexus 仓库编纂索引

对于宿主仓库来说，ReIndex 任务会扫描该仓库包含的所有构件建立索引。对于代理仓库来说，ReIndex 任务会扫描所有缓存的构件建立索引，如果远程仓库也有索引，则下载后与本地的索引合并。对于仓库组来说，ReIndex 任务会合并其包含的所有仓库的索引。

9.5 配置 Maven 从 Nexus 下载构件

6.4 节与 7.5.1 节已经详细介绍了如何在 POM 中为 Maven 配置仓库和插件仓库。例如，当需要为项目添加 Nexus 私服上的 public 仓库时，可以按代码清单 9-1 所示配置。

代码清单 9-1　在 POM 中配置 Nexus 仓库

```xml
<project>
...
  <repositories>
    <repository>
      <id>nexus</id>
      <name>Nexus</name>
      <url>http://localhost:8081/nexus/content/groups/public/</url>
      <releases><enabled>true</enabled></releases>
      <snapshots><enabled>true</enabled></snapshots>
    </repository>
  </repositories>
  <pluginRepositories>
    <pluginRepository>
      <id>nexus</id>
      <name>Nexus</name>
      <url>http://localhost:8081/nexus/content/groups/public/</url>
      <releases><enabled>true</enabled></releases>
      <snapshots><enabled>true</enabled></snapshots>
    </pluginRepository>
  </pluginRepositories>
...
</project>
```

这样的配置只对当前 Maven 项目有效，在实际应用中，我们往往想要通过一次配置就能让本机所有的 Maven 项目都使用自己的 Maven 私服。这个时候读者可能会想到 settings.xml 文件，该文件中的配置对所有本机 Maven 项目有效，但是 settings.xml 并不支持直接配置 repositories 和 pluginRepositories。所幸 Maven 还提供了 Profile 机制，能让用户将仓库配置放到 setting.xml 中的 Profile 中，如代码清单 9-2 所示。

代码清单 9-2　在 settings.xml 中配置 Nexus 仓库

```xml
<settings>
  ...
  <profiles>
    <profile>
      <id>nexus</id>
      <repositories>
        <repository>
          <id>nexus</id>
          <name>Nexus</name>
          <url>http://localhost:8081/nexus/content/groups/public/</url>
          <releases><enabled>true</enabled></releases>
          <snapshots><enabled>true</enabled></snapshots>
        </repository>
      </repositories>
      <pluginRepositories>
```

```xml
      <pluginRepository>
        <id>nexus</id>
        <name>Nexus</name>
        <url>http://localhost:8081/nexus/content/groups/public/</url>
        <releases><enabled>true</enabled></releases>
        <snapshots><enabled>true</enabled></snapshots>
      </pluginRepository>
    </pluginRepositories>
  </profile>
</profiles>
<activeProfiles>
  <activeProfile>nexus</activeProfile>
</activeProfiles>
...
</settings>
```

该配置中使用了一个 id 为 nexus 的 profile，这个 profile 包含了相关的仓库配置，同时配置中又使用 activeProfile 元素将 nexus 这个 profile 激活，这样当执行 Maven 构建的时候，激活的 profile 会将仓库配置应用到项目中去。关于 Maven Profile，本书后面还会有专门的章节进一步介绍。

代码清单 9-2 中的配置已经能让本机所有的 Maven 项目从 Nexus 私服下载构件。细心的读者可能会注意到，Maven 除了从 Nexus 下载构件之外，还会不时地访问中央仓库 central，我们希望的是所有 Maven 下载请求都仅仅通过 Nexus，以全面发挥私服的作用。这个时候就需要借助于 6.7 节提到的 Maven 镜像配置了。可以创建一个匹配任何仓库的镜像，镜像的地址为私服，这样，Maven 对任何仓库的构件下载请求都会转到私服中。具体配置见代码清单 9-3。

代码清单 9-3　配置镜像让 Maven 只使用私服

```xml
<settings>
  ...
  <mirrors>
    <mirror>
      <id>nexus</id>
      <mirrorOf>*</mirrorOf>
      <url>http://localhost:8081/nexus/content/groups/public</url>
    </mirror>
  </mirrors>
  <profiles>
    <profile>
      <id>nexus</id>
      <repositories>
        <repository>
          <id>central</id>
          <url>http://central</url>
          <releases><enabled>true</enabled></releases>
          <snapshots><enabled>true</enabled></snapshots>
        </repository>
      </repositories>
```

```xml
      <pluginRepositories>
        <pluginRepository>
          <id>central</id>
          <url>http://central</url>
          <releases><enabled>true</enabled></releases>
          <snapshots><enabled>true</enabled></snapshots>
        </pluginRepository>
      </pluginRepositories>
    </profile>
  </profiles>
  <activeProfiles>
    <activeProfile>nexus</activeProfile>
  </activeProfiles>
  ...
</settings>
```

关于镜像、profile 及 profile 激活的配置不再赘述，这里需要解释的是仓库及插件仓库配置，它们的 id 都为 central，也就是说，覆盖了超级 POM 中央仓库的配置，它们的 url 已无关紧要，因为所有请求都会通过镜像访问私服地址。配置仓库及插件仓库的主要目的是开启对快照版本下载的支持，当 Maven 需要下载发布版或快照版构件的时候，它首先检查 central，看该类型的构件是否支持，得到正面的回答之后，再根据镜像匹配规则转而访问私服仓库地址。

9.6　部署构件至 Nexus

如果只为代理外部公共仓库，那么 Nexus 的代理仓库就已经能够完全满足需要了。对于另一类 Nexus 仓库——宿主仓库来说，它们的主要作用是储存组织内部的，或者一些无法从公共仓库中获得的第三方构件，供大家下载使用。用户可以配置 Maven 自动部署构件至 Nexus 的宿主仓库，也可以通过界面手动上传构件。

9.6.1　使用 Maven 部署构件至 Nexus

日常开发生成的快照版本构件可以直接部署到 Nexus 中策略为 Snapshot 的宿主仓库中，项目正式发布的构件则应该部署到 Nexus 中策略为 Release 的宿主仓库中。POM 的配置方式具体见 5.4 节，代码清单 9-4 列出了一段典型的配置。

代码清单 9-4　配置 Maven 部署构件至 Nexus

```xml
<project>
  ...
  <distributionManagement>
    <repository>
      <id>nexus-releases</id>
      <name>Nexus Releases Repository</name>
      <url>http://localhost:8081/nexus/content/repositories/releases/</url>
    </repository>
    <snapshotRepository>
```

```xml
    <id>nexus-snapshots</id>
    <name>Nexus Snapshots Repository</name>
    <url>http://localhost:8081/nexus/content/repositories/snapshots/</url>
   </snapshotRepository>
  </distributionManagement>
  ...
</project>
```

Nexus 的仓库对于匿名用户是只读的。为了能够部署构件，还需要在 settings.xml 中配置认证信息，如代码清单 9-5 所示。

代码清单 9-5　为部署构件至 Nexus 配置认证信息

```xml
<settings>
  ...
  <servers>
    <server>
      <id>nexus-releases</id>
      <username>admin</username>
      <password>*****</password>
    </server>
    <server>
      <id>nexus-snapshots</id>
      <username>admin</username>
      <password>*****</password>
    </server>
  </servers>
  ...
</settings>
```

9.6.2　手动部署第三方构件至 Nexus

某些 Java Jar 文件（如 Oracle）的 JDBC 驱动，由于许可证的因素，它们无法公开地放在公共仓库中。此外，还有大量的小型开源项目，它们没有把自己的构件分发到中央仓库中，也没有维护自己的仓库，因此也无法从公共仓库获得。这个时候用户就需要将这类构件手动下载到本地，然后通过 Nexus 的界面上传到私服中。

要上传第三方构件，首先选择一个宿主仓库如 3rd party，然后在页面的下方选择 Artifact Upload 选项卡。在上传构件的时候，Nexus 要求用户确定其 Maven 坐标，如果该构件是通过 Maven 构建的，那么可以在 GAV Definition 下拉列表中选择 From POM，否则就选 GAV Parameters。用户需要为该构件定义一个 Maven 坐标，例如上传一个 Oracle 11g 的 JDBC 驱动，则可以按图 9-16 所示输入坐标。

定义好坐标之后，单击 Select Artifact(s) to Upload 按扭从本机选择要上传的构件，然后单击 Add Artifact 按钮将其加入到上传列表中。Nexus 允许用户一次上传一个主构件和多个附属构件（即 Classifier）。最后，单击页面最下方的 Upload Artifact(s) 按钮将构件上传到仓库中。

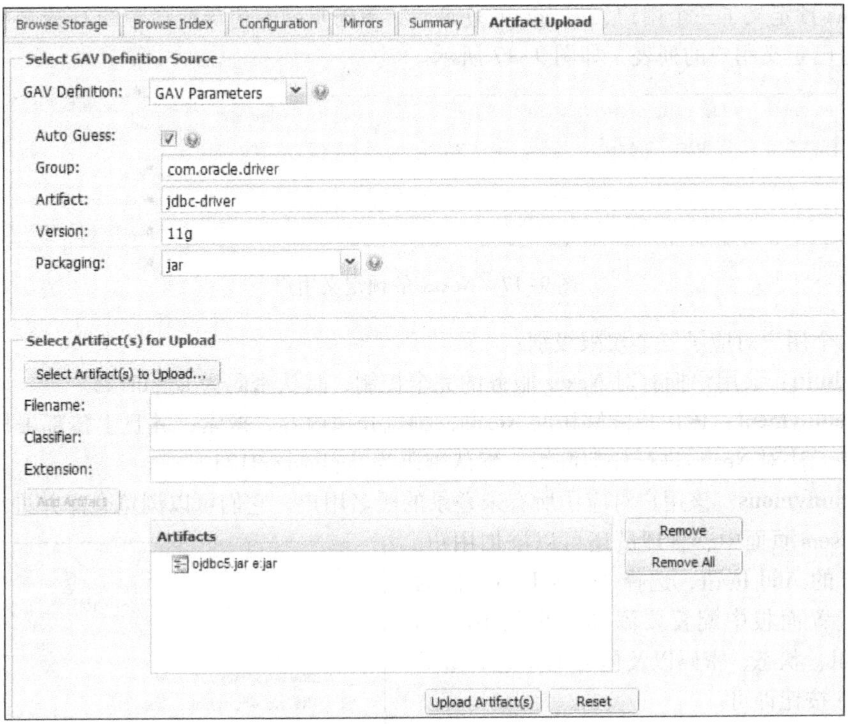

图 9-16　手动上传构件至 Nexus

9.7　Nexus 的权限管理

在组织中使用 Nexus 的时候往往会有一些安全性需求，例如希望只有管理员才能配置 Nexus，只有某些团队成员才能部署构件，或者更细一些的要求，例如每个项目都有自己的 Nexus 宿主仓库，且只能部署项目构件至该仓库中。Nexus 提供了全面的权限控制特性，能让用户自由地根据需要配置 Nexus 用户、角色、权限等。

9.7.1　Nexus 的访问控制模型

Nexus 是基于权限（Privilege）做访问控制的，服务器的每一个资源都有相应的权限来控制，因此用户执行特定的操作时就必须拥有必要的权限。管理员必须以角色（Role）的方式将权限赋予 Nexus 用户。例如要访问 Nexus 界面，就必须拥有 Status -（read）这个权限，而 Nexus 默认配置的角色 UI: Basic UI Privileges 就包含了这个权限，再将这个角色分配给某个用户，这个用户就能访问 Nexus 界面了。

用户可以被赋予一个或者多个角色，角色可以包含一个或者多个权限，角色还可以包含一个或者多个其他角色。

Nexus 预定义了三个用户，以 admin 登录后，单击页面左边导航栏中的 User 链接，就能看到所有已定义用户的列表，如图 9-17 所示。

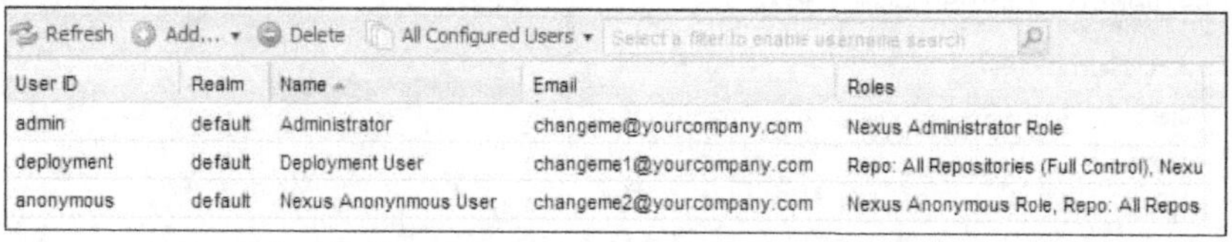

图 9-17 Nexus 的预定义用户

这三个用户对应了三个权限级别：

- **admin**：该用户拥有对 Nexus 服务的完全控制，默认密码为 admin123。
- **deployment**：该用户能够访问 Nexus，浏览仓库内容，搜索，并且上传部署构件，但是无法对 Nexus 进行任何配置，默认密码为 deployment123。
- **anonymous**：该用户对应了所有未登录的匿名用户，它们可以浏览仓库并进行搜索。

在 Users 页面中，管理员还可以添加用户。单击上方的 Add 按钮，选择 Nexus User，然后在用户配置面板中配置要添加用户的 ID、名称、Email、状态、密码以及包含的角色，最后单击 Save 按钮即可。

可以单击任何一个用户，然后选择页面下方的 Role Tree 选项卡，以树形结构详细地查看该用户所包含的角色以及进一步的权限。图 9-18 所示是 anonymous 用户的角色树。

理解各个角色的意义对于权限管理至关重要。Nexus 预定义的一些常用且重要的角色包括：

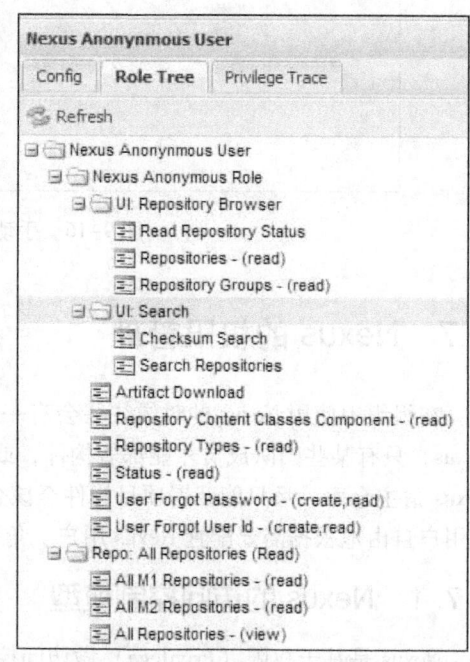

图 9-18 anonymous 用户的角色树

- **UI：Basic UI Privileges**：包含了访问 Nexus 界面必须的最基本的权限。
- **UI：Repository Browser**：包含了浏览仓库页面所需要的权限。
- **UI：Search**：包含了访问快速搜索栏及搜索页面所需要的权限。
- **Repo：All Repositories（Read）**：给予用户读取所有仓库内容的权限，没有仓库的读权限，用户将无法在仓库页面上看到实际的仓库内容，也无法使用 Maven 从仓库下载构件。
- **Repo：All Repositories（Full Control）**：给予用户完全控制所有仓库内容的权限。用户不仅可以浏览、下载构件，还可以部署构件及删除仓库内容。

Nexus 包含了一个特殊的匿名用户角色（Nexus Anonymous Role），默认配置下没有登录的用户都会拥有该匿名角色的权限。这个匿名用户角色实际包含了上述所列角色中，除 Repo：All Repositories（Full Control）之外的所有角色所包含的权限。也就是说，匿名用户可以访问基本的 Nexus 界面、浏览仓库内容及搜索构件。

除上述角色之外，Nexus 还预定义了很多其他角色，它们往往都对应了一个 Nexus 的功能。例如，UI：Logs and Config Files 包含了访问系统日志文件及配置文件所需要的权限。

9.7.2 为项目分配独立的仓库

在组织内部，如果所有项目都部署快照及发布版构件至同样的仓库，就会存在潜在的冲突及安全问题，我们不想让项目 A 的部署影响到项目 B，反之亦然。解决的方法就是为每个项目分配独立的仓库，并且只将仓库的部署、修改和删除权限赋予该项目的成员，其他用户只能读取、下载和搜索该仓库的内容。

假设项目名称为 foo，首先为该项目建立两个宿主仓库 Foo Snapshots 和 Foo Releases，分别用来部署快照构件和发布构件。具体步骤参见 9.3.3 节，这里不再赘述。

有了仓库之后，就需要创建基于仓库的增、删、改、查权限。在 Nexus 中，这样的权限是基于 Repository Target 建立的，Repository Target 实际上是一系列正则表达式，在访问仓库某路径下内容的时候，Nexus 会将仓库路径与 Repository Target 的正则表达式一一匹配，以检查权限是否正确。

单击左边导航栏中的 Repository Targets 链接，就能看到图 9-19 所示的页面。图中选中了 All（Maven2）这一 Repository Target，在下方可以看到它包含了一个值为 ".*" 的正则表达式，表示该 Repository Target 能够匹配仓库下的任何路径。

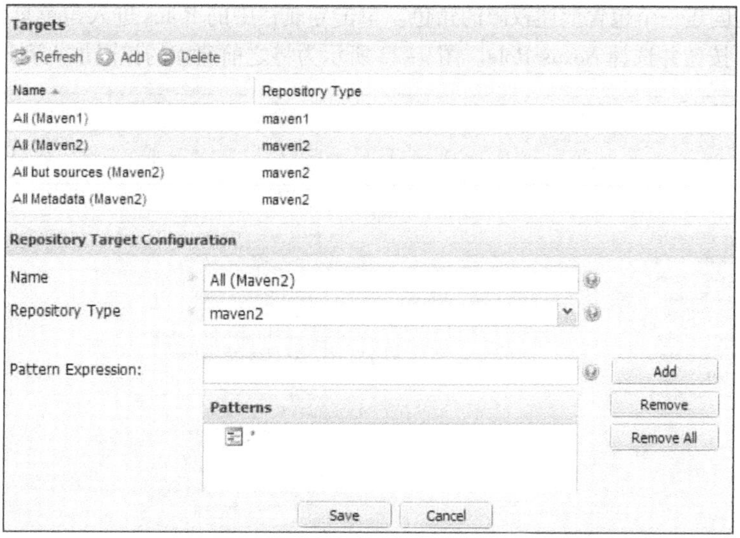

图 9-19　Nexus 的 Repository Target

下一步就是基于该 Repository Target 和 Foo Releases、Foo Snapshots 两个仓库建立权限。单击页面左边导航栏中的 Privileges 链接进入权限页面，然后单击 Add 按钮，选择 Repository Target Privilege。图 9-20 所示为创建对应于 Foo Releases 的权限。

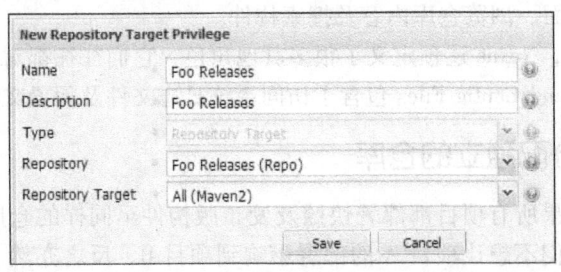

图 9-20　为 Foo Releases 创建仓库权限

图 9-20 中选择了 Foo Releases 仓库和 All（Maven2），表示创建匹配 Foo Releases 仓库任何路径的权限。单击 Save 按钮之后，就能在权限列表中看到相应的增、删、改、查权限，如图 9-21 所示。

Foo Releases - (create)	true	Repository Target	All (Maven2)	Foo Releases
Foo Releases - (delete)	true	Repository Target	All (Maven2)	Foo Releases
Foo Releases - (read)	true	Repository Target	All (Maven2)	Foo Releases
Foo Releases - (update)	true	Repository Target	All (Maven2)	Foo Releases

图 9-21　Foo Releases 仓库的增、删、改、查权限

然后，遵循同样的步骤，为 Foo Snapshots 建立增、删、改、查权限。

下一步是创建一个包含上述权限的角色。单击导航栏中的 Roles 进入角色页面，再单击页面上方的 Add 按钮并选择 Nexus Role。图 9-22 所示为将之前建立的权限加入到该角色中。

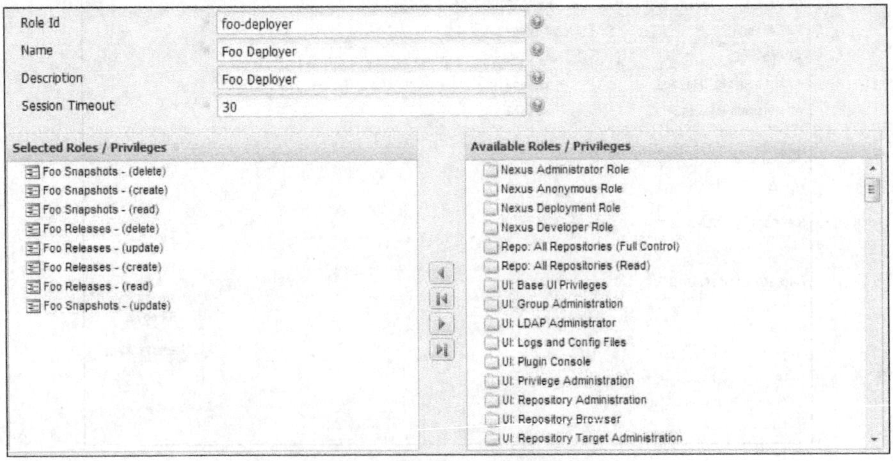

图 9-22　创建 Foo Deployer 角色

角色创建完成之后,根据需要将其分配给 Foo 项目的团队成员。这样,其他团队的成员默认只能读取 Foo Releases 和 Foo Snapshots 的内容,而拥有 Foo Deployer 角色的用户就可以执行部署构件等操作。

9.8 Nexus 的调度任务

Nexus 提供了一系列可配置的调度任务来方便用户管理系统。用户可以设定这些任务运行的方式,例如每天、每周、手动等。调度任务会在适当的时候在后台运行。当然,用户还是能够在界面观察它们的状态的。

要建立一个调度任务,单击左边导航栏中的 Scheduled Tasks 链接,然后在右边的界面上方单击 Add 按钮,接着就能看到图 9-23 所示的界面。用户可以根据自己的需要,选择任务类型,并配置其运行方式。

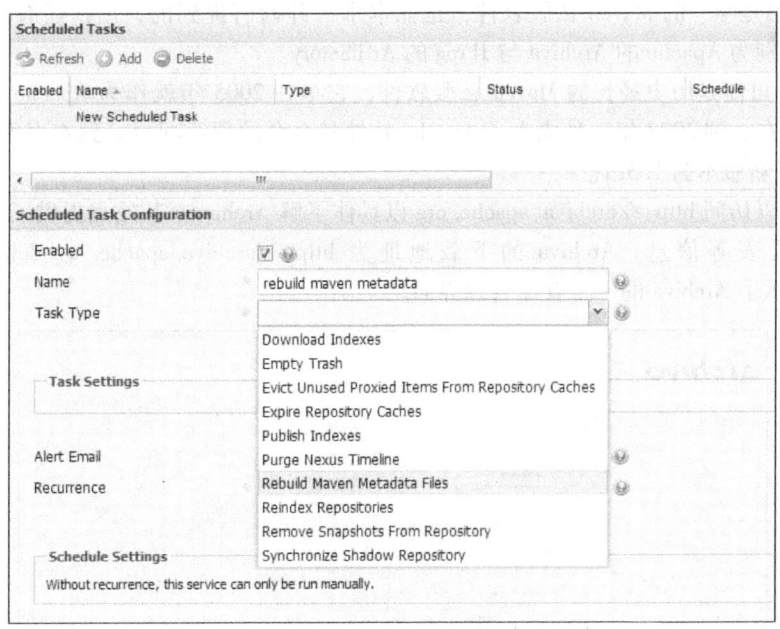

图 9-23 创建 Nexus 调度任务

Nexus 包含了以下几种类型的调度任务:
- **Download Indexes**:为代理仓库下载远程索引。
- **Empty Trash**:清空 Nexus 的回收站,一些操作(如删除仓库文件)实际是将文件移到了回收站中。
- **Evict Unused Proxied Items From Repository Caches**:删除代理仓库中长期未被使用的构件缓存。

❑ **Expire Repository Caches**：Nexus 为代理仓库维护了远程仓库的信息以避免不必要的网络流量，该任务清空这些信息以强制 Nexus 去重新获取远程仓库的信息。
❑ **Publish Indexes**：将仓库索引发布成可供 m2eclipse 和其他 Nexus 使用的格式。
❑ **Purge Nexus Timeline**：删除 Nexus 的时间线文件，该文件用于建立系统的 RSS 源。
❑ **Rebuild Maven Metadata Files**：基于仓库内容重新创建仓库元数据文件 maven-metadata.xml，同时重新创建每个文件的校验和 md5 和 sha1。
❑ **Reindex Repositories**：为仓库编纂索引。
❑ **Remove Snapshots From Repository**：以可配置的方式删除仓库的快照构件。
❑ **Synchronize Shadow Repository**：同步虚拟仓库的内容（服务于 Maven 1）。

9.9 其他私服软件

Nexus 不是唯一的 Maven 私服软件，正如本章一开始所提到的，用户还有另外两个选择，它们分别为 Apache 的 Archiva 与 JFrog 的 Artifactory。

Archiva 可能是历史最长的 Maven 私服软件，它早在 2005 年就作为 Apache Maven 的一个子项目存在，到 2008 年 3 月成为了 Apache 软件基金会的顶级项目。到本书编写的时候，Archiva 的最新版本为 1.3.1。

读者可以访问 http://archiva.apache.org 以具体了解 Archiva，其站点提供了一些入门指南及邮件列表等信息。Archiva 的下载地址为 http://archiva.apache.org/download.html。图 9-24 显示了 Archiva 的一个仓库管理界面。

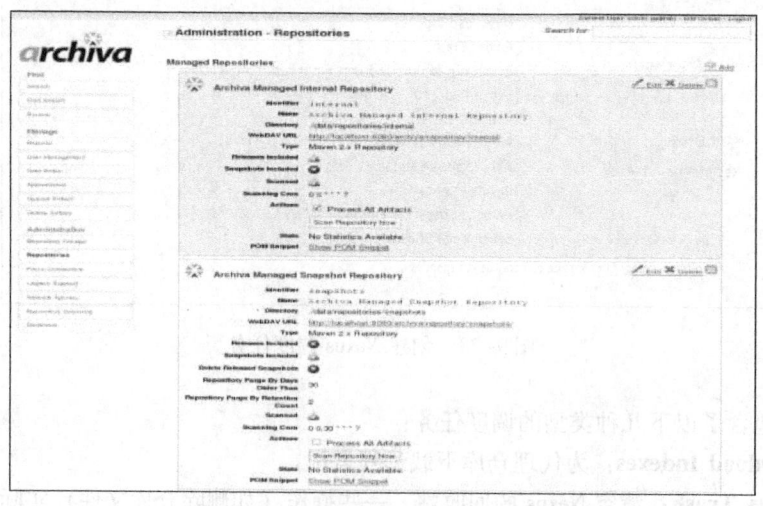

图 9-24　Archiva 的仓库管理界面

在 Nexus 发布之前，笔者曾一度是 Artifactory 的忠实用户，当时它是唯一的支持从用户界面配置仓库的私服。Artifactory 的一大特点是使用数据库来存储仓库内容。读者可以自行访问 JFrog 站点以了解更多信息：http://www.jfrog.org/products.php。Artifactory 目前的最新版本为 2.2.5，其下载地址为 http://www.jfrog.org/download.php。图 9-25 所示是 Artifactory 的仓库浏览界面。

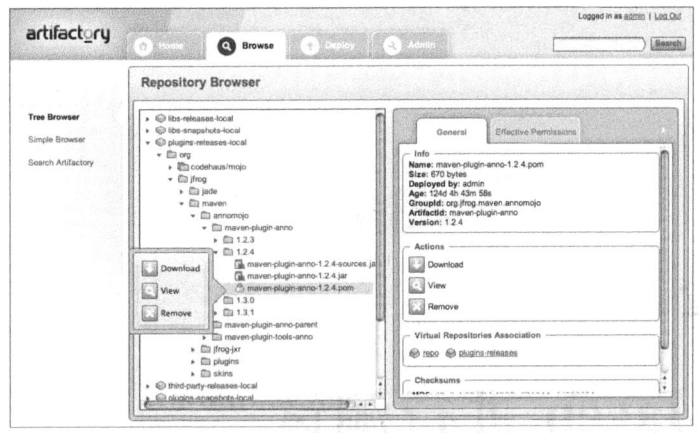

图 9-25　Artifactory 的仓库浏览界面

细心的读者会发现，Nexus 的主色调为蓝色，Archiva 的主色调为橙色，而 Artifactory 的主色调为绿色，这或许是各个团队自我风格的一种体现吧。

9.10　小结

建立并维护自己的私服是使用 Maven 必不可少的一步，Maven 私服软件有 Nexus、Archiva 和 Artifactory，它们都提供了开源的版本供用户下载。本章详细介绍了 Nexus 的安装和使用，包括如何分辨各种类型的仓库、如何建立仓库索引和搜索构件、如何使用权限管理功能、如何使用调度任务功能等。除了这些功能之外，Nexus 还有很多有趣的特性，如 RSS 源、日志浏览及配置等，用户可以从友好的界面中学习使用。

除了 Nexus 本身，本章还详述了如何配置 Maven 从私服下载构件，以及如何发布构件至私服供他人使用。结合了 Nexus 的帮助之后，再使用 Maven 时就会如虎添翼。

第 10 章
使用 Maven 进行测试

本章内容

- account-captcha
- maven-surefire-plugin 简介
- 跳过测试
- 动态指定要运行的测试用例
- 包含与排除测试用例
- 测试报告
- 运行 TestNG 测试
- 重用测试代码
- 小结

随着敏捷开发模式的日益流行，软件开发人员也越来越认识到日常编程工作中单元测试的重要性。Maven 的重要职责之一就是自动运行单元测试，它通过 maven-surefire-plugin 与主流的单元测试框架 JUnit 3、JUnit 4 以及 TestNG 集成，并且能够自动生成丰富的结果报告。本章将介绍 Maven 关于测试的一些重要特性，但不会深入解释单元测试框架本身及相关技巧，重点是介绍如何通过 Maven 控制单元测试的运行。

除了测试之外，本章还会进一步丰富账户注册服务这一背景案例，引入其第 3 个模块：account-captcha。

10.1 account-captcha

在讨论 maven-surefire-plugin 之前，本章先介绍实现账户注册服务的 account-captcha 模块，该模块负责处理账户注册时验证码的 key 生成、图片生成以及验证等。读者可以回顾第 4 章的背景案例以获得更具体的需求信息。

10.1.1 account-captcha 的 POM

该模块的 POM（Project Object Model，项目对象模型）还是比较简单的，内容见代码清单 10-1。

代码清单 10-1　account-captcha 的 POM

```xml
<project xmlns="http://maven.apache.org/POM/4.0.0" xmlns:xsi="http://www.w3.org/2001/XMLSchema-instance"
    xsi:schemaLocation="http://maven.apache.org/POM/4.0.0 http://maven.apache.org/maven-v4_0_0.xsd">
    <modelVersion>4.0.0</modelVersion>
    <parent>
        <groupId>com.juvenxu.mvnbook.account</groupId>
        <artifactId>account-parent</artifactId>
        <version>1.0.0-SNAPSHOT</version>
    </parent>

    <artifactId>account-captcha</artifactId>
    <name>Account Captcha</name>

    <properties>
        <kaptcha.version>2.3</kaptcha.version>
    </properties>

    <dependencies>
        <dependency>
            <groupId>com.google.code.kaptcha</groupId>
            <artifactId>kaptcha</artifactId>
            <version>${kaptcha.version}</version>
            <classifier>jdk15</classifier>
        </dependency>
        <dependency>
            <groupId>org.springframework</groupId>
```

```xml
            <artifactId>spring-core</artifactId>
        </dependency>
        <dependency>
            <groupId>org.springframework</groupId>
            <artifactId>spring-beans</artifactId>
        </dependency>
        <dependency>
            <groupId>org.springframework</groupId>
            <artifactId>spring-context</artifactId>
        </dependency>
        <dependency>
            <groupId>junit</groupId>
            <artifactId>junit</artifactId>
        </dependency>
    </dependencies>

    <repositories>
        <repository>
            <id>sonatype-forge</id>
            <name>Sonatype Forge</name>
            <url>http://repository.sonatype.org/content/groups/forge/</url>
            <releases>
                <enabled>true</enabled>
            </releases>
            <snapshots>
                <enabled>false</enabled>
            </snapshots>
        </repository>
    </repositories>
</project>
```

首先 POM 中的第一部分是父模块声明，如同 account-email、account-persist 一样，这里将父模块声明为 account-parent。紧接着是该项目本身的 artifactId 和名称，groupId 和 version 没有声明，将自动继承自父模块。再往下声明了一个 Maven 属性 kaptcha.version，该属性用在依赖声明中，account-captcha 的依赖除了 SpringFramework 和 JUnit 之外，还有一个 com.google.code.kaptcha：kaptcha。Kaptcha 是一个用来生成验证码（Captcha）的开源类库，account-captcha 将用它来生成注册账户时所需要的验证码图片，如果想要了解更多关于 Kaptcha 的信息，可以访问其项目主页：http://code.google.com/p/kaptcha/。

POM 中 SpringFramework 和 JUnit 的依赖配置都继承自父模块，这里不再赘述。Kaptcha 依赖声明中 version 使用了 Maven 属性，这在之前也已经见过。需要注意的是，Kaptcha 依赖还有一个 classifier 元素，其值为 jdk5，Kaptcha 针对 Java 1.5 和 Java 1.4 提供了不同的分发包，因此这里使用 classifier 来区分两个不同的构件。

POM 的最后声明了 Sonatype Forge 这一公共仓库，这是因为 Kaptcha 并没有上传到中央仓库，我们可以从 Sonatype Forge 仓库获得该构件。如果有自己的私服，就不需要在 POM 中声明该仓库了，可以代理 Sonatype Forge 仓库，或者直接将 Kaptcha 上传到自己的仓库中。

最后，不能忘记把 account-captcha 加入到聚合模块（也是父模块）account-parent 中，见代码清单 10-2。

代码清单 10-2　将 account-captcha 加入到聚合模块 account-parent

```xml
<project xmlns="http://maven.apache.org/POM/4.0.0" xmlns:xsi="http://www.w3.org/2001/XMLSchema-instance"
    xsi:schemaLocation="http://maven.apache.org/POM/4.0.0 http://maven.apache.org/maven-v4_0_0.xsd">
    <modelVersion>4.0.0</modelVersion>
    <groupId>com.juvenxu.mvnbook.account</groupId>
    <artifactId>account-parent</artifactId>
    <version>1.0.0-SNAPSHOT</version>
    <packaging>pom</packaging>
    <name>Account Parent</name>
    <modules>
        <module>account-email</module>
        <module>account-persist</module>
        <module>account-captcha</module>
    </modules>
</project>
```

10.1.2　account-captcha 的主代码

　　account-captcha 需要提供的服务是生成随机的验证码主键，然后用户可以使用这个主键要求服务生成一个验证码图片，这个图片对应的值应该是随机的，最后用户用肉眼读取图片的值，并将验证码的主键与这个值交给服务进行验证。这一服务对应的接口可以定义，如代码清单 10-3 所示。

代码清单 10-3　AccountCaptchaService.java

```java
package com.juvenxu.mvnbook.account.captcha;

import java.util.List;

public interface AccountCaptchaService
{
    String generateCaptchaKey()
        throws AccountCaptchaException;

    byte[] generateCaptchaImage( String captchaKey )
        throws AccountCaptchaException;

    boolean validateCaptcha( String captchaKey, String captchaValue )
        throws AccountCaptchaException;

    List<String> getPreDefinedTexts();

    void setPreDefinedTexts( List<String> preDefinedTexts );
}
```

　　很显然，generateCaptchaKey() 用来生成随机的验证码主键，generateCaptchaImage() 用来生成验证码图片，而 validateCaptcha() 用来验证用户反馈的主键和值。

　　该接口定义了额外的 getPreDefinedTexts() 和 setPreDefinedTexts() 方法，通过这一组方

法，用户可以预定义验证码图片的内容，同时也提高了可测试性。如果 AccountCaptchaService 永远生成随机的验证码图片，那么没有人工的参与就很难测试该功能。现在，服务允许传入一个文本列表，这样就可以基于这些文本生成验证码，那么我们也就能控制验证码图片的内容了。

为了能够生成随机的验证码主键，引入一个 RandomGenerator 类，见代码清单 10-4。

代码清单 10-4　RandomGenerator.java

```java
package com.juvenxu.mvnbook.account.captcha;

import java.util.Random;

public class RandomGenerator
{
    private static String range = "0123456789abcdefghijklmnopqrstuvwxyz";

    public static synchronized String getRandomString()
    {
        Random random = new Random();

        StringBuffer result = new StringBuffer();

        for ( int i = 0; i < 8; i++ )
        {
            result.append( range.charAt( random.nextInt( range.length() ) ) );
        }

        return result.toString();
    }
}
```

RandomGenerator 类提供了一个静态且线程安全的 getRandomString() 方法。该方法生成一个长度为 8 的字符串，每个字符都是随机地从所有数字和字母中挑选，这里主要是使用了 java.util.Random 类，其 nextInt（int n）方法会返回一个大于等于 0 且小于 n 的整数。代码中的字段 range 包含了所有的数字与字母，将其长度传给 nextInt()方法后就能获得一个随机的下标，再调用 range.charAt()就可以随机取得一个其包含的字符了。

现在看 AccountCaptchaService 的实现类 AccountCaptchaServiceImpl。首先需要初始化验证码图片生成器，见代码清单 10-5。

代码清单 10-5　AccountCaptchaServiceImpl.java 的 afterPropertySet()方法

```java
package com.juvenxu.mvnbook.account.captcha;

import java.awt.image.BufferedImage;
import java.io.ByteArrayOutputStream;
import java.io.IOException;
import java.util.HashMap;
import java.util.List;
import java.util.Map;
import java.util.Properties;
```

```java
import javax.imageio.ImageIO;

import org.springframework.beans.factory.InitializingBean;

import com.google.code.kaptcha.impl.DefaultKaptcha;
import com.google.code.kaptcha.util.Config;

public class AccountCaptchaServiceImpl
    implements AccountCaptchaService, InitializingBean
{
    private DefaultKaptcha producer;

    public void afterPropertiesSet()
        throws Exception
    {
        producer = new DefaultKaptcha();

        producer.setConfig( new Config( new Properties() ) );
    }
    ...
```

AccountCaptchaServiceImpl 实现了 SpringFramework 的 InitializingBean 接口，该接口定义了一个方法 afterPropertiesSet()，该方法会被 SpringFramework 初始化对象的时候调用。该代码清单中使用该方法初始化验证码生成器 producer，并且为 producer 提供了默认的配置。

接着 AccountCaptchaServiceImpl 需要实现 generateCaptchaKey() 方法，见代码清单 10-6。

代码清单 10-6　AccountCaptchaServiceImpl. java 的 generateCaptchaKey( )方法

```java
private Map<String, String> captchaMap = new HashMap<String, String>();

private List<String> preDefinedTexts;

private int textCount = 0;

public String generateCaptchaKey()
{
    String key = RandomGenerator.getRandomString();

    String value = getCaptchaText();

    captchaMap.put( key, value );

    return key;
}

public List<String> getPreDefinedTexts()
{
    return preDefinedTexts;
}
```

```java
public void setPreDefinedTexts( List < String > preDefinedTexts )
{
    this.preDefinedTexts = preDefinedTexts;
}

private String getCaptchaText()
{
    if ( preDefinedTexts != null && !preDefinedTexts.isEmpty() )
    {
        String text = preDefinedTexts.get( textCount );
        textCount = ( textCount + 1 ) % preDefinedTexts.size();
        return text;
    }
    else
    {
        return producer.createText();
    }
}
```

上述代码清单中的 generateCaptchaKey( ) 首先生成一个随机的验证码主键，每个主键将和一个验证码字符串相关联，然后这组关联会被存储到 captchaMap 中以备将来验证。主键的目的仅仅是标识验证码图片，其本身没有实际的意义。代码清单中的 getCaptchaText( ) 用来生成验证码字符串，当 preDefinedTexts 不存在或者为空的时候，就是用验证码图片生成器 producer 创建一个随机的字符串，当 preDefinedTexts 不为空的时候，就顺序地循环该字符串列表读取值。preDefinedTexts 有其对应的一组 get 和 set 方法，这样就能让用户预定义验证码字符串的值。

有了验证码图片的主键，AccountCaptchaServiceImpl 就需要实现 generateCaptchaImage( ) 方法来生成验证码图片，见代码清单 10-7。

代码清单 10-7　AccountCaptchaServiceImpl. java 的 generateCaptchaImage( )方法

```java
public byte[] generateCaptchaImage( String captchaKey )
    throws AccountCaptchaException
{
    String text = captchaMap.get( captchaKey );
    if ( text == null )
    {
        throw new AccountCaptchaException( "Captch key'" + captchaKey + "'not found!" );
    }
    BufferedImage image = producer.createImage( text );
    ByteArrayOutputStream out = new ByteArrayOutputStream();
    try
    {
```

```
        ImageIO.write( image, "jpg", out );
    }
    catch ( IOException e )
    {
        throw new AccountCaptchaException( "Failed to write captcha stream!", e );
    }

    return out.toByteArray();
}
```

为了生成验证码图片，就必须先得到验证码字符串的值，代码清单中通过使用主键来查询 captchaMap 获得该值，如果值不存在，就抛出异常。有了验证码字符串的值之后，generateCaptchaImage( )方法就能通过 producer 来生成一个 BufferedImage，随后的代码将这个图片对象转换成 jpg 格式的字节数组并返回。有了该字节数组，用户就能随意地将其保存成文件，或者在网页上显示。

最后是简单的验证过程，见代码清单 10-8。

代码清单 10-8　AccountCaptchaServiceImpl. java 的 validateCaptcha( )方法

```
public boolean validateCaptcha( String captchaKey, String captchaValue )
    throws AccountCaptchaException
{
    String text = captchaMap.get( captchaKey );

    if ( text == null )
    {
        throw new AccountCaptchaException( "Captch key'" + captchaKey + "'not found!" );
    }

    if ( text.equals( captchaValue ) )
    {
        captchaMap.remove( captchaKey );

        return true;
    }
    else
    {
        return false;
    }
}
```

用户得到了验证码图片以及主键后，就会识别图片中所包含的字符串信息，然后将此验证码的值与主键一起反馈给 validateCaptcha( )方法以进行验证。validateCaptcha( )通过主键找到正确的验证码值，然后与用户提供的值进行比对，如果成功，则返回 true。

当然，还需要一个 SpringFramework 的配置文件，它在资源目录 src/main/resources/下，名为 account-captcha. xml，见代码清单 10-9。

代码清单 10-9 account-captcha.xml

```xml
<?xml version="1.0" encoding="UTF-8"?>
<beans xmlns="http://www.springframework.org/schema/beans"
    xmlns:xsi="http://www.w3.org/2001/XMLSchema-instance"
    xsi:schemaLocation="http://www.springframework.org/schema/beans
http://www.springframework.org/schema/beans/spring-beans-2.5.xsd">

    <bean id="accountCaptchaService"
        class="com.juvenxu.mvnbook.account.captcha.AccountCaptchaServiceImpl"/>
    </bean>

</beans>
```

这是一个最简单的 SpringFramework 配置，它定义了一个 id 为 accountCaptchaService 的 bean，其实现为刚才讨论的 AccountCaptchaServiceImpl。

10.1.3 account-captcha 的测试代码

测试代码位于 src/test/java 目录，其包名也与主代码一致，为 com.juvenxu.mvnbook.account.captcha。首先看一下简单的 RandomeGeneratorTest，见代码清单 10-10。

代码清单 10-10 RandomeGeneratorTest.java

```java
package com.juvenxu.mvnbook.account.captcha;

import static org.junit.Assert.assertFalse;

import java.util.HashSet;
import java.util.Set;

import org.junit.Test;

public class RandomGeneratorTest
{
    @Test
    public void testGetRandomString()
        throws Exception
    {
        Set<String> randoms = new HashSet<String>(100);

        for (int i = 0; i < 100; i++)
        {
            String random = RandomGenerator.getRandomString();

            assertFalse(randoms.contains(random));

            randoms.add(random);
        }
    }
}
```

该测试用例创建一个初始容量为 100 的集合 randoms，然后循环 100 次用 RandomGenerator 生成随机字符串并放入 randoms 中，同时每次循环都检查新生成的随机值是否已经包含在集合中。这样一个简单的检查能基本确定 RandomGenerator 生成值是否为随机的。

当然这个模块中最重要的测试应该在 AccountCaptchaService 上，见代码清单 10-11。

代码清单 10-11　AccountCaptchaServiceTest.java

```java
package com.juvenxu.mvnbook.account.captcha;

import static org.junit.Assert.*;

import java.io.File;
import java.io.FileOutputStream;
import java.io.OutputStream;
import java.util.ArrayList;
import java.util.List;

import org.junit.Before;
import org.junit.Test;
import org.springframework.context.ApplicationContext;
import org.springframework.context.support.ClassPathXmlApplicationContext;

public class AccountCaptchaServiceTest
{
    private AccountCaptchaService service;

    @Before
    public void prepare()
        throws Exception
    {
        ApplicationContext ctx = new ClassPathXmlApplicationContext( "account-captcha.xml" );
        service = (AccountCaptchaService) ctx.getBean( "accountCaptchaService" );
    }

    @Test
    public void testGenerateCaptcha()
        throws Exception
    {
        String captchaKey = service.generateCaptchaKey();
        assertNotNull( captchaKey );

        byte[] captchaImage = service.generateCaptchaImage( captchaKey );
        assertTrue( captchaImage.length > 0 );

        File image = new File( "target/" + captchaKey + ".jpg" );
        OutputStream output = null;
        try
        {
            output = new FileOutputStream( image );
            output.write( captchaImage );
        }
```

```java
        finally
        {
            if ( output != null )
            {
                output.close();
            }
        }
        assertTrue( image.exists() && image.length() > 0 );
    }

    @Test
    public void testValidateCaptchaCorrect()
        throws Exception
    {
        List<String> preDefinedTexts = new ArrayList<String>();
        preDefinedTexts.add( "12345" );
        preDefinedTexts.add( "abcde" );
        service.setPreDefinedTexts( preDefinedTexts );

        String captchaKey = service.generateCaptchaKey();
        service.generateCaptchaImage( captchaKey );
        assertTrue( service.validateCaptcha( captchaKey, "12345" ) );

        captchaKey = service.generateCaptchaKey();
        service.generateCaptchaImage( captchaKey );
        assertTrue( service.validateCaptcha( captchaKey, "abcde" ) );
    }

    @Test
    public void testValidateCaptchaIncorrect()
        throws Exception
    {
        List<String> preDefinedTexts = new ArrayList<String>();
        preDefinedTexts.add( "12345" );
        service.setPreDefinedTexts( preDefinedTexts );

        String captchaKey = service.generateCaptchaKey();
        service.generateCaptchaImage( captchaKey );
        assertFalse( service.validateCaptcha( captchaKey, "67890" ) );
    }
}
```

该测试类的 prepare() 方法使用 @Before 标注，在运行每个测试方法之前初始化 AccountCaptchaService 这个 bean。

testGenerateCaptcha() 用来测试验证码图片的生成。首先它获取一个验证码主键并检查其非空，然后使用该主键获得验证码图片，实际上是一个字节数组，并检查该字节数组的内容非空。紧接着该测试方法在项目的 target 目录下创建一个名为验证码主键的 jpg 格式文件，并将 AccountCaptchaService 返回的验证码图片字节数组内容写入到该 jpg 文件中，然后再检查文件存在且包含实际内容。运行该测试之后，就能在项目的 target 目录下找到一个名如 dhb022fc.jpg 的文件，打开是一个验证码图片，如图 10-1 所示。

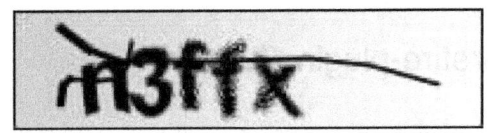

图 10-1　AccountCaptchaServiceTest 生成的验证码图片

testValidateCaptchaCorrect( )用来测试一个正确的 Captcha 验证流程。它首先预定义了两个 Captcha 的值放到服务中，然后依次生成验证码主键、验证码图片，并且使用主键和已知的值进行验证，确保服务正常工作。

最后的 testValidateCaptchaIncorrect( )方法测试当用户反馈的 Captcha 值错误时发生的情景，它先预定义 Captcha 的值为"12345"，但最后验证是传入了"67890"，并检查 validateCaptcha( )方法返回的值为 false。

现在运行测试，在项目目录下运行 **mvn test**，就会得到如下输出：

```
[INFO] Scanning for projects...
[INFO]
[INFO] ------------------------------------------------------------------
[INFO] Building Account Captcha 1.0.0 - SNAPSHOT
[INFO] ------------------------------------------------------------------
[INFO] ...
[INFO]
[INFO] ---maven-surefire-plugin:2.4.3:test (default-test) @ account-captcha ---
[INFO] Surefire report directory: D:\code\ch-10\account-aggregator\account-captcha\target\surefire-reports

-------------------------------------------------------
 T E S T S
-------------------------------------------------------
Running com.juvenxu.mvnbook.account.captcha.RandomGeneratorTest
Tests run: 1, Failures: 0, Errors: 0, Skipped: 0, Time elapsed: 0.037 sec
Running com.juvenxu.mvnbook.account.captcha.AccountCaptchaServiceTest
Tests run: 3, Failures: 0, Errors: 0, Skipped: 0, Time elapsed: 1.016 sec

Results :

Tests run: 4, Failures: 0, Errors: 0, Skipped: 0

[INFO] ------------------------------------------------------------------
[INFO] BUILD SUCCESS
[INFO] ------------------------------------------------------------------
```

这个简单的报告告诉我们，Maven 运行了两个测试类，其中第一个测试类 RandomGeneratorTest 包含 1 个测试，第二个测试类 AccountCaptchaServiceTest 包含 3 个测试，所有 4 个测试运行完毕后，没有任何失败和错误，也没有跳过任何测试。

报告中的 Failures、Errors、Skipped 信息来源于 JUnit 测试框架。Failures（失败）表示要测试的结果与预期值不一致，例如测试代码期望返回值为 true，但实际为 false；Errors（错误）表示测试代码或产品代码发生了未预期的错误，例如产品代码抛出了一个空指针错误，该错误又没有被测试代码捕捉到；Skipped 表示那些被标记为忽略的测试方法，在 JUnit 中用户可以使用@Ignore 注解标记忽略测试方法。

10.2 maven-surefire-plugin 简介

Maven 本身并不是一个单元测试框架，Java 世界中主流的单元测试框架为 JUnit（http://www.junit.org/）和 TestNG（http://testng.org/）。Maven 所做的只是在构建执行到特定生命周期阶段的时候，通过插件来执行 JUnit 或者 TestNG 的测试用例。这一插件就是 maven-surefire-plugin，可以称之为测试运行器（Test Runner），它能很好地兼容 JUnit 3、JUnit 4 以及 TestNG。

可以回顾一下 7.2.3 节介绍的 default 生命周期，其中的 test 阶段被定义为"使用单元测试框架运行测试"。我们知道，生命周期阶段需要绑定到某个插件的目标才能完成真正的工作，test 阶段正是与 maven-surefire-plugin 的 test 目标相绑定了，这是一个内置的绑定，具体可参考 7.4.1 节。

在默认情况下，maven-surefire-plugin 的 test 目标会自动执行测试源码路径（默认为 src/test/java/）下所有符合一组命名模式的测试类。这组模式为：

- **/Test*.java：任何子目录下所有命名以 Test 开头的 Java 类。
- **/*Test.java：任何子目录下所有命名以 Test 结尾的 Java 类。
- **/*TestCase.java：任何子目录下所有命名以 TestCase 结尾的 Java 类。

只要将测试类按上述模式命名，Maven 就能自动运行它们，用户也就不再需要定义测试集合（TestSuite）来聚合测试用例（TestCase）。关于模式需要注意的是，以 Tests 结尾的测试类是不会得以自动执行的。

当然，如果有需要，可以自己定义要运行测试类的模式，这一点将在 10.5 节详细描述。此外，maven-surefire-plugin 还支持更高级的 TestNG 测试集合 xml 文件，这一点将在 10.7 节详述。

当然，为了能够运行测试，Maven 需要在项目中引入测试框架的依赖，本书已经多次涉及了如何添加 JUnit 测试范围依赖，这里不再赘述，而关于如何引入 TestNG 依赖，可参看 10.7 节。

10.3 跳过测试

日常工作中，软件开发人员总有很多理由来跳过单元测试，"我敢保证这次改动不会导致任何测试失败"，"测试运行太耗时了，暂时跳过一下"，"有持续集成服务跑所有测试呢，我本地就不执行啦"。在大部分情况下，这些想法都是不对的，任何改动都要交给测试去验证，测试运行耗时过长应该考虑优化测试，更不要完全依赖持续集成服务来报告错误，测试错误应该尽早在尽小范围内发现，并及时修复。

不管怎样，我们总会要求 Maven 跳过测试，这很简单，在命令行加入参数 skipTests 就可以了。例如：

```
$ mvn package -DskipTests
```

Maven 输出会告诉你它跳过了测试:

```
[INFO] --- maven-compiler-plugin:2.0.2:testCompile (default-testCompile) @ ac-
count-captcha ---
[INFO] Compiling 2 source files to D:\\code\ch-10\account-aggregator\account-
captcha\target\test-classes
[INFO]
[INFO] --- maven-surefire-plugin:2.4.3:test (default-test) @ account-captcha ---
[INFO] Tests are skipped.
```

当然，也可以在 POM 中配置 maven-surefire-plugin 插件来提供该属性，如代码清单 10-12 所示。但这是不推荐的做法，如果配置 POM 让项目长时间地跳过测试，则还要测试代码做什么呢？

代码清单 10-12　配置插件跳过测试运行

```xml
<plugin>
    <groupId>org.apache.maven.plugins</groupId>
    <artifactId>maven-surefire-plugin</artifactId>
    <version>2.5</version>
    <configuration>
        <skipTests>true</skipTests>
    </configuration>
</plugin>
```

有时候用户不仅仅想跳过测试运行，还想临时性地跳过测试代码的编译，Maven 也允许你这么做，但记住这是不推荐的:

```
$ mvn package -Dmaven.test.skip=true
```

这时 Maven 的输出如下:

```
[INFO] --- maven-compiler-plugin:2.0.2:testCompile (default-testCompile) @ ac-
count-captcha ---
[INFO] Not compiling test sources
[INFO]
[INFO] --- maven-surefire-plugin:2.4.3:test (default-test) @ account-captcha ---
[INFO] Tests are skipped.
```

参数 maven.test.skip 同时控制了 maven-compiler-plugin 和 maven-surefire-plugin 两个插件的行为，测试代码编译跳过了，测试运行也跳过了。

对应于命令行参数 maven.test.skip 的 POM 配置如代码清单 10-13 所示，但这种方法也是不推荐使用的。

代码清单 10-13　配置插件跳过测试编译和运行

```xml
<plugin>
    <groupId>org.apache.maven.plugins</groupId>
    <artifactId>maven-compiler-plugin</artifactId>
    <version>2.1</version>
    <configuration>
```

```xml
            <skip>true</skip>
        </configuration>
    </plugin>
    <plugin>
        <groupId>org.apache.maven.plugins</groupId>
        <artifactId>maven-surefire-plugin</artifactId>
        <version>2.5</version>
        <configuration>
            <skip>true</skip>
        </configuration>
    </plugin>
```

实际上 maven-compiler-plugin 的 testCompile 目标和 maven-surefire-plugin 的 test 目标都提供了一个参数 skip 用来跳过测试编译和测试运行,而这个参数对应的命令行表达式为 maven.test.skip。

10.4 动态指定要运行的测试用例

反复运行单个测试用例是日常开发中很常见的行为。例如,项目代码中有一个失败的测试用例,开发人员就会想要再次运行这个测试以获得详细的错误报告,在修复该测试的过程中,开发人员也会反复运行它,以确认修复代码是正确的。如果仅仅为了一个失败的测试用例而反复运行所有测试,未免太浪费时间了,当项目中测试的数目比较大的时候,这种浪费尤为明显。

maven-surefire-plugin 提供了一个 test 参数让 Maven 用户能够在命令行指定要运行的测试用例。例如,如果只想运行 account-captcha 的 RandomGeneratorTest,就可以使用如下命令:

```
$ mvn test -Dtest=RandomGeneratorTest
```

这里 test 参数的值是测试用例的类名,这行命令的效果就是只有 RandomGeneratorTest 这一个测试类得到运行。

maven-surefire-plugin 的 test 参数还支持高级一些的赋值方式,能让用户更灵活地指定需要运行的测试用例。例如:

```
$ mvn test -Dtest=Random*Test
```

星号可以匹配零个或多个字符,上述命令会运行项目中所有类名以 Random 开头、Test 结尾的测试类。

除了星号匹配,还可以使用逗号指定多个测试用例:

```
$ mvn test -Dtest=RandomGeneratorTest,AccountCaptchaServiceTest
```

该命令的 test 参数值是两个测试类名,它们之间用逗号隔开,其效果就是告诉 Maven 只运行这两个测试类。

当然,也可以结合使用星号和逗号。例如:

```
$ mvn test -Dtest=Random*Test,AccountCaptchaServiceTest
```

需要注意的是，上述几种从命令行动态指定测试类的方法都应该只是临时使用，如果长时间只运行项目的某几个测试，那么测试就会慢慢失去其本来的意义。

test 参数的值必须匹配一个或者多个测试类，如果 maven-surefire-plugin 找不到任何匹配的测试类，就会报错并导致构建失败。例如下面的命令没有匹配任何测试类：

```
$ mvn test -Dtest
```

这样的命令会导致构建失败，输出如下：

```
[INFO] ---maven-surefire-plugin:2.4.3:test (default-test) @ account-captcha ---
[INFO] Surefire report directory: D:\code\ch-10\account-aggregator\account-cap-
tcha\target\surefire-reports

-------------------------------------------------------
 T E S T S
-------------------------------------------------------
There are no tests to run.

Results :

Tests run: 0, Failures: 0, Errors: 0, Skipped: 0

[INFO] ------------------------------------------------------------------------
[INFO] BUILD FAILURE
[INFO] ------------------------------------------------------------------------
[INFO] Total time: 1.747s
[INFO] Finished at: Sun Mar 28 17:00:27 CST 2010
[INFO] Final Memory: 2M/5M
[INFO] ------------------------------------------------------------------------
[ERROR] Failed to execute goal org.apache.maven.plugins:maven-surefire-plugin:
2.4.3:test (default-test) on project account-captcha: No tests were executed!
(Set -DfailIfNoTests=false to ignore this error.) -> [Help 1]
[ERROR]
[ERROR] To see the full stack trace of the errors, re-run Maven with the -e switch.
```

根据错误提示可以加上 -DfailIfNoTests=false，告诉 maven-surefire-plugin 即使没有任何测试也不要报错：

```
$ mvn test -Dtest -DfailIfNoTests=false
```

这样构建就能顺利执行完毕了。可以发现，实际上使用命令行参数 -Dtest -DfailIfNoTests=false 是另外一种跳过测试的方法。

我们看到，使用 test 参数用户可以从命令行灵活地指定要运行的测试类。可惜的是，maven-surefire-plugin 并没有提供任何参数支持用户从命令行跳过指定的测试类，好在用户可以通过在 POM 中配置 maven-surefire-plugin 排除特定的测试类。

10.5 包含与排除测试用例

10.2 节介绍了一组命名模式，符合这一组模式的测试类将会自动执行。Maven 提倡约定优于配置原则,因此用户应该尽量遵守这一组模式来为测试类命名。即便如此,maven-surefire-plugin 还是允许用户通过额外的配置来自定义包含一些其他测试类,或者排除一些符合默认命名模式的测试类。

例如,由于历史原因,有些项目所有测试类名称都以 Tests 结尾,这样的名字不符合默认的 3 种模式,因此不会被自动运行,用户可以通过代码清单 10-14 所示的配置让 Maven 自动运行这些测试。

代码清单10-14　自动运行以 Tests 结尾的测试类

```
<plugin>
  <groupId>org.apache.maven.plugins</groupId>
  <artifactId>maven-surefire-plugin</artifactId>
  <version>2.5</version>
  <configuration>
    <includes>
      <include>**/*Tests.java</include>
    </includes>
  </configuration>
</plugin>
```

上述代码清单中使用了 **/*Tests.java 来匹配所有以 Tests 结尾的 Java 类,两个星号 ** 用来匹配任意路径,一个星号 * 匹配除路径风格符外的 0 个或者多个字符。

类似地,也可以使用 excludes 元素排除一些符合默认命名模式的测试类,如代码清单 10-15 所示。

代码清单10-15　排除运行测试类

```
<plugin>
  <groupId>org.apache.maven.plugins</groupId>
  <artifactId>maven-surefire-plugin</artifactId>
  <version>2.5</version>
  <configuration>
    <excludes>
      <exclude>**/*ServiceTest.java</exclude>
      <exclude>**/TempDaoTest.java</exclude>
    </excludes>
  </configuration>
</plugin>
```

上述代码清单排除了所有以 ServiceTest 结尾的测试类,以及一个名为 TempDaoTest 的测试类。它们都符合默认的命名模式 **/*Test.java,不过,有了 excludes 配置后,maven-surefire-plugin 将不再自动运行它们。

10.6　测试报告

除了命令行输出,Maven 用户可以使用 maven-surefire-plugin 等插件以文件的形式生成更丰富的测试报告。

10.6.1 基本的测试报告

默认情况下，maven-surefire-plugin 会在项目的 target/surefire-reports 目录下生成两种格式的错误报告：

- 简单文本格式
- 与 JUnit 兼容的 XML 格式

例如，运行 10.1.3 节代码清单 10-10 中的 RandomGeneratorTest 后会得到一个名为 com.juvenxu.mvnbook.account.captcha.RandomGeneratorTest.txt 的简单文本测试报告和一个名为 TEST-com.juvenxu.mvnbook.account.captcha.RandomGeneratorTest.xml 的 XML 测试报告。前者的内容十分简单：

```
-------------------------------------------------------------------------------
Test set: com.juvenxu.mvnbook.account.captcha.RandomGeneratorTest
-------------------------------------------------------------------------------
Tests run: 1, Failures: 0, Errors: 0, Skipped: 0, Time elapsed: 0.029 sec
```

这样的报告对于获得信息足够了，XML 格式的测试报告主要是为了支持工具的解析，如 Eclipse 的 JUnit 插件可以直接打开这样的报告，如图 10-2 所示。

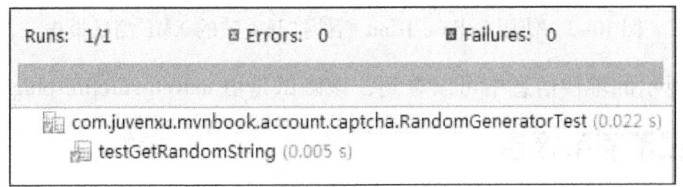

图 10-2　使用 Eclipse JUnit 插件打开成功的 XML 测试报告

由于这种 XML 格式已经成为了 Java 单元测试报告的事实标准，一些其他工具也能使用它们。例如，持续集成服务器 Hudson 就能使用这样的文件提供持续集成的测试报告。

以上展示了一些运行正确的测试报告，实际上，错误的报告更具价值。我们可以修改 10.1.3 节代码清单 10-11 中的 AccountCaptchaServiceTest 让一个测试失败，这时得到的简单文本报告会是这样：

```
-------------------------------------------------------------------------------
Test set: com.juvenxu.mvnbook.account.captcha.AccountCaptchaServiceTest
-------------------------------------------------------------------------------
Tests run: 3, Failures: 1, Errors: 0, Skipped: 0, Time elapsed: 0.932 sec <<<
FAILURE!
testValidateCaptchaCorrect(com.juvenxu.mvnbook.account.captcha.AccountCapt-
chaServiceTest) Time elapsed: 0.047 sec <<< FAILURE!
java.lang.AssertionError:
    at org.junit.Assert.fail(Assert.java:91)
    at org.junit.Assert.assertTrue(Assert.java:43)
    at org.junit.Assert.assertTrue(Assert.java:54)
```

```
        at com.juvenxu.mvnbook.account.captcha.AccountCaptchaServiceTest.testVal-
idateCaptchaCorrect(AccountCaptchaServiceTest.java:66)
...
```

报告说明了哪个测试方法失败、哪个断言失败以及具体的堆栈信息，用户可以据此快速地寻找失败原因。该测试的 XML 格式报告用 Eclipse JUnit 插件打开，如图 10-3 所示。

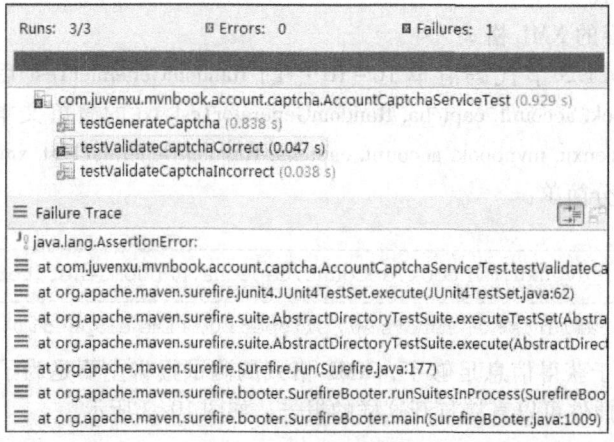

图 10-3　使用 Eclipse JUnit 插件打开失败的 XML 测试报告

从图 10-3 所示的堆栈信息中可以看到，该测试是由 maven-surefire-plugin 发起的。

10.6.2　测试覆盖率报告

测试覆盖率是衡量项目代码质量的一个重要的参考指标。Cobertura 是一个优秀的开源测试覆盖率统计工具（详见 http://cobertura.sourceforge.net/），Maven 通过 cobertura-maven-plugin 与之集成，用户可以使用简单的命令为 Maven 项目生成测试覆盖率报告。例如，可以在 account-captcha 目录下运行如下命令生成报告：

```
$ mvn cobertura:cobertura
```

接着打开项目目录 target/site/cobertura/ 下的 index.html 文件，就能看到如图 10-4 所示的测试覆盖率报告。

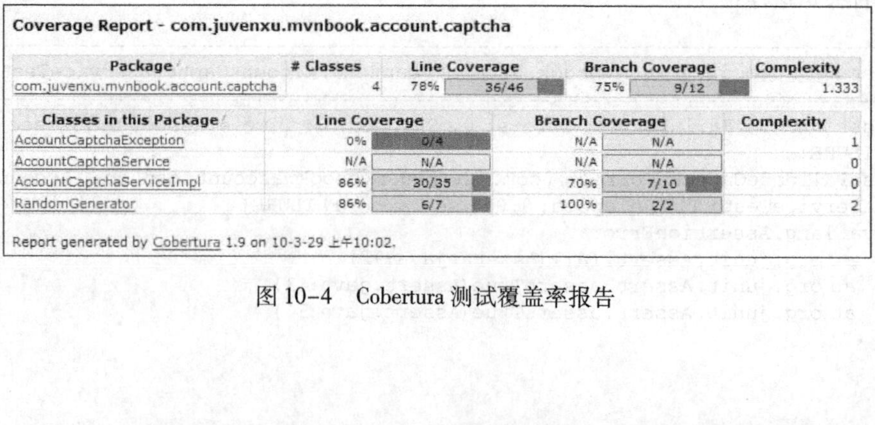

图 10-4　Cobertura 测试覆盖率报告

单击具体的类，还能看到精确到行的覆盖率报告，如图 10-5 所示。

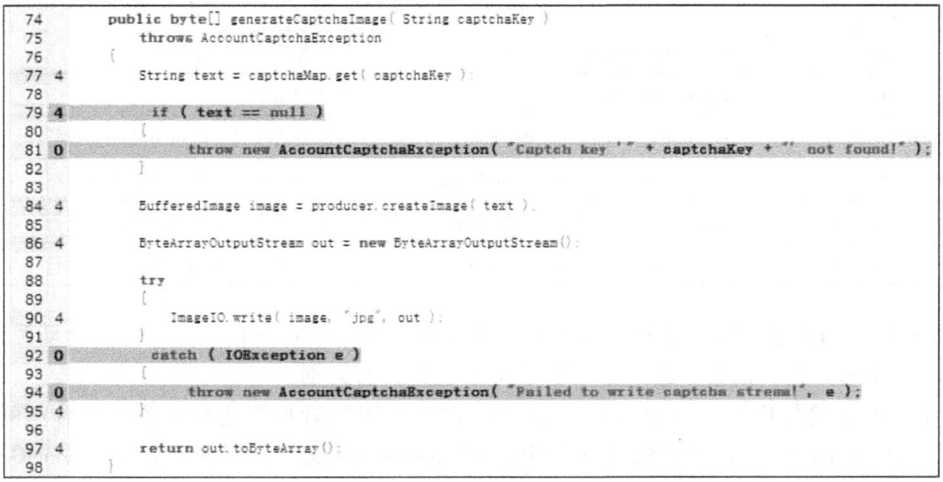

图 10-5　具体到代码行的 Cobertura 测试覆盖率报告

10.7　运行 TestNG 测试

　　TestNG 是 Java 社区中除 JUnit 之外另一个流行的单元测试框架。NG 是 Next Generation 的缩写，译为"下一代"。TestNG 在 JUnit 的基础上增加了很多特性，读者可以访问其站点 http://testng.org/ 获取更多信息。值得一提的是，《Next Generation Java Testing》（Java 测试新技术，中文版已由机械工业出版社引进出版，书号为 978-7-111-24550-6）一书专门介绍 TestNG 和相关测试技巧。

　　使用 Maven 运行 TestNG 十分方便。以 10.1.3 节中的 account-captcha 测试代码为例，首先需要删除 POM 中的 JUnit 依赖，加入 TestNG 依赖，见代码清单 10-16。

代码清单 10-16　加入 TestNG 依赖

```
< dependency >
    < groupId > org.testng < /groupId >
    < artifactId > testng < /artifactId >
    < version > 5.9 < /version >
    < scope > test < /scope >
    < classifier > jdk15 < /classifier >
< /dependency >
```

　　与 JUnit 类似，TestNG 的依赖范围应为 test。此外，TestNG 使用 classifier jdk15 和 jdk14 为不同的 Java 平台提供支持。

　　下一步需要将对 JUnit 的类库引用更改成对 TestNG 的类库引用。表 10-1 给出了常用类库的对应关系。

表 10-1 JUnit 和 TestNG 的常用类库对应关系

JUnit 类	TestNG 类	作用
org.junit.Test	org.testng.annotations.Test	标注方法为测试方法
org.junit.Assert	org.testng.Assert	检查测试结果
org.junit.Before	org.testng.annotations.BeforeMethod	标注方法在每个测试方法之前运行
org.junit.After	org.testng.annotations.AfterMethod	标注方法在每个测试方法之后运行
org.junit.BeforeClass	org.testng.annotations.BeforeClass	标注方法在所有测试方法之前运行
org.junit.AfterClass	org.testng.annotations.AfterClass	标注方法在所有测试方法之后运行

将 JUnit 的类库引用改成 TestNG 之后，在命令行输入 **mvn test**，Maven 就会自动运行那些符合命名模式的测试类。这一点与运行 JUnit 测试没有区别。

TestNG 允许用户使用一个名为 testng.xml 的文件来配置想要运行的测试集合。例如，可以在 account-captcha 的项目根目录下创建一个 testng.xml 文件，配置只运行 RandomGeneratorTest，如代码清单 10-17 所示。

代码清单 10-17 TestNG 的 testng.xml

```xml
<?xml version="1.0" encoding="UTF-8"?>
<suite name="Suite1" verbose="1">
    <test name="Regression1">
        <classes>
            <class name="com.juvenxu.mvnbook.account.captcha.RandomGeneratorTest"/>
        </classes>
    </test>
</suite>
```

同时再配置 maven-surefire-plugin 使用该 testng.xml，如代码清单 10-18 所示。

代码清单 10-18 配置 maven-surefire-plugin 使用 testng.xml

```xml
<plugin>
    <groupId>org.apache.maven.plugins</groupId>
    <artifactId>maven-surefire-plugin</artifactId>
    <version>2.5</version>
    <configuration>
        <suiteXmlFiles>
            <suiteXmlFile>testng.xml</suiteXmlFile>
        </suiteXmlFiles>
    </configuration>
</plugin>
```

TestNG 较 JUnit 的一大优势在于它支持测试组的概念，如下的注解会将测试方法加入到两个测试组 util 和 medium 中：

```
@Test(groups = {"util","medium"})
```

由于用户可以自由地标注方法所属的测试组,因此这种机制能让用户在方法级别对测试进行归类。这一点 JUnit 无法做到,它只能实现类级别的测试归类。

Maven 用户可以使用代码清单 10-19 所示的配置运行一个或者多个 TestNG 测试组。

代码清单 10-19　配置 maven-surefire-plugin 运行 TestNG 测试组

```
<plugin>
    <groupId>org.apache.maven.plugins</groupId>
    <artifactId>maven-surefire-plugin</artifactId>
    <version>2.5</version>
    <configuration>
        <groups>util,medium</groups>
    </configuration>
</plugin>
```

由于篇幅所限,这里不再介绍更多 TestNG 的测试技术,感兴趣的读者请访问 TestNG 站点。

10.8　重用测试代码

优秀的程序员会像对待产品代码一样细心维护测试代码,尤其是那些供具体测试类继承的抽象类,它们能够简化测试代码的编写。还有一些根据具体项目环境对测试框架的扩展,也会被大范围地重用。

在命令行运行 **mvn package** 的时候,Maven 会将项目的主代码及资源文件打包,将其安装或部署到仓库之后,这些代码就能为他人使用,从而实现 Maven 项目级别的重用。默认的打包行为是不会包含测试代码的,因此在使用外部依赖的时候,其构件一般都不会包含测试代码。

然后,在项目内部重用某个模块的测试代码是很常见的需求,可能某个底层模块的测试代码中包含了一些常用的测试工具类,或者一些高质量的测试基类供继承。这个时候 Maven 用户就需要通过配置 maven-jar-plugin 将测试类打包,如代码清单 10-20 所示。

代码清单 10-20　打包测试代码

```
<plugin>
    <groupId>org.apache.maven.plugins</groupId>
    <artifactId>maven-jar-plugin</artifactId>
    <version>2.2</version>
    <executions>
        <execution>
            <goals>
                <goal>test-jar</goal>
            </goals>
        </execution>
    </executions>
</plugin>
```

maven-jar-plugin 有两个目标，分别是 jar 和 test-jar，前者通过 Maven 的内置绑定在 default 生命周期的 package 阶段运行，其行为就是对项目主代码进行打包，而后者并没有内置绑定，因此上述的插件配置显式声明该目标来打包测试代码。通过查询该插件的具体信息可以了解到，test-jar 的默认绑定生命周期阶段为 package，因此当运行 **mvn clean package** 后就会看到如下输出：

```
[INFO] ---maven-jar-plugin:2.2:jar (default-jar) @ account-captcha ---
[INFO] Building jar: D:\code\ch-10\account-aggregator\account-captcha\target\account-captcha-1.0.0-SNAPSHOT.jar
[INFO]
[INFO] ---maven-jar-plugin:2.2:test-jar (default) @ account-captcha ---
[INFO] Building jar: D:\code\ch-10\account-aggregator\account-captcha\target\account-captcha-1.0.0-SNAPSHOT-tests.jar
```

maven-jar-plugin 的两个目标都得以执行，分别打包了项目主代码和测试代码。

现在，就可以通过依赖声明使用这样的测试包构件了，如代码清单 10-21 所示。

代码清单 10-21　依赖测试包构件

```xml
<dependency>
    <groupId>com.juvenxu.mvnbook.account</groupId>
    <artifactId>account-captcha</artifactId>
    <version>1.0.0-SNAPSHOT<version>
    <type>test-jar</type>
    <scope>test</scope>
</dependency>
```

上述依赖声明中有一个特殊的元素 type，所有测试包构件都使用特殊的 test-jar 打包类型。需要注意的是，这一类型的依赖同样使用 test 依赖范围。

10.9　小结

本章的主题是 Maven 与测试的集成，不过在讲述具体的测试技巧之前先实现了背景案例的 account-captcha 模块，这一模块的测试代码也成了本章其他内容良好的素材。maven-surefire-plugin 是 Maven 背后真正执行测试的插件，它有一组默认的文件名模式来匹配并自动运行测试类。用户还可以使用该插件来跳过测试、动态执行测试类、包含或排除测试等。maven-surefire-plugin 能生成基本的测试报告，除此之外还能使用 cobertura-maven-plugin 生成测试覆盖率报告。

除了主流的 JUnit 之外，本章还讲述了如何与 TestNG 集成，最后介绍了如何重用测试代码。

第 11 章

使用 Hudson 进行持续集成

本章内容

- 持续集成的作用、过程和优势
- Hudson 简介
- 安装 Hudson
- 准备 Subversion 仓库
- Hudson 的基本系统设置
- 创建 Hudson 任务
- 监视 Hudson 任务状态
- Hudson 用户管理
- 邮件反馈
- Hudson 工作目录
- 小结

作为最核心的敏捷实践之一——持续集成（Continuous Integration）越来越受到广大开发人员的喜爱和推崇。借助前文讲述的 Maven 所实现的自动化构建正是持续集成的一个必要前提，持续集成还要求开发人员使用版本控制工具和持续集成服务器。例如 Subversion 就是当前最流行的版本控制工具，而 Hudson 则是最流行的开源持续集成服务器软件。本章将简要介绍持续集成的概念和 Subversion 的基本使用，主要关注如何使用 Hudson，尤其是如何结合 Maven 与 Hudson 持续集成我们的项目。

11.1 持续集成的作用、过程和优势

简单地说，持续集成就是快速且高频率地自动构建项目的所有源码，并为项目成员提供丰富的反馈信息。这句话有很多关键的词：

- ❏ **快速**：集成的速度要尽可能地快，开发人员不希望自己的代码提交半天之后才得到反馈。
- ❏ **高频率**：频率越高越好，例如每隔一小时就是个不错的选择，这样问题才能尽早地被反映出来。
- ❏ **自动**：持续集成应该是自动触发并执行的，不应该有手工参与。
- ❏ **构建**：包括编译、测试、审查、打包、部署等工作。
- ❏ **所有源码**：所有团队成员提交到代码库里的最新的源代码。
- ❏ **反馈**：持续集成应该通过各种快捷的方式告诉团队成员最新的集成状态，当集成失败的时候，反馈报告应该尽可能地反映失败的具体细节。

一个典型的持续集成场景是这样的：开发人员对代码做了一些修改，在本地运行构建并确认无误之后，将更改提交到代码库。具有高配置硬件的持续集成服务器每隔 30 分钟查询代码库一次，发现更新之后，签出所有最新的源代码，然后调用自动化构建工具（如 Maven）构建项目，该过程包括编译、测试、审查、打包和部署等。然而不幸的是，另外一名开发人员在这一时间段也提交了代码更改，两处更改导致了某些测试的失败，持续集成服务器基于这些失败的测试创建一个报告，并自动发送给相关开发人员。开发人员收到报告后，立即着手调查原因，并尽快修复。

图 11-1 形象地展示了整个持续集成的过程。

通过图 11-1 可知，当持续集成服务器构建项目成功后，还可以自动将项目构件部署到 Nexus 私服中。

一次完整的集成往往会包括以下 6 个步骤：

1）**持续编译**：所有正式的源代码都应该提交到源码控制系统中（如 Subversion），持续集成服务器按一定频率检查源码控制系统，如果有新的代码，就触发一次集成，旧的已编译的字节码应当全部清除，然后服务器编译所有最新的源码。

2）**持续数据库集成**：在很多项目中，源代码不仅仅指 Java 代码，还包括了数据库 SQL 脚本，如果单独管理它们，很容易造成与项目其他代码的不一致，并造成混乱。持续集成也应该包括数据库的集成，每次发现新的 SQL 脚本，就应该清理集成环境的数据库，重新创建表结构，并填入预备的数据。这样就能随时发现脚本的错误，此外，基于这些脚本的

测试还能进一步发现其他相关的问题。

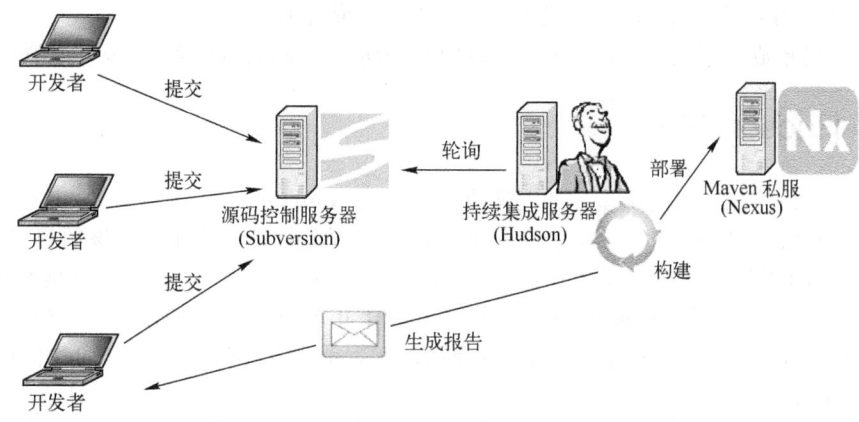

图 11-1 持续集成流程

3）**持续测试**：有了 JUnit 之类的框架，自动化测试就成了可能。编写优良的单元测试并不容易，好的单元测试必须是自动化的、可重复执行的、不依赖于环境的，并且能够自我检查的。除了单元测试，有些项目还会包含一些依赖外部环境的集成测试。所有这些测试都应该在每次集成的时候运行，并且在发生问题的时候能产生具体报告。

4）**持续审查**：诸如 Checkstyle 和 PMD 之类的工具能够帮我们发现代码中的坏味道（Bad Smell），持续集成可以使用这些工具来生成各类报告，如测试覆盖率报告、Checkstyle 报告、PMD 报告等。这些报告的生成频率可以低一些，如每日生成一次，当审查发现问题的时候，可以给开发人员反馈警告信息。

5）**持续部署**：有些错误只有在部署后才能被发现，它们往往是具体容器或者环境相关的，自动化部署能够帮助我们尽快发现这类问题。

6）**持续反馈**：持续集成的最后一步的反馈，通常是一封电子邮件。在重要的时候将正确的信息发送给正确的人。如果开发者一直受到与自己无关的持续集成报告，他慢慢地就会忽略这些报告。基本的规则是：将集成失败报告发送给这次集成相关的代码提交者，项目经理应该收到所有失败报告。

持续集成需要引入额外的硬件设置，特别是对于持续集成服务器来说，性能越高，集成的速度就越快，反馈的速度也就越快。持续集成还要求开发者使用各种工具，如源码控制工具、自动化构建工具、自动化测试工具、持续集成软件等。这一切无疑都增加了开发人员的负担，然而学习并适应这些工具及流程是完全值得的，因为持续集成有着很多好处：

- **尽早暴露问题**：越早地暴露问题，修复问题代码的成本就越低。持续集成高频率地编译、测试、审查、部署项目代码，能够快速地发现问题并及时反馈。
- **减少重复操作**：持续集成是完全自动化的，这就避免了大量重复的手工劳动，开发人员不再需要手动地去签出源码，一步步地编译、测试、审查、部署。
- **简化项目发布**：每日高频率的集成保证了项目随时都是可以部署运行的，如果没有持续集成，项目发布之前将不得不手动地集成，然后花大量精力修复集成问题。

❏ **建立团队信心**：一个优良的持续集成环境能让团队随时对项目的状态保持信心，因为项目的大部分问题区域已经由持续集成环境覆盖了。

既然持续集成有那么多优点，现在让我们开始动手架设自己的持续集成环境吧！

11.2 Hudson 简介

优秀的持续集成工具有很多，如老牌的开源工具 CruiseControl、商业的 Bamboo 和 TeamCity 等。本书只介绍 Hudson，因为它是目前最流行的开源持续集成工具。该项目过去一直托管在 java.net 社区，不过现在已经迁移到 http://hudson-ci.org/。Hudson 主要是由 Kohsuke Kawaguchi 开发和维护的，Kohsuke Kawaguchi 自 2001 年就已经加入 Sun 公司（当然，现在已经是 Oracle 了），不过当笔者写下这些文字的时候，他刚宣布离开 Sun/Oracle 并开始基于 Hudson 自行创业。

Hudson 以其强大的功能和易用的界面征服了大量的用户，它与主流的构建工具、版本控制系统以及自动化测试框架都能进行很好的集成。因此，很多组织和公司选择它作为自己的持续集成工具，如 JBoss 的 http://hudson.jboss.org/hudson/ 和 Sonatype 的 https://grid.sonatype.org/ci/。

Hudson 还有一个优秀之处就是它提供了灵活的插件扩展框架，大量开发者基于这种机制对 Hudson 进行了扩展。图 11-2 展示了 2006～2009 年 Hudson 插件数量的增长情况，其中

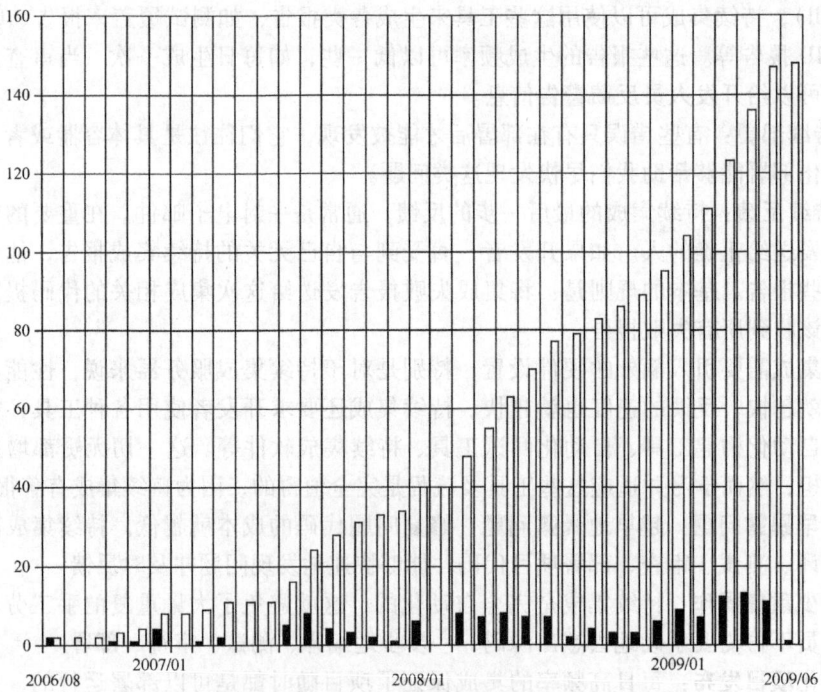

图 11-2　Hudson 插件数量的增长情况

黑柱表示当月新发布 Hudson 插件，白柱表示当月 Hudson 插件的总数量。该图十分显著地展现了 Hudson 插件生态系统的健康状况。

11.3 安装 Hudson

安装 Hudson 是十分简便的。需要注意的是，Hudson 必须运行在 JRE 1.5 或更高的版本上。可以从 http://hudson-ci.org/ 下载最新版本的安装包，如图 11-3 所示。下载完成之后就能获得一个 hudson.war 文件。

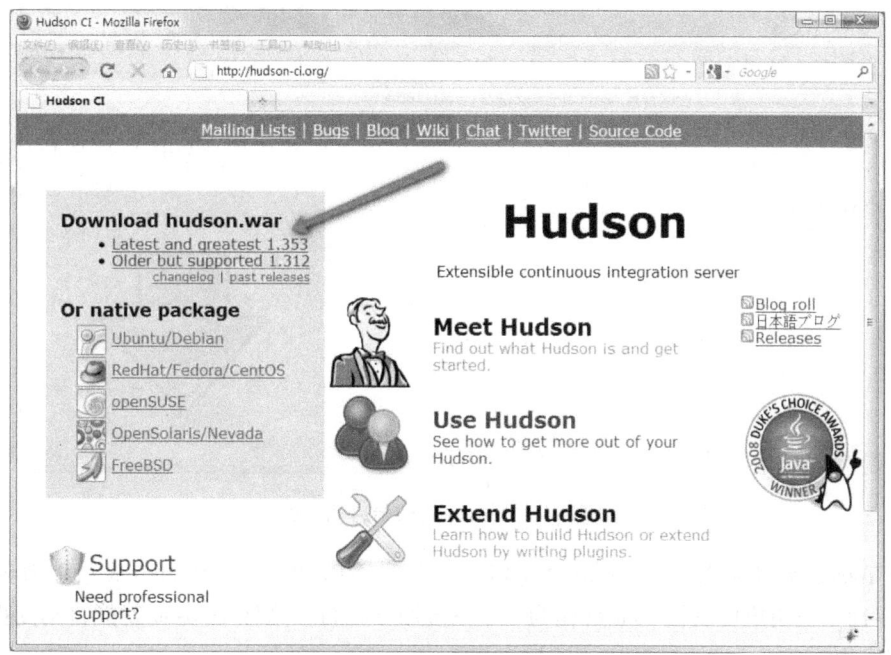

图 11-3　下载 Hudson 安装包

最简单的启动 Hudson 的方式是在命令行直接运行 hudson.war：

```
$ java -jar hudson.war
```

Hudson 的启动日志会直接输出到命令行，待启动完成之后，用户就可以打开浏览器输入地址 http://localhost:8080/ 访问 Hudson 的界面了，如图 11-4 所示。

要停止 Hudson，可以在命令行按下 Ctrl + C 键。

默认情况下 Hudson 会在端口 8080 下运行，这可能会与用户已有的 Web 应用相冲突。这时，用户可以使用 - - httpPort 选项指定 Hudson 的运行端口。例如：

```
$ java-jar hudson.war - -httpPort=8082
```

既然安装包是一个 war 文件，Hudson 自然也就可以被部署到各种 Web 容器中，如 Tomcat、Glassfish、Jetty 及 JBoss 等。

这里以 Tomcat 6 为例，假设 Tomcat 的安装目录为 D:\bin\apache-tomcat-6.0.20\，那么只需要复制 hudson.war 至 Tomcat 的部署目录 D:\bin\apache-tomcat-6.0.20\webapps，然后转到 D:\bin\apache-tomcat-6.0.20\bin\目录，运行 startup.bat。这时可以从 Tomcat 的 console 输出中看到它部署 hudson.war。

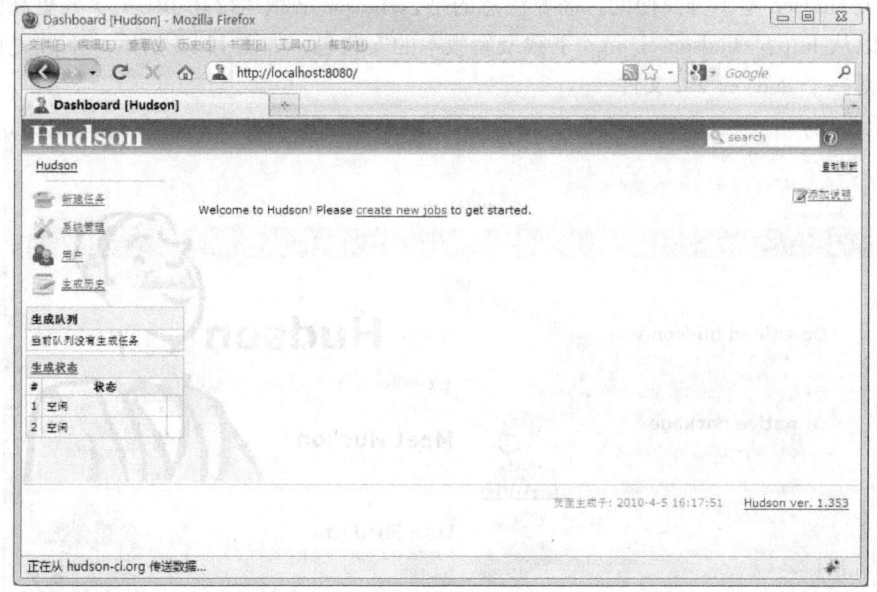

图 11-4　Hudson 的初始启动界面

待 Tomcat 启动完成之后，打开浏览器访问 http://localhost:8080/hudson 就能看到 Hudson 的界面了。用户可以将 Tomcat 作为一个系统服务运行，这样 Hudson 就能自动随操作系统一起启动了。

11.4　准备 Subversion 仓库

在正式创建 Hudson 持续集成任务之前，需要准备好版本控制系统。常见的版本控制工具有 CVS、Subversion、Git、Mercurial 等。由于 Subversion 可能是当前使用范围最广的版本控制工具，因此本书以它为例进行介绍。

首先需要安装 Subversion 服务器软件（本书仅讨论 svnserve）。对于大多数 Linux 发行版和 Mac OS X 来说，该工具应该已经被预先安装了。可以运行如下的命令查看，见代码清单 11-1。

代码清单 11-1　在 Linux/Mac OS X 中检查 svnserve 安装

```
$ svnserve --version
svnserve, version 1.5.5 (r34862)
```

```
compiled Dec 23 2008, 16:20:31

Copyright (C) 2000-2008 CollabNet.
Subversion is open source software, see http://subversion.tigris.org/
This product includes software developed by CollabNet (http://www.Collab.Net/).

The following repository back-end (FS) modules are available:

* fs_base : Module for working with a Berkeley DB repository.
* fs_fs : Module for working with a plain file (FSFS) repository.

Cyrus SASL authentication is available.
```

对于 Windows 用户来说,可以安装 Slik Subversion(http://www.sliksvn.com/en/download)。需要注意的是,在选择安装类型的时候,需要选择 complete 安装,否则默认的安装方式将不会安装 svnserve,如图 11-5 所示。

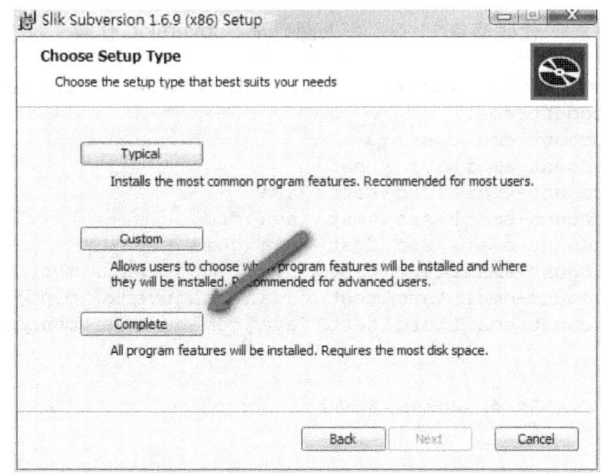

图 11-5 完整安装 Slik Subversion

安装完成之后,可以运行如下命令进行验证,见代码清单 11-2。

代码清单 11-2 在 Windows 中检查 svnserve 安装

```
D:\> svnserve --version
svnserve,版本 1.6.2 (SlikSvn:tag/1.6.2@ 37679) WIN32
    编译于 May 11 2009,14:06:15

版权所有 (C) 2000-2009 CollabNet.
Subversion 是开放源代码软件,请参阅 http://subversion.tigris.org/站点.
此产品包含由 CollabNet(http://www.Collab.Net/) 开发的软件.

下列版本库后端(FS)模块可用:

* fs_base : 模块只能操作 BDB 版本库.
* fs_fs : 模块与文本文件(FSFS)版本库一起工作.
```

Cyrus SASL 认证可用。

接着需要创建一个 Subversion 仓库。运行命令如下：

```
D:\>mkdir svn-repos

D:\>svnadmin create svn-repos\account
```

svnadmin 是用来创建、维护、监测 Subversion 仓库的工具，在主流 Linux 和 Mac OS X 上一般都是预装的。在 Windows 上，它也被包含在 Slik Subversion 中。这里首先创建一个名为 svn-repos 的目录，然后在这个目录中创建一个 Subversion 仓库。

下一步是将本书背景案例现有的代码导入到这个 Subversion 仓库中。由于笔者的代码和 Subversion 仓库在一台机器上，因此直接使用 file 协议导入（导入之前应先使用 mvn clean 命令清除项目输出文件，这些文件是可以自动生成的，不该放入源码库中），见代码清单 11-3。

代码清单 11-3　导入源码至 Subversion 仓库

```
$ svn import -m "initial import" . file:///D:/svn-repos/account/trunk
增加           account-email
增加           account-email\src
增加           account-email\src\test
增加           account-email\src\test\java
增加           account-email\src\test\java\com
增加           account-email\src\test\java\com\juvenxu
增加           account-email\src\test\java\com\juvenxu\mvnbook
增加           account-email\src\test\java\com\juvenxu\mvnbook\account
增加           account-email\src\test\java\com\juvenxu\mvnbook\account\email
...
...
增加           account-captcha\pom.xml

提交后的版本为 1.
```

上述命令将当前目录的全部内容提交到 Subversion 仓库的 /account/trunk 路径下，-m 选项表示提交的注释。

仓库建立并初始化完毕，就可以启动 svnserve 服务了：

```
$ svnserve -d -r svn-repos --listen-host 0.0.0.0
```

选项 -d 表示将 svnserve 服务作为守护进程运行，-r 表示 Subversion 仓库的位置，而参数 --listen-host 是为了强制将 svnserve 绑定到 IP v4 地址（在有些系统上，svnserve 会默认绑定 IP v6 地址，当 Hudson 使用 IP v4 地址访问 Subversion 仓库的时候就会失败）。

最后，可以用简单的 svn 命令检查插件 svnserve 服务是否可用，见代码清单 11-4。

代码清单 11-4　检查 Subversion 仓库内容

```
$ svn list svn://192.168.1.101/account/trunk
.classpath
```

```
.project
.settings/
account-captcha/
account-email/
account-parent/
account-persist/
pom.xml
```

至此，Subversion 仓库就建立完成了，之后 Hudson 就可以基于这个仓库运行集成任务。

11.5　Hudson 的基本系统设置

在创建 Hudson 持续集成任务之前，用户需要对 Hudson 系统做一些基本的配置，包括 JDK 安装位置和 Maven 安装等在内的重要信息都必须首先配置正确。Hudson 会使用这些配置好的 JDK 及 Maven 进行持续集成任务。如果要使用 Ant 或者 Shell 来持续集成项目，Ant 或 Shell 的安装位置也应该预先设置正确。

用户应该单击 Hudson 登录页面左边的"系统管理"，然后单击页面右侧的"系统设置"以进入系统设置页面，如图 11-6 所示。

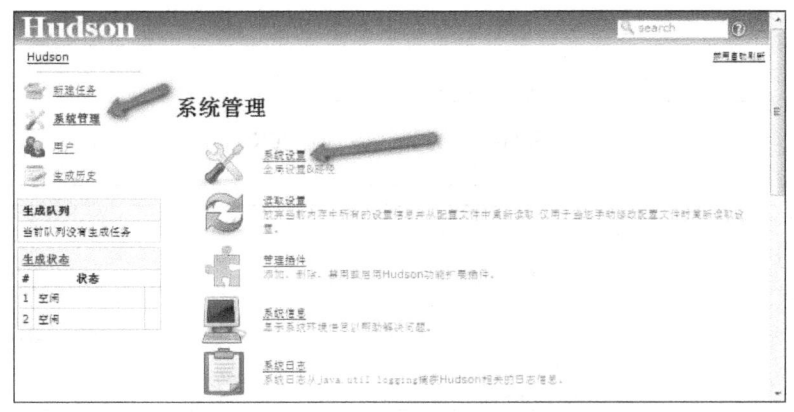

图 11-6　进入系统设置页面

在系统设置页面，首先要配置的是 Hudson 将使用的 JDK。在页面中找到对应的部分，然后单击 Add JDK 按钮，Hudson 就会提示用户进行安装。Hudson 默认会提示自动安装 JDK，用户可以看到一个 Install automatically 的复选框是被选上的，当单击"同意 JDK 许可证协议"并选择一个 JDK 版本后，Hudson 就会自动下载安装相应版本的 JDK。

虽然这种方式非常简单，但往往用户在本机已经有可用的 JDK，而且不想花时间等待 Hudson 去再次下载 JDK。这时用户就可以取消选中 Install automatically 复选框，然后手动输入本机 JDK 的位置（往往就是 JAVA_HOME 环境变量的值）。

可以配置多个 JDK，当你的项目需要确保在多个不同版本 JDK 上都能正确集成的时候，这一特性尤为有用。

JDK 的自动及手动配置方式如图 11-7 所示。

与 JDK 配置类似，用户也可以选择手动或者自动安装 Maven 供 Hudson 使用，还可以安装多个版本的 Maven 供 Hudson 集成任务使用。图 11-8 显示了手动方式指定 maven-3.0-beta-2 的安装位置。

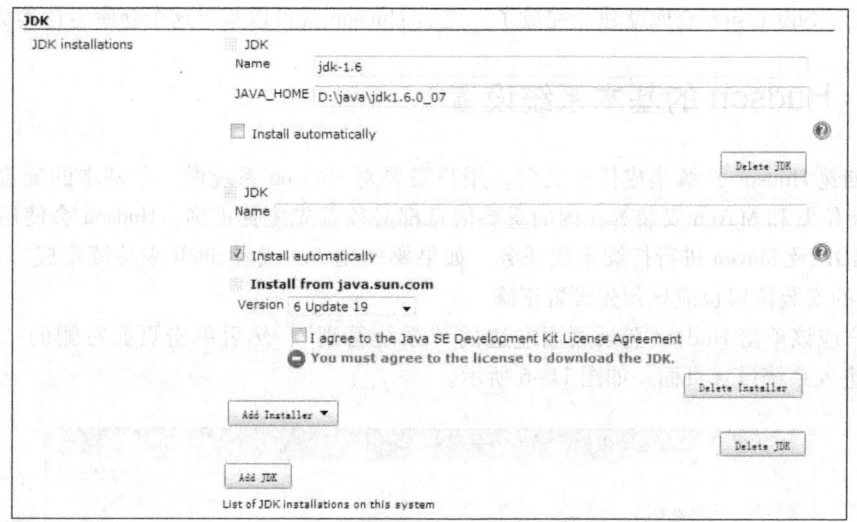

图 11-7　为 Hudson 配置 JDK

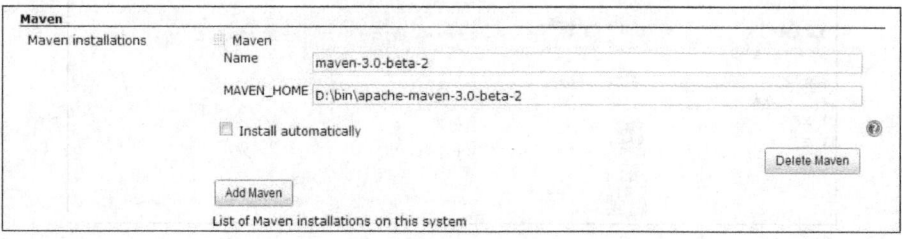

图 11-8　为 Hudson 配置 Maven

还可以在该页面配置 MAVEN_OPTS 环境变量，如图 11-9 所示。关于 MAVEN_ OPTS 环境变量的具体解释可参看 2.7.1 节。

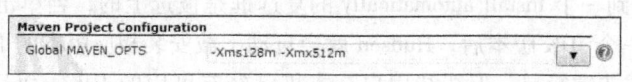

图 11-9　为 Hudson 配置 MAVEN_ OPTS 环境变量

最后，别忘了单击页面下方的 Save 按钮保存系统设置。

11.6 创建 Hudson 任务

要创建一个 Hudson 任务来持续集成 Maven 项目，首先单击页面左边的新建任务，然后就需要在页面右边选择任务的名称及类型。对于一般的 Maven 项目来说，可选择的类型有 Build a free-style software project 和 Build a maven2 project。前者不仅支持 Maven 项目，还支持其他类型的构建工具，如 Ant、Shell。对于 Maven 用户来说，两者最大的不同在于前者需要用户进行多一点的配置，而后者会使用 Hudson 自带的 Maven，且从项目的 POM 中获取足够的信息以免去一些配置。除非你已经十分熟悉 Hudson，笔者推荐选择 free-style 类型（见图 11-10）。因为这种方式更可控，当任务出现问题的时候也更容易检查。

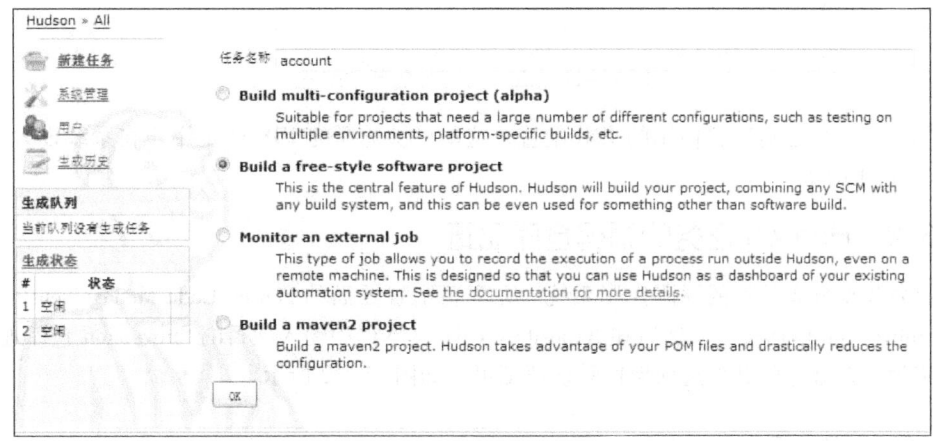

图 11-10 选择 free-style 类型的 Hudson 任务

如图 11-10 所示，输入任务名称，并选择 free-style 类型后，单击 OK 按钮即可进入详细的任务配置页面。

11.6.1 Hudson 任务的基本配置

下面依次介绍 free-style 任务的各种配置。首先是项目的名称和描述。当 Hudson 任务比较多的时候，简洁且有意义的名称及描述就十分重要。

接着是一个重要的选项 Discard Old Builds。该选项配置如何抛弃旧的构建。Hudson 每执行一次构建任务，就可以保存相应的源代码、构建输出、构建报告等文件。很显然，如果每次构建相关的文件都保存下来，将会渐渐消耗光磁盘空间。为此，Hudson 提供两种方式让用户选择保留哪些构建任务的相关文件，它们分别为：

❑ **Days to keep builds**：如果其值为非空的 N，就仅保留 N 天之内的构建文件。
❑ **Max # of builds to keep**：如果#非空，就仅保留最多#个最近构建的相关文件。

图 11-11 所示的配置表示最多保留 10 个最近的构建。

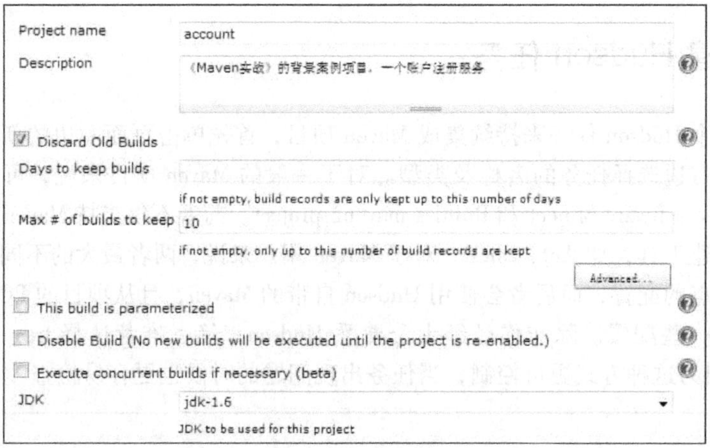

图 11-11　Hudson 任务的基本配置

图 11-11 中还有项目使用的 JDK 配置，这里可供选择的 JDK 就是用户在系统设置中预先定义好的 JDK。

11.6.2　Hudson 任务的源码仓库配置

接着需要配置项目的源码控制系统。在项目配置页面的 Source Code Management 部分，选择 Subversion 单选按钮，然后在 Repository URL 文本框中输入项目的 Subversion 仓库地址。一般来说，该部分的其他选项保留默认值即可，如图 11-12 所示。

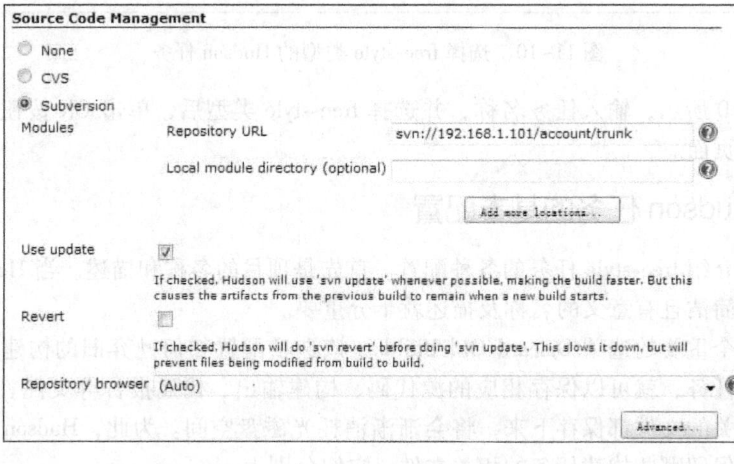

图 11-12　Hudson 任务的源代码管理配置

需要注意的是，如果访问 Subversion 仓库需要认证，Hudson 会自动探测并提示用户输入认证信息，如图 11-13 所示。

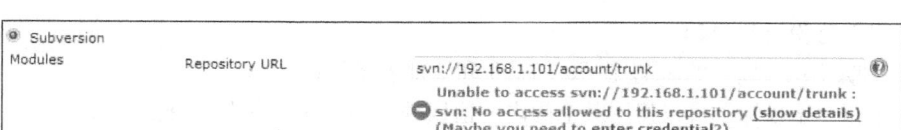

图 11-13　Hudson 提示用户输入源码仓库的认证信息

单击 enter credential 后，Hudson 会弹出一个页面让用户选择认证方式并输入认证信息。输入正确信息之后，Hudson 就能读取仓库源代码了。图 11-14 采用了用户名和密码的方式进行认证。

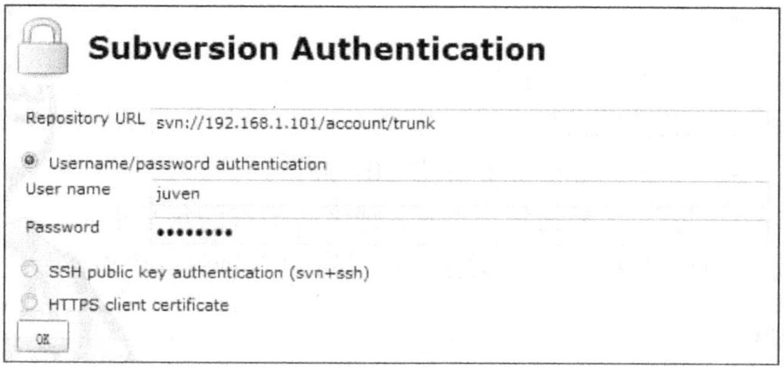

图 11-14　为 Subversion 仓库添加认证信息

11.6.3　Hudson 任务的构建触发配置

再往下的 Build Triggers 部分配置的是触发构建的方式。可选的三种方式分别为：
- Build after other projects are built：在其他项目构建完成之后构建本项目。
- Build periodically：周期性地构建本项目。
- Poll SCM：周期性地轮询源码仓库，发现有更新的时候构建本项目。

如无特殊高级的需要，一般不会选择第一种方式；而第二种方式显然会造成一些无谓的构建，如果几次构建所基于的源代码没有任何区别，构建的输出往往也就不会有变化；第三种方式就没有这个问题，它能避免无谓的构建，节省持续集成服务器的资源。这种周期轮询源代码仓库的方式实际上也是最常用的构建触发方式。

既然是轮询，就需要配置轮询的频率，Hudson 使用了著名的 UNIX 任务调度工具 Cron（http://en.wikipedia.org/wiki/Cron）所使用的配置方式。这种配置方式使用 5 个字段表示不同的时间单位（字段之间用空格或制表符分隔）：

分　时　日　月　星期几

每个字段表示的意义及值范围分别为：
- 分：一小时中的分钟（0～59）。
- 时：一天中的小时（0～23）。
- 日：一月中的日期（1～31）。

- 月：月份（1～12）。
- 星期几：一周中的星期几（0～7，0 和 7 都表示星期天）。

其中每个字段除了可以使用其范围内的值以外，还能使用一些特殊的字符：

- *：星号表示匹配范围内所有值。
- M - N：连字符表示匹配 M～N 范围内的所有值，如 "1 - 5"。
- A，B，…，Z：逗号表示匹配多个值，如 "0，15，0"。
- */X 或 M - N/X：范围加上斜杠表示匹配范围内能被 X 整除的值，如 "1 - 10/3" 就等同于 "3，6，9"。

下面一些例子可以帮助读者理解这种强大的配置方式：

- * * * *：每分钟。
- 5 * * * *：每小时中的第 5 分钟。
- */10 * * * *：每隔 10 分钟。
- 45 10 * * 1 - 5：每周一到周五的上午 10：45。
- 0，30 * 13 * 5：每月 13 号的每半小时，或者每周五的每半小时。

对于一个健康的项目来说，常见的做法是：每隔 10 分钟轮询代码仓库，如图 11-15 所示。

图 11-15　Hudson 任务的代码仓库轮询配置

在配置轮询的时候，还可以使用 "#" 添加注释，此外空白的行会被忽略。例如：

```
# check if there is any subversion update every 15 minutes
*/15 * * * *
```

11.6.4　Hudson 任务的构建配置

接下来要告诉 Hudson 使用运行 Maven 命令构建项目。单击 Build 部分中的 Add build step 下三角按钮，然后选择 Invoke top-level Maven targets，如图 11-16 所示。

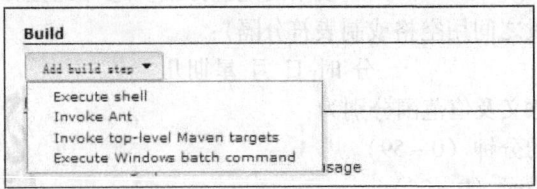

图 11-16　选择 Maven 作为 Hudson 任务的构建工具

再选择一个安装好的 Maven 版本，输入 Maven 命令如 clean deploy 就可以了，如图 11-17 所示。需要注意的是，日常持续集成任务如果成功的话，都会生成快照版的项目构件。如果维护了一个 Maven 私服，那么持续集成任务就应当自动将构件部署到私服中，供其他项目使用。这也就是这里的 Maven 命令应当为 clean deploy 的原因。

至此，一个 Hudson 任务基本配置完成，单击 Save 按钮保存后就能看到图 11-18 所示的页面。这时，可以单击页面左边的"立即生成"来手动触发第一次集成。

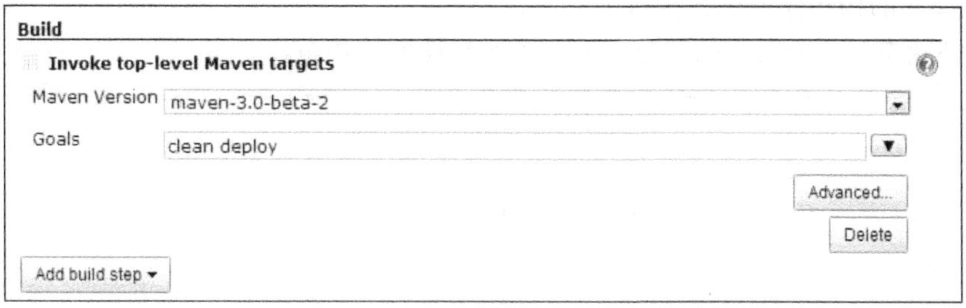

图 11-17　Hudson 任务的 Maven 构建命令配置

图 11-18　配置完成的 Hudson 任务

11.7　监视 Hudson 任务状态

Hudson 提供了丰富友好的图形化界面，让用户从各方面了解各个任务的当前及历史状态，这包括整体的列表显示、自定义视图、单个任务的具体信息，如构建日志和测报报告等。用户应该基于 Hudson 提供的信息尽可能地将持续集成任务稳定在健康的状态。

11.7.1　全局任务状态

Hudson 的默认主页面显示了当前服务器上所有集成任务的状态，如图 11-19 所示。

这个页面主要由四个部分组成：
- **导航菜单**：位于页面左上方，方便用户执行各类 Hudson 操作，如新建任务、系统管理等。
- **生成队列**：页面左边中间的部分，表示等待执行构建的任务，如图 11-19 中有一个 maven3 的构建任务在等待生成队列中。
- **生成状态**：页面左边下面的部分，表示正在执行构建的任务，如图 11-19 中有一个 account 的构建任务正在执行。
- **任务状态**：页面右边的部分，显示了所有任务的状态。

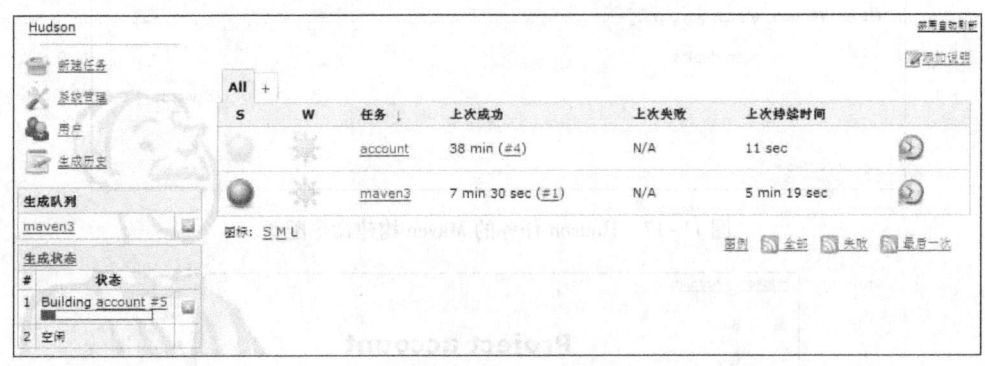

图 11-19 Hudson 的全局任务状态

下面重点介绍任务状态。在默认情况下，这里列出了 Hudson 中所有任务的状态，其中的每一列从左到右分别表示任务当前状态、天气、名称、上次成功的时间、上次失败的时间、上次持续的时间以及左右一个立即执行的按钮（方便用户手动触发执行任务）。

其中需要解释的是当前状态及图中第一列（S）下的球形图标。Hudson 使用各种颜色表示任务当前的状态：
- **蓝色**：任务最近一次的构建是成功的。
- **红色**：任务最近一次的构建是失败的。
- **黄色**：任务最近一次的构建表成功了，但不稳定（主要是因为有失败的测试）。
- **灰色**：任务从未被执行过或者被禁用了。

如果图标在闪烁，表示任务正在执行一次构建。

图中的第二列天气（W）也需要稍作解释。Hudson 使用一组天气的图标表示任务长期的一个状态，它们分别为：

万里晴空，任务 80% 以上的集成都是成功的。

稍有乌云，任务有 60%~80% 的集成是成功的。

乌云密布，任务只有 40%~60% 的集成是成功的。

阴雨绵绵，任务的集成成功率只有 20%～40%。

 电闪雷鸣，任务的集成成功率不到 20%。

关于全局状态需要再次强调的是，当团队看到任务的集成状态不够健康时，应该尽快采取措施修复问题。

11.7.2 自定义任务视图

在一个稍有规模的公司或者组织下，持续集成服务器上往往会有很多的任务，Hudson 默认的视图会列出所有服务器上的任务，太多的任务就会造成寻找的不便。为此 Hudson 能让用户自定义视图，选择只列出感兴趣的任务，甚至还能自定义视图中显示的列。

用户可以单击默认视图 All 旁边的加号（＋）以添加一个自定义视图，如图 11-20 所示。

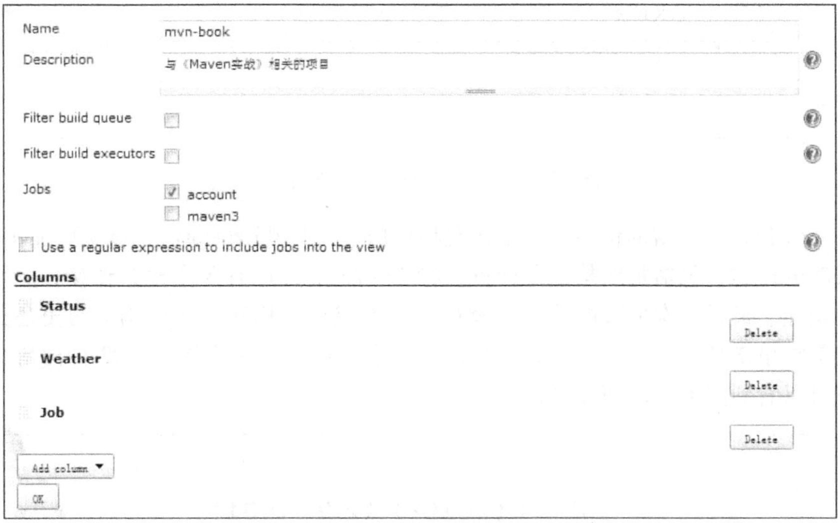

图 11-20　添加自定义 Hudson 任务视图

图 11-20 添加了一个名为 mvn-book 的任务视图，该视图仅包含 account 一个任务，并且只显示状态、天气、任务名三列。用户可以根据自己的需要，选择要包含的任务和要显示的列，甚至还能使用正则表达式来匹配要显示的任务名。上述配置保存后的效果如图 11-21 所示。

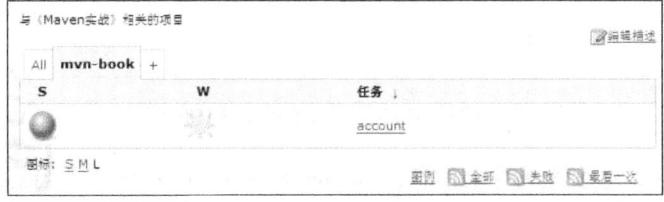

图 11-21　自定义 Hudson 任务视图效果

11.7.3 单个任务状态

在任务视图中,单击某个任务名称就能进一步查看该任务的状态。图 11-22 显示了 account 项目任务的一个整体状态。

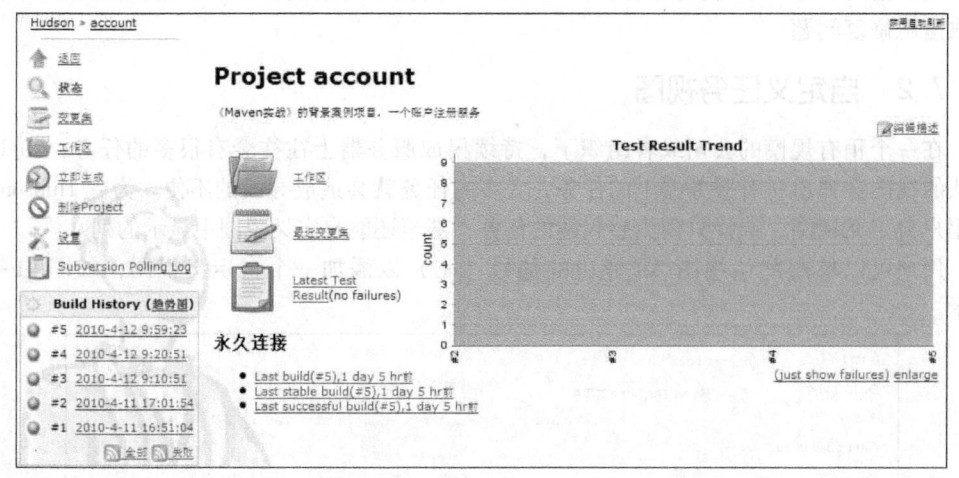

图 11-22　单个 Hudson 任务的状态

图 11-22 包含了丰富的信息。左下角是构建历史(Build History),该例中显示了最近 5 次全部成功的构建,包括每次构建的时间。图 11-22 下方还有 3 个永久连接,分别指向了最近一次构建、最近一次失败的构建以及最近一次成功的构建。无论构建历史还是永久连接,我们都能单击某一个构建以了解更具体的信息。例如,单击图 11-22 构建历史中的#4 构建,就可以看到图 11-23 所示的内容。

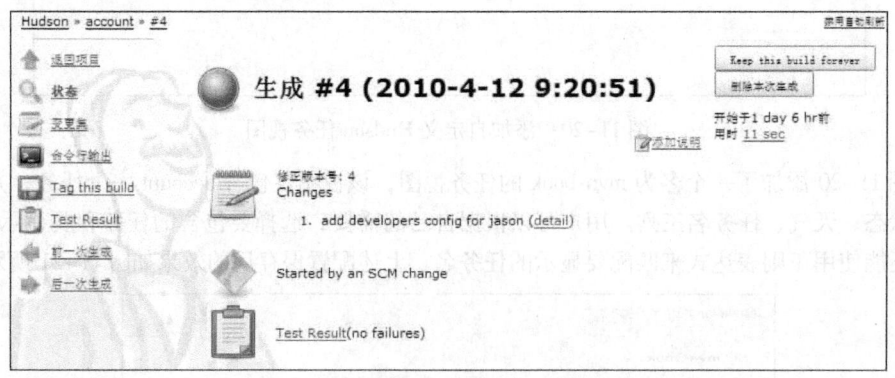

图 11-23　Hudson 任务的单次构建信息

请注意图 11-23 左上角的导航信息,Hudson > account > #4 表示当前的位置是 Hudson 服务器下 account 任务的第 4 次构建。从图 11-23 中可以了解到这次构建所发生的时间、相关的代码变更等信息。

需要指出的是，在图 11-23 中左边的命令行输出链接。当构建失败的时候，了解这次构建的命令行输入至关重要。单击该链接后可以看到图 11-24 所示的页面。

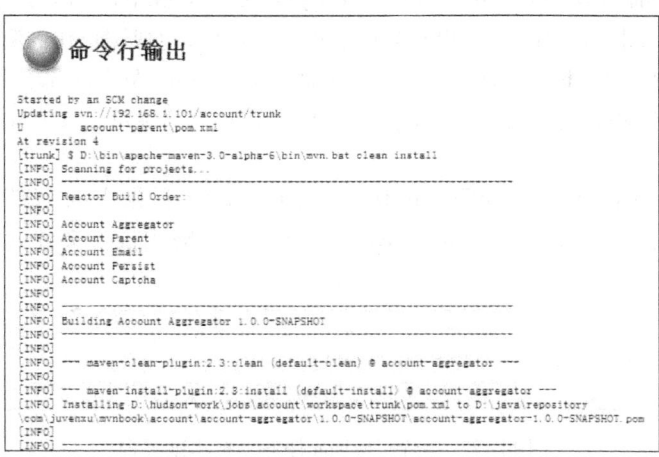

图 11-24　Hudson 执行构建的命令行输出

在图 11-22 中还有一些链接包含了丰富的信息，例如最近变更集。单击该链接就能看到项目最近的代码变更，如图 11-25 所示。

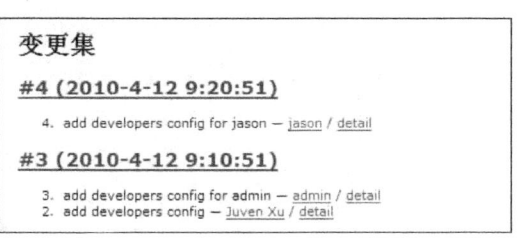

图 11-25　Hudson 任务的变更集

除了变更集，还可以单击工作区，以图形化的方式查看该 Hudson 从源码库取得的源码文件及构建输入文件，如图 11-26 所示。

图 11-26　Hudson 任务的工作区

11.7.4 Maven 项目测试报告

图 11-22 还显示了项目的测试结果信息，为了获得这样的信息需要做一些额外的配置。在 11.6.1 节中，maven-surefire-plugin 会在项目的 target/surefire-reports 目录下生成与 JUnit 兼容的 XML 格式测试报告，Hudson 能够基于这种格式的文件生成图形化的测试报告。

用户可以配置一个 Hudson 任务，在配置页面的 Post-build Actions 部分选择 Publish JUnit test result report 选项，并且将 Test report XMLs 赋值为 **/target/surefire-reports/TEST-*.xml。

该表达式表示匹配任意目录下 target/surefire-reports/子目录中以 TEST-开头的 XML 文件，这也就是匹配所有 maven-surefire-plugin 生成的 XML 格式报告文件。配置如图 11-27 所示。

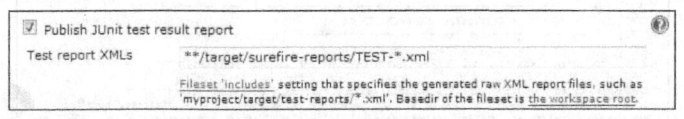

图 11-27 配置 Hudson 任务发布测试报告

有了上述配置之后，就能在任务状态页面中看到最新的测试结果与测试结果趋势，如图 11-28 所示。

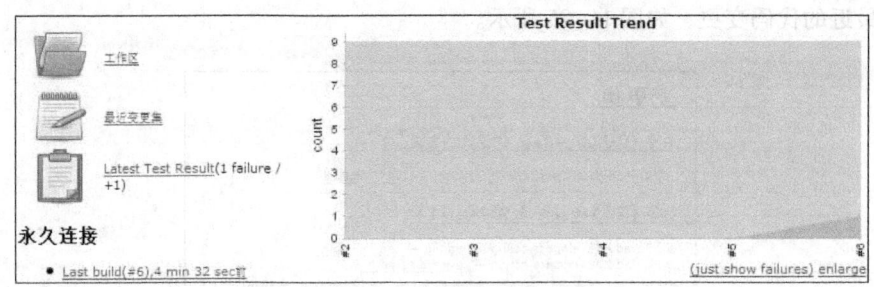

图 11-28 Hudson 任务测试的总体状态

单击 Latest Test Result 就能看到最近一次构建的测试报告。在测试结果趋势图中，用户也可以单击各个位置得到对应构建的测试报告，如图 11-29 所示。

用户还可以单击图中的链接得到更具体的测试输出，以方便定位并修复问题。

如果用户为一个 Hudson 任务配置了测试报告，就可以同时配置构建命令忽略测试。例如，图 11-17 中的 Maven 构建命令可以更改为 clean deploy -Dmaven.test.failure.ignore，这样失败的测试就不会导致构建失败。也就是说，构建的状态不会是红色，同时，由于 Hudson 能够解析测试报告并发现失败的测试，构建的状态也不会是健康的蓝色。用户最终会看到黄色的任务状态，表示构建不稳定。这种配置方式能够帮助用户区分失败的构建与不稳定的构建。

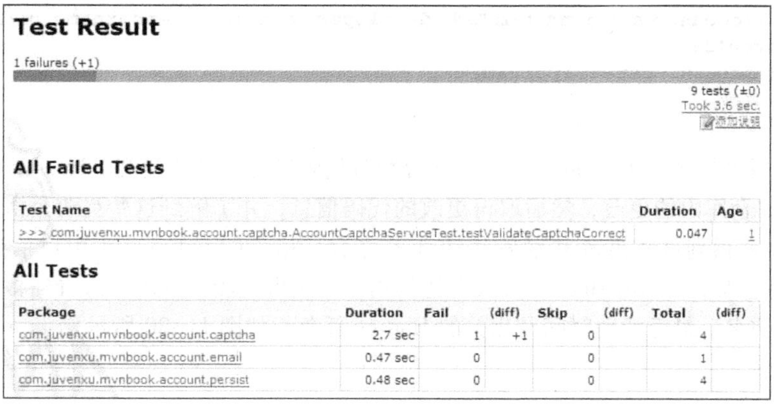

图 11-29　一次构建的测试报告

11.8　Hudson 用户管理

与一般软件的用户管理方式不同的是，使用 Hudson 时，不需要主动创建用户，Hudson 能够在访问源码仓库的时候自动获取相关用户信息并存储起来。这大大简化了用户管理的步骤。

以 11.4 节建立的 Subversion 仓库为例，默认该仓库是匿名可读的，认证用户可写，不过我们并没有配置任何用户。现在要关闭匿名可读权限，同时添加一些用户。本书不涉及过多的配置细节，可以参考《Subversion 与版本控制》（http://svnbook.red-bean.com/）一书。

首先，编辑 Subversion 仓库下 conf/svnserve.conf 文件中的［general］小节如下：

```
[general]
anon-access = none
auth-access = write
password-db = passwd
```

这里的 anon-access = none 表示匿名用户没有任何权限，auth-access = write 表示经认证用户拥有读写权限，而 password-db = passwd 表示存储用户信息的数据位于同级目录下的 passwd 文件中。再编辑 conf/passwd 文件如下：

```
[users]
admin = admin123
juven = juven123
jason = jason123
```

这里为仓库配置了三个用户，等号左边是用户名，右边则是密码。

至此，就完成了一个简单的 Subversion 仓库用户权限配置。像日常开发一样，接下来在 Subversion 客户端分别使用这几个用户名对代码进行更改后提交至 Subversion 仓库。例如，对 account-parent 模块的 pom.xml 加入 developers 配置后，再使用如下 svn 命令提交更改：

```
D:\svn\account > svn commit-m "add developers config" --username juven --pass-
word juven123
正在发送  account-parent\pom.xml
传输文件数据.
提交后的版本为2.
```

然后使用另外两个用户 admin 与 jason 分别对代码进行更改并提交，Hudson 会很快轮询到 Subversion 仓库内的更改，然后取得更改的代码信息，并了解到这些更改是由谁提交的。

待 Hudson 得到这些更改并触发集成任务之后，相关的 Subversion 用户信息就已经被 Hudson 存储起来了。单击 Hudson 页面左边的用户，然后就能在页面右边看到相关的用户信息，包括用户名、最近活动时间及相关的 Hudson 任务，如图 11-30 所示。

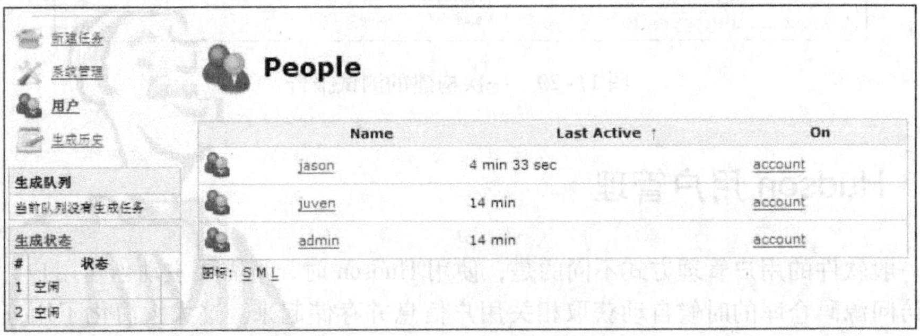

图 11-30 Hudson 自动获得的用户信息

当然，仅仅知道用户名是不够的，还需要为用户添加详细信息，其中最重要的就是 E-mail 地址，因为它将被用来发送邮件反馈（详见 11.9 节）。单击某个用户的名称（如 juven），然后再单击页面左边的设置，在右边的用户设置页面中，可以配置用户的名称（不同于 Subversion ID，该名称应该更容易识别人）、简要描述、个性化视图以及最重要的 E-mail 地址，如图 11-31 所示。

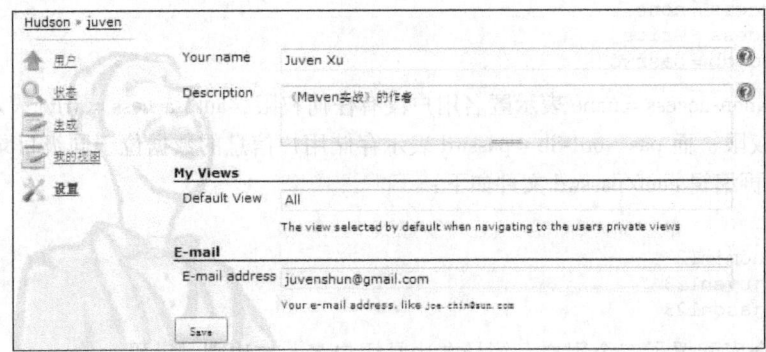

图 11-31 配置 Hudson 用户的详细信息

单击 Save 按钮后，一个 Hudson 用户的信息就完整了。

11.9 邮件反馈

持续集成中非常重要的一个步骤就是反馈。集成的状态信息（尤其是不健康的状态信息）必须及时地通知给相关团队成员，而最常见的反馈方式就是使用电子邮件。本小节介绍如何配置 Hudson 来及时地发送集成反馈邮件。

首先需要做的是为 Hudson 配置邮件服务器信息。进入 11.5 节提到的系统设置页面，找到 E-mail Notification 部分，然后输入以下信息：

- **SMTP server**：SMTP 邮件服务器地址。
- **Default user e-mail suffix**：默认用户邮件后缀。当用户没有配置邮件地址的时候，Hudson 会自动为其加上该邮件后缀。当用户数量很多，并且邮件地址都是一个域名的时候，该功能就显得尤其重要，例如配置后缀为 @foo.com，且用户 mike 没有配置邮件地址，那么当 Hudson 需要发邮件给 mike 的时候就会发送到 mike@foo.com。
- **System Admin E-mail Address**：系统管理员邮件地址，即 Hudson 邮件提示所使用的发送地址。
- **Hudson URL**：Hudson 服务器的地址。该地址往往被包含在电子邮件中以方便用户访问 Hudson 取得进一步的信息，因此要确保该地址在用户机器上是可访问的。
- **SMTP Authentication**：SMTP 相关的认证配置。

完整的邮件服务器配置如图 11-32 所示。

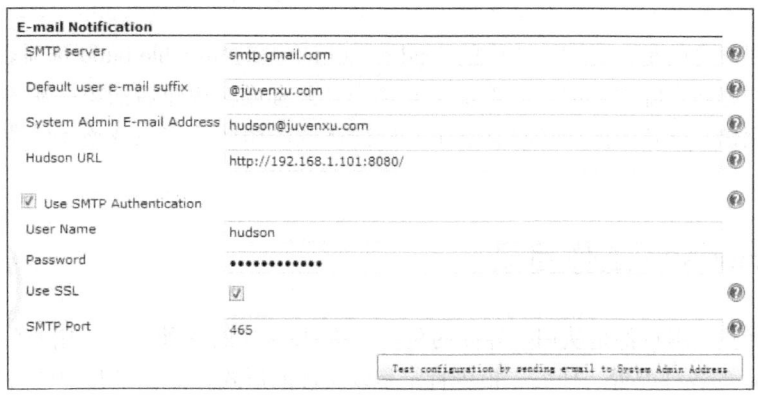

图 11-32 Hudson 邮件服务配置

配置完成后，可以单击图 11-32 右下角的测试按钮，让 Hudson 发一封邮件至系统管理员邮件地址以确认配置成功。

接下来要做的是配置 Hudson 任务使用邮件反馈。进入任务的配置页面，然后找到最后 Post-build Actions 小节中的 E-mail Notification 复选框，将其选上。现在要关心的是两个问题：什么样的构建会触发邮件反馈？邮件会发送给谁？

关于第一个问题,答案是这样的:
- 失败的构建会触发邮件反馈。
- 成功构建后的一次不稳定构建会触发邮件反馈。不稳定往往是由失败的测试引起的,因此成功后的一次不稳定往往表示有回归性测试失败。
- 失败或不稳定构建后的一次成功构建会触发邮件反馈,以通知用户集成恢复到了健康状态。
- 用户可以配置是否每次不稳定构建都触发邮件反馈。

关于第二个问题,首先可以在 Recipients 中配置一个邮件列表(用空格分离),列表中的用户会收到所有邮件反馈。一般来说,项目负责人应该在这个列表中。

其次,Hudson 还提供一个选项:Send separate e-mails to individuals who broke the build。当用户选择该选项后,邮件会发送给所有与这次构建相关的成员,即那些提交了本地构建代码更新的成员。Hudson 无法精确地知道到底是谁的代码提交导致了构建失败,因此只能通知所有与代码更新相关的成员。

典型的邮件反馈配置如图 11-33 所示。

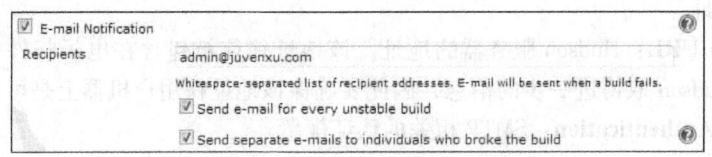

图 11-33 为 Hudson 任务配置邮件反馈

最后需要解释的是,图 11-33 中的 Send e-mail for every unstable build 选项表示是否为所有的不稳定构建触发邮件反馈,如果不将其选中,只有成功构建后的第一次不稳定构建才会触发邮件反馈。推荐的做法是将其选上。敏捷高效的团队不应该忽略持续集成中的任何不健康因素。

11.10 Hudson 工作目录

到目前为止,本章都是从用户界面的角度介绍 Hudson 的各种功能。用心的读者可以想象到,Hudson 的各种配置、任务、报告肯定是以文件的形式存储在磁盘中的。这就是 Hudson 的工作目录,了解该目录不仅能帮助读者理解 Hudson 用户界面中的各种特性,更重要的是,读者需要明白怎样为 Hudson 分配合理的磁盘空间,长期运行的持续集成服务往往会消耗大量的磁盘空间,理解哪些任务对应的哪些文件消耗了多少磁盘空间,对持续集成服务的维护来说至关重要。

默认情况下,Hudson 使用用户目录下的 .hudson/ 目录作为其工作目录。例如,在笔者的 Vista 系统上,该目录为 C:\Users\juven\.hudson\,而在 Linux 系统上,该目录为 /home/juven/.hudson/。由于该目录会渐渐消耗大量的磁盘空间,因此用户往往会希望自定义该工作目录的位置，这时用户可以设置环境变量 HUDSON_ HOME，例如将其设置为 D:\hudson-work。关于如何设置环境变量，请参考 2.1.3 节和 2.2.1 节。

一个典型的 Hudson 工作目录包含的内容如图 11-34 所示。

对这些文件、目录的解释如下：

- ***.xml**：这些 XML 文件是 Hudson 核心及相关插件的配置，如 config.xml 配置了全局的 JDK、任务视图等信息，hudson.tasks.Maven.xml 配置了 Maven 安装信息，hudson.tasks.Mailer.xml 配置了邮件服务器信息，等等。

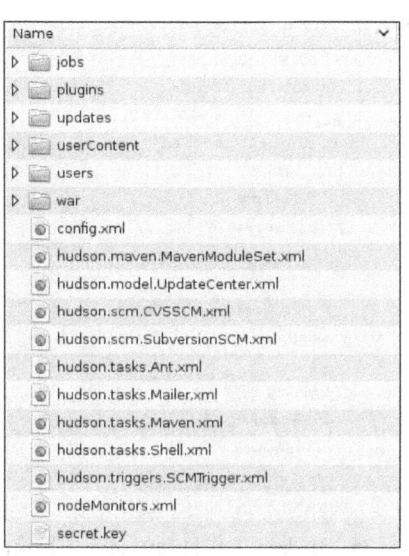

图 11-34　Hudson 工作目录的内容

- **war**：如果用户独立运行 hudson.war，那么其内容会被释放到该目录中后再启动。
- **users**：Hudson 所存储的用户信息。
- **userContent**：用户可以将任意内容放到该目录下后通过 Hudson 服务页面的子路径访问，如 http://192.168.1.101:8080/userContent/。
- **updates**：这里存储了各类可更新的插件信息。
- **plugins**：所有 Hudson 插件都被安装在该目录而不会影响到 Hudson 的核心。
- **jobs**：该目录包含了所有 Hudson 任务的配置、存储的构建、归档的构建输出等内容。本节稍后会详细解释该目录。

上述目录中最重要的可能就是 jobs 子目录了，这里包含了所有 Hudson 的任务配置、每个任务的工作区、构建历史等信息，具体内容如图 11-35 所示。

图 11-35 中的 jobs 目录下有两个子目录 account 和 maven3，它们分别对应了两个 Hudson 任务。每个任务都会包含如 config.xml、nextBuildNumber、scm-polling.log 等文件，其中的 config.xml 包含了该任务的所有配置，如 SCM 地址、轮询频率等。

每个任务目录下会包含一个 workspace 子目录，这就是该任务的工作区。这里有最近一次构建所包含的源代码及相关输出。

任务目录下还有一个 builds 子目录，该目录包含了所有 Hudson 记录的历史构建，每个构建对应了一个目录，这些目录都是以构建所发生的时间命名的，如 2010–04–15_14–56–08，每个构建目录包含了一些文件记录其成功失败信息、构建日志、测试报告、变更记录等。如果用户为该任务配置了文件归档，那么每次构建归档的内容都会存储在 archive 子目录下。

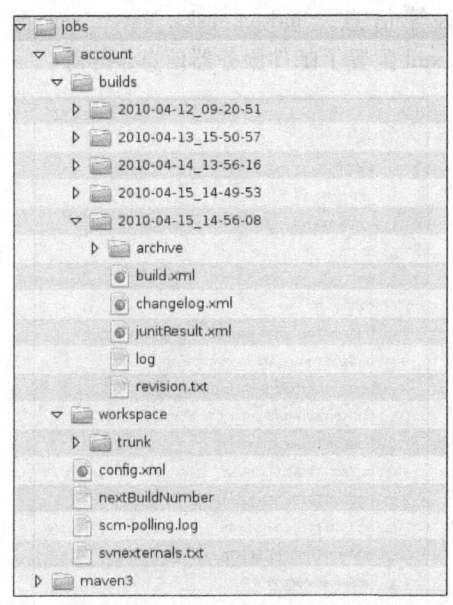

图 11–35　Hudson 工作目录的 jobs 子目录内容

可以想象，如果用户没有如 11.6.1 节中介绍的那样抛弃旧的构建，那么每次构建的记录都会保存在任务目录的 builds 子目录下。随着时间的推移，这些记录会消耗大量的磁盘空间，因此用户在使用 Hudson 的时候应该按照实际情况为其分配足够的磁盘空间，同时合理地抛弃旧的构建记录。

11.11　小结

本章关注的是持续集成。首先介绍了持续集成相关的概念，在此基础上，再引入最流行的持续集成服务软件——Hudson。Hudson 非常易于安装，它与主流的版本控制工具都集成得很好，为了真实地体现持续集成场景，本章简略介绍了如何架设简单的 Subversion 仓库。使用 Hudson 创建持续集成任务会涉及很多配置，如 JDK 安装、Maven 安装、源码库、构建触发方式、构建命令等，本章配以大量的图片以帮助读者使用和理解这些配置。任务创建完成后，还能从各方面了解任务的状态，包括成功与否、测试报告、源码变更记录等。Hudson 还能够智能地收集用户信息，读者可以配置 Hudson 为用户提供邮件反馈。本章的最后介绍了 Hudson 的工作目录，以帮助读者更好地维护持续集成服务。

第 12 章

使用 Maven 构建 Web 应用

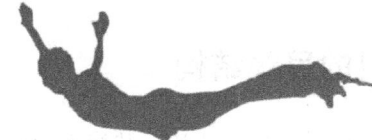

本章内容

- Web 项目的目录结构
- account-service
- account-web
- 使用 jetty-maven-plugin 进行测试
- 使用 Cargo 实现自动化部署
- 小结

到目前为止，本书讨论的只有打包类型为 JAR 或者 POM 的 Maven 项目。但在现今的互联网时代，我们创建的大部分应用程序都是 Web 应用，在 Java 的世界中，Web 项目的标准打包方式是 WAR。因此本章介绍一个 WAR 模块——account-web，它也来自于本书的账户注册服务背景案例。在介绍该模块之前，本章还会先实现 account-service。此外，还介绍如何借助 jetty-maven-plugin 来快速开发和测试 Web 模块，以及使用 Cargo 实现 Web 项目的自动化部署。

12.1 Web 项目的目录结构

我们都知道，基于 Java 的 Web 应用，其标准的打包方式是 WAR。WAR 与 JAR 类似，只不过它可以包含更多的内容，如 JSP 文件、Servlet、Java 类、web.xml 配置文件、依赖 JAR 包、静态 web 资源（如 HTML、CSS、JavaScript 文件）等。一个典型的 WAR 文件会有如下目录结构：

```
-war/
  + META-INF/
  + WEB-INF/
  | + classes/
  | | + ServletA.class
  | | + config.properties
  | | + ...
  | |
  | + lib/
  | | + dom4j-1.4.1.jar
  | | + mail-1.4.1.jar
  | | + ...
  | |
  | + web.xml
  |
  + img/
  |
  + css/
  |
  + js/
  |
  + index.html
  + sample.jsp
```

一个 WAR 包下至少包含两个子目录：META-INF 和 WEB-INF。前者包含了一些打包元数据信息，我们一般不去关心；后者是 WAR 包的核心，WEB-INF 下必须包含一个 Web 资源表述文件 web.xml，它的子目录 classes 包含所有该 Web 项目的类，而另一个子目录 lib 则包含所有该 Web 项目的依赖 JAR 包，classes 和 lib 目录都会在运行的时候被加入到 Classpath 中。除了 META-INF 和 WEB-INF 外，一般的 WAR 包都会包含很多 Web 资源，例如你往往可以在 WAR 包的根目录下看到很多 html 或者 jsp 文件。此外，还能看到一些文件夹如 img、css 和 js，它们会包含对应的文件供页面使用。

同任何其他 Maven 项目一样，Maven 对 Web 项目的布局结构也有一个通用的约定。不过首先要记住的是，用户必须为 Web 项目显式指定打包方式为 war，如代码清单 12-1 所示。

代码清单 12-1　显式指定 Web 项目的打包方式为 war

```
<project>
...
<groupId>com.juvenxu.mvnbook</groupId>
<artifactId>sample-war</artifactId>
<packaging>war</packaging>
<version>1.0-SNAPSHOT</version>
...
</project>
```

如果不显式地指定 packaging，Maven 会使用默认的 jar 打包方式，从而导致无法正确打包 Web 项目。

Web 项目的类及资源文件同一般 JAR 项目一样，默认位置都是 src/main/java/ 和 src/main/resources/，测试类及测试资源文件的默认位置是 src/test/java/ 和 src/test/resources/。Web 项目比较特殊的地方在于：它还有一个 Web 资源目录，其默认位置是 src/main/webapp/。一个典型的 Web 项目的 Maven 目录结构如下：

```
+ project
|
+ pom.xml
|
+ src/
  + main/
  | + java/
  | | + ServletA.java
  | | + ...
  | |
  | + resources/
  | | + config.properties
  | | + ...
  | |
  | + webapp/
  |   + WEB-INF/
  |   | + web.xml
  |   |
  |   + img/
  |   |
  |   + css/
  |   |
  |   + js/
  |   +
  |   + index.html
  |   + sample.jsp
  |
  + test/
    + java/
    + resources/
```

在 src/main/webapp/ 目录下，必须包含一个子目录 WEB-INF，该子目录还必须要包含 web.xml 文件。src/main/webapp 目录下的其他文件和目录包括 html、jsp、css、JavaScript 等，它们与 WAR 包中的 Web 资源完全一致。

在使用 Maven 创建 Web 项目之前，必须首先理解这种 Maven 项目结构和 WAR 包结构的对应关系。有一点需要注意的是，WAR 包中有一个 lib 目录包含所有依赖 JAR 包，但 Maven 项目结构中没有这样一个目录，这是因为依赖都配置在 POM 中，Maven 在用 WAR 方式打包的时候会根据 POM 的配置从本地仓库复制相应的 JAR 文件。

12.2 account-service

本章将完成背景案例项目，读者可以回顾第 4 章，除了之前实现的 account-email、account-persist 和 account-captcha 之外，该项目还包括 account-service 和 account-web 两个模块。其中，account-service 用来封装底层三个模块的细节，并对外提供简单的接口，而 account-web 仅包含一些涉及 Web 的相关内容，如 Servlet 和 JSP 等。

12.2.1 account-service 的 POM

account-service 用来封装 account-email、account-persist 和 account-captcha 三个模块的细节，因此它肯定需要依赖这三个模块。account-service 的 POM 内容如代码清单 12-2 所示。

代码清单 12-2　account-service 的 POM

```xml
<project xmlns = "http://maven.apache.org/POM/4.0.0"
    xmlns:xsi = "http://www.w3.org/2001/XMLSchema-instance"
    xsi:schemaLocation = "http://maven.apache.org/POM/4.0.0
    http://maven.apache.org/maven-v4_0_0.xsd" >
    <modelVersion >4.0.0 </modelVersion >
    <parent >
        <groupId >com.juvenxu.mvnbook.account </groupId >
        <artifactId >account-parent </artifactId >
        <version >1.0.0-SNAPSHOT </version >
    </parent >

    <artifactId >account-service </artifactId >
    <name >Account Service </name >

    <properties >
        <greenmail.version >1.3.1b </greenmail.version >
    </properties >

    <dependencies >
        <dependency >
            <groupId >${project.groupId} </groupId >
            <artifactId >account-email </artifactId >
            <version >${project.version} </version >
        </dependency >
```

```xml
<dependency>
    <groupId>${project.groupId}</groupId>
    <artifactId>account-persist</artifactId>
    <version>${project.version}</version>
</dependency>
<dependency>
    <groupId>${project.groupId}</groupId>
    <artifactId>account-captcha</artifactId>
    <version>${project.version}</version>
</dependency>
<dependency>
    <groupId>junit</groupId>
    <artifactId>junit</artifactId>
</dependency>
<dependency>
    <groupId>com.icegreen</groupId>
    <artifactId>greenmail</artifactId>
    <version>${greenmail.version}</version>
    <scope>test</scope>
</dependency>
    </dependencies>

    <build>
        <testResources>
            <testResource>
                <directory>src/test/resources</directory>
                <filtering>true</filtering>
            </testResource>
        </testResources>
    </build>
</project>
```

与其他模块一样，account-service 继承自 account-parent，它依赖于 account-email、account-persist 和 account-captcha 三个模块。由于是同一项目中的其他模块，groupId 和 version 都完全一致，因此可以使用 Maven 属性 ${project.groupId} 和 ${project.version} 进行替换，这样可以在升级项目版本的时候减少更改的数量。项目的其他配置如 junit 和 greenmail 依赖，以及测试资源目录过滤配置，都是为了单元测试。前面的章节已经介绍过，这里不再赘述。

12.2.2　account-service 的主代码

account-service 的目的是封装下层细节，对外暴露尽可能简单的接口。先看一下这个接口是怎样的，见代码清单 12-3。

代码清单 12-3　AccountService.java

```java
package com.juvenxu.mvnbook.account.service;

public interface AccountService
{
    String generateCaptchaKey()
        throws AccountServiceException;
```

```
    byte[] generateCaptchaImage( String captchaKey )
        throws AccountServiceException;

    void signUp( SignUpRequest signUpRequest )
        throws AccountServiceException;

    void activate( String activationNumber )
        throws AccountServiceException;

    void login( String id, String password )
        throws AccountServiceException;
}
```

正如 4.3.1 节介绍的那样，该接口提供 5 个方法。generateCaptchaKey() 用来生成一个验证码的唯一标识符。generateCaptchaImage() 根据这个标识符生成验证码图片，图片以字节流的方式返回。用户需要使用 signUp() 方法进行注册，注册信息使用 SignUpRequest 进行封装，这个 SignUpRequest 类是一个简单的 POJO，它包含了注册 ID、email、用户名、密码、验证码标识、验证码值等信息[⊖]。注册成功之后，用户会得到一个激活链接，该链接包含了一个激活码，这个时候用户需要使用 activate() 方法并传入激活码以激活账户。最后，login() 方法用来登录。

下面来看一下该接口的实现类 AccountServiceImpl.java。首先它需要使用 3 个底层模块的服务，如代码清单 12-4 所示。

代码清单 12-4　AccountServiceImpl.java 第 1 部分

```
public class AccountServiceImpl
    implements AccountService
{
    private AccountPersistService accountPersistService;

    private AccountEmailService accountEmailService;

    private AccountCaptchaService accountCaptchaService;

    public AccountPersistService getAccountPersistService()
    {
        return accountPersistService;
    }

    public void setAccountPersistService( AccountPersistService accountPersist-
Service )
    {
        this.accountPersistService = accountPersistService;
    }
    ...
}
```

⊖ 由于篇幅的原因，这里不再给出源代码，有兴趣的读者可以自行下载并查看本书源码。

三个私有变量来自 account-persist、account-email 和 account-captcha 模块,它们都有各自的 get( ) 和 set( ) 方法,并且通过 Spring 注入。

AccountServiceImpl.java 借助 accountCaptchaService 实现验证码的标识符生成及验证码图片生成,如代码清单 12-5 所示。

代码清单 12-5　AccountServiceImpl.java 第 2 部分

```java
public byte[] generateCaptchaImage( String captchaKey )
    throws AccountServiceException
{
    try
    {
        return accountCaptchaService.generateCaptchaImage( captchaKey );
    }
    catch ( AccountCaptchaException e )
    {
        throw new AccountServiceException("Unable to generate Captcha Image.", e );
    }
}

public String generateCaptchaKey()
    throws AccountServiceException
{
    try
    {
        return accountCaptchaService.generateCaptchaKey();
    }
    catch ( AccountCaptchaException e )
    {
        throw new AccountServiceException( "Unable to generate Captcha key.", e );
    }
}
```

稍微复杂一点的是 signUp( ) 方法的实现,见代码清单 12-6。

代码清单 12-6　AccountServiceImpl.java 第 3 部分

```java
private Map < String, String > activationMap = new HashMap < String, String > ();

public void signUp( SignUpRequest signUpRequest )
    throws AccountServiceException
{
    try
    {
        if(!signUpRequest.getPassword().equals(signUpRequest.getConfirmPassword()))
        {
            throw new AccountServiceException( "2 passwords do not match." );
        }

        if(!accountCaptchaService
            .validateCaptcha(signUpRequest.getCaptchaKey(),signUpRequest.getCaptchaValue()))
        {
```

```
            throw new AccountServiceException( "Incorrect Captcha." );
        }

        Account account = new Account();
        account.setId( signUpRequest.getId() );
        account.setEmail( signUpRequest.getEmail() );
        account.setName( signUpRequest.getName() );
        account.setPassword( signUpRequest.getPassword() );
        account.setActivated( false );

        accountPersistService.createAccount( account );

        String activationId = RandomGenerator.getRandomString();

        activationMap.put( activationId, account.getId() );

        String link = signUpRequest.getActivateServiceUrl().endsWith( "/" ) ? sign-
UpRequest.getActivateServiceUrl()
            + activationId : signUpRequest.getActivateServiceUrl() + "?key=" +
activationId;

        accountEmailService.sendMail( account.getEmail(), "Please Activate Your
Account", link );
    }
    catch ( AccountCaptchaException e )
    {
        throw new AccountServiceException( "Unable to validate captcha.", e );
    }
    catch ( AccountPersistException e )
    {
        throw new AccountServiceException( "Unable to create account.", e );
    }
    catch ( AccountEmailException e )
    {
        throw new AccountServiceException( "Unable to send actiavtion mail.", e );
    }
}
```

signUp( ) 方法首先检查请求中的两个密码是否一致，接着使用 accountCaptchaService 检查验证码，下一步使用请求中的用户信息实例化一个 Account 对象，并使用 accountPersist-Service 将用户信息保存。下一步是生成一个随机的激活码并保存在临时的 activateMap 中，然后基于该激活码和请求中的服务器 URL 创建一个激活链接，并使用 accountEmailService 将该链接发送给用户。如果其中任何一步发生异常，signUp( ) 方法会创建一个一致的 AccountServiceExcpetion 对象，提供并抛出对应的异常提示信息。

最后再看一下相对简单的 activate( ) 和 login( ) 方法，见代码清单 12-7。

代码清单 12-7　AccountServiceImpl.java 第 4 部分

```
public void activate( String activationId )
    throws AccountServiceException
{
```

```
        String accountId = activationMap.get( activationId );

        if ( accountId == null )
        {
            throw new AccountServiceException( "Invalid account activation ID." );
        }

        try
        {
            Account account = accountPersistService.readAccount( accountId );
            account.setActivated( true );
            accountPersistService.updateAccount( account );
        }
        catch ( AccountPersistException e )
        {
            throw new AccountServiceException( "Unable to activate account." );
        }
    }

    public void login( String id, String password )
        throws AccountServiceException
    {
        try
        {
            Account account = accountPersistService.readAccount( id );

            if ( account == null )
            {
                throw new AccountServiceException( "Account does not exist." );
            }

            if ( !account.isActivated() )
            {
                throw new AccountServiceException( "Account is disabled." );
            }

            if ( !account.getPassword().equals( password ) )
            {
                throw new AccountServiceException( "Incorrect password." );
            }
        }
        catch ( AccountPersistException e )
        {
            throw new AccountServiceException( "Unable to log in.", e );
        }
    }
```

activate( ) 方法仅仅是简单根据激活码从临时的 activationMap 中寻找对应的用户 ID, 如果找到就更新账户状态为激活。login( ) 方法则是根据 ID 读取用户信息, 检查其是否为激活, 并比对密码, 如果有任何错误则抛出异常。

除了上述代码之外, account-service 还包括一些 Spring 配置文件和单元测试代码, 这里就不再详细介绍。有兴趣的读者可以自行下载阅读。

12.3 account-web

account-web 是本书背景案例中唯一的 Web 模块，本书旨在用该模块来阐述如何使用 Maven 来构建一个 Maven 项目。由于 account-service 已经封装了所有下层细节，account-web 只需要在此基础上提供一些 Web 页面，并使用简单 Servlet 与后台实现交互控制。读者将会看到一个具体 Web 项目的 POM 是怎样的，也将能体会到让 Web 模块尽可能简洁带来的好处。

12.3.1 account-web 的 POM

除了使用打包方式 war 之外，Web 项目的 POM 与一般项目并没多大的区别。account-web 的 POM 代码见代码清单 12-8。

代码清单 12-8　account-web 的 POM

```xml
<?xml version = "1.0"?>
<project
    xsi:schemaLocation = "http://maven.apache.org/POM/4.0.0
    http://maven.apache.org/xsd/maven-4.0.0.xsd"
    xmlns = "http://maven.apache.org/POM/4.0.0"
    xmlns:xsi = "http://www.w3.org/2001/XMLSchema-instance">
    <modelVersion>4.0.0</modelVersion>
    <parent>
        <groupId>com.juvenxu.mvnbook.account</groupId>
        <artifactId>account-parent</artifactId>
        <version>1.0.0-SNAPSHOT</version>
    </parent>

    <artifactId>account-web</artifactId>
    <packaging>war</packaging>
    <name>Account Web</name>

    <dependencies>
        <dependency>
            <groupId>${project.groupId}</groupId>
            <artifactId>account-service</artifactId>
            <version>${project.version}</version>
        </dependency>
        <dependency>
            <groupId>javax.servlet</groupId>
            <artifactId>servlet-api</artifactId>
            <version>2.4</version>
            <scope>provided</scope>
        </dependency>
        <dependency>
            <groupId>javax.servlet.jsp</groupId>
            <artifactId>jsp-api</artifactId>
            <version>2.0</version>
```

```xml
            <scope>provided</scope>
        </dependency>
        <dependency>
            <groupId>org.springframework</groupId>
            <artifactId>spring-web</artifactId>
        </dependency>
    </dependencies>
</project>
```

如上述代码所示，account-web 的 packaging 元素值为 war，表示这是一个 Web 项目，需要以 war 方式进行打包。account-web 依赖于 servlet-api 和 jsp-api 这两个几乎所有 Web 项目都要依赖的包，它们为 servlet 和 jsp 的编写提供支持。需要注意的是，这两个依赖的范围是 provided，表示它们最终不会被打包至 war 文件中，这是因为几乎所有 Web 容器都会提供这两个类库，如果 war 包中重复出现，就会导致潜在的依赖冲突问题。account-web 还依赖于 account-service 和 spring-web，其中前者为 Web 应用提供底层支持，后者为 Web 应用提供 Spring 的集成支持。

在一些 Web 项目中，读者可能会看到 finalName 元素的配置。该元素用来标识项目生成的主构件的名称，该元素的默认值已在超级 POM 中设定，值为 ${project.artifactId}-${project.version}，因此代码清单 12-8 对应的主构件名称为 account-web-1.0.0-SNAPSHOT.war。不过，这样的名称显然不利于部署，不管是测试环境还是最终产品环境，我们都不想在访问页面的时候输入冗长的地址，因此我们会需要名字更为简洁的 war 包。这时可以如下所示配置 finalName 元素：

```xml
<finalName>account</finalName>
```

经此配置后，项目生成的 war 包名称就会成为 account.war，更方便部署。

12.3.2 account-web 的主代码

account-web 的主代码包含了 2 个 JSP 页面和 4 个 Servlet，它们分别为：
- signup.jsp：账户注册页面。
- login.jsp：账户登录页面。
- CaptchaImageServlet：用来生成验证码图片的 Servlet。
- LoginServlet：处理账户注册请求的 Servlet。
- ActivateServlet：处理账户激活的 Servlet。
- LoginServlet：处理账户登录的 Servlet。

Servlet 的配置可以从 web.xml 中获得，该文件位于项目的 src/main/webapp/WEB-INF/ 目录。其内容见代码清单 12-9。

代码清单 12-9　account-web 的 web.xml

```
<!DOCTYPE web-app PUBLIC
"-//Sun Microsystems, Inc.//DTD Web Application 2.3//EN"
"http://java.sun.com/dtd/web-app_2_3.dtd" >
```

```xml
<web-app>
    <display-name>Sample Maven Project: Account Service</display-name>
    <listener>
        <listener-class>org.springframework.web.context.ContextLoaderListener</listener-class>
    </listener>
    <context-param>
        <param-name>contextConfigLocation</param-name>
        <param-value>
            classpath:/account-persist.xml
            classpath:/account-captcha.xml
            classpath:/account-email.xml
            classpath:/account-service.xml
        </param-value>
    </context-param>
    <servlet>
        <servlet-name>CaptchaImageServlet</servlet-name>
        <servlet-class>com.juvenxu.mvnbook.account.web.CaptchaImageServlet</servlet-class>
    </servlet>
    <servlet>
        <servlet-name>SignUpServlet</servlet-name>
        <servlet-class>com.juvenxu.mvnbook.account.web.SignUpServlet</servlet-class>
    </servlet>
    <servlet>
        <servlet-name>ActivateServlet</servlet-name>
        <servlet-class>com.juvenxu.mvnbook.account.web.ActivateServlet</servlet-class>
    </servlet>
    <servlet>
        <servlet-name>LoginServlet</servlet-name>
        <servlet-class>com.juvenxu.mvnbook.account.web.LoginServlet</servlet-class>
    </servlet>
    <servlet-mapping>
        <servlet-name>CaptchaImageServlet</servlet-name>
        <url-pattern>/captcha_image</url-pattern>
    </servlet-mapping>
    <servlet-mapping>
        <servlet-name>SignUpServlet</servlet-name>
        <url-pattern>/signup</url-pattern>
    </servlet-mapping>
    <servlet-mapping>
        <servlet-name>ActivateServlet</servlet-name>
        <url-pattern>/activate</url-pattern>
    </servlet-mapping>
    <servlet-mapping>
        <servlet-name>LoginServlet</servlet-name>
        <url-pattern>/login</url-pattern>
    </servlet-mapping>
</web-app>
```

web.xml 首先配置了该 Web 项目的显示名称，接着是一个名为 ContextLoaderListener 的

ServletListener。该 listener 来自 spring-web，它用来为 Web 项目启动 Spring 的 IoC 容器，从而实现 Bean 的注入。名为 contextConfigLocation 的 context-param 则用来指定 Spring 配置文件的位置。这里的值是四个模块的 Spring 配置 XML 文件，例如 classpath://account-persist.xml 表示从 classpath 的根路径读取名为 account-persist.xml 的文件。我们知道 account-persist.xml 文件在 account-persist 模块打包后的根路径下，这一 JAR 文件通过依赖的方式被引入到 account-web 的 classpath 下。

web.xml 中的其余部分是 Servlet，包括各个 Servlet 的名称、类名以及对应的 URL 模式。

下面来看一个位于 src/main/webapp/ 目录的 signup.jsp 文件，该文件用来呈现账户注册页面。其内容如代码清单 12-10 所示。

代码清单 12-10　signup.jsp

```jsp
<%@ page contentType="text/html;charset=UTF-8" language="java" %>
<%@ page import="com.juvenxu.mvnbook.account.service.*,
    org.springframework.context.ApplicationContext,
    org.springframework.web.context.support.WebApplicationContextUtils"%>
<html>
<head>
<style type="text/css">
...
</style>
</head>
<body>

<%
ApplicationContext context = WebApplicationContextUtils.getWebApplicationContext(getServletContext());
AccountService accountervice = (AccountService) context.getBean("accountService");
String captchaKey = accountervice.generateCaptchaKey();
%>

<div class="text-field">

<h2>注册新账户</h2>
<form name="signup" action="signup" method="post">
    <label>账户 ID:</label><input type="text" name="id"></input><br/>
    <label>Email:</label><input type="text" name="email"></input><br/>
    <label>显示名称:</label><input type="text" name="name"></input><br/>
    <label>密码:</label><input type="password" name="password"></input><br/>
    <label>确认密码:</label><input type="password" name="confirm_password"></input><br/>
    <label>验证码:</label><input type="text" name="captcha_value"></input><br/>
    <input type="hidden" name="captcha_key" value="<%=captchaKey%>"/>
    <img src="<%=request.getContextPath()%>/captcha_image?key=<%=captchaKey%>"/>
    </br>
```

```
    <button>确认并提交</button>
  </form>
 </div>

 </body>
</html>
```

该 JSP 的主题是一个 name 为 signup 的 HTML FORM，其中包含了 ID、Email、名称、密码等字段，这与一般的 HTML 内容并无差别。不同的地方在于，该 JSP 文件引入了 Spring 的 ApplicationContext 类，并且用此类加载后台的 accountService，然后使用 accountService 先生成一个验证码的 key，再在 FORM 中使用该 key 调用 captcha_image 对应的 Servlet 生成其标识的验证码图片。需要注意的是，上述代码中略去了 css 片段。

账户注册页面如图 12-1 所示。

上述 JSP 中使用到了 /captcha_image 这一资源获取验证码图片。根据 web.xml，我们知道该资源对应了 CaptchaImageServlet。下面看一下它的代码，见代码清单 12-11。

图 12-1　账户注册页面

代码清单 12-11　CaptchaImageServlet.java

```java
package com.juvenxu.mvnbook.account.web;

import java.io.IOException;
import ...

public class CaptchaImageServlet
    extends HttpServlet
{
    private ApplicationContext context;

    private static final long serialVersionUID = 5274323889605521606L;
```

```java
@Override
public void init()
    throws ServletException
{
    super.init();
    context = WebApplicationContextUtils.getWebApplicationContext( getServletContext() );
}

public void doGet(HttpServletRequest request, HttpServletResponse response)
    throws ServletException,
        IOException
{
    String key = request.getParameter( "key" );

    if ( key == null || key.length() == 0 )
    {
        response.sendError( 400, "No Captcha Key Found" );
    }
    else
    {
        AccountService service = (AccountService) context.getBean( "accountService" );

        try
        {
            response.setContentType( "image/jpeg" );
            OutputStream out = response.getOutputStream();
            out.write( service.generateCaptchaImage( key ) );
            out.close();
        }
        catch ( AccountServiceException e )
        {
            response.sendError( 404, e.getMessage() );
        }
    }
}
```

CaptchaImageServlet 在 init() 方法中初始化 Spring 的 ApplicationContext，这一 context 用来获取 Spring Bean。Servlet 的 doGet() 方法中首先检查 key 参数，如果为空，则返回 HTTP 400 错误，标识客户端的请求不合法；如果不为空，则载入 AccountService 实例。该类的 generateCaptchaImage() 方法能够产生一个验证码图片的字节流，我们将其设置成 image/jpeg 格式，并写入到 Servlet 相应的输出流中，客户端就能得到图 12-1 所示的验证码图片。

代码清单 12-10 中 FROM 的提交目标是 signup，其对应了 SignUpServlet。其内容如代码清单 12-12 所示。

代码清单 12-12　SignUpServlet.java

```java
public class SignUpServlet
    extends HttpServlet
{
```

```java
    private static final long serialVersionUID = 4784742296013868199L;

    private ApplicationContext context;

    @Override
    public void init()
        throws ServletException
    {
        super.init();
        context = WebApplicationContextUtils.getWebApplicationContext( getServletContext() );
    }

    @Override
    protected void doPost( HttpServletRequest req, HttpServletResponse resp )
        throws ServletException,
            IOException
    {
        String id = req.getParameter( "id" );
        String email = req.getParameter( "email" );
        String name = req.getParameter( "name" );
        String password = req.getParameter( "password" );
        String confirmPassword = req.getParameter( "confirm_password" );
        String captchaKey = req.getParameter( "captcha_key" );
        String captchaValue = req.getParameter( "captcha_value" );

        if ( id == null || id.length() == 0 || email == null || email.length() == 0 || name == null
            || name.length() == 0 || password == null || password.length() == 0 || confirmPassword == null
            || confirmPassword.length() == 0 || captchaKey == null || captchaKey.length() == 0 || captchaValue == null
            || captchaValue.length() == 0 )
        {
            resp.sendError( 400, "Parameter Incomplete." );
            return;
        }

        AccountService service = (AccountService) context.getBean( "accountService" );

        SignUpRequest request = new SignUpRequest();

        request.setId( id );
        request.setEmail( email );
        request.setName( name );
        request.setPassword( password );
        request.setConfirmPassword( confirmPassword );
        request.setCaptchaKey( captchaKey );
        request.setCaptchaValue( captchaValue );

        request.setActivateServiceUrl( getServletContext().getRealPath( "/" ) + "activate" );

        try
```

```
        {
            service.signUp(request);
            resp.getWriter().print("Account is created, please check your mail box
for activation link.");
        }
        catch(AccountServiceException e)
        {
            resp.sendError(400, e.getMessage());
            return;
        }
    }
}
```

SignUpServlet 的 doPost() 接受客户端的 HTTP POST 请求，首先它读取请求中的 id、name、email 等参数，然后验证这些参数的值是否为空，如果验证正确，则初始化一个 Sign-UpRequest 实例，其包含了注册账户所需要的各类数据。其中的 activateServiceUrl 表示服务应该基于什么地址发送账户激活链接邮件，这里的值是与 signup 平行的 activate 地址，这正是 ActivationServlet 的地址。SignUpServlet 使用 AccountService 注册账户，所有的细节都已经封装在 AccountService 中，如果注册成功，服务器打印一条简单的提示信息。

上面介绍了一个 JSP 和两个 Servlet，它们都非常简单。鉴于篇幅的原因，这里就不再详细解释另外几个 JSP 及 Servlet。感兴趣的读者可以自行下载本书的样例源码。

12.4　使用 jetty-maven-plugin 进行测试

在进行 Web 开发的时候，我们总是无法避免打开浏览器对应用进行测试，比如为了验证程序功能、验证页面布局，尤其是一些与页面相关的特性，手动部署到 Web 容器进行测试似乎是唯一的方法。近年来出现了很多自动化的 Web 测试技术如 Selenium，它能够录制 Web 操作，生成各种语言脚本，然后自动重复这些操作以进行测试。应该说，这类技术方法是未来的趋势，但无论如何，手动的、亲眼比对验证的测试是无法被完全替代的。测试 Web 页面的做法通常是将项目打包并部署到 Web 容器中，本节介绍如何使用 jetty-maven-plugin，以使这些步骤更为便捷。

在介绍 jetty-maven-plugin 之前，笔者要强调一点，虽然手动的 Web 页面测试是必不可少的，但这种方法绝不应该被滥用。现实中常见的情况是，很多程序员即使修改了一些较底层的代码（如数据库访问、业务逻辑），都会习惯性地打开浏览器测试整个应用，这往往是没有必要的。可以用单元测试覆盖的代码就不应该依赖于 Web 页面测试，且不说页面测试更加耗时耗力，这种方式还无法自动化，更别提重复性了。因此 Web 页面测试应该仅限于页面的层次，例如 JSP、CSS、JavaScript 的修改，其他代码修改（如数据访问），请编写单元测试。

传统的 Web 测试方法要求我们编译、测试、打包及部署，这往往会消耗数 10 秒至数分钟的时间，jetty-maven-plugin 能够帮助我们节省时间，它能够周期性地检查项目内容，发现变更后自动更新到内置的 Jetty Web 容器中。换句话说，它帮我们省去了打包和部署的步骤。jetty-maven-plugin 默认就很好地支持了 Maven 的项目目录结构。在通常情况下，我们只需要直接在 IDE 中修改源码，IDE 能够执行自动编译，jetty-maven-plugin 发现编译后的文件变化后，自动将其更新到 Jetty 容器，这时就可以直接测试 Web 页面了。

使用 jetty-maven-plugin 十分简单。指定该插件的坐标，并且稍加配置即可，见代码清单 12-13。

代码清单 12-13　配置 jetty-maven-plugin

```xml
<plugin>
    <groupId>org.mortbay.jetty</groupId>
    <artifactId>jetty-maven-plugin</artifactId>
    <version>7.1.6.v20100715</version>
    <configuration>
        <scanIntervalSeconds>10</scanIntervalSeconds>
        <webAppConfig>
            <contextPath>/test</contextPath>
        </webAppConfig>
    </configuration>
</plugin>
```

jetty-maven-plugin 并不是官方的 Maven 插件，它的 groupId 是 org.mortbay.jetty，上述代码中使用了 Jetty 7 的最新版本。在该插件的配置中，scanIntervalSeconds 顾名思义表示该插件扫描项目变更的时间间隔，这里的配置是每隔 10 秒。需要注意的是，如果不进行配置，该元素的默认值是 0，表示不扫描，用户也就失去了所谓的自动化热部署的功能。上述代码中 webappConfig 元素下的 contextPath 表示项目部署后的 context path。例如这里的值为 /test，那么用户就可以通过 http://hostname:port/test/ 访问该应用。

下一步启动 jetty-maven-plugin。不过在这之前需要对 settings.xml 做个微小的修改。前面介绍过，默认情况下，只有 org.apache.maven.plugins 和 org.codehaus.mojo 两个 groupId 下的插件才支持简化的命令行调用，即可以运行 mvn help:system，但 mvn jetty:run 就不行了。因为 maven-help-plugin 的 groupId 是 org.apache.maven.plugins，而 jetty-maven-plugin 的 groupId 是 org.mortbay.jetty。为了能在命令行直接运行 mvn jetty:run，用户需要配置 settings.xml 如下：

```xml
<settings>
    <pluginGroups>
        <pluginGroup>org.mortbay.jetty</pluginGroup>
    </pluginGroups>
    ...
</settings>
```

现在可以运行如下命令启动 jetty-maven-plugin：

```
$ mvn jetty:run
```

jetty-maven-plugin 会启动 Jetty，并且默认监听本地的 8080 端口，并将当前项目部署到容器中，同时它还会根据用户配置扫描代码改动。

如果希望使用其他端口，可以添加 jetty.port 参数。例如：

```
$ mvn jetty:run -Djetty.port=9999
```

现在就可以打开浏览器通过地址 http://localhost:9999/test/测试应用了。要停止 Jetty，只需要在命令行输入 Ctrl + C 即可。

启动 Jetty 之后，用户可以在 IDE 中修改各类文件，如 JSP、HTML、CSS、JavaScript 甚至是 Java 类。只要不是修改类名、方法名等较大的操作，jetty-maven-plugin 都能够扫描到变更并正确地将变化更新至 Web 容器中，这无疑在很大程度上帮助了用户实现快速开发和测试。

上面的内容仅仅展示了 jetty-maven-plugin 最核心的配置点，如果有需要，还可以自定义 web.xml 的位置、项目 class 文件的位置、web 资源目录的位置等信息。用户还能够以 WAR 包的方式部署项目，甚至在 Maven 的生命周期中嵌入 jetty-maven-plugin。例如，先启动 Jetty 容器并部署项目，然后执行一些集成测试，最后停止容器。有兴趣进一步研究的读者可以访问该页面：http://wiki.eclipse.org/Jetty/Feature/Jetty_Maven_Plugin。

12.5 使用 Cargo 实现自动化部署

Cargo 是一组帮助用户操作 Web 容器的工具，它能够帮助用户实现自动化部署，而且它几乎支持所有的 Web 容器，如 Tomcat、JBoss、Jetty 和 Glassfish 等。Cargo 通过 cargo-maven2-plugin 提供了 Maven 集成，Maven 用户可以使用该插件将 Web 项目部署到 Web 容器中。虽然 cargo-maven2-plugin 和 jetty-maven-plugin 的功能看起来很相似，但它们的目的是不同的，jetty-maven-plugin 主要用来帮助日常的快速开发和测试，而 cargo-maven2-plugin 主要服务于自动化部署。例如专门的测试人员只需要一条简单的 Maven 命令，就可以构建项目并部署到 Web 容器中，然后进行功能测试。本节以 Tomcat 6 为例，介绍如何自动化地将 Web 应用部署至本地或远程 Web 容器中。

12.5.1 部署至本地 Web 容器

Cargo 支持两种本地部署的方式，分别为 standalone 模式和 existing 模式。在 standalone 模式中，Cargo 会从 Web 容器的安装目录复制一份配置到用户指定的目录，然后在此基础上部署应用，每次重新构建的时候，这个目录都会被清空，所有配置被重新生成。而在 existing 模式中，用户需要指定现有的 Web 容器配置目录，然后 Cargo 会直接使用这些配置并将应用部署到其对应的位置。代码清单 12-14 展示了 standalone 模式的配置样例。

代码清单 12-14　使用 standalone 模式部署应用至本地 Web 容器

```xml
<plugin>
    <groupId>org.codehaus.cargo</groupId>
    <artifactId>cargo-maven2-plugin</artifactId>
    <version>1.0</version>
    <configuration>
        <container>
```

```xml
        <containerId>tomcat6x</containerId>
        <home>D:\cmd\apache-tomcat-6.0.29</home>
      </container>
      <configuration>
        <type>standalone</type>
        <home>${project.build.directory}/tomcat6x</home>
      </configuration>
    </configuration>
</plugin>
```

cargo-maven2-plugin 的 groupId 是 org.codehaus.cargo,这不属于官方的两个 Maven 插件 groupId,因此用户需要将其添加到 settings.xml 的 pluginGroup 元素中以方便命令行调用。

上述 cargo-maven2-plugin 的具体配置包括了 container 和 configuration 两个元素,configuration 的子元素 type 表示部署的模式(这里是 standalone)。与之对应的,configuration 的 home 子元素表示复制容器配置到什么位置,这里的值为 ${project.build.directory}/tomcat6x,表示构建输出目录,即 target/ 下的 tomcat6x 子目录。container 元素下的 containerId 表示容器的类型,home 元素表示容器的安装目录。基于该配置,Cargo 会从 D:\cmd\apache-tomcat-6.0.29 目录下复制配置到当前项目的 target/tomcat6x/ 目录下。

现在,要让 Cargo 启动 Tomcat 并部署应用,只需要运行:

```
$ mvn cargo:start
```

以 account-web 为例,现在就可以直接访问地址的账户注册页面[⊖]了。

默认情况下,Cargo 会让 Web 容器监听 8080 端口。可以通过修改 Cargo 的 cargo.servlet.port 属性来改变这一配置,如代码清单 12-15 所示。

代码清单 12-15　更改 Cargo 的 Servlet 监听端口

```xml
<plugin>
    <groupId>org.codehaus.cargo</groupId>
    <artifactId>cargo-maven2-plugin</artifactId>
    <version>1.0</version>
    <configuration>
        <container>
            <containerId>tomcat6x</containerId>
            <home>D:\cmd\apache-tomcat-6.0.29</home>
        </container>
        <configuration>
            <type>standalone</type>
            <home>${project.build.directory}/tomcat6x</home>
            <properties>
                <cargo.servlet.port>8081</cargo.servlet.port>
            </properties>
        </configuration>
    </configuration>
</plugin>
```

⊖ 地址为 http://localhost:8080/account-web-1.0.0-SNAPSHOT/signup.jsp。

要将应用直接部署到现有的 Web 容器下，需要配置 Cargo 使用 existing 模式，如代码清单 12-16 所示。

代码清单 12-16　使用 existing 模式部署应用至本地 Web 容器

```xml
<plugin>
    <groupId>org.codehaus.cargo</groupId>
    <artifactId>cargo-maven2-plugin</artifactId>
    <version>1.0</version>
    <configuration>
        <container>
            <containerId>tomcat6x</containerId>
            <home>D:\cmd\apache-tomcat-6.0.29</home>
        </container>
        <configuration>
            <type>existing</type>
            <home>D:\cmd\apache-tomcat-6.0.29</home>
        </configuration>
    </configuration>
</plugin>
```

上述代码中 configuration 元素的 type 子元素的值为 existing，而对应的 home 子元素表示现有的 Web 容器目录，基于该配置运行 mvn cargo:start 之后，便能够在 Tomcat 的 webapps 子目录看到被部署的 Maven 项目。

12.5.2　部署至远程 Web 容器

除了让 Cargo 直接管理本地 Web 容器然后部署应用之外，也可以让 Cargo 部署应用至远程的正在运行的 Web 容器中。当然，前提是拥有该容器的相应管理员权限。相关配置如代码清单 12-17 所示。

代码清单 12-17　部署应用至远程 Web 容器

```xml
<plugin>
    <groupId>org.codehaus.cargo</groupId>
    <artifactId>cargo-maven2-plugin</artifactId>
    <version>1.0</version>
    <configuration>
        <container>
            <containerId>tomcat6x</containerId>
            <type>remote</type>
        </container>
        <configuration>
            <type>runtime</type>
            <properties>
                <cargo.remote.username>admin</cargo.remote.username>
                <cargo.remote.password>admin123</cargo.remote.password>
                <cargo.tomcat.manager.url>http://localhost:8080/manager</cargo.tomcat.manager.url>
            </properties>
        </configuration>
    </configuration>
```

```
</plugin>
```

对于远程部署的方式来说，container 元素的 type 子元素的值必须为 remote。如果不显式指定，Cargo 会使用默认值 installed，并寻找对应的容器安装目录或者安装包，对于远程部署方式来说，安装目录或者安装包是不需要的。上述代码中 configuration 的 type 子元素值为 runtime，表示既不使用独立的容器配置，也不使用本地现有的容器配置，而是依赖于一个已运行的容器。properties 元素用来声明一些容器热部署相关的配置。例如，这里的 Tomcat 6 就需要提供用户名、密码以及管理地址。需要注意的是，这部分配置元素对于所有容器来说不是一致的，读者需要查阅对应的 Cargo 文档。

有了上述配置后，就可以让 Cargo 部署应用了。运行命令如下：

```
$ mvn cargo:redeploy
```

如果容器中已经部署了当前应用，Cargo 会先将其卸载，然后再重新部署。

由于自动化部署本身就不是简单的事情，再加上 Cargo 要兼容各种不同类型的 Web 容器，因此 cargo-maven2-plugin 的相关配置会显得相对复杂，这个时候完善的文档就显得尤为重要。如果想进一步了解 Cargo，可访问 http://cargo.codehaus.org/Maven2 + plugin。

12.6 小结

本章介绍的是用 Maven 管理 Web 项目，因此首先讨论了 Web 项目的基本结构，然后分析实现了本书背景案例的最后两个模块：account-service 和 account-web，其中后者是一个典型的 Web 模块。开发 Web 项目的时候，大家往往会使用热部署来实现快速的开发和测试，jetty-maven-plugin 可以帮助实现这一目标。本章最后讨论的是自动化部署，这一技术的主角是 Cargo，有了它，可以让 Maven 自动部署应用至本地和远程 Web 容器中。

第 13 章

版本管理

本章内容

- 何为版本管理
- Maven 的版本号定义约定
- 主干、标签与分支
- 自动化版本发布
- 自动化创建分支
- GPG 签名
- 小结

一个健康的项目通常有一个长期、合理的版本演变过程。例如 JUnit 有 3.7、3.8、3.8.1、3.8.2、4.0、4.1 等版本。Maven 本身的版本也比较多，如最早的 Maven 1；目前使用最广泛的 Maven 2 有 2.0.9、2.0.10、2.1.0、2.2.0、2.2.1 等各种版本；而最新的 Maven 3 则拥有 3.0-alpha-1、3.0-alpha-2、3.0-alpha-7、3.0-beta-1 等版本。除了这些对外发布的版本之外，6.5 节还介绍了 Maven 特有的快照版本的概念。这些版本中的每个数字代表了什么？alpha、beta 是什么意思？快照版和发布版的区别是什么？我们应该如何科学地管理自己的项目版本？本章将会详细解答这些问题。

阅读本章的时候还需要分清版本管理（Version Management）和版本控制（Version Control）的区别。版本管理是指项目整体版本的演变过程管理，如从 1.0-SNAPSHOT 到 1.0，再到 1.1-SNAPSHOT。版本控制是指借助版本控制工具（如 Subversion）追踪代码的每一个变更。本章重点讲述的是版本管理，但是读者将会看到，版本管理通常也会涉及一些版本控制系统的操作及概念。请在阅读的时候特别留意这两者的关系和区别。

13.1 何为版本管理

6.5 节谈到，为了方便团队的合作，在项目开发的过程中，大家都应该使用快照版本，Maven 能够很智能地处理这种特殊的版本，解析项目各个模块最新的"快照"。快照版本机制促进团队内部的交流，但是当项目需要对外发布时，我们显然需要提供非常稳定的版本，使用该版本应当永远只能够定位到唯一的构件，而不是像快照版本那样，定位的构件随时可能发生变化。对应地，我们称这类稳定的版本为发布版。项目发布了一个版本之后，就进入下一个开发阶段，项目也就自然转换到新的快照版本中。

版本管理关心的问题之一就是这种快照版和发布版之间的转换。项目经过了一段时间的 1.0-SNAPSHOT 的开发之后，在某个时刻发布了 1.0 正式版，然后项目又进入了 1.1-SNAPSHOT 的开发，这个版本可能添加了一些有趣的特性，然后在某个时刻发布 1.1 正式版。项目接着进入 1.2-SNAPSHOT 的开发。由于快照对应了项目的开发过程，因此往往对应了很长的时间，而正式版本对应了项目的发布，因此仅仅代表某个时刻项目的状态，如图 13-1 所示。

图 13-1　快照版和发布版之间的转换

理想的发布版本应当对应了项目某个时刻比较稳定的状态，这包括源代码的状态以及构建的状态，因此这个时候项目的构建应当满足以下的条件：

- ❏ 所有自动化测试应当全部通过。毫无疑问，失败的测试代表了需要修复的问题，因此发布版本之前应该确保所有测试都能得以正确执行。
- ❏ 项目没有配置任何快照版本的依赖。快照版本的依赖意味着不同时间的构建可能会引入不同内容的依赖，这显然不能保证多次构建能够生成同样的结果。
- **项目没有配置任何快照版本的插件**。快照版本的插件配置可能会在不同时间引入不同内容的 Maven 插件，从而影响 Maven 的行为，破坏构建的稳定性。
- **项目所包含的代码已经全部提交到版本控制系统中**。项目已经发布了，可源代码却不在版本控制系统中，甚至丢失了。这意味着项目丢失了某个时刻的状态，因此这种情况必须避免，版本发布的时候必须确保所有的源代码都已经提交了。

只有上述条件都满足之后，才可以将快照版本更新为发布版本，例如将 1.0-SNAPSHOT 更新为 1.0，然后生成版本为 1.0 的项目构件。

不过这里还缺少一步关键的版本控制操作。如果你了解任何一种版本控制工具，如 Subversion，那就应该能想到项目发布与标签（Tag）的关系。版本控制系统记录代码的每一个变化，通常这些变化都被维护在主干（Trunk）中，但是当项目发布的时候，开发人员就应该使用标签记录这一特殊时刻项目的状态。以 Subversion 为例，日常的变更维护在主干中，包含各种源码版本 r1、r2、…、r284、…。要找到某个时刻的项目状态会比较麻烦，而使用标签就可以明确地将某个源码版本（也就是项目状态）从主干中标记出来，放到单独的位置，这样在之后的任何时刻，我们都能够快速地得到发布版本的源代码，从而能够比较各个版本的差异，甚至重新构建一个同样版本的构件。

因此，将项目的快照版本更新至发布版本之后，应当再执行一次 Maven 构建，以确保项目状态是健康的。然后将这一变更提交到版本控制系统的主干中。接着再为当前主干的状态打上标签。以 Subversion 为例，这几个步骤对应的命令如下：

```
$mvn clean install
$svn commit pom.xml -m "prepare to release 1.0"
$svn copy -m "tag release 1.0" \
    https://svn.juvenxu.com/project/trunk \
    https://svn.juvenxu.com/project/tags/1.0
```

至此，一个版本发布的过程完成了。接下来要做的就是更新发布版本至新的快照版本，如从 1.0 到 1.1-SNAPSHOT。

13.2 Maven 的版本号定义约定

到目前为止，读者应该已经清楚了解了快照版和发布版的区别。现在再深入看一下 1.0、1.1、1.2.1、3.0-beta 这样的版本号后面又遵循了怎样的约定。了解了这样的约定之后，就可以正确地为自己的产品或者项目定义版本号，而你的用户也能了解到隐藏在版本号中的信息。

看一个实际的例子，这里有一个版本：

1.3.4-beta-2

这往往表示了该项目或产品的第一个重大版本的第三个次要版本的第四次增量版本的

beta-2 里程碑。很拗口？那一个个分开解释："1"表示了该版本是第一个重大版本；"3"表示这是基于重大版本的第三个次要版本；"4"表示该次要版本的第四个增量；最后的"beta-2"表示该增量的某一个里程碑。

也就是说，Maven 的版本号定义约定是这样的：

<主版本>.<次版本>.<增量版本>-<里程碑版本>

主版本和次版本之间，以及次版本和增量版本之间用点号分隔，里程碑版本之前用连字号分隔。下面解释其中每一个部分的意义：

- **主版本**：表示了项目的重大架构变更。例如，Maven 2 和 Maven 1 相去甚远；Struts 1 和 Struts 2 采用了不同的架构；JUnit 4 较 JUnit 3 增加了标注支持。
- **次版本**：表示较大范围的功能增加和变化，及 Bug 修复。例如 Nexus 1.5 较 1.4 添加了 LDAP 的支持，并修复了很多 Bug，但从总体架构来说，没有什么变化。
- **增量版本**：一般表示重大 Bug 的修复，例如项目发布了 1.4.0 版本之后，发现了一个影响功能的重大 Bug，则应该快速发布一个修复了 Bug 的 1.4.1 版本。
- **里程碑版本**：顾名思义，这往往指某一个版本的里程碑。例如，Maven 3 已经发布了很多里程碑版本，如 3.0-alpha-1、3.0-alpha-2、3.0-beta-1 等。这样的版本与正式的 3.0 相比，往往表示不是非常稳定，还需要很多测试。

需要注意的是，不是每个版本号都必须拥有这四个部分。一般来说，主版本和次版本都会声明，但增量版本和里程碑就不一定了。例如，像 3.8 这样的版本没有增量和里程碑，2.0-beta-1 没有增量。但我们不会看到有人省略次版本，简单地给出主版本显然是不够的。

当用户在声明依赖或插件未声明版本时，Maven 就会根据上述的版本号约定自动解析最新版本。这个时候就需要对版本号进行排序。对于主版本、次版本和增量版本来说，比较是基于数字的，因此 1.5 > 1.4 > 1.3.11 > 1.3.9。而对于里程碑版本，Maven 则只进行简单的字符串比较，因此会得到 1.2-beta-3 > 1.2-beta-11 的结果。这一点需要留意。

13.3 主干、标签与分支

使用版本控制工具时我们都会遇到主干（trunk）、标签（tag）和 branch（分支）的概念。13.1 节已经涉及了主干与标签。这里再详细将这几个概念阐述一下，因为理解它们是理解 Maven 版本管理的基础。

- **主干**：项目开发代码的主体，是从项目开始直到当前都处于活动的状态。从这里可以获得项目最新的源代码以及几乎所有的变更历史。
- **分支**：从主干的某个点分离出来的代码拷贝，通常可以在不影响主干的前提下在这里进行重大 Bug 的修复，或者做一些实验性质的开发。如果分支达到了预期的目的，通常发生在这里的变更会被合并（merge）到主干中。
- **标签**：用来标识主干或者分支的某个点的状态，以代表项目的某个稳定状态，这通常就是版本发布时的状态。

本书采用 Subversion 作为版本控制系统，如果对上述概念不清晰，请参考开放的《Subversion 与版本控制》（http://svnbook.red-bean.com/）一书。

使用 Maven 管理项目版本的时候，也涉及了很多的版本控制系统操作。下面就以一个实际的例子来介绍这些操作是如何执行的。

图 13-2 下方最长的箭头表示项目的主干，项目最初的版本是 1.0.0-SNAPSHOT，经过一段时间的开发后，1.0.0 版本发布，这个时候就需要打一个标签，图中用一个长条表示。然后项目进入 1.1.0-SNAPSHOT 状态，大量的开发工作都完成在主干中，添加了一些新特性并修复了很多 Bug 之后，项目 1.1.0 发布，同样，这时候需要打另一个标签。发布过后，项目进入 1.2.0-SNAPSHOT 阶段，可这个时候用户报告 1.1.0 版本有一个重大的 Bug，需要尽快修复，我们不能在主干中修 Bug，因为主干有太多的变化，无法在短时间内测试完毕并发布，我们也不能停止 1.2.0-SNAPSHOT 的开发，因此这时候可以基于 1.1.0 创建一个 1.1.1-SNAPSHOT 的分支，在这里进行 Bug 修复，然后为用户发布一个 1.1.1 增量版本，同时打上标签。当然，还不能忘了把 Bug 修复涉及的变更合并到 1.2.0-SNAPSHOT 的主干中。主干在开发一段时间之后，发布 1.2.0 版本，然后进入到新版本 1.3.0-SNAPSHOT 的开发过程中。

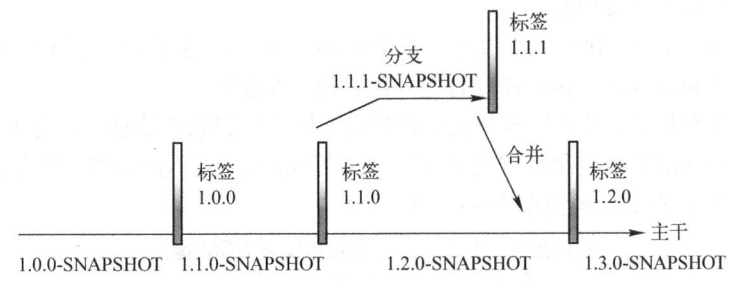

图 13-2　主干、标签和分支与项目版本的关系

图 13-2 展示的是一个典型的项目版本变化过程，这里涉及了快照版与发布版之间的切换、Maven 版本号约定的应用，以及版本控制系统主干、标签和分支的使用。这其实也是一个不成文的行业标准，理解这个过程之后，不仅能够更方便地学习开源项目，也能对项目的版本管理更加标准和清晰。

13.4　自动化版本发布

本章前几节已经详细介绍了版本发布时所需要完成的工作，读者如果愿意，则完全可以手动地执行这些操作，检查是否有未提交代码、是否有快照依赖、更新快照版至发布版、执行 Maven 构建以及为源代码打标签等。事实上，如果对这一过程不是很熟悉，那么还是应该一步一步地操作一遍，以得到最直观的感受。

当熟悉了版本发布流程之后,就会希望借助工具将这一流程自动化。Maven Release Plugin 就提供了这样的功能,只要提供一些必要的信息,它就能帮我们完成上述所有版本发布所涉及的操作。下面介绍如何使用 Maven Release Plugin 发布项目版本。

Maven Release Plugin 主要有三个目标,它们分别为:

- **release:prepare**   准备版本发布,依次执行下列操作:
  - 检查项目是否有未提交的代码。
  - 检查项目是否有快照版本依赖。
  - 根据用户的输入将快照版本升级为发布版。
  - 将 POM 中的 SCM 信息更新为标签地址。
  - 基于修改后的 POM 执行 Maven 构建。
  - 提交 POM 变更。
  - 基于用户输入为代码打标签。
  - 将代码从发布版升级为新的快照版。
  - 提交 POM 变更。
- **release:rollback**   回退 release:prepare 所执行的操作。将 POM 回退至 release:prepare 之前的状态,并提交。需要注意的是,该步骤不会删除 release:prepare 生成的标签,因此用户需要手动删除。
- **release:perform**   执行版本发布。签出 release:prepare 生成的标签中的源代码,并在此基础上执行 mvn deploy 命令打包并部署构件至仓库。

要为项目发布版本,首先需要为其添加正确的版本控制系统信息,这是因为 Maven Release Plugin 需要知道版本控制系统的主干、标签等地址信息后才能执行相关的操作。一般配置项目的 SCM 信息如代码清单 13-1 所示。

代码清单 13-1   为版本发布配置 SCM 信息

```
<project>
...
  <scm>
    <connection>scm:svn:http://192.168.1.103/app/trunk</connection>
    <developerConnection>scm:svn:https://192.168.1.103/app/trunk</developerConnection>
    <url>http://192.168.1.103/account/trunk</url>
  </scm>...
</project>
```

代码清单 13-1 中的 connection 元素表示一个只读的 scm 地址,而 developerConnection 元素表示可写的 scm 地址,url 则表示可以在浏览器中访问的 scm 地址。为了能让 Maven 识别,connection 和 developerConnection 必须以 scm 开头,冒号之后的部分表示版本控制工具类型(这里是 svn),Maven 还支持 cvs、git 等。接下来才是实际的 scm 地址,该例中的 connection 使用了 http 协议,而 developerConnection 则由于涉及写操作,使用 https 协议进行了保护。

该配置只告诉 Maven 当前代码的位置(主干),而版本发布还要涉及标签操作。因此,还需要配置 Maven Release Plugin 告诉其标签的基础目录,如代码清单 13-2 所示。

代码清单 13-2　配置 maven-release-plugin 提供标签基础目录

```
<plugin>
    <groupId>org.apache.maven.plugins</groupId>
    <artifactId>maven-release-plugin</artifactId>
    <version>2.0</version>
    <configuration>
      <tagBase>https://192.168.1.103/app/tags/</tagBase>
    </configuration>
</plugin>
```

在执行 release:prepare 之前还有两个注意点:第一,系统必须要提供 svn 命令行工具,Maven 需要 svn 命令行工具执行相关操作,而无法使用图形化的工具,如 TortoiseSVN;第二,POM 必须配置了可用的部署仓库,因为 release:perform 会执行 deploy 操作将构件发布到仓库中。关于如何配置部署仓库可参考 9.6.1 节。

一切就绪之后,在项目根目录下运行如下命令:

```
$ mvn release:prepare
```

Maven Release Plugin 开始准备发布版本,如果它检测到项目有未提交的代码,或者项目有快照版的依赖,则会提示出错。如果一切都没问题,则会提示用户输入想要发布的版本号、标签的名称以及新的快照版本号。例如:

```
What is the release version for "App"? (com.juvenxu.mvnbook:app) 1.0.0::
What is SCM release tag or label for "App"? (com.juvenxu.mvnbook:app) app-1.0.0::
What is the new development version for "App"? (com.juvenxu.mvnbook:app) 1.0.1-SNAPSHOT::1.1.0-SNAPSHOT
```

如果项目的 artifactId 为 app,发布前的版本为 1.0.0-SNAPSHOT,则 Maven Release Plugin 会提示使用发布版本号 1.0.0,使用标签名称 app-1.0.0,新的开发版本为 1.0.1-SNAPSHOT。如果这些模式值正是你想要的,直接按 Enter 键即可,否则就输入想要的值再按 Enter 键,如上例中为新的开发版本输入了值 1.1.0-SNAPSHOT。

基于这些信息,Maven Release Plugin 会将版本从 1.0.0-SNAPSHOT 更新为 1.0.0,并更新 SCM 地址 http://192.168.1.103/app/trunk 至 http://192.168.1.103/app/tags/app-1.0.0。在此基础上运行一次 Maven 构建以防止意外的错误出现,然后将这两个变化提交,并为该版本打上标签,标签地址是 http://192.168.1.103/app/tags/app-1.0.0。即 tagBase 路径加上标签名称。之后,Maven Release Plugin 会将 POM 中的版本信息从 1.0.0 升级到 1.1.0-SNAPSHOT 并提交。

至此,release:prepare 的工作完成。如果这时你发现了一些问题,例如将标签名称配置错了,则可以使用 release:rollback 命令回退发布,Maven Release Plugin 会将 POM 的配置回退到 release:prepare 之前的状态。但需要注意的是,版本控制系统中的标签并不会被删除,也就是说,用户需要手动执行版本控制系统命令删除该标签。

在多模块项目中执行 release:prepare 的时候,默认 maven-release-plugin 会提示用户设定每个模块发布版本号及新的开发版本号。例如，如果在 account-parent 模块中配置正确的 scm 信息之后进行项目发布，就会看到如下的输出：

```
    What is the release version for "Account Parent"? (com.juvenxu.mvnbook.account:account-parent) 1.0.0: :
    What is the release version for "Account Email"? (com.juvenxu.mvnbook.account:account-email) 1.0.0: :
    What is the release version for "Account Persist"? (com.juvenxu.mvnbook.account:account-persist) 1.0.0: :
    What is the release version for "Account Captcha"? (com.juvenxu.mvnbook.account:account-captcha) 1.0.0: :
    What is the release version for "Account Service"? (com.juvenxu.mvnbook.account:account-service) 1.0.0: :
    What is the release version for "Account Web"? (com.juvenxu.mvnbook.account:account-web) 1.0.0: :
    What is SCM release tag or label for "Account Parent"? (com.juvenxu.mvnbook.account:account-parent) account-parent-1.0.0: :
    What is the new development version for "Account Parent"? (com.juvenxu.mvnbook.account:account-parent) 1.0.1-SNAPSHOT: :
    What is the new development version for "Account Email"? (com.juvenxu.mvnbook.account:account-email) 1.0.1-SNAPSHOT: :
    What is the new development version for "Account Persist"? (com.juvenxu.mvnbook.account:account-persist) 1.0.1-SNAPSHOT: :
    What is the new development version for "Account Captcha"? (com.juvenxu.mvnbook.account:account-captcha) 1.0.1-SNAPSHOT: :
    What is the new development version for "Account Service"? (com.juvenxu.mvnbook.account:account-service) 1.0.1-SNAPSHOT: :
    What is the new development version for "Account Web"? (com.juvenxu.mvnbook.account:account-web) 1.0.1-SNAPSHOT: :
```

在很多情况下，我们会希望所有模块的发布版本以及新的 SNAPSHOT 开发版本都保持一致。为了避免重复确认，maven-release-plugin 提供了 autoVersionSubmodules 参数。例如运行下面的命令后，maven-release-plugin 就会自动为所有子模块使用与父模块一致的发布版本和新的 SNAPSHOT 版本：

```
$ mvn release:prepare -DautoVersionSubmodules=true
```

如果检查下来 release：prepare 的结果没有问题，标签和新的开发版本都是正确的，可以执行如下发布执行命令：

```
$ mvn release:perform
```

该命令将标签中的代码签出，执行 mvn deploy 命令构建刚才准备的 1.0.0 版本，并部署到仓库中。至此，版本 1.0.0 正式发布完成。由于它已经被部署到了 Maven 仓库中，其他人可以方便地配置对它的依赖。

细心的读者可能会发现，如果你所发布项目的打包类型为 jar，在执行 release：perform 之后，不仅项目的主构件会被生成并发布到仓库中，基于该主构件的-sources.jar 和-javadoc.jar 也会生成并发布。对于你的用户来说，这无疑是非常方便的，他们不仅能够下载你的主构件，还能够得到项目的源码和 Javadoc。那么，release：perform 是怎样生成-sources.jar 和-javadoc.jar 的呢？

8.5 节介绍过,所有 Maven 项目的 POM 都继承自超级 POM,而如果打开超级 POM,就能发现如代码清单 13-3 所示内容。

代码清单 13-3　超级 POM 中 sources 和 javadoc 的配置

```xml
<profiles>
  <profile>
    <id>release-profile</id>

    <activation>
      <property>
        <name>performRelease</name>
        <value>true</value>
      </property>
    </activation>

    <build>
      <plugins>
        <plugin>
          <inherited>true</inherited>
          <artifactId>maven-source-plugin</artifactId>
          <executions>
            <execution>
              <id>attach-sources</id>
              <goals>
                <goal>jar</goal>
              </goals>
            </execution>
          </executions>
        </plugin>
        <plugin>
          <inherited>true</inherited>
          <artifactId>maven-javadoc-plugin</artifactId>
          <executions>
            <execution>
              <id>attach-javadocs</id>
              <goals>
                <goal>jar</goal>
              </goals>
            </execution>
          </executions>
        </plugin>
        <plugin>
          <inherited>true</inherited>
          <artifactId>maven-deploy-plugin</artifactId>
          <configuration>
            <updateReleaseInfo>true</updateReleaseInfo>
          </configuration>
        </plugin>
      </plugins>
    </build>
  </profile>
</profiles>
```

超级 POM 中定义了一个名为 release-profile 的 Maven Profile，Profile 是指一段在特定情况下被激活并更改 Maven 行为的配置，本书后续会有专门的章节详细阐述。这里看到 activate 元素下有一个名为 performRelease、值为 true 的属性配置，这表示当 Maven 运行时，如果运行环境中有 performRelease 属性且值为 true 的时候，该 Profile 就被激活。也就是说，该 Profile 下的配置会得到应用。那么，什么情况下 Maven 运行环境中会有名为 performRelease、值为 true 的属性呢？可以在命令行指定。例如：

```
$ mvn clean install -DperformRelease=true
```

但是，读者可能已经猜到了，在执行 release:perform 的时候，Maven Release Plugin 会自动生成值为 true 的 performRelease 属性。这时，超级 POM 中的 release-profile 就会被激活。

这个 Profile 配置了 3 个 Maven 插件，maven-sources-plugin 的 jar 目标会为项目生成-source.jar 文件，maven-javadoc-plugin 的 jar 目标会为项目生成-javadoc.jar 文件，而 maven-deploy-plugin 的 update-release-info 配置则会在部署的时候更新仓库中的元数据，告诉仓库该版本是最新的发布版。每个插件配置中值为 true 的 inherited 元素则表示该插件配置可以被子 POM 继承。

在日常的快照开发过程中，往往没有必要每次都生成-source.jar 和-javadoc.jar，但是当项目发布的时候，这些文件就显得十分重要。超级 POM 中的 release-profile 就是为了这种情形而设计的。需要注意的是，这种隐式的配置对于不熟悉 Maven 的用户来说可能会显得十分令人费解，因此将来的 Maven 版本中可能会从超级 POM 中移除这段配置，所以如果用户希望在发布版本时自动生成-sources.jar 和-javadoc.jar，最好还是在自己的 POM 中显式地配置这些插件。

13.5 自动化创建分支

13.4 节介绍了如何使用 Maven Release Plugin 自动化版本发布，如果回顾一下图 13-2，就会发现分支创建的操作还没有具体涉及。本节就继续基于实际的样例讲解如何自动化创建分支。

在图 13-2 中可以看到，在正式发布版本 1.1.0 的同时，还可以创建一个分支用来修复将来这个版本可能遇到的重大 Bug。这个过程可以手工完成，例如使用 svn copy 操作将主干代码复制到一个名为 1.1.x 的分支中，然后修改分支中的 POM 文件，升级其版本为 1.1.1-SNAPSHOT，这会涉及很多 Subversion 操作。

使用 Maven Release Plugin 的 branch 目标，它能够帮我们自动化这些操作：
- 检查本地有无未提交的代码。
- 为分支更改 POM 的版本，例如从 1.1.0-SNAPSHOT 改变成 1.1.1-SNAPSHOT。
- 将 POM 中的 SCM 信息更新为分支地址。
- 提交以上更改。
- 将主干的代码复制到分支中。

❏ 修改本地代码使其回退到分之前的版本（用户可以指定新的版本）。
❏ 提交本地更改。

当然，为了让 Maven Release Plugin 为我们工作，和版本发布一样，必须在 POM 中提供正确的 SCM 信息。此外，由于分支操作会涉及版本控制系统里的分支地址，因此还要为 Maven Release Plugin 配置分支基础目录，如代码清单 13-4 所示。

代码清单 13-4　配置 maven-release-plugin 提供分支基础目录

```
<plugin>
   <groupId>org.apache.maven.plugins</groupId>
   <artifactId>maven-release-plugin</artifactId>
   <version>2.0</version>
   <configuration>
      <tagBase>https://192.168.1.103/app/tags/</tagBase>
      <branchBase>https://192.168.1.103/app/branches/</branchBase>
   </configuration>
</plugin>
```

然而 tagBase 和 branchBase 并非是一定要配置的。如果为版本控制仓库使用了标准的 Subversion 布局，即在平行的 trunk/tags/branches 目录下分别放置项目主干代码、标签代码和分支代码，那么 Maven Release Plugin 就能够自动根据主干代码位置计算出标签及分支代码位置，因此你就可以省略这两项配置。

理解了创建分支所将执行的实际行为后，就可以在项目目录下运行如下命令以创建分支：

```
$ mvn release:branch -DbranchName=1.1.x \
-DupdateBranchVersions=true -DupdateWorkingCopyVersions=false
```

上述命令中使用了 Maven Release Plugin 的 branch 目标，-DbranchName=1.1.x 用来配置所要创建的分支的名称，-DupdateBranchVersions=true 表示为分支使用新的版本，-DupdateWorkingCopyVersions=false 表示不更新本地代码（即主干）的版本。运行上述命令之后，Maven 会提示输入分支项目的版本。例如：

```
What is the branch version for "app"? (com.juvenxu.mvnbook:app) 1.1.1-SNAPSHOT: :
```

用户根据自己的需要为分支输入新的版本后按 Enter 键，Maven 就会处理其余的操作。最后，用户就能在源码库中找到 Maven 创建的分支，如 https://192.168.1.103/app/branches/1.1.x/。在这里，POM 中的版本已经升级到了 1.1.1-SNAPSHOT。

13.6　GPG 签名

当从中央仓库下载第三方构件的时候，你可能会想要验证这些文件的合法性，例如它们是由开源项目官方发布的，并且没有被篡改过。同样地，当发布自己项目给客户使用的时候，你的客户也会想要验证这些文件是否是由你的项目组发布的，且没有被恶意篡改过。

PGP（Pretty Good Privacy）就是这样一个用来帮助提高安全性的技术。PGP 最常用来给电子邮件进行加密、解密以及提供签名，以提高电子邮件交流的安全性。本节介绍如何使用 PGP 技术为发布的 Maven 构件签名，为项目增强安全性。

13.6.1 GPG 及其基本使用

GnuPG（简称 GPG，来自 http://www.gnupg.org/）是 PGP 标准的一个免费实现，无论是类 UNIX 平台还是 Windows 平台，都可以使用它。GPG 能够帮助我们为文件生成签名、管理密钥以及验证签名等。

首先，访问 http://www.gnupg.org/download/ 并下载对应自己平台的 GPG 分发包，按照官方的文档将 GPG 安装完毕，运行如下命令检查安装：

```
juven@juven-ubuntu:~$ gpg --version
gpg (GnuPG) 1.4.9 Copyright (C) 2008 Free Software Foundation, Inc.
License GPLv3+: GNU GPL version 3 or later
...
```

在使用 GPG 之前，先得为自己准备一个密钥对，即一个私钥和一个公钥。之后才可以使用私钥对文件进行签名，并且将公钥分发到公钥服务器供其他用户下载，用户可以使用公钥对签名进行验证。

使用如下命令生成密钥对：

```
juven@juven-ubuntu:~$ gpg --gen-key
```

GPG 会问你密钥的类型、大小和有效时间，通常使用默认的值即可。GPG 还会要求你输入自己的名称、电子邮件地址和对密钥的注释，这些内容会被包含在公钥中并被你的用户看到，因此务必正确填写。最后，还可以提供一个密码来保护密钥，这不是强制性的，但通常最好提供以防止别人得到你的密钥后恶意使用。你将来需要使用私钥和密码为文件提供签名，因此一定要认证保护它们。

现在已经有了密钥对，就可以在命令行中查看它们（其他导入到本地机器的密钥也会被显示），如下面的命令可用来列出所有公钥：

```
juven@juven-ubuntu:~$ gpg --list-keys
/home/juven/.gnupg/pubring.gpg
------------------------------
pub   1024D/C6EED57A 2010-01-13
uid                  Juven Xu (Juven Xu works at Sonatype) juven@sonatype.com
sub   2048g/D704745C 2010-01-13
```

这里的 /home/juven/.gnupg/pubring.gpg 表示公钥存储的位置。以 pub 开头的一行显示公钥的长度（1024D）、ID（C6EED57A）以及创建日期（2010-01-13）。下一行显示了公钥的 UID，也就是一个由名称、注释和邮件地址组成的字符串。最后一行显示的子钥不用关心。

类似地，下面的命令用来列出本机私钥：

```
juven@juven-ubuntu:~$ gpg --list-secret-keys
/home/juven/.gnupg/secring.gpg
------------------------------
sec   1024D/C6EED57A 2010-01-13
uid                  Juven Xu (Juven Xu works at Sonatype)
ssb   2048g/D704745C 2010-01-13
```

对 GPG 的公私钥有了基本的了解之后，就可以使用如下命令为任意文件创建一个 ASCII 格式的签名：

```
juven@juven-ubuntu:~$ gpg -ab temp.java
```

这里的 -a 选项告诉 GPG 创建 ASCII 格式的输出，而 -b 选项则告诉 GPG 创建一个独立的签名文件。如果你的私钥拥有密码，这个时候就需要输入密码。如果私钥没有密码，那么只要他人获得了你的私钥，就能够以你的名义对任何内容进行签名，这是非常危险的。

在该例中，GPG 会创建一个名为 temp.java.asc 的签名文件，这时就可以将这个后缀名为 .asc 的签名文件连同原始文件一起分发给你的用户。如果你的用户已经导入了你的公钥，就可以运行如下命令验证原始文件：

```
$ gpg --verify temp.java.asc
```

为了能让你的用户获取公钥并验证你分发的文件，需要将公钥分发到公钥服务器中。例如，hkp://pgp.mit.edu 是美国麻省理工学院提供的公钥服务器，运行如下命令可将公钥分发到该服务器中：

```
$ gpg --keyserver hkp://pgp.mit.edu --send-keys C6EED57A
```

这里的 --keyserver 选项用来指定分发服务器的地址，--send-keys 用来指定想要分发公钥的 ID。你可以罗列本地公钥来查看它们的 ID。需要注意的是，公钥会在各个公钥服务器中被同步，因此你不需要重复地往各个服务器分发同一公钥。

现在，你的用户可以将服务器上的公钥导入到本地机器：

```
$ gpg --keyserver hkp://pgp.mit.edu --recv-keys C6EED57A
```

上述就是一个基本的签名、分发并验证的流程，在使用 Maven 发布项目的时候，可以使用 GPG 为发布文件提供签名。现在读者应该已经知道如何手工完成这一步骤了，下面介绍如何使用 Maven GPG Plugin 自动化签名这一步骤。

13.6.2　Maven GPG Plugin

手动地对 Maven 构件进行签名并将这些签名部署到 Maven 仓库中是一件耗时的体力活。而使用 Maven GPG Plugin 只需要提供几行简单的配置，它就能够帮我们自动完成签名这一工作。

在使用 Maven GPG Plugin 之前，首先需要确认命令行下的 gpg 是可用的，然后如代码清单 13-5 所示配置 POM。

代码清单 13-5　配置 maven-gpg-plugin 为项目提供签名

```xml
<project>
  ...
  <build>
    <plugins>
      <plugin>
        <groupId>org.apache.maven.plugins</groupId>
        <artifactId>maven-gpg-plugin</artifactId>
        <version>1.0</version>
        <executions>
          <execution>
            <id>sign-artifacts</id>
            <phase>verify</phase>
            <goals>
              <goal>sign</goal>
            </goals>
          </execution>
        </executions>
      </plugin>
    </plugins>
  </build>
  ...
</project>
```

然后就可以使用一般的 mvn 命令签名并发布项目构件：

```
$ mvn clean deploy -Dgpg.passphrase=yourpassphrase
```

如果不提供 -Dgpg.passphrase 参数，运行时就会要求输入密码。

如果有一些已经发布了但没有被签名的文件，你仍然想对其签名并发布到 Maven 仓库中，上述方式显然是行不通的，因为 POM 已经不允许被修改。好在 Maven GPG Plugin 为此提供了另外一个目标。例如：

```
$ mvn gpg:sign-and-deploy-file
>   -DpomFile=target/myapp-1.0.pom
>   -Dfile=target/myapp-1.0.jar
>   -Durl=http://oss.sonatype.org/service/local/staging/deploy/maven2/
>   -DrepositoryId=sonatype_oss
```

在这里可以指定要签名的 POM 及相关文件、Maven 仓库的地址和 ID，Maven GPG Plugin 就会帮你签名文件并部署到仓库中。

读者可以想到，GPG 签名这一步骤只有在项目发布时才显得必要，对日常的 SNAPSHOT 构件进行签名不仅没有多大的意义，反而会比较耗时。因此，只需要配置 Maven PGP Plugin 在项目发布的时候运行，那么如何判断项目发布呢？回顾代码清单 13-3，在超级 POM 中有一个 release-profile，该 Profile 只有在 Maven 属性 performRelease 为 true 的时候才被激活，而 release:perform 执行的时候，就会将该属性置为 true，这正是项目进行版本发布的时刻。因此，类似地，可以在 settings.xml 或者 POM 中创建如代码清单 13-6 所示 Profile。

代码清单 13-6　配置自动激活的 Profile 对项目进行签名

```xml
<profiles>
  <profile>
    <id>release-sign-artifacts</id>
    <activation>
      <property>
        <name>performRelease</name>
        <value>true</value>
      </property>
    </activation>
    <build>
      <plugins>
        <plugin>
          <groupId>org.apache.maven.plugins</groupId>
          <artifactId>maven-gpg-plugin</artifactId>
          <version>1.0</version>
          <executions>
            <execution>
              <id>sign-artifacts</id>
              <phase>verify</phase>
              <goals>
                <goal>sign</goal>
              </goals>
            </execution>
          </executions>
        </plugin>
      </plugins>
    </build>
  </profile>
</profiles>
```

最后需要一提的是,由于一个已知的 Maven Release Plugin 的 Bug,release:perform 执行过程中签名可能会导致进程永久挂起。为了避免该情况,用户需要为 Maven Release Plugin 提供 mavenExecutorId 配置,如代码清单 13-7 所示。

代码清单 13-7　配置 maven-release-plugin 避免签名时永久挂起

```xml
<plugin>
    <groupId>org.apache.maven.plugins</groupId>
    <artifactId>maven-release-plugin</artifactId>
    <version>2.0</version>
    <configuration>
        <tagBase>https://192.168.1.103/app/tags/</tagBase>
        <branchBase>https://192.168.1.103/app/branches/</branchBase>
        <mavenExecutorId>forked-path</mavenExecutorId>
    </configuration>
</plugin>
```

至此,一个较为规范的自动化签名配置就完成了。当执行 release:perform 发布项目版本的时候,maven-gpg-plugin 会被自动调用对构件进行签名。当然,这个时候你需要根据命令行提示输入私钥密码。

13.7 小结

项目开发到一定阶段后，就必然要面对版本发布的问题，本章介绍了 Maven 的版本管理方式，包括快照版和发布版之间的转换、各种版本号的意义以及项目版本与版本控制系统（如 Subversion）之间的关系。理解了版本转换与 SCM 操作的关系后，就可以使用 Maven Release Plugin 自动化版本发布和创建分支等操作。本章最后介绍了如何在版本发布的时候使用 GPG 为构件提供签名，以提供更强的安全性。

第 14 章

灵活的构建

本章内容

- Maven 属性
- 构建环境的差异
- 资源过滤
- Maven Profile
- Web 资源过滤
- 在 profile 中激活集成测试
- 小结

一个优秀的构建系统必须足够灵活，它应该能够让项目在不同的环境下都能成功地构建。例如，典型的项目都会有开发环境、测试环境和产品环境，这些环境的数据库配置不尽相同，那么项目构建的时候就需要能够识别所在的环境并使用正确的配置。还有一种常见的情况是，项目开发了大量的集成测试，这些测试运行起来非常耗时，不适合在每次构建项目的时候都运行，因此需要一种手段能让我们在特定的时候才激活这些集成测试。Maven 为了支持构建的灵活性，内置了三大特性，即属性、Profile 和资源过滤。本章介绍如何合理使用这些特性来帮助项目自如地应对各种环境。

14.1 Maven 属性

前面的章节已经简单介绍过 Maven 属性的使用，例如在 5.9.2 节有如代码清单 14-1 所示的代码。

代码清单 14-1　使用 Maven 属性归类依赖

```xml
<properties>
  <springframework.version>2.5.6</springframework.version>
</properties>

<dependencies>
   <dependency>
      <groupId>org.springframework</groupId>
      <artifactId>spring-core</artifactId>
      <version>${springframework.version}</version>
   </dependency>
   <dependency>
      <groupId>org.springframework</groupId>
      <artifactId>spring-beans</artifactId>
      <version>${springframework.version}</version>
   </dependency>
   ...
</dependencies>
```

这可能是最常见的使用 Maven 属性的方式，通过 <properties> 元素用户可以自定义一个或多个 Maven 属性，然后在 POM 的其他地方使用 ${属性名称} 的方式引用该属性，这种做法的最大意义在于消除重复。例如，代码清单 14-1 中本来需要在多个地方重复声明同样的 SpringFramework 版本，现在只在一个地方声明就可以，重复越多，好处就越明显。因为这样不仅减少了日后升级版本的工作量，也能降低错误发生的概率。

这不是 Maven 属性的全部，事实上这只是 6 类 Maven 属性中的一类而已。这 6 类属性分别为：

- **内置属性**：主要有两个常用内置属性——${basedir} 表示项目根目录，即包含 pom.xml 文件的目录；${version} 表示项目版本。
- **POM 属性**：用户可以使用该类属性引用 POM 文件中对应元素的值。例如

${project.artifactId}就对应了<project><artifactId>元素的值，常用的 POM 属性包括：

- ${project.build.sourceDirectory}：项目的主源码目录，默认为 src/main/java/。
- ${project.build.testSourceDirectory}：项目的测试源码目录，默认为 src/test/java/。
- ${project.build.directory}：项目构建输出目录，默认为 target/。
- ${project.outputDirectory}：项目主代码编译输出目录，默认为 target/classes/。
- ${project.testOutputDirectory}：项目测试代码编译输出目录，默认为 target/test-classes/。
- ${project.groupId}：项目的 groupId。
- ${project.artifactId}：项目的 artifactId。
- ${project.version}：项目的 version，与 ${version} 等价。
- ${project.build.finalName}：项目打包输出文件的名称，默认为 ${project.artifactId}-${project.version}。

这些属性都对应了一个 POM 元素，它们中一些属性的默认值都是在超级 POM 中定义的，可以参考 8.5 节。

❏ **自定义属性**：用户可以在 POM 的<properties>元素下自定义 Maven 属性。例如：

```
<project>
  ...
  <properties>
    <my.prop>hello</my.prop>
  </properties>
  ...
</project>
```

然后在 POM 中其他地方使用 ${my.prop} 的时候会被替换成 hello。

❏ **Settings 属性**：与 POM 属性同理，用户使用以 settings. 开头的属性引用 settings.xml 文件中 XML 元素的值，如常用的 ${settings.localRepository} 指向用户本地仓库的地址。

❏ **Java 系统属性**：所有 Java 系统属性都可以使用 Maven 属性引用，例如 ${user.home} 指向了用户目录。用户可以使用 mvn help:system 查看所有的 Java 系统属性。

❏ **环境变量属性**：所有环境变量都可以使用以 env. 开头的 Maven 属性引用。例如 ${env.JAVA_HOME} 指代了 JAVA_HOME 环境变量的值。用户可以使用 mvn help:system 查看所有的环境变量。

正确使用这些 Maven 属性可以帮助我们简化 POM 的配置和维护工作，下面列举几个常见的 Maven 属性使用样例。

在一个多模块项目中，模块之间的依赖比较常见，这些模块通常会使用同样的 groupId 和 version。因此这个时候就可以使用 POM 属性，如代码清单 14-2 所示。

代码清单14-2 使用POM属性配置依赖

```xml
<dependencies>
    <dependency>
        <groupId>${project.groupId}</groupId>
        <artifactId>account-email</artifactId>
        <version>${project.version}</version>
    </dependency>
    <dependency>
        <groupId>${project.groupId}</groupId>
        <artifactId>account-persist</artifactId>
        <version>${project.version}</version>
    </dependency>
</dependencies>
```

在代码清单14-2中，当前的模块依赖于account-email和account-persist，这三个模块使用同样的groupId和version，因此可以在依赖配置中使用POM属性 ${project.groupId} 和 ${project.version}，表示这两个依赖的groupId和version与当前模块一致。这样，当项目版本升级的时候，就不再需要更改依赖的版本了。

大量的Maven插件用到了Maven属性，这意味着在配置插件的时候同样可以使用Maven属性来方便地自定义插件行为。例如从10.6节我们知道，maven-surefire-plugin运行后默认的测试报告目录为target/surefire-reports，这实际上就是${project.build.directory}/surefire-reports，如果查阅该插件的文档，会发现该插件提供了reportsDirectory参数来配置测试报告目录。因此如果想要改变测试报告目录，例如改成target/test-reports，就可以像代码清单14-3这样配置。

代码清单14-3 使用Maven属性配置插件

```xml
<plugin>
    <groupId>org.apache.maven.plugins</groupId>
    <artifactId>maven-surefire-plugin</artifactId>
    <version>2.5</version>
    <configuration>
        <reportsDirectory>${project.build.directory}/test-reports</reportsDirectory>
    </configuration>
</plugin>
```

从上面的内容中可以看到，Maven属性能让我们在POM中方便地引用项目环境和构建环境的各种十分有用的值，这是创建灵活构建的基础。下面将会结合profile和资源过滤，展示Maven能够为构建提供的更多的可能性。

14.2 构建环境的差异

在不同的环境中，项目的源码应该使用不同的方式进行构建，最常见的就是数据库配置了。例如在开发的过程中，有些项目会在src/main/resources/目录下放置带有如下内容的数据库配置文件：

```
database.jdbc.driverClass = com.mysql.jdbc.Driver
database.jdbc.connectionURL = jdbc:mysql://localhost:3306/test
database.jdbc.username = dev
database.jdbc.password = dev-pwd
```

这本没什么问题，可当测试人员想要构建项目产品并进行测试的时候，他们往往需要使用不同的数据库。这时的数据库配置文件可能是这样的：

```
database.jdbc.driverClass = com.mysql.jdbc.Driver
database.jdbc.connectionURL = jdbc:mysql://192.168.1.100:3306/test
database.jdbc.username = test
database.jdbc.password = test-pwd
```

连接数据库的 URL、用户名和密码都发生了变化，类似地，当项目被发布到产品环境的时候，所使用的数据库配置又是另外一套了。这个时候，比较原始的做法是，使用与开发环境一样的构建，然后在测试或者发布产品之前再手动更改这些配置。这是可行的，也是比较常见的，但肯定不是最好的方法。本书已经不止一次强调，手动往往就意味着低效和错误，因此需要找到一种方法，使它能够自动地应对构建环境的差异。

Maven 的答案是针对不同的环境生成不同的构件。也就是说，在构建项目的过程中，Maven 就已经将这种差异处理好了。

14.3 资源过滤

为了应对环境的变化，首先需要使用 Maven 属性将这些将会发生变化的部分提取出来。在上一节的数据库配置中，连接数据库使用的驱动类、URL、用户名和密码都可能发生变化，因此用 Maven 属性取代它们：

```
database.jdbc.driverClass = ${db.driver}
database.jdbc.connectionURL = ${db.url}
database.jdbc.username = ${db.username}
database.jdbc.password = ${db.password}
```

这里定义了 4 个 Maven 属性：db.driver、db.url、db.username 和 db.password，它们的命名是任意的，读者可以根据自己的实际情况定义最合适的属性名称。

既然使用了 Maven 属性，就应该在某个地方定义它们。14.1 节介绍过如何自定义 Maven 属性，这里要做的是使用一个额外的 profile 将其包裹，如代码清单 14-4 所示。

代码清单 14-4　针对开发环境的数据库配置

```xml
<profiles>
  <profile>
    <id>dev</id>
    <properties>
      <db.driver>com.mysql.jdbc.Driver</db.driver>
      <db.url>jdbc:mysql://192.168.1.100:3306/test</db.url>
      <db.username>dev</db.username>
```

```xml
      <db.password>dev-pwd</db.password>
    </properties>
  </profile>
</profiles>
```

代码清单14-4中的Maven属性定义与直接在POM的properties元素下定义并无二致，这里只是使用了一个id为dev的profile，其目的是将开发环境下的配置与其他环境区别开来。关于profile，本章将详细解释。

有了属性定义，配置文件中也使用了这些属性，一切OK了吗？还不行。读者要留意的是，Maven属性默认只有在POM中才会被解析。也就是说，${db.username} 放到POM中会变成test，但是如果放到src/main/resources/目录下的文件中，构建的时候它将仍然还是${db.username}。因此，需要让Maven解析资源文件中的Maven属性。

资源文件的处理其实是maven-resources-plugin做的事情，它默认的行为只是将项目主资源文件复制到主代码编译输出目录中，将测试资源文件复制到测试代码编译输出目录中。不过只要通过一些简单的POM配置，该插件就能够解析资源文件中的Maven属性，即开启资源过滤。

Maven默认的主资源目录和测试资源目录的定义是在超级POM中（可以回顾8.5节）。要为资源目录开启过滤，只要在此基础上添加一行filtering配置即可，如代码清单14-5所示。

代码清单14-5 为主资源目录开启过滤

```xml
<resources>
  <resource>
    <directory>${project.basedir}/src/main/resources</directory>
    <filtering>true</filtering>
  </resource>
</resources>
```

类似地，代码清单14-6中的配置为测试资源目录开启了过滤。

代码清单14-6 为测试资源目录开启过滤

```xml
<testResources>
  <testResource>
    <directory>${project.basedir}/src/test/resources</directory>
    <filtering>true</filtering>
  </testResource>
</testResources>
```

读者可能还会从上述代码中意识到，主资源目录和测试资源目录都可以超过一个，虽然会破坏Maven的约定，但Maven允许用户声明多个资源目录，并且为每个资源目录提供不同的过滤配置，如代码清单14-7所示。

代码清单14-7 配置多个资源目录

```xml
<resources>
  <resource>
```

```
      <directory>src/main/resources</directory>
      <filtering>true</filtering>
    </resource>
    <resource>
      <directory>src/main/sql</directory>
      <filtering>false</filtering>
    </resource>
  </resources>
```

代码清单 14-7 配置了两个资源目录，其中 src/main/resources 开启了过滤，而 src/main/sql 没有启用过滤。

到目前为止一切基本就绪了，我们将数据库配置的变化部分提取成了 Maven 属性，在 POM 的 profile 中定义了这些属性的值，并且为资源目录开启了属性过滤。最后，只需要在命令行激活 profile，Maven 就能够在构建项目的时候使用 profile 中属性值替换数据库配置文件中的属性引用。运行命令如下：

```
$ mvn clean install -Pdev
```

mvn 的 -P 参数表示在命令行激活一个 profile。这里激活了 id 为 dev 的 profile。构建完成后，输出目录中的数据库配置就是开发环境的配置了：

```
database.jdbc.driverClass=com.mysql.jdbc.Driver
database.jdbc.connectionURL=jdbc:mysql://localhost:3306/test
database.jdbc.username=dev
database.jdbc.password=dev-pwd
```

14.4 Maven Profile

从前面内容我们看到，不同环境的构建很可能是不同的，典型的情况就是数据库的配置。除此之外，有些环境可能需要配置插件使用本地文件，或者使用特殊版本的依赖，或者需要一个特殊的构件名称。要想使得一个构建不做任何修改就能在任何环境下运行，往往是不可能的。为了能让构建在各个环境下方便地移植，Maven 引入了 profile 的概念。profile 能够在构建的时候修改 POM 的一个子集，或者添加额外的配置元素。用户可以使用很多方式激活 profile，以实现构建在不同环境下的移植。

14.4.1 针对不同环境的 profile

继续以 14.2 节介绍的数据库差异为例，代码清单 14-4 引入了一个针对开发环境的 profile，类似地，可以加入测试环境和产品环境的 profile，如代码清单 14-8 所示。

代码清单 14-8 基于开发环境和测试环境的 profile

```
<profiles>
  <profile>
    <id>dev</id>
    <properties>
```

```xml
        <db.driver>com.mysql.jdbc.Driver</db.driver>
        <db.url>jdbc:mysql://localhost:3306/test</db.url>
        <db.username>dev</db.username>
        <db.password>dev-pwd</db.password>
      </properties>
    </profile>
    <profile>
      <id>test</id>
      <properties>
        <db.driver>com.mysql.jdbc.Driver</db.driver>
        <db.url>jdbc:mysql://192.168.1.100:3306/test</db.url>
        <db.username>test</db.username>
        <db.password>test-pwd</db.password>
      </properties>
    </profile>
  </profiles>
```

同样的属性在两个 profile 中的值是不一样的，dev profile 提供了开发环境数据库的配置，而 test profile 提供的是测试环境数据库的配置。类似地，还可以添加一个基于产品环境数据库配置的 profile。由于篇幅原因，在此不再赘述。

现在，开发人员可以在使用 mvn 命令的时候在后面加上 -Pdev 激活 dev profile，而测试人员可以使用 -Ptest 激活 test profile。

14.4.2 激活 profile

为了尽可能方便用户，Maven 支持很多种激活 Profile 的方式。

1. 命令行激活

用户可以使用 mvn 命令行参数 -P 加上 profile 的 id 来激活 profile，多个 id 之间以逗号分隔。例如，下面的命令激活了 dev-x 和 dev-y 两个 profile：

```
$ mvn clean install -Pdev-x,dev-y
```

2. settings 文件显式激活

如果用户希望某个 profile 默认一直处于激活状态，就可以配置 settings.xml 文件的 activeProfiles 元素，表示其配置的 profile 对于所有项目都处于激活状态，如代码清单 14-9 所示。

代码清单 14-9　settings 文件显式激活 profile

```xml
<settings>
  ...
  <activeProfiles>
    <activeProfile>dev-x</activeProfile>
  </activeProfiles>
  ...
</settings>
```

9.5 节就曾经用到这种方式默认激活了一个关于仓库配置的 profile。

3. **系统属性激活**

用户可以配置当某系统属性存在的时候，自动激活 profile，如代码清单 14-10 所示。

代码清单 14-10　某系统属性存在时激活 profile

```xml
<profiles>
  <profile>
    <activation>
      <property>
        <name>test</name>
      </property>
    </activation>
    ...
  </profile>
</profiles>
```

可以进一步配置当某系统属性 test 存在，且值等于 x 的时候激活 profile，如代码清单 14-11 所示。

代码清单 14-11　某系统属性存在且值确定时激活 profile

```xml
<profiles>
  <profile>
    <activation>
      <property>
        <name>test</name>
        <value>x</value>
      </property>
    </activation>
    ...
  </profile>
</profiles>
```

不要忘了，用户可以在命令行声明系统属性。例如：

`$ mvn clean install -Dtest=x`

因此，这其实也是一种从命令行激活 profile 的方法，而且多个 profile 完全可以使用同一个系统属性来激活。

4. **操作系统环境激活**

Profile 还可以自动根据操作系统环境激活，如果构建在不同的操作系统有差异，用户完全可以将这些差异写进 profile，然后配置它们自动基于操作系统环境激活，如代码清单 14-12 所示。

代码清单 14-12　基于操作系统环境激活 profile

```xml
<profiles>
  <profile>
```

```xml
<activation>
  <os>
    <name>Windows XP</name>
    <family>Windows</family>
    <arch>x86</arch>
    <version>5.1.2600</version>
  </os>
</activation>
    ...
  </profile>
</profiles>
```

这里 family 的值包括 Windows、UNIX 和 Mac 等，而其他几项 name、arch、version，用户可以通过查看环境中的系统属性 os.name、os.arch、os.version 获得。

5. 文件存在与否激活

Maven 能够根据项目中某个文件存在与否来决定是否激活 profile，如代码清单 14-13 所示。

代码清单 14-13　基于文件存在与否激活 profile

```xml
<profiles>
  <profile>
    <activation>
      <file>
        <missing>x.properties</missing>
        <exists>y.properties</exists>
      </file>
    </activation>
    ...
  </profile>
</profiles>
```

6. 默认激活

用户可以在定义 profile 的时候指定其默认激活，如代码清单 14-14 所示。

代码清单 14-14　默认激活 profile

```xml
<profiles>
  <profile>
    <id>dev</id>
    <activation>
      <activeByDefault>true</activeByDefault>
    </activation>
    ...
  </profile>
</profiles>
```

使用 activeByDefault 元素用户可以指定 profile 自动激活。不过需要注意的是，如果 POM

中有任何一个 profile 通过以上其他任意一种方式被激活了，所有的默认激活配置都会失效。

如果项目中有很多的 profile，它们的激活方式各异，用户怎么知道哪些 profile 被激活了呢？maven-help-plugin 提供了一个目标帮助用户了解当前激活的 profile：

```
$ mvn help:active-profiles
```

maven-help-plugin 还有另外一个目标用来列出当前所有的 profile：

```
$ mvn help:all-profiles
```

14.4.3 profile 的种类

根据具体的需要，可以在以下位置声明 profile：
- **pom.xml**：很显然，pom.xml 中声明的 profile 只对当前项目有效。
- **用户 settings.xml**：用户目录下 .m2/settings.xml 中的 profile 对本机上该用户所有的 Maven 项目有效。
- **全局 settings.xml**：Maven 安装目录下 conf/settings.xml 中的 profile 对本机上所有的 Maven 项目有效。
- **profiles.xml**（Maven 2）：还可以在项目根目录下使用一个额外的 profiles.xml 文件来声明 profile，不过该特性已经在 Maven 3 中被移除。建议用户将这类 profile 移到 settings.xml 中。

2.7.2 节已经解释过，为了不影响其他用户且方便升级 Maven，用户应该选择配置用户范围的 settings.xml，避免修改全局范围的 settings.xml 文件。也正是因为这个原因，一般不会在全局的 settings.xml 文件中添加 profile。

像 profiles.xml 这样的文件，默认是不会被 Maven 安装到本地仓库，或者部署到远程仓库的。因此一般来说应该避免使用，Maven 3 也不再支持该特性。但如果在用 Maven 2，而且需要为几十或者上百个客户执行不同的构建，往 POM 中放置这么多的 profile 可能就不太好。这时可以选择使用 profiles.xml，如代码清单 14-15 所示。

代码清单 14-15 使用 profiles.xml

```xml
<profiles>
  <profile>
    <id>client-001</id>
    <properties>
      <css.pref>blue.css</css.pref>
    </properties>
  </profile>
  <profile>
    <id>client-002</id>
    <properties>
      <css.pref>red.css</css.pref>
    </properties>
  </profile>
  <profile>
    <id>client-003</id>
```

```xml
<properties>
  <css.pref>orange.css</css.pref>
</properties>
</profile>
...
</profiles>
```

如果是 Maven 3，则应该把这些内容移动到 settings.xml 中。

不同类型的 profile 中可以声明的 POM 元素也是不同的，pom.xml 中的 profile 能够随着 pom.xml 一起被提交到代码仓库中、被 Maven 安装到本地仓库中、被部署到远程 Maven 仓库中。换言之，可以保证该 profile 伴随着某个特定的 pom.xml 一起存在，因此它可以修改或者增加很多 POM 元素，见代码清单 14-16。

代码清单 14-16　POM 中的 profile 可使用的元素

```xml
<project>
  <repositories></repositories>
  <pluginRepositories></pluginRepositories>
  <distributionManagement></distributionManagement>
  <dependencies></dependencies>
  <dependencyManagement></dependencyManagement>
  <modules></modules>
  <properties></properties>
  <reporting></reporting>
  <build>
    <plugins></plugins>
    <defaultGoal></defaultGoal>
    <resources></resources>
    <testResources></testResources>
    <finalName></finalName>
  </build>
</project>
```

从代码清单 14-16 中可以看到，可供 pom 中 profile 使用的元素非常多，在 pom profile 中用户可以修改或添加仓库、插件仓库以及部署仓库地址；可以修改或者添加项目依赖；可以修改聚合项目的聚合配置；可以自由添加或修改 Maven 属性；添加或修改项目报告配置；pom profile 还可以添加或修改插件配置、项目资源目录和测试资源目录配置以及项目构件的默认名称。

与 pom.xml 中的 profile 对应的，是其他三种外部的 profile，由于无法保证它们能够随着特定的 pom.xml 一起被分发，因此 Maven 不允许它们添加或者修改绝大部分的 pom 元素。举个简单的例子，假设用户 Jack 在自己的 settings.xml 文件中配置了一个 profile，为了让项目 A 构建成功，Jack 在这个 profile 中声明几个依赖和几个插件，然后通过激活该 profile 将项目构建成功了。但是，当其他人获得项目 A 的源码后，它们并没有 Jack settings.xml 中的 profile，因此它们无法构建项目，这就导致了构建的移植性问题。为了避免这种问题的出现，Maven 不允许用户在 settings.xml 的 profile 中声明依赖或者插件。事实上，在 pom.xml 外部的 profile 只能够声明如代码清单 14-17 所示几个元素。

代码清单14-17 POM外部的profile可使用的元素

```
<project>
  <repositories></repositories>
  <pluginRepositories></pluginRepositories>
  <properties></properties>
</project>
```

现在不用担心POM外部的profile会对项目产生太大的影响了，事实上这样的profile仅仅能用来影响到项目的仓库和Maven属性。

14.5 Web资源过滤

14.3节介绍了如何开启资源过滤，在Web项目中，资源文件同样位于src/main/resources/目录下，它们经处理后会位于WAR包的WEB-INF/classes目录下，这也是Java代码编译打包后的目录。也就是说，这类资源文件在打包过后位于应用程序的classpath中。Web项目中还有另外一类资源文件，默认它们的源码位于src/main/webapp/目录，经打包后位于WAR包的根目录。例如，一个Web项目的css源码文件在src/main/webapp/css/目录，项目打包后可以在WAR包的css/目录下找到对应的css文件。这一类资源文件称做web资源文件，它们在打包过后不位于应用程序的classpath中。

与一般的资源文件一样，web资源文件默认不会被过滤。开启一般资源文件的过滤也不会影响到web资源文件。

不过有的时候，我们可能希望在构建项目的时候，为不同的客户使用不一样的资源文件（例如客户的logo图片不同，或者css主题不同）。这时可以在web资源文件中使用Maven属性，例如用 ${client.logo} 表示客户的logo图片，用 ${client.theme} 表示客户的css主题。然后使用profile分别定义这些Maven属性的值，如代码清单14-18所示。

代码清单14-18 针对不同客户web资源的profile

```
<profiles>
  <profile>
    <id>client-a</id>
    <properties>
      <client.logo>a.jpg</client.logo>
      <client.theme>red</client.theme>
    </properties>
  </profile>
  <profile>
    <id>client-b</id>
    <properties>
      <client.logo>b.jpg</client.logo>
      <client.theme>blue</client.theme>
    </properties>
  </profile>
</profiles>
```

最后需要配置 maven-war-plugin 对 src/main/webapp/ 这一 web 资源目录开启过滤，如代码清单 14-19 所示。

代码清单 14-19　为 web 资源目录 src/main/webapp/ 开启过滤

```xml
<plugin>
  <groupId>org.apache.maven.plugins</groupId>
  <artifactId>maven-war-plugin</artifactId>
  <version>2.1-beta-1</version>
  <configuration>
    <webResources>
      <resource>
        <filtering>true</filtering>
        <directory>src/main/webapp</directory>
        <includes>
          <include>**/*.css</include>
          <include>**/*.js</include>
        </includes>
      </resource>
    </webResources>
  </configuration>
</plugin>
```

代码清单 14-19 中声明了 web 资源目录 src/main/webapp（这也是默认的 web 资源目录），然后配置 filtering 开启过滤，并且使用 includes 指定要过滤的文件，这里是所有 css 和 js 文件。读者可以模仿上述配置添加额外的 web 资源目录，选择是否开启过滤，以及包含或者排除一些该目录下的文件。

配置完成后，可以选择激活某个 profile 进行构建，如 mvn clean install -Pclinet -a，告诉 web 资源文件使用 logo 图片 a.jpg，使用 css 主题 red。

14.6　在 profile 中激活集成测试

很多项目都有大量的单元测试和集成测试，单元测试的粒度较细，运行较快，集成测试粒度较粗，运行比较耗时。在构建项目或者做持续集成的时候，我们都应当尽量运行所有的测试用例，但是当集成测试比较多的时候，高频率地运行它们就会变得不现实。因此有一种更为合理的做法。例如，每次构建时只运行所有的单元测试，因为这不会消耗太多的时间（可能小于 5 分钟），然后以一个相对低一点的频率执行所有集成测试（例如每天 2 次）。

TestNG 中组的概念能够很好地支持单元测试和集成测试的分类标记。例如，可以使用如下的标注表示一个测试方法属于单元测试：

`@Test(groups={"unit"})`

然后使用类似的标注表示某个测试方法为集成测试：

`@Test(groups={"integration"})`

使用上述方法可以很方便清晰地声明每个测试方法所属的类别。下面的工作就是告诉 Maven 默认只执行所有的单元测试，只在特定的时候才执行集成测试，见代码清单 14-20 所示。

代码清单 14-20　在 profile 中配置执行 TestNG 测试组

```
<project>
  <build>
    <plugins>
      <plugin>
        <groupId>org.apache.maven.plugins</groupId>
        <artifactId>maven-surefire-plugin</artifactId>
        <version>2.5</version>
        <configuration>
          <groups>unit</groups>
        </configuration>
      </plugin>
    </plugins>
  </build>
  <profiles>
    <profile>
      <id>full</id>
      <build>
        <plugins>
          <plugin>
            <groupId>org.apache.maven.plugins</groupId>
            <artifactId>maven-surefire-plugin</artifactId>
            <version>2.5</version>
            <configuration>
              <groups>unit,integration</groups>
            </configuration>
          </plugin>
        </plugins>
      </build>
    </profile>
  </profiles>
</project>
```

如果读者对 Maven 集成 TestNG 不熟悉，请先回顾 10.7 节。代码清单 14-20 中首先配置了 maven-surefire-plugin 执行 unit 测试组，也就是说默认 Maven 只会执行单元测试。如果想要执行集成测试，就需要激活 full profile，在这个 profile 中配置了 maven-surefire-plugin 执行 unit 和 integration 两个测试组。

有了上述配置，用户就可以根据实际情况配置持续集成服务器。例如，每隔 15 分钟检查源码更新，如有更新则进行一次默认构建，即只包含单元测试。此外，还可以配置一个定时的任务。例如，每天执行两次，执行一个激活 full profile 的构建，以包含所有的集成测试。

从该例中可以看到，profile 不仅可以用来应对不同的构建环境以保持构建的可移植性，还可以用来分离构建的一些较耗时或者耗资源的行为，并给予更合适的构建频率。

14.7 小结

项目构建过程中一个常常需要面对的问题就是不同的平台环境差异，这可能是操作系统的差异、开发平台和测试平台的差异、不同客户之间的差异。

为了应对这些差异，Maven 提供了属性、资源过滤以及 profile 三大特性。Maven 用户可以在 POM 和资源文件中使用 Maven 属性表示那些可能变化的量，通过不同 profile 中的属性值和资源过滤特性为不同环境执行不同的构建。

读者需要区分 Web 项目中一般资源文件和 web 资源文件，前者是通过 maven-resources-plugin 处理的，而后者通过 maven-war-plugin 处理。

本章还详细介绍了 profile，包括各种类别 profile 的特点，以及激活 profile 的多种方式。除此之外，本章还贯穿了几个实际的示例，相信它们能够帮助读者理解什么才是灵活的构建。

第 15 章

生成项目站点

本章内容

- 最简单的站点
- 丰富项目信息
- 项目报告插件
- 自定义站点外观
- 创建自定义页面
- 国际化
- 部署站点
- 小结

Maven 不仅仅是一个自动化构建工具和一个依赖管理工具，它还能够帮助聚合项目信息，促进团队间的交流。POM 可以包含各种项目信息，如项目描述、版本控制系统地址、缺陷跟踪系统地址、许可证信息、开发者信息等。用户可以让 Maven 自动生成一个 Web 站点，以 Web 的形式发布这些信息。此外，Maven 社区提供了大量插件，能让用户生成各种各样的项目审查报告，包括测试覆盖率、静态代码分析、代码变更等。本章详细介绍如何生成 Maven 站点，以及如何配置各种插件生成项目报告。读完本章，应该能够为自己的项目生成漂亮的 Maven 站点，更便捷、更快速地为团队提供项目当前的状态信息。

15.1 最简单的站点

对于 Maven 2 来说，站点生成的逻辑是 Maven 核心的一部分。鉴于灵活性和可扩展性考虑，在 Maven 3 中，这部分逻辑已从核心中移除。由于此设计的变动，Maven 3 用户必须使用 3.x 版本的 maven-site-plugin。例如：

```xml
<pluginManagement>
    <plugins>
        <plugin>
            <groupId>org.apache.maven.plugins</groupId>
            <artifactId>maven-site-plugin</artifactId>
            <version>3.0-beta-1</version>
        </plugin>
    </plugins>
</pluginManagement>
```

Maven 2 用户则应该使用 maven-site-plugin 最新的 2.x 版本。例如：

```xml
<pluginManagement>
    <plugins>
        <plugin>
            <groupId>org.apache.maven.plugins</groupId>
            <artifactId>maven-site-plugin</artifactId>
            <version>2.1.1</version>
        </plugin>
    </plugins>
</pluginManagement>
```

配置了正确版本的 maven-site-plugin 之后，在项目下运行 **mvn site** 就能直接生成一个最简单的站点，用户可以看到如下方代码所示的命令行输出。

```
[INFO] [site:site {execution: default-cli}]
[WARNING] No URL defined for the project-decoration links will not be resolved
[INFO] Generating "Plugin Management" report.
[INFO] Generating "Mailing Lists" report.
[INFO] Generating "Continuous Integration" report.
[INFO] Generating "Dependency Management" report.
[INFO] Generating "Project License" report.
[INFO] Generating "Project Team" report.
[INFO] Generating "Source Repository" report.
[INFO] Generating "About" report.
[INFO] Generating "Issue Tracking" report.
```

```
[INFO] Generating "Project Summary" report.
[INFO] Generating "Dependency Convergence" report.
[INFO] Generating "Dependencies" report.
```

待 Maven 运行完毕后，可以在项目的 target/site/ 目录下找到 Maven 生成的站点文件，包括 dependencies.html、dependency-convergence.html、index.html 等文件和 css、images 文件夹。读者能够从这些文件及文件夹的名字中猜到其中的内容：css 和 images 文件夹是用来存放站点相关的图片和 css 文件的，其他 html 文件基本对应了一项项目信息，如 dependencies.html 包含了项目依赖信息，license.html 包含了项目许可证信息。index.html 则是站点的主页面，用浏览器打开就能看到图 15-1 所示的页面。

从图 15-1 中可以看到，左边导航栏的下方包含了各类项目信息的链接，包括持续集成、依赖、问题追踪、邮件列表、团队、源码库等。

如果这是一个聚合项目，导航栏的上方还会包含子模块的链接，但是如果单击这些链接，将无法转到子模块的项目页面。这是由于多模块 Maven 项目本身的目录结构导致的。如果将站点发布到服务器上，该问题会自然消失。如果想在本地查看结构正确的站点，则可以 maven-site-plugin 的 stage 目标，将站点预发布至某个本地临时目录下。例如：

```
$ mvn site:stage  -DstagingDirectory = D:\tmp
```

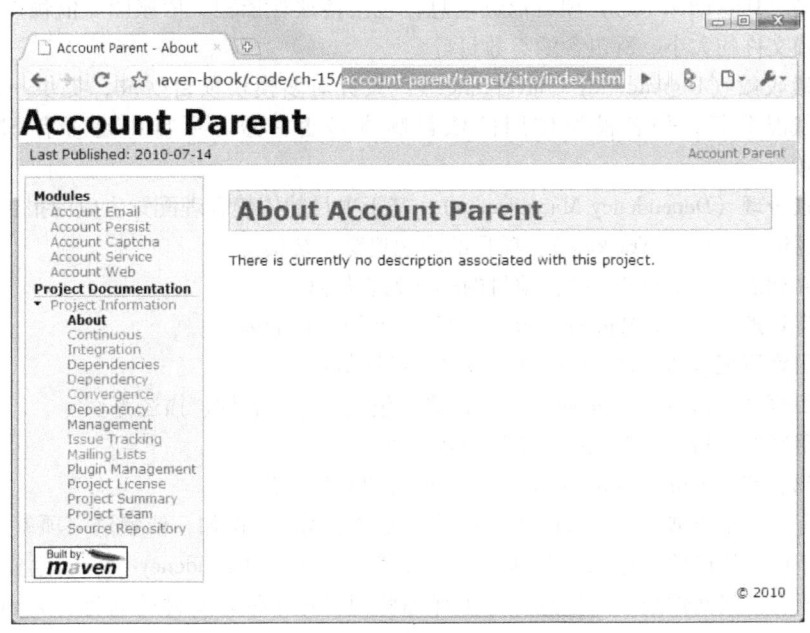

图 15-1 最简单的 Maven 站点

上述命令表示生成项目站点，并预发布至 D:\tmp 目录。读者可以到该目录下找到项目站点的 html 文件，父子模块之间的链接也是可用的。

回顾 7.2.4 节，我们知道 site 生命周期有四个阶段，它们分别为 pre-site、site、post-site

和 site-deploy。其中，pre-site 和 post-site 默认没有绑定任何插件目标，可以说它们是预留给用户做一些站点生成之前及之后的处理的；site 阶段绑定到了 maven-site-plugin 的 site 目标，该目标负责生成项目站点，因此之前使用简单的 mvn site 命令就能直接生成项目站点；site-deploy 目标绑定了 maven-site-plugin 的 deploy 目标，该目标负责将站点部署至远程服务器。本章稍后会详细解释自动化站点部署。

15.2 丰富项目信息

在 15.1 节中可以看到，在默认情况下 Maven 生成的站点包含了很多项目信息链接，这其实是由一个名为 maven-project-info-reports-plugin 的插件生成的。在 Maven 3 中，该插件的配置内置在 maven-site-plugin 中，而在 Maven 2 中，该插件的配置内置在核心源码中。因此你不需要任何配置就能让 Maven 帮你生成项目信息。该插件会基于 POM 配置生成下列项目信息报告：

- 关于（about）：项目描述。
- 持续集成（Continuous Integration）：项目持续集成服务器信息。
- 依赖（Dependencies）：项目依赖信息，包括传递性依赖、依赖图、依赖许可证以及依赖文件的大小、所包含的类数目等。
- 依赖收敛（Dependency Convergence）：只针对多模块项目生成，提供一些依赖健康状况分析，如各模块使用的依赖版本是否一致、项目中是否有 SNAPSHOT 依赖。
- 依赖管理（Dependency Management）：基于项目的依赖管理配置生成的报告。
- 问题追踪（Issue Tracking）：项目的问题追踪系统信息。
- 邮件列表（Mailing Lists）：项目的邮件列表信息。
- 插件管理（Plugin Management）：项目所使用插件的列表。
- 项目许可证（Project License）：项目许可证信息。
- 项目概述（Project Summary）：项目概述包括坐标、名称、描述等。
- 项目团队（Project Team）：项目团队信息。
- 源码仓库（Source Repository）：项目的源码仓库信息。

上述有些项是根据项目已有的依赖和插件配置生成的。例如，依赖这一项就很有意思，除了依赖坐标、传递性依赖以及依赖图，可以使用 maven-dependency-plugin 生成的信息之外，报告还有依赖文件细节的信息，这里详细罗列了每个依赖文件的名称、大小、所包含文件数目、类数目、包数目和 JDK 版本等信息，如图 15-2 所示。

依赖相关的项是基于 POM 的 dependencies 和 dependencyManagement 元素生成的，类似地，其他项也都有其对应的 POM 元素。Maven 不会凭空生成信息，只有用户在 POM 中提供了相关配置后，站点才有可能包含这些信息的报告。为了让站点包含完整的项目信息，需配置 POM，如代码清单 15-1 所示。

Dependency File Details

Filename	Size	Entries	Classes	Packages	JDK Rev	Debug
aopalliance-1.0.jar	4.36 kB	15	9	2	1.3	debug
greenmail-1.3.1b.jar	194.61 kB	176	159	12	1.4	debug
commons-logging-1.1.1.jar	59.26 kB	42	28	2	1.1	debug
activation-1.1.jar	61.51 kB	50	38	3	1.4	debug
mail-1.4.1.jar	437.18 kB	303	279	13	1.4	debug
junit-4.7.jar	226.91 kB	261	225	29	1.5	debug
slf4j-api-1.3.1.jar	11.94 kB	25	14	3	1.3	debug
spring-beans-2.5.6.jar	476.84 kB	327	297	15	1.5	debug
spring-context-2.5.6.jar	465.76 kB	407	344	48	1.5	debug
spring-context-support-2.5.6.jar	94.61 kB	74	57	8	1.4	debug
spring-core-2.5.6.jar	278.80 kB	214	212	19	1.5	debug
Total	Size	Entries	Classes	Packages	JDK Rev	Debug
11	2.26 MB	1,894	1,662	154	1.5	11
compile: 8	compile: 1.83 MB	compile: 1,432	compile: 1,264	compile: 110	-	compile: 8
test: 3	test: 433.46 kB	test: 462	test: 398	test: 44	-	test: 3

图 15-2 依赖文件细节报告

代码清单 15-1 包含完整项目信息的 POM

```xml
<project xmlns="http://maven.apache.org/POM/4.0.0"
    xmlns:xsi="http://www.w3.org/2001/XMLSchema-instance"
    xsi:schemaLocation="http://maven.apache.org/POM/4.0.0
    http://maven.apache.org/maven-v4_0_0.xsd">
    <modelVersion>4.0.0</modelVersion>
    <groupId>com.juvenxu.mvnbook.account</groupId>
    <artifactId>account-parent</artifactId>
    <version>1.0.0-SNAPSHOT</version>
    <packaging>pom</packaging>
    <name>Account Parent</name>
    <url>http://mvnbook.juvenxu.com/</url>
    <description>A project used to illustrate Maven's features.</description>

    <scm>
        <connection>scm:svn:http://svn.juvenxu.com/mvnboook/trunk</connection>
        <developerConnection>scm:svn:https://svn.juvenxu.com/mvnboook/trunk</developerConnection>
        <url>http://svn.juvenxu.com/mvnboook/trunk</url>
    </scm>

    <ciManagement>
        <system>Hudson</system>
        <url>http://ci.juvenxu.com/mvnbook</url>
    </ciManagement>

    <developers>
        <developer>
            <id>juven</id>
            <name>Juven Xu</name>
            <email>juvenshun@gmail.com</email>
            <timezone>8</timezone>
        </developer>
    </developers>
```

```xml
<issueManagement>
    <system>JIRA</system>
    <url>http://jira.juvenxu.com/mvnbook</url>
</issueManagement>

<licenses>
    <license>
        <name>Apache License, Version 2.0</name>
        <url>http://www.apache.org/licenses/LICENSE-2.0</url>
    </license>
</licenses>
...
</project>
```

代码清单 15-1 中使用 scm 元素为项目添加了源码仓库信息，使用 ciManagement 元素为项目添加了持续集成服务器信息，使用 developers 元素为项目添加了项目成员团队信息，使用 issueManagement 元素为项目添加了问题追踪系统信息，使用 licenses 元素为项目添加了许可证信息。这时再重新生成站点，相关信息就会体现在站点的项目信息报告中。图 15-3 就显示了一个典型的源码仓库信息报告。

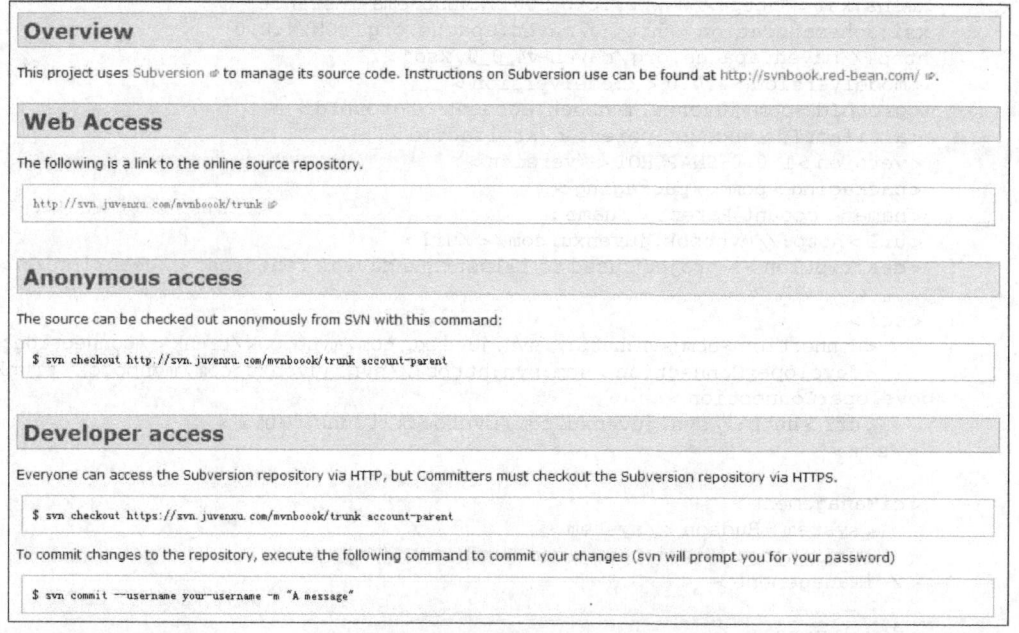

图 15-3 项目源码仓库信息报告

类似的项目信息报告读者可以在很多的开源项目中看到，使用 Maven 站点来一致化开源项目的信息展现方式无疑为用户获取信息提供了便利。

有些时候，用户可能不需要生成某些项目信息项，例如你可能没有邮件列表或者不想在站点中公开源码仓库信息，这时可以配置 maven-project-info-reports-plugin 选择性地生成信息项，如代码清单 15-2 所示。

代码清单 15-2　选择性地生成项目信息报告

```xml
<project>
  ...
  <reporting>
    <plugins>
      <plugin>
        <groupId>org.apache.maven.plugins</groupId>
        <artifactId>maven-project-info-reports-plugin</artifactId>
        <version>2.1.2</version>
        <reportSets>
          <reportSet>
            <reports>
              <report>dependencies</report>
              <report>project-team</report>
              <report>issue-tracking</report>
              <report>license</report>
            </reports>
          </reportSet>
        </reportSets>
      </plugin>
    </plugins>
  </reporting>
</project>
```

上述代码配置了 maven-project-info-reports-plugin。需要注意的是，项目报告插件需要在 reporting 元素下的 plugins 元素下进行配置，下一节还将介绍其他项目报告插件，也都在这里进行配置。代码清单 15-2 中的配置使得站点的项目信息只包含依赖、团队、问题追踪系统和许可证几项信息，读者可以根据自己的实际情况选择要生成的项目信息。

15.3　项目报告插件

除了默认的项目信息报告，Maven 社区还提供了大量报告插件，只要稍加配置，用户就能让 Maven 自动生成各种内容丰富的报告。下面介绍一些比较常用的报告插件。

报告插件在 POM 中配置的位置与一般的插件配置不同，一般的插件在 < project > < build > < pluigns > 元素下配置，而我们在前面的样例中看到，报告插件是在 < project > < reporting > < plugins > 元素下配置的。特别需要注意的是，在 Maven 3 中，所有站点相关的逻辑已经从 Maven 核心移到了 Maven Site Plugin 中，因此对应的报告插件配置也发生了变化，Maven 3 用户需要在 Maven Site Plugin 的插件配置 < configuration > < reportPlugins > 元素下配置报告插件。具体的变化可以参考文档：https://cwiki.apache.org/MAVEN/maven-3x-and-site-plugin.html。本章的样例代码都使用了基于 < reporting > 元素的 Maven 2 格式，不过读者完全可以很简单地将配置移动到 Maven Site Plugin 下，以在 Maven 3 中生成正确的报告。

15.3.1　JavaDocs

这可能是最简单、也最容易理解的报告插件了。maven-javadoc-plugin 使用 JDK 的 javadoc 工具,基于项目的源代码生成 JavaDocs 文档。该插件的配置如代码清单 15-3 所示。

代码清单 15-3　配置 maven-javadoc-plugin 插件

```xml
<reporting>
  <plugins>
    <plugin>
      <groupId>org.apache.maven.plugins</groupId>
      <artifactId>maven-javadoc-plugin</artifactId>
      <version>2.7</version>
    </plugin>
    ...
  </plugins>
</reporting>
```

基于上述简单的配置,当用户使用 mvn site 命令生成站点时,就能得到项目主源码和测试源码的 JavaDocs 文档,如图 15-4 所示。

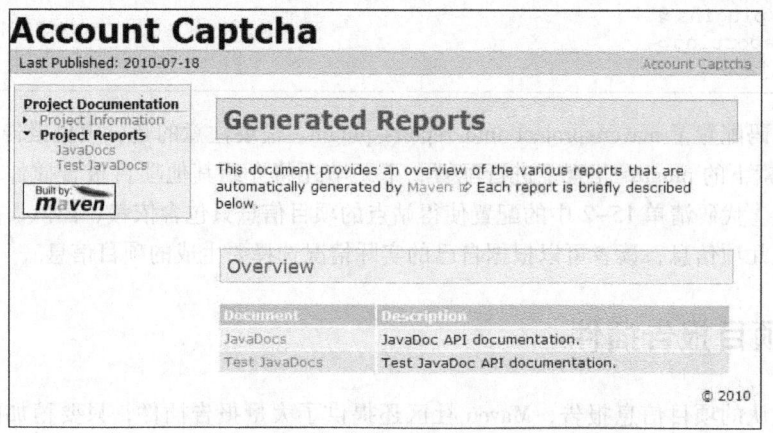

图 15-4　插件报告列表

图 15-4 左侧的导航栏有两个类别,Project Information 包含了 15.2 节讲述的各类基本信息,Project Reports 则包含其他插件生成的报告。这里能看到 maven-javadoc-plugin 生成 JavaDocs 和 Test JavaDocs 文档,单击相应链接就能查看具体文档,如图 15-5 所示。

在生成项目站点文档的时候,一个常见的问题是:用户往往只希望在聚合项目一次性生成融合了所有模块信息的文档,而不是为每个模块单独生成,原因就是为了方便。用户总是希望在一个地方看到尽可能全面的信息,而非不停地单击链接。幸运的是,maven-javadoc-plugin 考虑到了这一点,使用该插件的最新版本,用户无须任何额外的配置,就能在聚合项目的站点中得到包含所有模块的 JavaDocs,配置见代码清单 15-3。

图 15-5　JavaDocs 文档

15.3.2　Source Xref

如果能够随时随地地打开浏览器访问项目的最新源代码，那无疑会方便团队之间的交流。maven-jxr-plugin 能够帮助我们完成这一目标，在生成站点的时候配置该插件，Maven 就会以 Web 页面的形式将 Java 源代码展现出来。该插件的配置如代码清单 15-4 所示。

代码清单 15-4　配置 maven-jxr-plugin 插件

```xml
<reporting>
  <plugins>
    <plugin>
      <groupId>org.apache.maven.plugins</groupId>
      <artifactId>maven-jxr-plugin</artifactId>
      <version>2.2</version>
    </plugin>
    ...
  </plugins>
</reporting>
```

若想在聚合模块整合所有的源码，则需添加额外的 aggregate 配置，如代码清单 15-5 所示。

代码清单 15-5　在聚合项目配置 maven-jxr-plugin 插件

```xml
<reporting>
  <plugins>
    <plugin>
      <groupId>org.apache.maven.plugins</groupId>
      <artifactId>maven-jxr-plugin</artifactId>
```

```xml
      <version>2.2</version>
      <configuration>
        <aggregate>true</aggregate>
      </configuration>
    </plugin>
    ...
  </plugins>
</reporting>
```

生成的源码交叉引用报告如图 15-6 所示。

在这个源码交叉引用文档中,所有源码文件都通过超链接相连,如果之前配置了 JavaDocs 报告,用户还能直接转到源码文件对应的 JavaDoc。

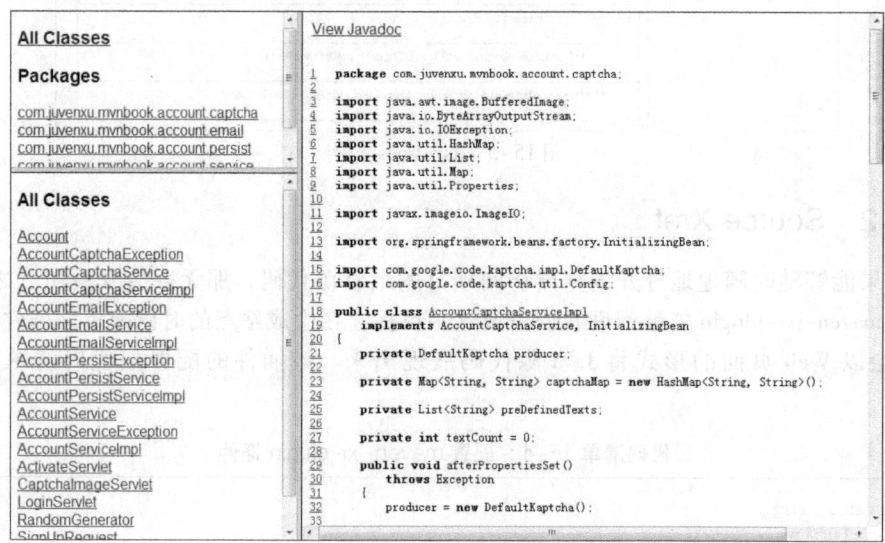

图 15-6　源码交叉引用文档

15.3.3　CheckStyle

CheckStyle 是一个用来帮助 Java 开发人员遵循编码规范的工具,能根据一套规则自动检查 Java 代码,使得团队能够方便地定义自己的编码规范。关于该工具的详细信息可以访问 http://checkstyle.sourceforge.net/ 进行了解。

要让 Maven 在站点中生成 CheckStyle 报告,只需要配置 maven-checkstyle-plugin,如代码清单 15-6 所示。

代码清单 15-6　配置 maven-checkstyle-plugin 插件

```xml
<reporting>
  <plugins>
    <plugin>
      <groupId>org.apache.maven.plugins</groupId>
```

```
            <artifactId>maven-checkstyle-plugin</artifactId>
            <version>2.5</version>
        </plugin>
        ...
    </plugins>
</reporting>
```

运行 mvn site 命令后，就能得到图 15-7 所示的 CheckStyle 报告。

默认情况下，maven-checkstyle-plugin 会使用 Sun 定义的编码规范，读者能够选择其他预置的规则。也可以自定义规则，maven-checkstyle-plugin 内置了四种规则：

❑ **config/sun_checks.xml**：Sun 定义的编码规范（默认值）。

❑ **config/maven_checks.xml**：Maven 社区定义的编码规范。

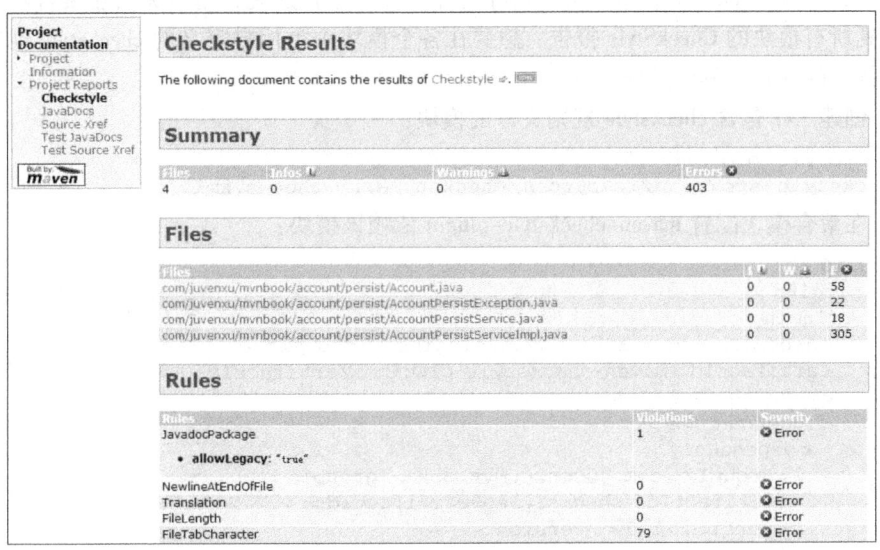

图 15-7 CheckStyle 报告

❑ **config/turbine_checks.xml**：Turbine 定义的编码规范。

❑ **config/avalon_checks.xml**：Avalon 定义的编码规范。

用户可以配置 maven-checkstyle-plugin 使用上述编码规范，如代码清单 15-7 所示。

代码清单 15-7 配置 maven-checkstyle-plugin 使用非默认编码规范

```
<reporting>
  <plugins>
    <plugin>
      <groupId>org.apache.maven.plugins</groupId>
      <artifactId>maven-checkstyle-plugin</artifactId>
      <version>2.5</version>
      <configuration>
        <configLocation>config/maven_checks.xml</configLocation>
      </configuration>
```

```xml
        </plugin>
        ...
      </plugins>
    </reporting>
```

通常用户所在的组织会有自己的编码规范，这时就需要创建自己的 checkstyle 规则文件。如在 src/main/resources/目录下定义一个 checkstyle/my_checks.xml 文件，然后配置 <configLocation>checkstyle/my_checks.xml</configLocation> 即可。maven-checkstyle-plugin 实际上是从 ClassPath 载入规则文件，因此对于它来说，无论规则文件是在当前项目中还是在依赖文件中，处理方式都是一样的。

对于多模块项目来说，使用 maven-checkstyle-plugin 会有一些问题。首先，（到本书编写为止）maven-checkstyle-plugin 还不支持报告聚合。也就是说，用户无法在聚合项目的报告中得到所有模块的 CheckStyle 报告。想要在各个模块中重用自定义的 checkstyle 规则还需要一些额外的配置。具体过程如下：

1）创建一个包含 checkstyle 规则文件的模块：

```
checkstyle/pom.xml
checkstyle/src/main/resources/checkstyle/my-checks.xml
```

2）在聚合模块配置 maven-checkstyle-plugin 依赖该模块：

```xml
<build>
  <plugins>
    <plugin>
      <groupId>org.apache.maven.plugins</groupId>
      <artifactId>maven-checkstyle-plugin</artifactId>
      <version>2.5</version>
      <dependencies>
        <dependency>
          <groupId>com.juvenxu.mvnbook</groupId>
          <artifactId>checkstyle</artifactId>
          <version>1.0</version>
        </dependency>
      </dependencies>
    </plugin>
  </plugins>
</build>
```

3）在聚合模块配置 maven-checkstyle-plugin 使用模块中的 checkstyle 规则：

```xml
<reporting>
  <plugins>
    <plugin>
      <groupId>org.apache.maven.plugins</groupId>
      <artifactId>maven-checkstyle-plugin</artifactId>
      <version>2.5</version>
      <configuration>
        <configLocation>checkstyle/my_checks.xml</configLocation>
      </configuration>
    </plugin>
  </plugins>
</reporting>
```

原理就是先创建一个包含自定义规则文件的依赖，然后将该依赖加入到项目的 ClassPath 中，最后从 ClassPath 载入规则文件。

15.3.4 PMD

PMD 是一款强大的 Java 源代码分析工具，它能够寻找代码中的问题，包括潜在的 bug、无用代码、可优化代码、重复代码以及过于复杂的表达式。关于该工具的详细信息可以访问 http://pmd.sourceforge.net/进行了解。

要让 Maven 在站点中生成 PMD 报告，只需要配置 maven-pmd-plugin 如下：

```
<reporting>
  <plugins>
    <plugin>
      <groupId>org.apache.maven.plugins</groupId>
      <artifactId>maven-pmd-plugin</artifactId>
      <version>2.5</version>
    </plugin>
    ...
  </plugins>
</reporting>
```

运行 mvn site 之后，就能得到图 15-8 所示的 PMD 报告。

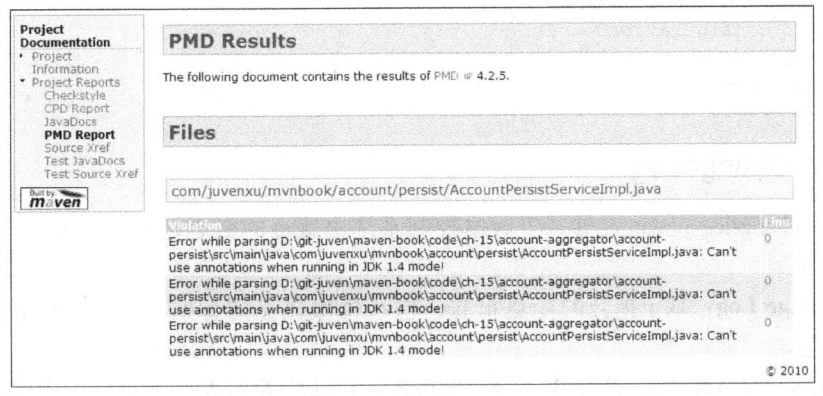

图 15-8　PMD 报告

需要注意的是，除了 PMD 报告之外，maven-pmd-plugin 还会生成一个名为 CPD 的报告，该报告中包含了代码拷贝粘贴的分析结果。

PMD 包含了大量的分析规则，读者可以访问 http://pmd.sourceforge.net/rules/index.html 查看这些规则。PMD 默认使用的规则为 rulesets/basic.xml、rulesets/unusedcode.xml 和 rulesets/importss.xml。要使用其他的规则，可以配置 maven-pmd-plugin 插件，如代码清单 15-8 所示。

代码清单 15-8　配置 maven-pmd-plugin 使用非默认分析规则

```
<reporting>
  <plugins>
```

```xml
<plugin>
  <groupId>org.apache.maven.plugins</groupId>
  <artifactId>maven-pmd-plugin</artifactId>
  <version>2.5</version>
  <configuration>
    <rulesets>
      <ruleset>rulesets/braces.xml</ruleset>
      <ruleset>rulesets/naming.xml</ruleset>
      <ruleset>rulesets/strings.xml</ruleset>
    </rulesets>
  </configuration>
</plugin>
      </plugins>
</reporting>
```

maven-pmd-plugin 支持聚合报告，只需要如下配置 aggregate 参数即可：

```xml
<reporting>
  <plugins>
    <plugin>
      <groupId>org.apache.maven.plugins</groupId>
      <artifactId>maven-pmd-plugin</artifactId>
      <version>2.5</version>
      <configuration>
        <aggregate>true</aggregate>
      </configuration>
    </plugin>
  </plugins>
</reporting>
```

15.3.5　ChangeLog

maven-changelog-plugin 能够基于版本控制系统中就近的变更记录生成三份变更报告，它们分别为：

- **Change Log**：基于提交的变更报告，包括每次提交的日期、文件、作者、注释等信息。
- **Developer Activity**：基于作者的变更报告，包括作者列表以及每个作者相关的提交次数和涉及文件数目。
- **File Activity**：基于文件的变更报告，包括变更的文件列表及每个文件的变更次数。

想要生成项目的变更报告，首先需要配置正确的 SCM 信息[⊖]，如下：

```xml
<project>
...
  <scm>
    <connection>scm:svn:http://192.168.1.103/app/trunk</connection>
    <developerConnection>scm:svn:https://192.168.1.103/app/trunk</developerConnection>
    <url>http://192.168.1.103/account/trunk</url>
```

⊖ 如果不熟悉该配置，可以回顾 13.4 节。

```
    </scm>...
</project>
```

有了 SCM 配置，就可以配置 maven-changelog-plugin 生成变更报告。如下：

```
<reporting>
  <plugins>
    <plugin>
      <groupId>org.apache.maven.plugins</groupId>
      <artifactId>maven-changelog-plugin</artifactId>
      <version>2.2</version>
    </plugin>
  </plugins>
</reporting>
```

生成的变更报告如图 15-9 所示。

默认情况下，maven-changelog-plugin 生成最近 30 天的变更记录，不过用户可以修改该默认值。如下：

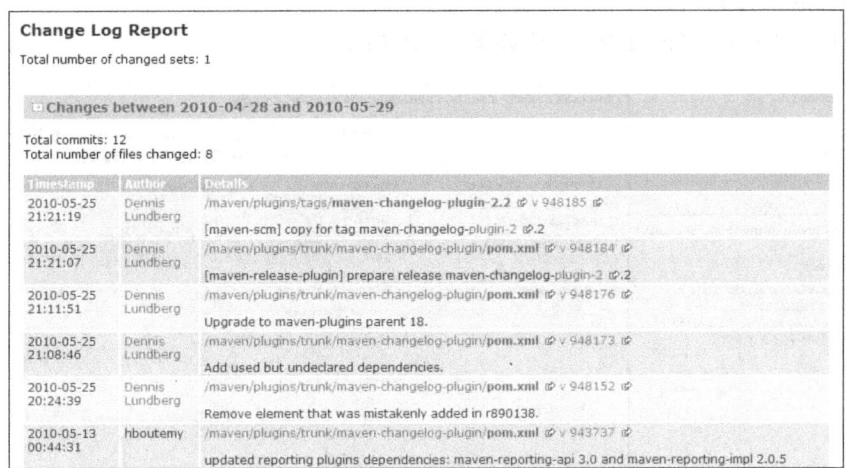

图 15-9　变更报告

```
<reporting>
  <plugins>
    <plugin>
      <groupId>org.apache.maven.plugins</groupId>
      <artifactId>maven-changelog-plugin</artifactId>
      <version>2.2</version>
      <configuration>
        <type>range</type>
        <range>60</range>
      </configuration>
    </plugin>
  </plugins>
</reporting>
```

15.3.6 Cobertura

10.6.2 节已经介绍过用 Cobertura 生成测试覆盖率报告,现在介绍如何将该报告集成到项目站点中。

要在 Maven 站点中包含 Cobertura 测试覆盖率报告,只需要配置 cobertura-maven-plugin。如下:

```xml
<reporting>
  <plugins>
    <plugin>
      <groupId>org.codehaus.mojo</groupId>
      <artifactId>cobertura-maven-plugin</artifactId>
      <version>2.4</version>
    </plugin>
  </plugins>
</reporting>
```

生成的 Cobertura 测试覆盖率报告如图 15-10 所示。

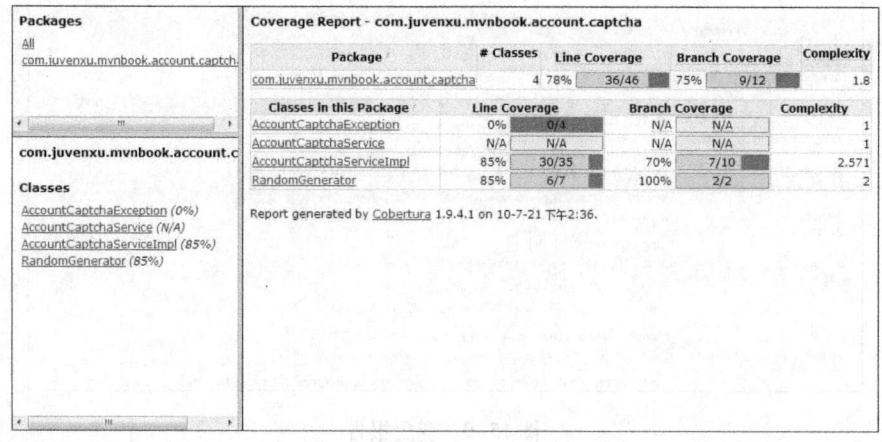

图 15-10　Cobertura 测试覆盖率报告

可以从图 15-10 中看到每个包、每个类的代码行覆盖率和分支覆盖率,单击具体的类还能看到该类代码的具体覆盖情况。可惜的是,到本书编写时为止,cobertura-maven-plugin 还不支持报告聚合,因此用户无法在聚合模块查看所有模块的测试覆盖情况。

15.4 自定义站点外观

Maven 生成的站点非常灵活,除了本章前面提到的标准项目信息报告和其他插件生成的报告,用户还能够自定义站点的布局和外观。这些特性能让用户创建出更适合自己的,更有个性的 Maven 站点。

15.4.1 站点描述符

要自定义站点外观,用户必须创建一个名为 site.xml 的站点描述符文件,且默认该文件应该位于项目的 src/site 目录下。该站点描述符文件是由 XML Schema 约束定义的,相关的 xsd 文件位于 http://maven.apache.org/xsd/decoration-1.0.0.xsd。

一个简单的站点描述符文件如代码清单 15-9 所示。

代码清单 15-9 站点描述符文件

```xml
<?xml version="1.0" encoding="UTF-8"?>
<project xmlns="http://maven.apache.org/DECORATION/1.0.0"
    xmlns:xsi="http://www.w3.org/2001/XMLSchema-instance"
    xsi:schemaLocation="http://maven.apache.org/DECORATION/1.0.0
    http://maven.apache.org/xsd/decoration-1.0.0.xsd">
    <bannerLeft>
        <name>Account</name>
        <src>images/apache-maven-project.png</src>
        <href>http://maven.apache.org</href>
    </bannerLeft>
    <body>
        <menu ref="reports"/>
    </body>
    <skin>
        <groupId>com.googlecode.fluido-skin</groupId>
        <artifactId>fluido-skin</artifactId>
        <version>1.3</version>
    </skin>
</project>
```

该描述符文件定义了一个站点头部横幅图片、一个导航栏菜单项以及一个站点皮肤。下面详细介绍各类可在站点描述符中定义的内容。

15.4.2 头部内容及外观

默认情况下,Maven 站点的标题来自于 POM 中的 name 元素值,用户可以配置站点描述符 project 元素的 name 属性来更改此标题。如下:

```xml
<project name="A Project for Maven Book">
...
</project>
```

显示效果如图 15-11 所示。

图 15-11 自定义站点标题的效果

如果不进行额外的配置，站点头部左边会显示项目的名称，但是用户可以使用 bannerLeft 元素配置该位置显示自定义的横幅图片。类似地，bannerRight 元素能用来配置显式在头部右边的横幅图片。具体配置如下：

```xml
<project>
  <bannerLeft>
    <name>maven</name>
    <src>http://maven.apache.org/images/apache-maven-project.png</src>
    <href>http://maven.apache.org</href>
  </bannerLeft>
  <bannerRight>
    <name>java</name>
    <src>images/java.jpg</src>
    <href>http://www.java.com</href>
  </bannerRight>
</project>
```

上述代码为头部配置了两个横幅图片，左边的图片直接引用了 Maven 站点，而右边则使用了本地图片。显示效果如图 15-12 所示。

图 15-12　站点头部横幅图片显示效果

需要注意的是，上述 Java 图片的 src 为 images/java.jpg，是一个本地图片，所有站点使用的本地 Web 资源都必须位于 src/site/resources 目录下。到目前为止，该站点的目录结构是这样的：

```
-src/
   + site/
      + resources/
      |   + images/
      |      + java.jpg
      |
      + site.xml
```

除了标题和头部横幅图片外，Maven 用户还能够配置是否显示站点的最近发布时间和版本。如下：

```xml
<project>
  <version position="right"/>
  <publishDate position="right"/>
</project>
```

这里的 position 可用的值包括 none、left、right、navigation-top、navigation-bottom 和 bottom，它们分别表示不显示、头部左边、头部右边、导航边栏上方、导航边栏下方和底部。

Maven 站点还支持面包屑导航。相关配置如下：

```xml
<project>
  <body>
    <breadcrumbs>
```

```
                <item name = "Maven" href = "http://maven.apache.org"/>
                <item name = "Juven Xu" href = "http://www.juvenxu.com"/>
            </breadcrumbs>
        </body>
</project>
```

显示效果如图 15-13（图中还包括了发布日期和版本）所示。

图 15-13　站点的面包屑导航显示效果

15.4.3　皮肤

如果觉得自定义站点标题、横幅图片和面包屑导航等内容还无法满足自己的个性化需求，这时也许可以考虑选择一款非默认的站点皮肤，以将自己的站点与其他站点很明显地区分开来。

自定义站点皮肤分为两步：第一步是选择要使用的站点皮肤构件；第二步是配置站点描述符的 skin 元素使用该构件。

Maven 官方提供了三款皮肤，它们分别为：

❑ org. apache. maven. skins：maven-classic-skin

❑ org. apache. maven. skins. maven-default-skin

❑ org. apache. maven. skins. maven-stylus-skin

其中，maven-default-skin 是站点的默认皮肤，读者可以访问中央仓库以了解这些皮肤的最新版本⊖。

除了官方的皮肤，互联网上还有大量的第三方用户创建的站点皮肤。这里笔者要介绍一款托管在 GoogleCode 上的名为 fluido-skin 的皮肤，它非常清爽、简洁，读者可以访问该项目主页⊖了解其最新的版本。

下面就以 fluido-skin 为例，配置站点皮肤。编辑 site.xml 如下：

```
<project>
    <skin>
        <groupId>com.googlecode.fluido-skin</groupId>
        <artifactId>fluido-skin</artifactId>
        <version>1.3</version>
    </skin>
</project>
```

图 15-14 显示了使用了 fluido-skin 皮肤后的站点显示效果，看起来与默认的皮肤感觉很不一样。

⊖ 请参考：http://repo1.maven.org/maven2/org/apache/maven/skins/。

⊖ 请参考：http://code.google.com/p/fluido-skin/。

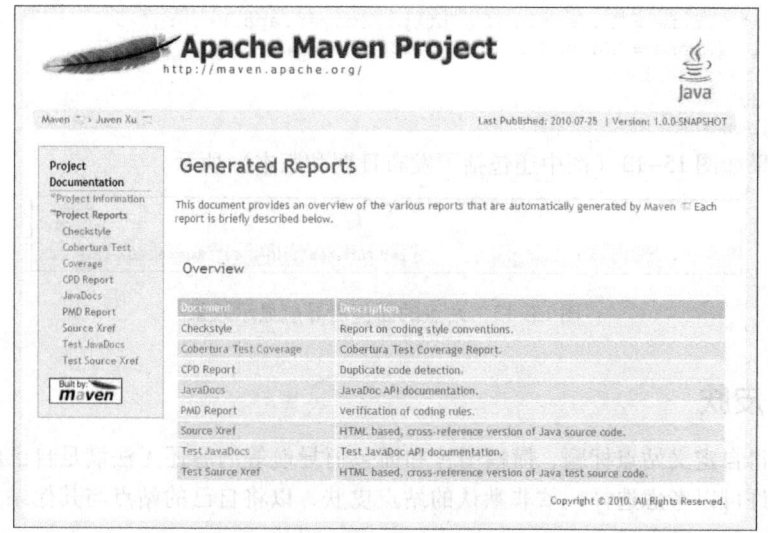

图 15-14 使用了 fluido-skin 皮肤的站点

15.4.4 导航边栏

如果用户不自定义站点描述符文件,页面左边的边栏只会显示包含项目信息报告和其他报告的菜单。然而该导航栏内容也是能够自定义的,用户可以在这里创建其他菜单。

要在导航边栏加入自定义菜单,只需要编辑站点描述符中 body 元素下的 menu 子元素。如代码清单 15-10 所示。

代码清单 15-10

```
<project>
  <body>
    <menu name="${project.name}">
      <item name="Introduction" href="introduction.html"/>
      <item name="Usage" href="usage.html"/>
      <item name="FAQ" href="faq.html"/>
    </menu>
    <menu name="Examples">
      <item name="Example 1" href="example_1.html"/>
      <item name="Example 2" href="example_2.html"/>
    </menu>
    <menu ref="reports"/>
  </body>
</project>
```

上述代码中定义了三个菜单,分别为 ${project.name}、Examples 和 reports。

第一个菜单名称使用了 Maven 属性,站点描述符中的 Maven 属性会被自动解析至对应的值。因此这里的 ${project.name} 在站点中会被显示成项目名称,该菜单包含了 3 个子项,分别为 Introduction、Usage 和 FAQ,每个子项链接一个 html 文件(15.5 节将介绍如何创建这些 html 页面)。

第二个菜单名称是 Examples，包含两个子项 Example 1 和 Example 2，也分别链接两个 html 页面。

最后一个菜单比较特殊，它使用的是 ref 属性而非 name 属性，ref 用来引用 Maven 站点默认生成的页面。例如，这里的 reports 表示引用项目报告菜单。除此之外，还有两个可用的 ref 值：parent 表示包含父模块链接的菜单，modules 表示一个包含所有子模块链接的菜单。

基于代码清单 15-10 生成的站点如图 15-15 所示。

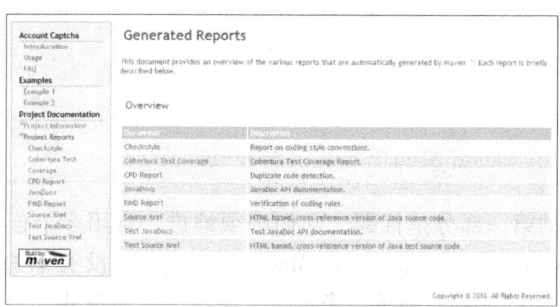

图 15-15　自定义导航边栏菜单

15.5　创建自定义页面

15.4 节介绍了如何自定义站点导航菜单并链接至特定的 html 页面，本节介绍如何创建自定义的站点页面。到目前为止，Maven 支持得比较好的两种文档格式为 APT 和 FML。

APT（Almost Plain Text）是一种类似于维基的文档格式，用户可以用它来快速地创建简单而又结构丰富的文档。例如，创建一个对应于 15.4.4 节提到的 introduction.html 的 APT 文档，首先要记住的是：所有 APT 文档必须位于 src/site/apt/ 目录。这里创建文件 introduction.apt，内容见代码清单 15-11。

代码清单 15-11　创建 APT 文档

```
-------------
Introduction
-------------
Juven Xu
-------------
2010-07-20
-------------


What is Maven?

  Apache Maven is a software project management and comprehension tool...

Core Maven Concepts

  * Coordinates and Dependency
```

```
    descriptions for maven coordinates and dependnecy...

  * Repository

    There are many kinds of repositories:

    * Local Repository

    * Central Repository

    * Internal Repository Service

  * Plugin and Lifecycle

    descriptions for maven plugin and lifecycle...
```

代码清单15-11的第一部分是标题，它们必须缩进，且用多个连字号相隔。在接下来的内容中，"What is Maven？"和"Core Maven Concepts"没有缩进，它们是一级小节。"What is Maven？"下面的内容有缩进，表示一个段落。未缩进的且以星号开头的部分表示二级小节，因此上述代码中有Coordinate and Dependency、Repository和Plugin and Lifecycle 3个二级小节，它们都包含了一些段落，其中Repository下面有包含三个项的列表，它们用缩进的星号表示。

上述代码展示了如何编写一个简单的APT文档。笔者没有详细介绍所有APT文档格式的语法，如果读者有需要，可以参考 http://maven.apache.org/doxia/references/apt-format.html。

上述APT文档展现后的效果如图15-16所示。

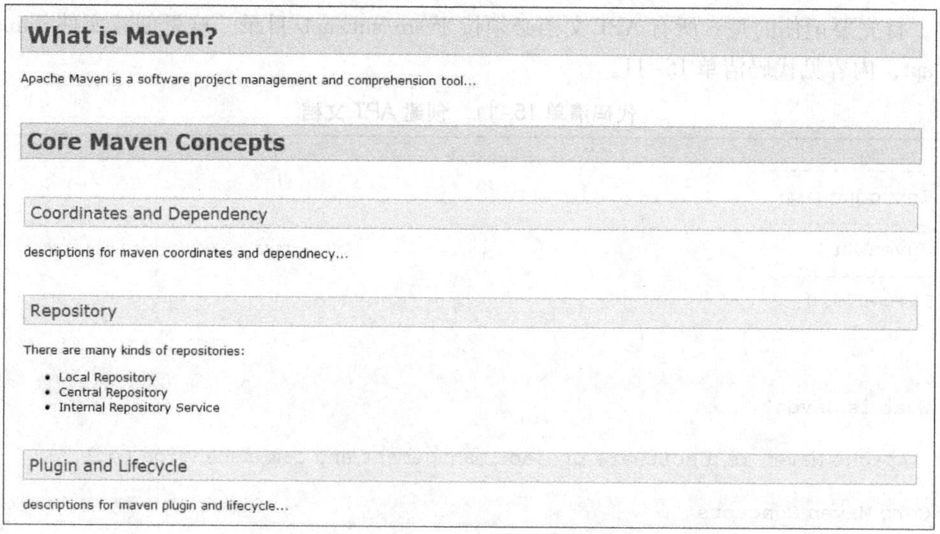

图15-16　APT文档效果

FML（FAQ Markup Language）是一种用来创建 FAQ（Frequently Asked Questions，常见问题解答）页面的 XML 文档格式，下面创建一个对应于 15.4.4 节提到的 faq.html 页面的 FML 文档。就像 APT 文档需要放到 src/site/apt/ 目录一样，FML 文档需要放到 src/site/fml/ 目录。在这里创建文件 faq.fml，如代码清单 15-12 所示。

代码清单 15-12　创建 FML 文档

```xml
<?xml version="1.0" encoding="UTF-8"?>
<faqs xmlns="http://maven.apache.org/FML/1.0.1"
    xmlns:xsi="http://www.w3.org/2001/XMLSchema-instance"
    xsi:schemaLocation="http://maven.apache.org/FML/1.0.1
    http://maven.apache.org/xsd/fml-1.0.1.xsd"
    title="Frequently Asked Questions"
    toplink="false">

  <part id="install">
    <title>Install</title>
    <faq id="download">
      <question>Where to Download?</question>
      <answer>
        <p>Maven: http://maven.apache.org/download.html</p>
        <p>Nexus: http://nexus.sonatype.org/download-nexus.html</p>
      </answer>
    </faq>
    <faq id="do-install">
      <question>How to Install?</question>
      <answer>
        <p>Description on the installation steps...</p>
      </answer>
    </faq>
  </part>

  <part id="run">
    <title>Run</title>
    <faq id="how-install">
      <question>How to Run?</question>
      <answer>
        <p>Description on the installation steps...</p>
      </answer>
    </faq>
  </part>
</faqs>
```

上述 XML 文档的根元素为 faqs，该元素的 title 属性定义了文档的标题。根元素下面使用 part 元素定义了两个文档部分，第一个是 install，第二个是 run。每个文档部分有自己的标题，以及用 faq 元素定义的问题项，faq 的子元素 question 用来定义问题，子元素 answer 用来定义答案，这种结构是非常清晰的。同样地，这里不会详细解释所有的 FML 文档语法，如果有需要，可以访问 http://maven.apache.org/doxia/references/fml-format.html。

上述 FML 文档展现后的效果如图 15-17 所示。

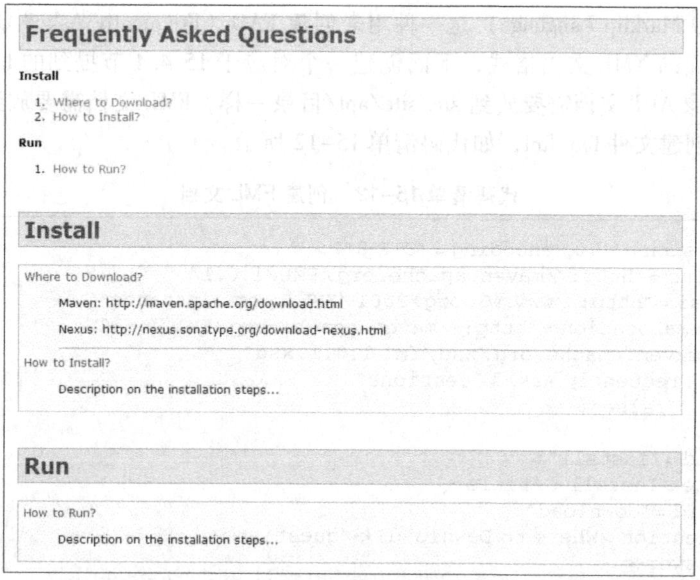

图 15-17　FML 文档效果

到目前为止，站点的目录结构如下：

```
-src/
  + site/
    + resources/
    |  + images/
    |    + java.jpg
    |
    + apt/
    |  + introduction.apt
    |
    + fml/
    |  + fql.fml
    |
    + site.xml
```

15.6　国际化

对于广大欧美以外的用户来说，站点上难免需要添加一些本土的文字，如果没有特殊的配置，站点可能无法对其使用正确的字符集编码。本节以简体中文为例，介绍如何生成本地化的 Maven 站点。

要生成正确的简体中文站点，用户首先需要确保项目所有的源码，包括 pom.xml、site.xml 以及 apt 文档等，都以 UTF-8 编码保存，各种编辑器和 IDE 都支持用户指定保存文档的编码。图 15-18 就展示了 Windows 上用记事本保存文档时候如何指定 UTF-8 编码。

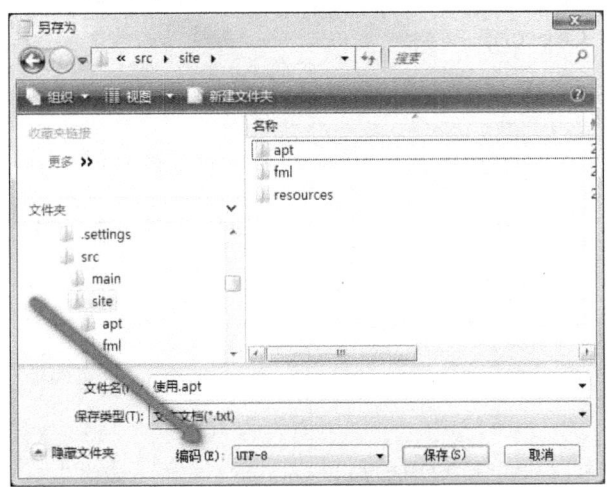

图 15-18　用记事本保存文档时指定 UTF-8 编码

接下来要做的是告诉 maven-site-plugin 使用 UTF-8 编码读取所有源码及文档,并且同样使用 UTF-8 编码呈现站点 html 文档。这两点可以通过配置两个 Maven 属性实现,如下:

```
<properties>
  <project.build.sourceEncoding>UTF-8</project.build.sourceEncoding>
  <project.reporting.outputEncoding>UTF-8</project.reporting.outputEncoding>
</properties>
```

project.build.sourceEncoding 属性用来指定 Maven 用什么编码来读取源码及文档,而 project.reporting.outputEncoding 用来指定 Maven 用什么编码来呈现站点的 html 文档。

最后一步要做的是配置 maven-site-plugin 指定当地的语言,配置当地语言为简体中文 zh_CN。如下:

```
<plugins>
...
  <plugin>
    <groupId>org.apache.maven.plugins</groupId>
    <artifactId>maven-site-plugin</artifactId>
    <version>2.1.1</version>
    <configuration>
      <locales>zh_CN</locales>
    </configuration>
  </plugin>
..
<plugins>
```

完成这些配置后,就能生成图 15-19 所示的中文站点。

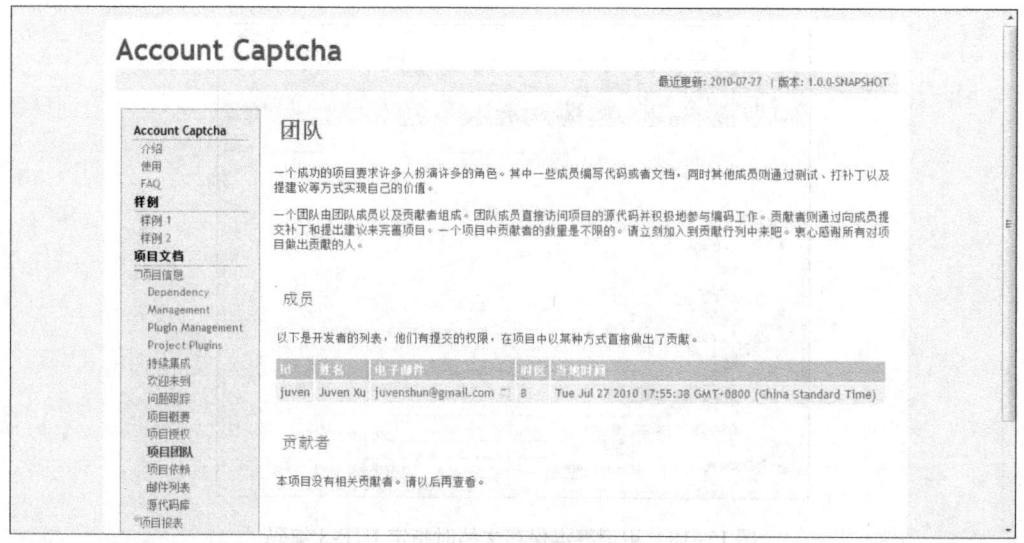

图 15-19 生成中文 Maven 站点

15.7 部署站点

为了方便团队和用户得到必要的项目信息，我们需要将 Maven 站点部署到服务器上。Maven 支持多种协议部署站点，包括 FTP、SCP 和 DAV。

如下代码就配置了一个基于 DAV 协议的站点部署地址：

```xml
<project>
...
<distributionManagement>
  <site>
    <id>app-site</id>
    <url>dav:https://www.juvenxu.com/sites/app</url>
  </site>
</distributionManagement>
...
</project>
```

上述代码中，url 的值以 dav 开头，表示服务器必须支持 WEBDAV。此外，为了确保安全性，服务器的访问一般都需要认证。这个时候就需要配置 settings.xml 文件的 server 元素，这一点与部署构件至 Maven 仓库类似。需要注意的是：要确保 server 的 id 值与 site 的 id 值完全一致。

```xml
<settings>
...
<servers>
  <server>
    <id>app-site</id>
    <username>juven</username>
```

```
      <password>******</password>
    </server>
    ...
  </servers>
  ...
</settings>
```

需要提醒的是，如果在部署的时候遇到问题，请尝试配置最新的 maven-site-plugin。到本书编写时为止，2.x 的最新版本为 2.1.1，3.x 的最新版本为 3.0-beta-2。

如果想要使用 FTP 协议部署站点，那么除了配置正确的部署地址和认证信息外，还需要配置额外的扩展组件 wagon-ftp，如代码清单 15-13 所示。

代码清单 15-13　使用 FTP 协议部署站点

```
<project>
  ...
  <build>
    <plugins>
      ...
      <plugin>
        <groupId>org.apache.maven.plugins</groupId>
        <artifactId>maven-site-plugin</artifactId>
        <version>2.1.1</version>
      </plugin>
      ...
    </plugins>
    <extensions>
      <extension>
        <groupId>org.apache.maven.wagon</groupId>
        <artifactId>wagon-ftp</artifactId>
        <version>1.0-beta-6</version>
      </extension>
    </extensions>
  </build>
  <distributionManagement>
    <site>
      <id>app-site</id>
      <url>ftp://www.juvenxu.com/site/app</url>
    </site>
  </distributionManagement>
  ...
</project>
```

上述代码中最重要的部分是通过 extension 元素配置了扩展组件 wagon-ftp，有了该组件，Maven 才能正确识别 FTP 协议。该代码中为 maven-site-plugin 和 wagon-ftp 都配置了最新的版本，这么做是为了避免之前版本中存在的一些 bug。

如果希望通过 SCP 协议部署站点，只需要相应地配置 distributionManagement 元素即可。如下：

```
<project>
  ...
```

```xml
<distributionManagement>
  ...
  <site>
    <id>app-site</id>
    <url>scp://shell.juvenxu.com/home/juven/maven/site/</url>
  </site>
</distributionManagement>
...
</project>
```

与 DAV 和 FTP 不同的是，SCP 协议通常使用密钥进行认证，因此在 settings.xml 中配置认证信息的时候，就可能需要 passphrase 和 privateKey 元素。如下：

```xml
<settings>
...
  <servers>
    <server>
      <id>app-site</id>
      <passphrase>somepassphrase</passphrase>
      <privateKey>C:/sshkeys/id_rsa</privateKey>
    </server>
    ...
  </servers>
...
</settings>
```

上述代码中，privateKey 表示私钥的地址，passphrase 表示私钥的口令。

站点部署地址及认证信息配置完成后，只需要输入以下命令就能让 Maven 部署站点了：

```
$ mvn clean site-deploy
```

site-deploy 是 site 生命周期的一个阶段，其对应绑定了 maven-site-plugin 的 deploy 目标，该目标的工作就是部署 Maven 站点。

15.8 小结

本章详细讲述了如何使用 Maven 生成项目站点，首先介绍了如何快速生成一个最简单的站点，然后在此基础上通过丰富项目信息来丰富站点的内容。用户还能够使用大量现成的插件来生成各种站点报告，包括 JavaDocs、源码交叉引用、CheckStyle、PMD、ChangeLog 以及测试覆盖率报告等。

此外，Maven 还允许用户自定义站点各个部分的外观，甚至更换皮肤。如果用户有自定义的内容想放入站点，则可以编写 APT 或者 FML 文档。

本章还介绍了如何配置 POM 来支持中文的站点。最后，用户可以使用 WEBDAV、FTP 或者 SCP 协议将站点发布到服务器。

第 16 章
m2eclipse

本章内容

- m2eclipse 简介
- 新建 Maven 项目
- 导入 Maven 项目
- 执行 mvn 命令
- 访问 Maven 仓库
- 管理项目依赖
- 其他实用功能
- 小结

由于 Eclipse 是非常流行的 IDE，为了方便用户，日常开发使用的各种工具都会提供相应的 Eclipse 插件。例如，Eclipse 默认就集成了 JUnit 单元测试框架、CVS 版本控制工具以及 Mylyn 任务管理框架。Eclipse 插件的数量非常多，读者可以访问 Eclipse Marketplace[①]以了解各种各样的 Eclipse 插件。m2eclipse 就是一个在 Eclipse 中集成 Maven 的插件，有了该插件，用户可以方便地在 Eclipse 中执行 Maven 命令、创建 Maven 项目、修改 POM 文件等。本章将详细介绍 m2eclipse 的使用。

16.1　m2eclipse 简介

和 Nexus 一样，m2eclipse 也是 Sonatype 出品的一款开源工具。它基于 Eclipse Public License-v.10 开源许可证发布，用户可以免费下载并使用，还可以查看其源代码。m2eclipse 的官方站点地址为 http://m2eclipse.sonatype.org/。

m2eclipse 为 Eclipse 环境提供了全面丰富的 Maven 集成。它的主要功能如下：
- 创建和导入 Maven 项目
- 管理依赖并与 Eclipse 的 classpath 集成
- 自动下载依赖
- 自动解析依赖的 sources 与 javadoc 包
- 使用 Maven Archetype 创建项目
- 浏览与搜索远程 Maven 仓库
- 从 Maven POM 具体化一个项目
- 从 SCM 仓库签出 Maven 项目
- 自动适配嵌套的多模块 Maven 项目至 Eclipse
- 集成 Web Tools Projects（WTP）
- 集成 Subclipse
- 集成 Mylyn
- 可视化 POM 编辑
- 图形化依赖分析

16.2　新建 Maven 项目

m2eclipse 的安装已经在 2.5 节中详细介绍，这里不再赘述。在 m2eclipse 中新建一个 Maven 十分简单，在菜单栏中依次选择 File→New→Other，这时可以看到图 16-1 所示的向导。

选择 Maven Project 之后，向导会提示用户选择是否跳过 archetype 而创建一个最简单的

[①] 网址为：http://marketplace.eclipse.org/。

Maven 项目（Create a simple project）。这个最简单项目将只包含最基本的 Maven 项目目录结构，读者可以根据自己的需要进行选择。如果选择使用 Archetype 创建项目，单击 Next 按钮之后，向导会提示用户选择 Archetype，如图 16-2 所示。

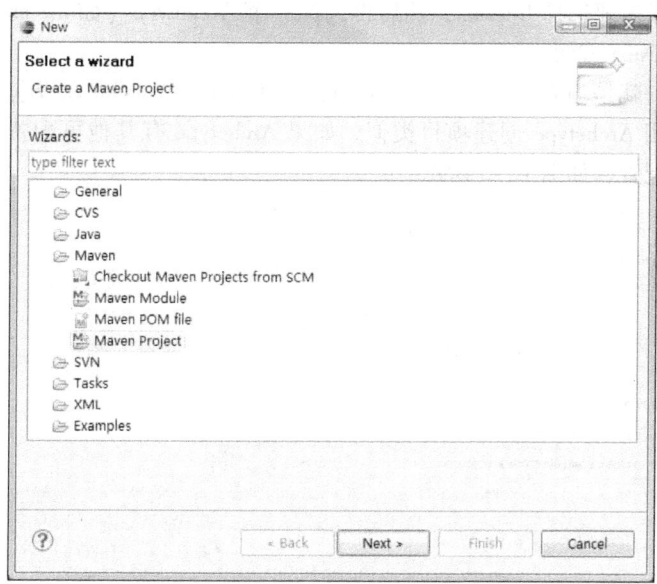

图 16-1　新建 Maven 项目向导

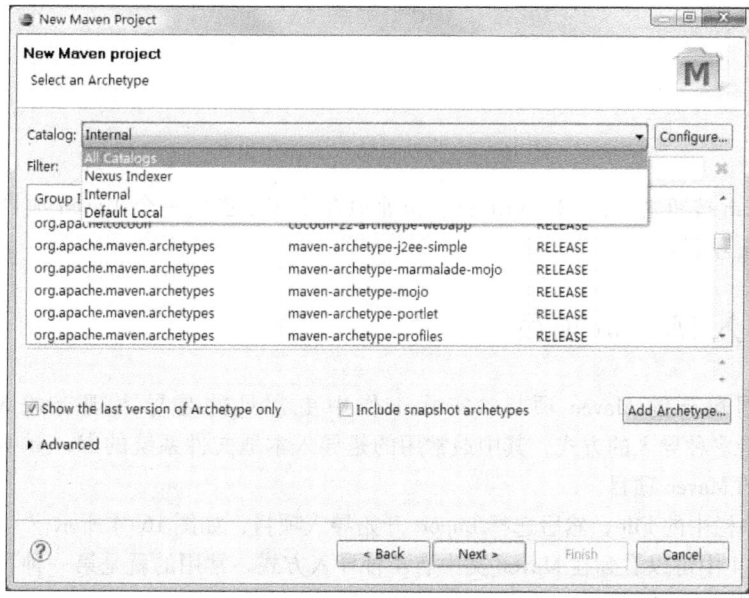

图 16-2　选择创建项目的 Archetype

图 16-2 中有 4 个 Archetype Catalog 可供用户选择，包括 maven-archetype-plugin 内置的 Internal、本地仓库的 Default Local、m2eclipse 下载到仓库索引中包含的 Nexus Indexer，以及所有这 3 个合并得到的 All Catalogs。如果对 Archetype Catalog 不是很清楚，可以参考 18.3 节。一般来说，只需要选择 Internal，然后再选择一个 Archetype（如 maven-archetype-quickstart），最后单击 Next 按钮。

接下来要做的就是输入项目坐标 Group Id、Artifact Id、Version 以及包名。这一个步骤与在命令行中使用 Archetype 创建项目类似，如果 Archetype 有其他可配置的属性，用户也可以在这里一并配置，如图 16-3 所示。

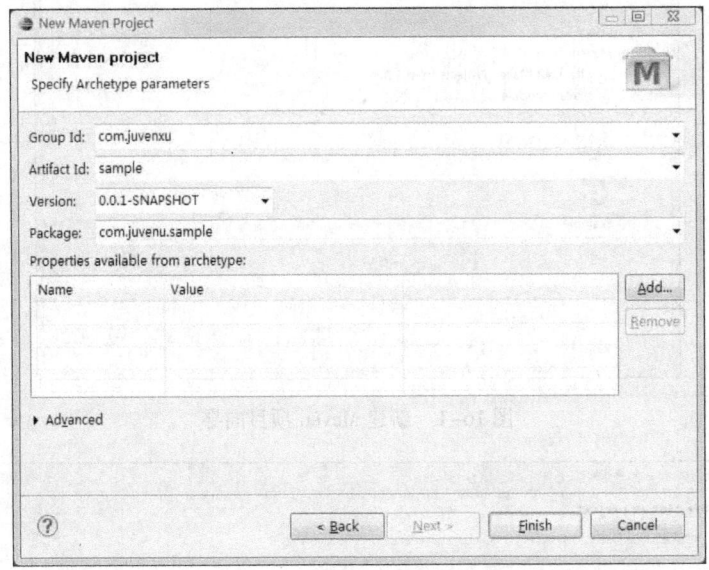

图 16-3　为项目输入坐标和包名

单击 Finish 按钮之后，m2eclipse 就会快速地在工作区创建一个 Maven 项目，这同时也是一个 Eclipse 项目。

16.3　导入 Maven 项目

较之于创建新的 Maven 项目，实际工作中更常见的是导入现有的 Maven 项目。m2eclipse 支持多种导入的方式，其中最常用的是导入本地文件系统的 Maven 项目以及导入 SCM 仓库中的 Maven 项目。

单击菜单栏中的 File，然后选择 Import 开始导入项目，如图 16-4 所示。

从图 16-4 中可以看到在 Maven 类中有 4 种导入方式，常用的就是第一种和第二种，即导入 SCM 仓库中的 Maven 项目和导入本地文件系统的 Maven 项目。

图 16-4 中的 Install or deploy an artifact to a Maven repository 能让用户将任意的文件安装

到 Maven 的本地仓库。如果该文件没有对应的 POM，则需要为其定义 Maven 坐标。

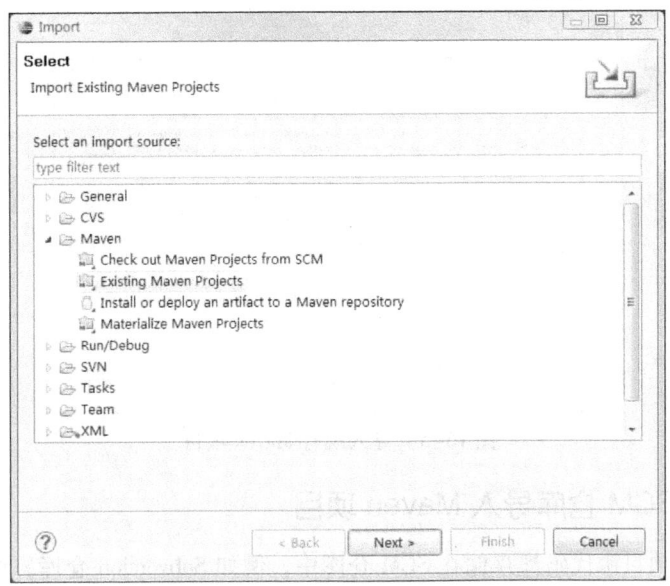

图 16-4　开始导入 Maven 项目

图 16-4 中的 Materialize Maven Projects 能让用户导入第三方的 Maven 项目，用户只需要提供一些关键字如 nexus-api，然后选择要导入的项目，m2eclipse 就能基于索引找到其对应的 POM 信息。如果该 POM 中包含了 SCM 信息，m2eclipse 就能直接下载该项目的源码并导入到 m2eclipse 中。当用到某个第三方类库，同时想研究其源码的时候，这一特性就非常有用，你不再需要打开浏览器去寻找该项目的信息，简单地在 m2eclipse 中操作几步就能完成第三方项目的导入。当然，这一特性的前提是第三方类库提供了正确的 SCM 信息。大多数开源项目在往 Maven 中央仓库提交构件的时候都会提供完整的信息，但也有例外，为了避免信息不完整的项目进入 Maven 中央仓库，最新的规则已经强制要求提交者提供完备的信息，如 SCM、许可证以及源码包等。这无疑能帮助 m2eclipse 表现得更好。

16.3.1　导入本地 Maven 项目

现在详细介绍一下如何导入本地 Maven 项目。选择图 16-4 中的 Existing Maven Projects 项，然后在弹出的对话框中选择本地项目所在的目录，如图 16-5 所示。

m2eclipse 能够自动识别出目录中所包含的 Maven 项目，如果发现是多模块项目，则会列出所有的模块。用户可以根据自己的需要选择要导入的模块，然后单击 Finish 按钮。m2eclipse 会执行导入项目信息、更新下载项目依赖，以及重建工作区等操作。根据实际项目的情况，这个过程可能花费几十秒到十几分钟。

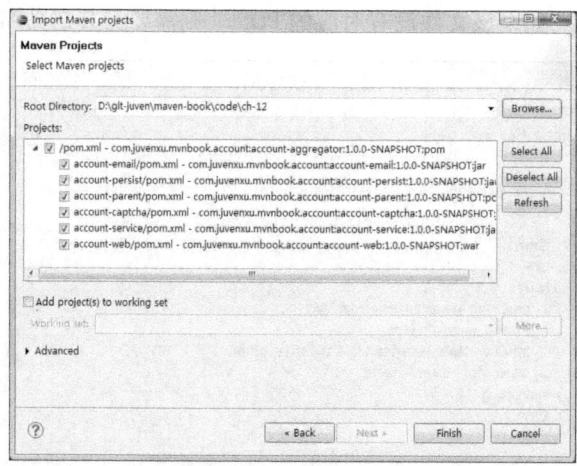

图 16-5　导入现有 Maven 项目

16.3.2　从 SCM 仓库导入 Maven 项目

通常我们的项目源代码都存储在 SCM 仓库中，例如 Subversion 仓库，读者当然可以使用 Subversion 命令将项目源码签出到本地，然后再导入到 m2eclipse 中。但 m2eclipse 支持用户直接从 SCM 仓库中导入 Maven 项目。

要从 SCM 导入 Maven 项目，首先需要确保安装了集成 SCM 的 Eclipse 插件，如 Subclipse，还需要 m2eclipse 的附属组件 Maven SCM Integration 以及对应的 SCM handler，如集成 Subclipse 的 Maven SCM handler for Subclipse。

如果这些组件都得以正确安装，就可以选择图 16-4 中的 Check out Maven Projects from SCM，在单击 Next 按钮之后，选择 SCM 类型并输入 SCM 地址，如图 16-6 所示。

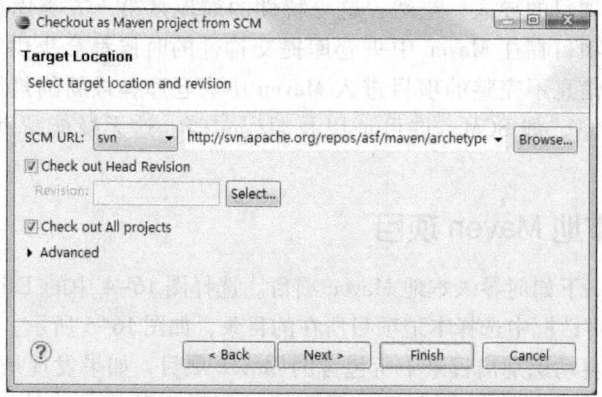

图 16-6　从 SCM 仓库导入 Maven 项目

单击 Next 按钮之后用户可以选择项目导入的本地位置，然后单击 Finish 按钮，m2eclipse 就会在后台使用 SCM 工具签出项目并执行 Maven 构建。用户可以单击 Eclipse 右下角的状态栏查看后台进程的状态,如图 16-7 所示。

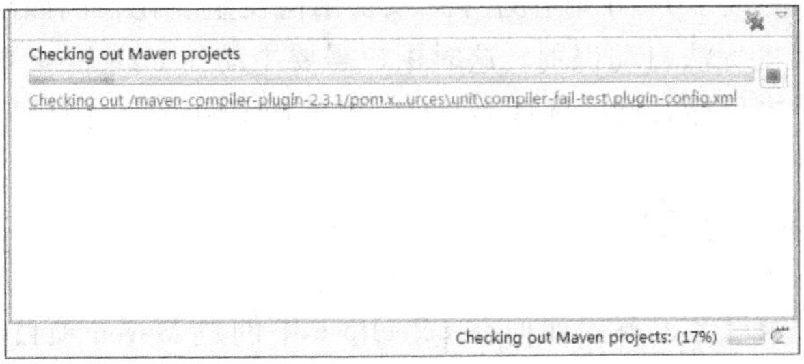

图 16-7　m2eclipse 在后台签出项目

同样地,根据项目大小以及网络的健康状况,这个过程可能花费几十秒到几十分钟不等。

16.3.3　m2eclipse 中 Maven 项目的结构

一个典型的 Maven 项目在 m2eclipse 中的结构如图 16-8 所示。

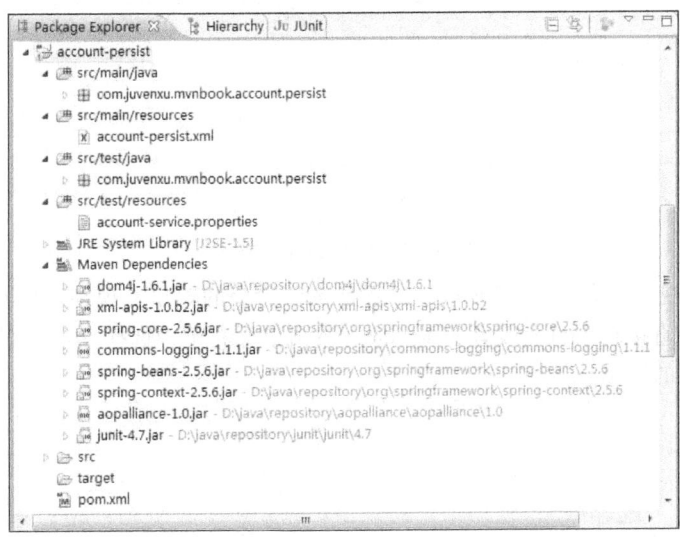

图 16-8　m2eclipse 中的 Maven 项目的结构

Maven 项目的主代码目录 src/main/java/、主资源目录 src/main/resources/、测试代码目录 src/test/java/和测试资源目录 src/test/resources/都被自动转换成了 Eclipse 中的源码文件夹（Source Folder）。Maven 的依赖则通过 Eclipse 库（Libraries）的方式引入,所有 Maven 依赖都在一个名为 Maven Dependencies 的 Eclipse 库中。需要注意的是,这些依赖文件并没有被复制到 Eclipse 工作区,它们只是对 Maven 本地仓库的引用。所有的源码文件夹和 Maven 依赖都在 Eclipse 项目的构建路径（Build Path）中。当然,用户还可以直接访问项目根目录下的 pom.xml 文件。此外,代码目录和资源目录之外的其他目录不会被转换成 Eclipse

的源码文件夹，它们不会被加入到构建路径中，但用户还是可以在 Eclipse 中访问它们。

注意：如果用户更改了 POM 内容且导致项目结构发生变化，例如添加了一个额外的资源目录，m2eclipse 可能无法自动识别。这时用户需要主动让 m2eclipse 更新项目结构：在项目或者 pom.xml 上单击鼠标右键，选择 Maven，再选择 Update Project Configuration。

16.4　执行 mvn 命令

到目前为止，大家已经了解了如何在 m2eclipse 中创建 Maven 项目和导入 Maven 项目，下一步要做的就是构建这些项目，或者说在这些项目中执行 mvn 命令。当然，大家还是可以在命令行的对应目录下执行 mvn 命令，不过这里要讲的是如何在 m2eclipse 中直接执行 mvn 命令。

要在 m2eclipse 中执行 mvn 命令，首先要做的是打开 m2eclipse 的 Maven 控制台。一般来说，Eclipse 窗口的下方会有一个终端（Console）视图，打开该视图后，可以在视图的右上角选择打开 Maven 终端，如图 16-9 所示。

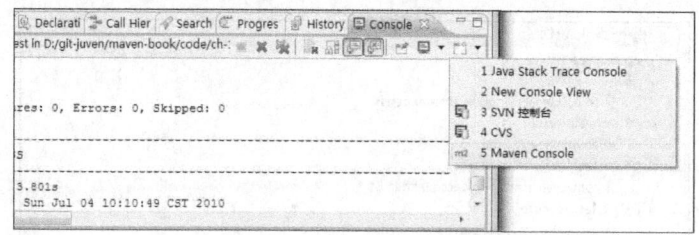

图 16-9　打开 Maven 终端

Maven 终端视图中会显示 m2eclipse 中所有 mvn 命令的输出。现在可以在 Maven 项目中执行 mvn 命令。直接在项目上或者 pom.xml 上单击鼠标右键，选择 Run As 选项，就能看到如图 16-10 所示的菜单。

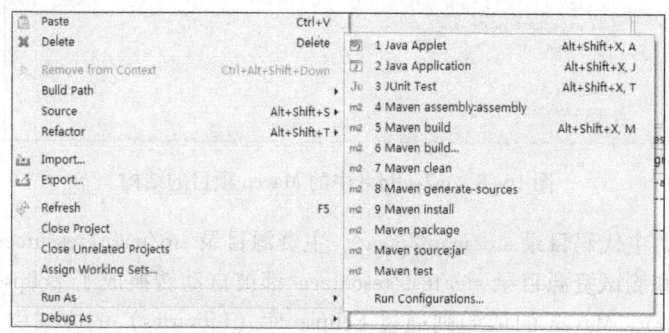

图 16-10　执行 Maven 构建命令

在图 16-10 中可以看到，菜单预置了很多构建命令，包括 clean、test、package 以及 install 等，直接单击就能让 m2eclipse 执行相应的 Maven 构建。

如果想要执行的 mvn 命令并没有被预置在这个菜单中该怎么办呢？这时可以选择

图 16-10 中的 Maven build 项来自定义 mvn 命令。图 16-11 显示的是单击 Maven Build... 项后显示的自定义 mvn 命令配置对话框。

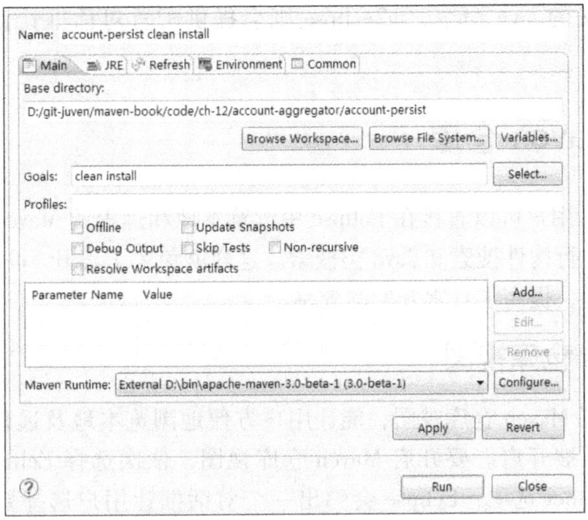

图 16-11 自定义 mvn 命令

图 16-11 为该配置提供了 Maven 目标 clean install，还定义了一个 account-persist clean install 的名称以方便日后重用。读者可以看到该配置页面能让用户自定义很多内容，例如是否更新 Snapshots、是否跳过测试、是否开启 Debug 输出，还包括添加额外的运行参数，等等。配置完成后，单击 Run 按钮就能执行该 mvn 命令了。读者可以在 Maven 终端查看运行输出。

使用上述的方法可以自定义任意多的 mvn 命令，而且这些配置都是可以被重用的。要再次运行自定义的 mvn 命令，单击图 16-10 中的 Maven build（注意没有省略号），然后就能看到如图 16-12 所示的对话框。

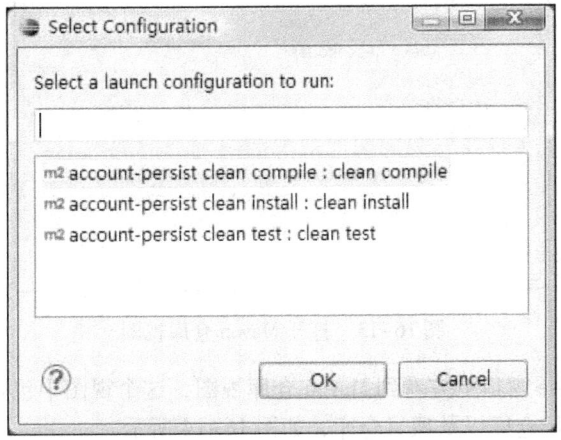

图 16-12 重用自定义 mvn 命令

如图 16-12 所示，读者可以选择并直接运行之前配置过的自定义 mvn 命令。需要注意的是，如果只配置了一个自定义 mvn 命令，m2eclipse 会跳过该选择框并直接运行，如果还没有配置任何自定义的 mvn 命令，m2eclipse 则会提供配置对话框让读者定义（第一次）mvn 命令。

16.5 访问 Maven 仓库

有了 m2eclipse，用户可以直接在 Eclipse 中浏览本地和远程的 Maven 仓库，并且能够基于这些仓库的索引进行构件搜索和 Java 类搜索。这样就免去了离开 Eclipse 访问本地文件系统或者浏览器的麻烦，提高了日常开发的效率。

16.5.1 Maven 仓库视图

m2eclipse 提供了 Maven 仓库视图，能让用户方便地浏览本地及远程仓库的内容，不过默认情况下该视图不被开启。要开启 Maven 仓库视图，依次选择 Eclipse 菜单栏中的 Windows、Show View、Other 选项，Eclipse 会弹出一个对话框让用户选择要打开的视图。选择 Maven 类下的 Maven Repositories，如图 16-13 所示。

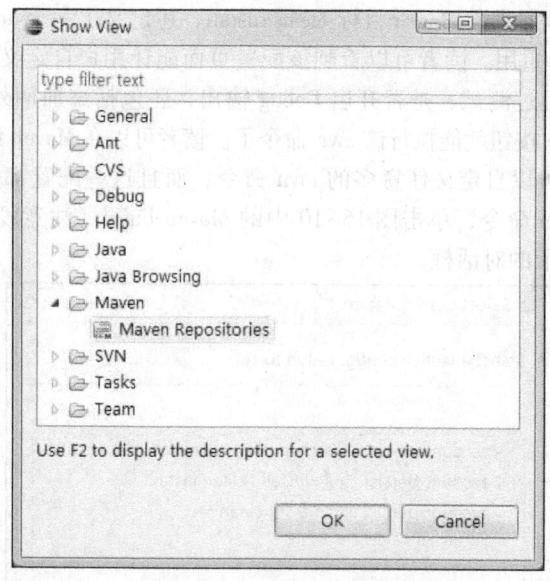

图 16-13 打开 Maven 仓库视图

这时可以在 Eclipse 窗口下方看到 Maven 仓库视图，这个视图中包含了 3 类 Maven 仓库，分别为本地仓库、全局仓库以及项目仓库，如图 16-14 所示。

其中本地仓库包含了 Maven 的本地仓库以及当前 Eclipse 工作区的项目；全局仓库默认是 Maven 中央仓库，但是如果在 settings.xml 中设置了镜像，全局仓库就会自动变更为镜像仓库。最后，如果当前 Maven 项目的 pom.xml 中配置了其他仓库，它们就会被自动加入到项目仓库这一类中。这些仓库的信息来源于用户的 settings.xml 文件和工作区中 Maven 项目的 pom.xml 文件。

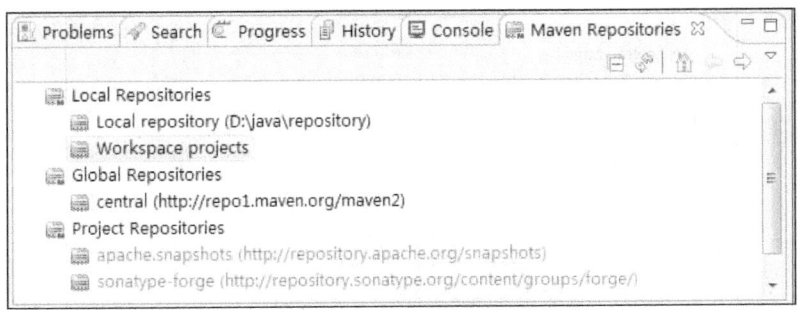

图 16-14　Maven 仓库视图

用户可以以树形结构快速浏览仓库的内容，双击叶子节点，打开构件对应的 POM 文件，如图 16-15 所示。

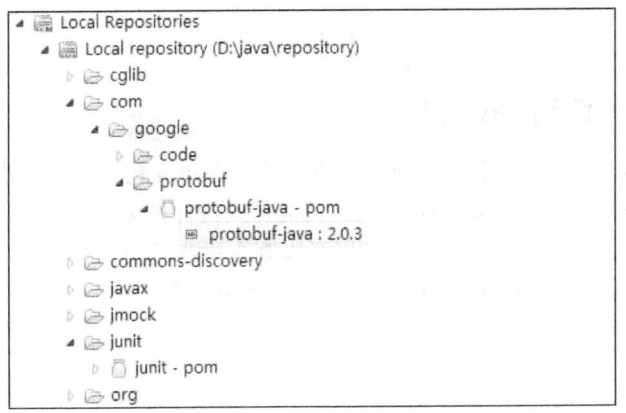

图 16-15　浏览 Maven 仓库内容

大家可能已经猜到，m2eclipse 其实不会真正地去存储所有仓库的内容，那样需要消耗大量的磁盘及网络带宽。因此与 Nexus 一样，m2eclipse 使用 nexus-indexer 索引仓库内容的信息。以全局仓库 central 为例，用户在首次使用 m2eclipse 的仓库浏览及搜索功能之前，需要构建该仓库的索引，在如图 16-16 所示的仓库上右击。

快捷菜单中的 Rebuild Index 让 m2eclipse 重新下载完整的远程索引，由于当前仓库是 central，索引文件较大，因此重建该索引会消耗比较长的时间。Update Index 则让 m2eclipse 以增量的方式下载索引文件。如果是本地仓库，Update Index 将无法使用，而 Rebuild Index 的效果是重新遍历本地仓库的文件建立索引。

图 16-16 中的菜单还有几个选项，Disable Index Details 让 m2eclipse 关闭该仓库的索引，

从而用户将无法浏览该仓库的内容，或者对其进行搜索。Minimum Index Enabled 表示只对仓库内容的坐标进行索引，而 Enable Full Index 不仅索引仓库内容的坐标，还索引这些文件所包含的 Java 类信息，从而能够支持用户搜索仓库中的 Java 类。

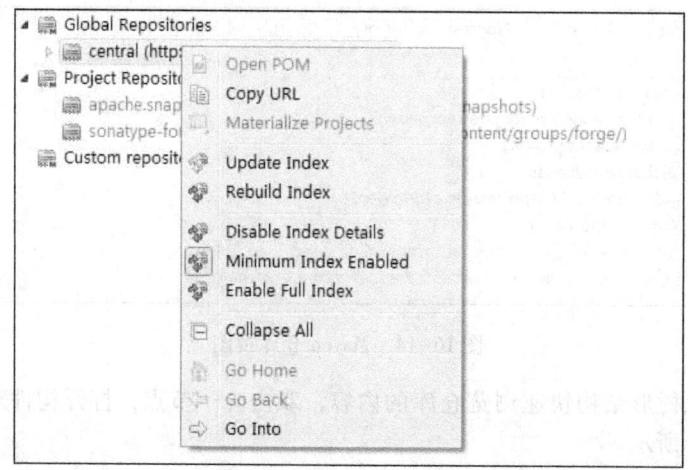

图 16-16　构建仓库索引

16.5.2　搜索构件和 Java 类

有了仓库索引之后，用户就可以通过关键字搜索 Maven 构件了。单击 Eclipse 菜单栏中的 Navigate，再选择 Open Maven POM 选项，就能得到构件搜索框。输入关键字后就能得到一个结果列表，还可以点击列表项进一步展开以查看版本信息，如图 16-17 所示。双击某个具体版本的构件能让 m2eclipse 直接打开对应的 POM 文件。

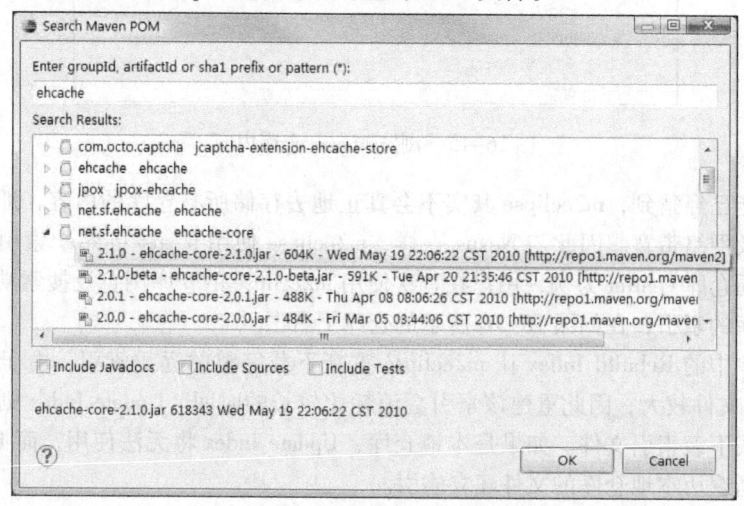

图 16-17　搜索 Maven 构件

如果为仓库开启了 Enable Full Index 选项，也就是说索引中包含了 Java 类型信息，则就可以通过 Java 类名的关键字寻找构件。单击 Eclipse 菜单栏中的 Navigate，再选择 Open Type from Maven，就能得到类搜索框。输入关键字后就能得到图 16-18 所示的搜索结果。同样，用户可以单击列表项展开其版本，还可以双击具体版本打开其 POM。

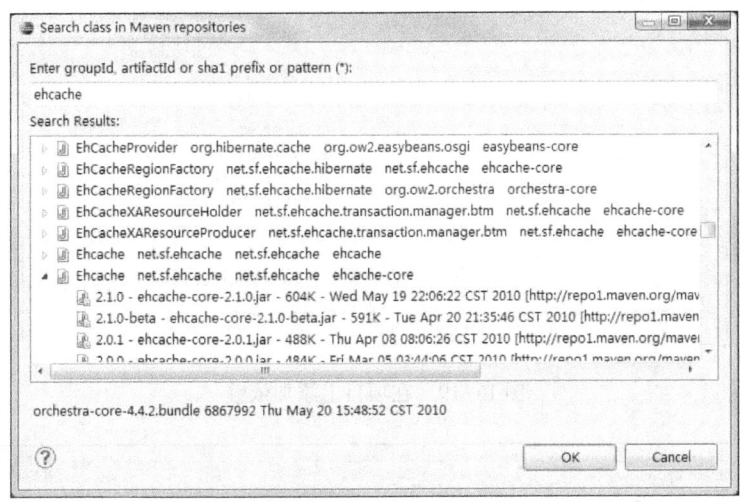

图 16-18　搜索 Java 类

不用离开 Eclipse，用户就能随时搜索想要使用的类库以及 Java 类，m2eclipse 仅仅要求用户提供一些必要的关键字，这无疑是非常方便的。

16.6　管理项目依赖

添加 Maven 依赖的传统做法是先搜索得到依赖的坐标，然后配置项目的 pom.xml 文件，加入 dependency 元素。当然，在 m2eclipse 中也可以这样做，不过 m2eclipse 提供了更方便的添加依赖的方法，用户直接根据关键字搜索依赖并从结果中选择即可。此外，m2eclipse 还提供了丰富的可视化界面帮助用户分析项目中的各种依赖以及它们之间的关系。

16.6.1　添加依赖

在 m2eclipse 中有多种添加依赖的方法，直接编辑 pom.xml 是一种，不过这里要讲的是另外两种更方便的做法。

首先用户可以在项目上或者 pom.xml 上右击，然后选择 Maven，再选择 Add Dependency 添加依赖，如图 16-19 所示。

在弹出的对话框中，用户只需要输入必要的关键字，然后选择要添加的依赖及版本，并且设定正确的依赖范围，单击 OK 按钮之后，依赖就被自动加入到 pom.xml 中。图 16-20 所示就为项目添加了 javax.servlet:servlet-api:2.5 这样一个依赖，并且在图的下方选择了

provided 这样一个依赖范围。

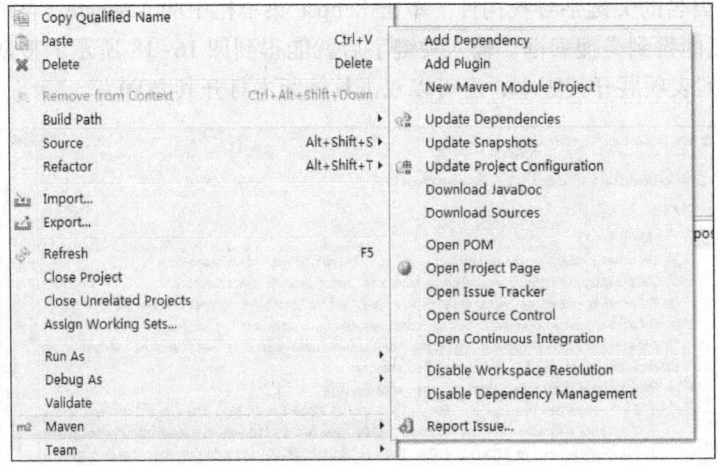

图 16-19　在项目上添加依赖

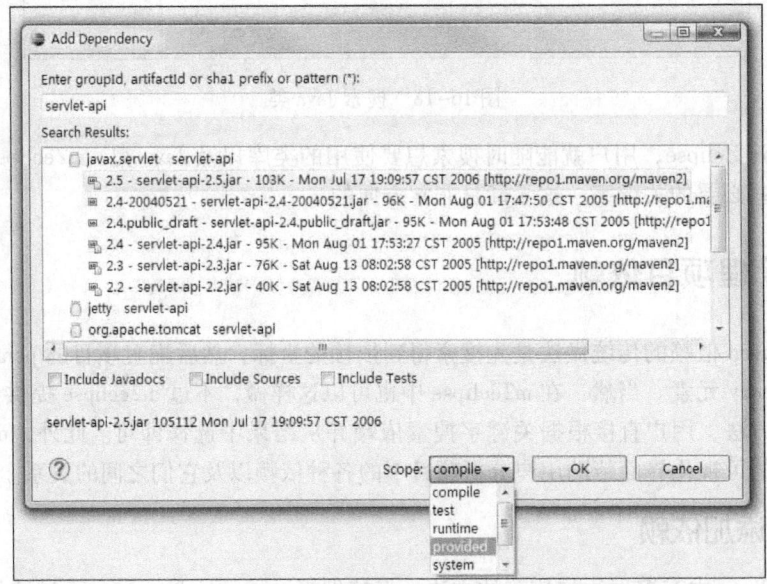

图 16-20　为项目添加 servlet-api 依赖

　　第二种快速添加依赖的方式是使用 m2eclipse 的 POM 编辑器。默认情况下，用户双击项目的 pom.xml 就能打开 POM 编辑器。POM 编译器下方有很多选项卡，包括概览、依赖、插件、报告、依赖层次、依赖图、Effective POM 等。其中，依赖（Dependencies）一项可以用来添加、删除和编辑依赖，如图 16-21 所示。

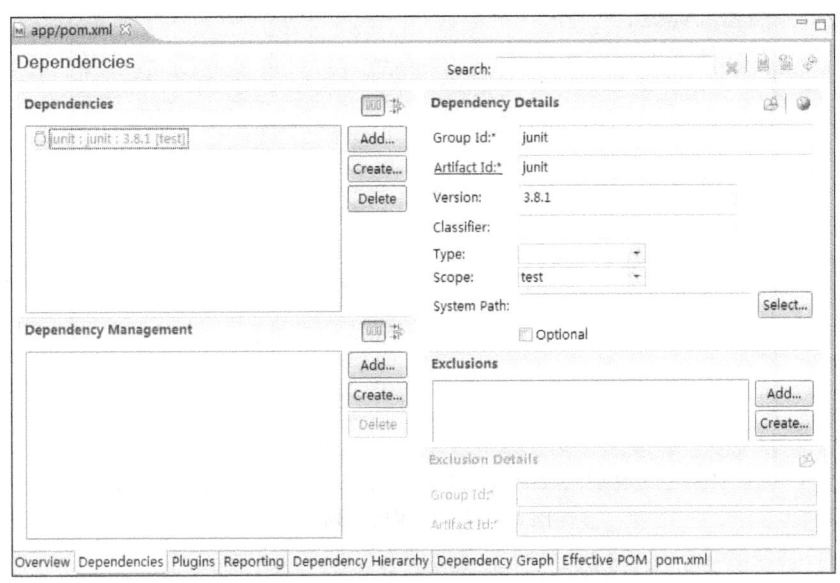

图 16-21　POM 编辑器中的依赖管理项

单击图 16-21 中上方的 Add 按钮就能得到如图 16-20 所示的添加依赖对话框。此外，从图中还可以看到，用户可以查看依赖的细节并对其进行编辑。

添加项目依赖之后，如果 m2eclipse 没有自动将依赖更新至项目的构建路径，用户可以强制要求 m2eclipse 更新，方法是在项目或者 pom.xml 上右击，选择 Maven，再选择 Update Dependencies。

16.6.2　分析依赖

5.9.3 节介绍了如何使用 maven-dependency-plugin 分析并优化项目的依赖，Maven 用户可以在命令行以树状的形式查看项目的依赖以及它们之间的关系。有了 m2eclipse，这种可视化的分析将更为清晰和直观。

开启 POM 编辑器中的依赖层次项（Dependency Hierarchy），就能看到图 16-22 所示的依赖层次图。

图 16-22 中左边列表显示了项目的树形依赖层次，右边列表则是所有 Maven 最终解析得到的依赖。默认情况下，两个列表都会显示依赖的 artifact、version 以及 scope。要查看依赖的 groupId，可以单击列表上方右起第二个按钮——Show GroupId。

有了这样一个依赖层次图，用户就能很清晰地看到所有依赖是如何进入到项目中来的，可能这是个直接依赖，那么在左边的它就是个顶层节点；可能这是个传递性依赖，那么这个树形层次就能够告诉用户传递路径是什么。如果这个依赖是同一 Maven 项目的另外一个模块，那么它的图标将与其他依赖不同，而是一个文件夹的样子。如果用户单击右边已解析依赖列表中的任意一项，左边就会自动更新为该依赖的传递路径，如图 16-23 所示。

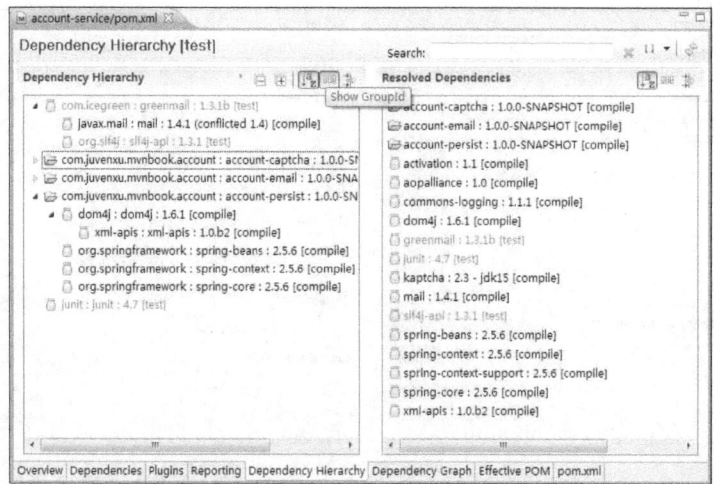

图 16-22　依赖层次列表

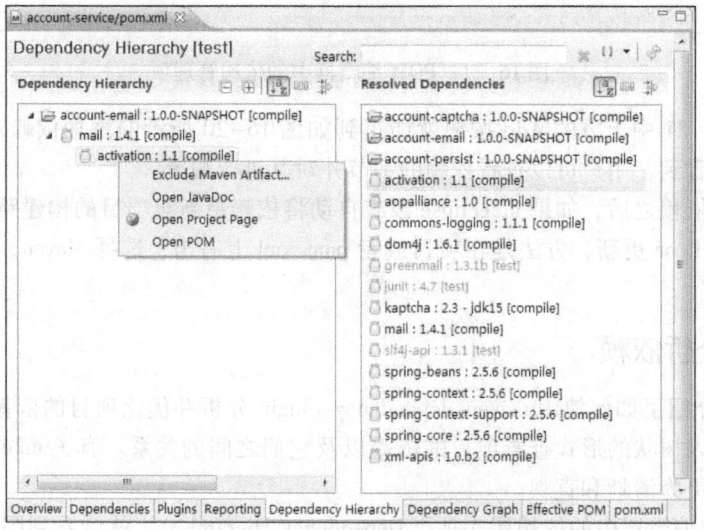

图 16-23　查看已解析依赖的传递路径

从图 16-23 中我们知道，activation 这样一个依赖是通过 account-email 依赖的 mail 依赖引入的。

此外，从图 16-23 中还能看到，在任何一个依赖上右击，可以执行打开依赖的 POM 和排除依赖等操作。尤其是排除依赖这一操作，比编辑 POM 更加直观和方便。

除了依赖层次列表，POM 编辑器还提供了一个更为图形化、更为直观的依赖图，如图 16-24 所示。

在这个依赖图中，每个依赖都是一个圆角矩形，用户可以随意拖动每个依赖，被选择依赖与其他依赖的连接线会被标亮。用户也可以在依赖上右击，选择显示 groupId，以及执行打开 POM 和排除依赖等操作。

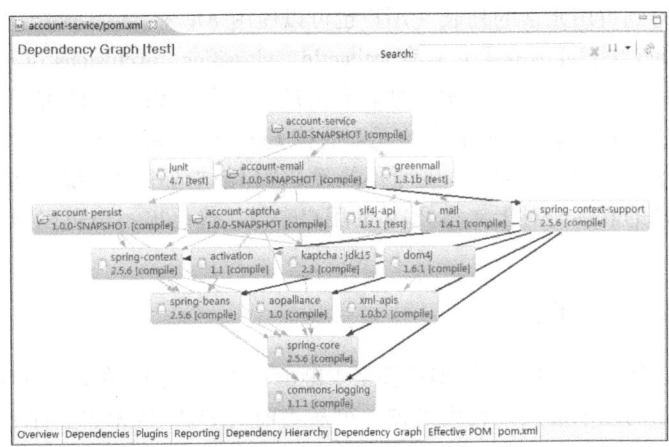

图 16-24　依赖图

16.7　其他实用功能

到目前为止，本章介绍了 m2eclipse 最主要的几个功能，包括新建项目、导入项目、执行 mvn 命令、访问 Maven 仓库和管理项目依赖。m2eclipse 还有很多琐碎的功能，由于其中有一些在实际中很少用到，笔者不计划逐一详细介绍。本章剩余的内容讲述几个 m2eclipse 非常实用的小特性。

16.7.1　POM 编辑的代码提示

m2eclipse 的 POM 编辑器能让用户以表单的形式编辑 pom.xml 文件，但很多时候这总没有直接编辑 XML 文件来得直接。有了 m2eclipse，用户在编辑 pom.xml 的时候就能得到即时的代码提示帮助，如图 16-25 所示。

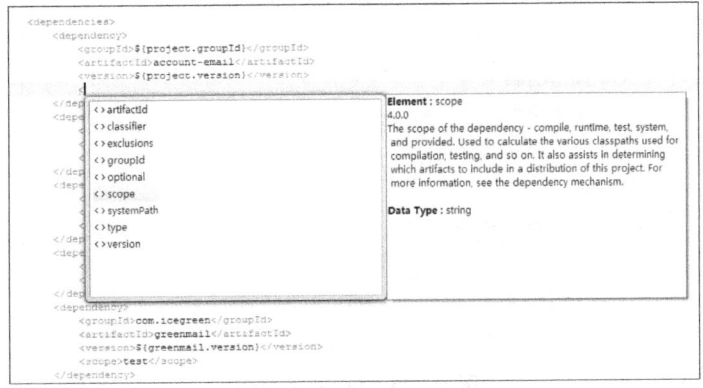

图 16-25　POM 编辑的代码提示

在图 16-25 中可以看到，当用户在 < dependency > 元素下输入左尖括号想要添加一个子元素的时候，会得到可用元素的列表（用户也可以使用 Alt + / 主动调出代码提示）。在该例中，< dependency > 下可用的子元素有 artifactId、classifier、exclusions 以及 scope 等。使用键盘的上下键可以选择查看某个元素，列表右边就会显示出该元素的解释。该例中右边显示了 scope 元素的解释。选择想要输入的元素后按 Enter 键，m2eclipse 就会自动填上元素标签，用户只需要输入元素的值即可。对于不熟悉 POM 结构的用户来说，这种代码提示帮助他们免去查阅文档的麻烦。对于熟悉 POM 的用户来说，代码提示也可以帮助他们节省输入时间。

16.7.2　Effective POM

我们都知道，任何一个项目的 POM 都至少继承自 Maven 内置的超级 POM，有些项目中用户还会配置自己的继承层次。也就是说，单从当前的 POM 是无法全面了解项目信息的，你必须同时查看所有父 POM。Maven 有一个 Effective POM 的概念，它表示一个合并整个继承结构所有信息的 POM。假设项目 A 继承自项目 B，而 B 又隐式地继承自超级 POM，那么 A 的 Effective POM 就包含了所有 A、B 以及超级 POM 的配置。有了 Effective POM，用户就能一次得到完整的 POM 信息。

Maven 用户可以直接从命令行获得 Effective POM：

```
$ mvn help:effective-pom
```

在 m2eclipse 的 POM 编辑器中，有一项专门的 Effective POM，用户可以直接查看当前项目的 Effective POM，如图 16-26 所示。当然，由于这是一个由其他 POM 合并而来的文件，你将无法对其直接进行修改。

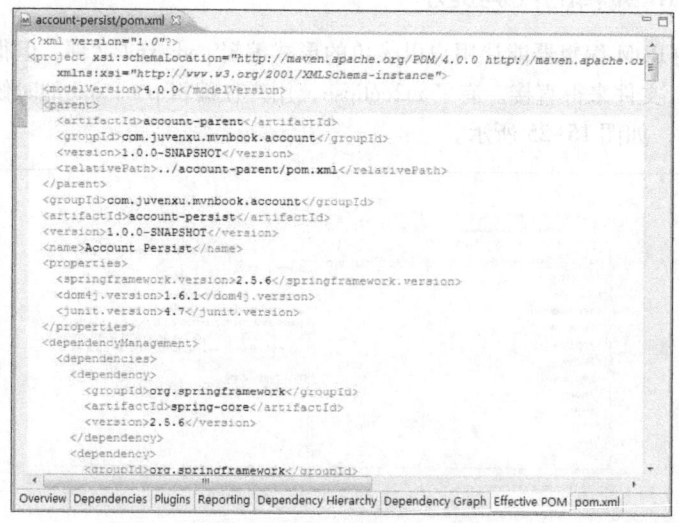

图 16-26　Effective POM

16.7.3 下载依赖源码

m2eclipse 能够自动下载并使用依赖的源码包，当你需要探究第三方开源依赖的细节，或者在调试应用程序的时候，这一特性非常有用。当然，该功能的前提是依赖提交了相应的源码包至 Maven 仓库，通常这个源码包是一个 classifier 为 sources 的 jar 文件。例如 junit-4.8.1.jar 就有一个对应的 junit-4.8.1-sources.jar 源码包。

m2eclipse 用户可以在项目上或者 pom.xml 上右击，选择 Maven，再选择 Download Sources 让 m2eclipse 为当前项目的依赖下载源码包。也可以设置 Maven 首选项让 m2eclipse 默认自动下载源码包。方法是单击 Eclipse 菜单中的 Window 并选择 Preferences，然后在弹出的对话框左边选择 Maven，接着在右边选上 Download Artifact Sources，如图 16-27 所示。

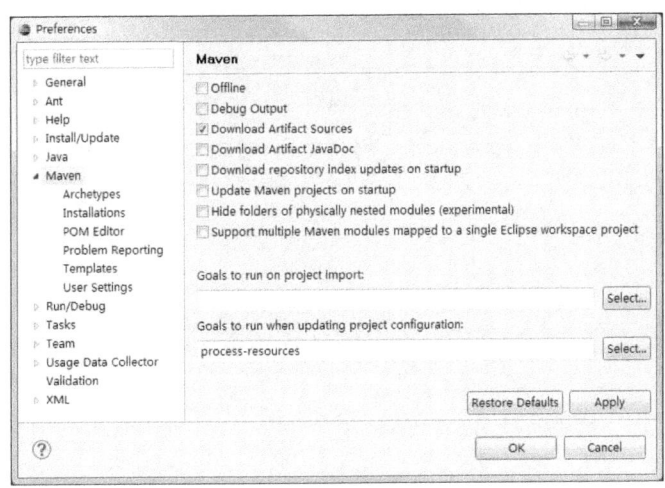

图 16-27　开启源码包下载

从图 16-27 中读者还可以看到，Maven 首选项允许配置很多 m2eclipse 的默认行为，包括是否开启 Debug 输出、是否打开 Eclipse 就下载索引等。左边的 Maven 子项还允许用户做更多的配置，包括配置 m2eclipse 使用的 Maven 安装、自定义 settings.xml 文件等。读者可以根据自己的实际需要进行调整，这里不再赘述。

16.8 小结

笔者不推荐在不熟悉 Maven 命令行的情况下就使用 m2eclipse，如果不理解 Maven 的基本概念和命令行操作，华丽的 IDE 界面只能给你带来更多的困惑，尤其是当遇到问题的时候，由于牵扯了更多的非 Maven 因素，排疑会变得更加困难。

如果你已经熟悉了 Maven 的基本概念和命令行，并且你日常使用的 IDE 是 Eclipse，那么就大胆使用 m2eclipse 吧。你可以在 m2eclipse 中直接创建 Maven 项目，也可以从本地或者

SCM 仓库导入 Maven 项目，在 m2eclipse 中执行 mvn 命令也很方便，你还可以自定义并保存 mvn 命令。m2eclipse 还集成了 Maven 仓库客户端的功能，不用离开 IDE，用户就可以浏览和搜索 Maven 仓库，并且随时添加依赖。m2eclipse 提供的依赖分析功能也比命令行更加直观和清晰。除了这些主要特性，m2eclipse 还能让用户享受便捷的 POM 编辑代码提示，可以直接查看 Effective POM，以及自动下载使用依赖的源码包，这些功能都能大大提高日常开发的效率。

第 17 章

编写 Maven 插件

本章内容

- 编写 Maven 插件的一般步骤
- 案例：编写一个用于代码行统计的 Maven 插件
- Mojo 标注
- Mojo 参数
- 错误处理和日志
- 测试 Maven 插件
- 小结

本书第 7 章已经讲过，Maven 的任何行为都是由插件完成的，包括项目的清理、编译、测试以及打包等操作都有其对应的 Maven 插件。每个插件拥有一个或者多个目标，用户可以直接从命令行运行这些插件目标，或者选择将目标绑定到 Maven 的生命周期。

大量的 Maven 插件可以从 Aapche[一]和 Codehaus[二]获得，这里的近百个插件几乎能够满足所有 Maven 项目的需要。除此之外，还有很多 Maven 插件分布在 Googlecode、Sourceforge、Github 等项目托管服务中。因此，当你发现自己有特殊需要的时候，首先应该搜索一下看是否已经有现成的插件可供使用。例如，如果想要配置 Maven 自动为所有 Java 文件的头部添加许可证声明，那么可以通过关键字 maven plugin license 找到 maven-license-plugin[三]，这个托管在 Googlecode 上的项目完全能够满足我的需求。

在一些非常情况下（几率低于 1%），你有非常特殊的需求，并且无法找到现成的插件可供使用，那么就只能自己编写 Maven 插件了。编写 Maven 插件并不是特别复杂，本章将详细介绍如何一步步编写能够满足自己需要的 Maven 插件。

17.1　编写 Maven 插件的一般步骤

为了能让读者对编写 Maven 插件的方法和过程有一个总体的认识，下面先简要介绍一下编写 Maven 插件的主要步骤。

1）创建一个 maven-plugin 项目：插件本身也是 Maven 项目，特殊的地方在于它的 packaging 必须是 maven-plugin，用户可以使用 maven-archetype-plugin 快速创建一个 Maven 插件项目。

2）为插件编写目标：每个插件都必须包含一个或者多个目标，Maven 称之为 Mojo（与 POJO 对应，后者指 Plain Old Java Object，这里指 Maven Old Java Object）。编写插件的时候必须提供一个或者多个继承自 AbstractMojo 的类。

3）为目标提供配置点：大部分 Maven 插件及其目标都是可配置的，因此在编写 Mojo 的时候需要注意提供可配置的参数。

4）编写代码实现目标行为：根据实际的需要实现 Mojo。

5）错误处理及日志：当 Mojo 发生异常时，根据情况控制 Maven 的运行状态。在代码中编写必要的日志以便为用户提供足够的信息。

6）测试插件：编写自动化的测试代码测试行为，然后再实际运行插件以验证其行为。

17.2　案例：编写一个用于代码行统计的 Maven 插件

为了便于大家实践，下面将详细演示如何实际编写一个简单的用于代码行统计的 Maven

[一] 网址为：http://maven.apache.org/plugins/index.html。
[二] 网址为：http://mojo.codehaus.org/plugins.html。
[三] 网址为：http://code.google.com/p/maven-license-plugin/。

插件。使用该插件，用户可以了解到 Maven 项目中各个源代码目录下文件的数量，以及它们加起来共有多少代码行。不过，笔者强烈反对使用代码行来考核程序员，因为大家都知道，代码的数量并不能真正反映一个程序员的价值。

要创建一个 Maven 插件项目，首先使用 maven-archetype-plugin 命令：

```
$ mvn archetype:generate
```

然后选择：

```
maven-archetype-plugin (An archetype which contains a sample Maven plugin.)
```

输入 Maven 坐标等信息之后，一个 Maven 插件项目就创建好了。打开项目的 pom.xml 可以看到如代码清单 17-1 所示的内容。

代码清单 17-1　代码行统计插件的 POM

```xml
<project xmlns="http://maven.apache.org/POM/4.0.0"
  xmlns:xsi="http://www.w3.org/2001/XMLSchema-instance"
  xsi:schemaLocation="http://maven.apache.org/POM/4.0.0
http://maven.apache.org/maven-v4_0_0.xsd">
    <modelVersion>4.0.0</modelVersion>
    <groupId>com.juvenxu.mvnbook</groupId>
    <artifactId>maven-loc-plugin</artifactId>
    <packaging>maven-plugin</packaging>
    <version>0.0.1-SNAPSHOT</version>
    <name>Maven LOC Plugin</name>
    <url>http://www.juvenxu.com/</url>

    <properties>
        <maven.version>3.0</maven.version>
    </properties>

    <dependencies>
        <dependency>
            <groupId>org.apache.maven</groupId>
            <artifactId>maven-plugin-api</artifactId>
            <version>${maven.version}</version>
        </dependency>
    </dependencies>
</project>
```

Maven 插件项目的 POM 有两个特殊的地方：

1) 它的 packaging 必须为 maven-plugin，这种特殊的打包类型能控制 Maven 为其在生命周期阶段绑定插件处理相关的目标，例如在 compile 阶段，Maven 需要为插件项目构建一个特殊插件描述符文件。

2) 从上述代码中可以看到一个 artifactId 为 maven-plugin-api 的依赖，该依赖中包含了插件开发所必需的类，例如稍后会看到的 AbstractMojo。需要注意的是，代码清单 17-1 中并没有使用默认 Archetype 生成的 maven-plugin-api 版本，而是升级到了 3.0，这样做的目的是与 Maven 的版本保持一致。

插件项目创建好之后，下一步是为插件编写目标。使用 Archetype 生成的插件项目包含了一个名为 MyMojo 的 Java 文件，我们将其删除，然后自己创建一个 CountMojo，如代码清单 17-2 所示。

代码清单 17-2　CountMojo 的主要代码

```
/**
 * Goal which counts lines of code of a project
 *
 * @goal count
 */
public class CountMojo
    extends AbstractMojo
{

    private static final String[] INCLUDES_DEFAULT = { "java", "xml", "properties" };

    /**
     * @parameter expression="${project.basedir}"
     * @required
     * @readonly
     */
    private File basedir;

    /**
     * @parameter expression="${project.build.sourceDirectory}"
     * @required
     * @readonly
     */
    private File sourceDirectory;

    /**
     * @parameter expression="${project.build.testSourceDirectory}"
     * @required
     * @readonly
     */
    private File testSourceDirectory;

    /**
     * @parameter expression="${project.build.resources}"
     * @required
     * @readonly
     */
    private List<Resource> resources;

    /**
     * @parameter expression="${project.build.testResources}"
     * @required
     * @readonly
     */
    private List<Resource> testResources;

    /**
```

```
    * The file types which will be included for counting
    *
    * @parameter
    */
    private String[] includes;

    public void execute()
        throws MojoExecutionException
    {
        if ( includes == null || includes.length == 0 )
        {
            includes = INCLUDES_DEFAULT;
        }

        try
        {
            countDir( sourceDirectory );

            countDir( testSourceDirectory );

            for ( Resource resource : resources )
            {
                countDir( new File( resource.getDirectory() ) );
            }

            for ( Resource resource : testResources )
            {
                countDir( new File( resource.getDirectory() ) );
            }
        }
        catch ( IOException e )
        {
            throw new MojoExecutionException( "Unable to count lines of code.", e );
        }
    }
}
```

首先，每个插件目标类，或者说 Mojo，都必须继承 AbstractMojo 并实现 execute() 方法，只有这样 Maven 才能识别该插件目标，并执行 execute() 方法中的行为。其次，由于历史原因，上述 CountMojo 类使用了 Java 1.4 风格的标注（将标注写在注释中），这里要关注的是 @goal，任何一个 Mojo 都必须使用该标注写明自己的目标名称，有了目标定义之后，我们才能在项目中配置该插件目标，或者在命令行调用之。例如：

```
$ mvn com.juvenxu.mvnbook:maven-loc-plugin:0.0.1-SNAPSHOT:count
```

创建一个 Mojo 所必要的工作就是这三项：继承 AbstractMojo、实现 execute() 方法、提供 @goal 标注。

下一步是为插件提供配置点。我们希望该插件默认统计所有 Java、XML，以及 properties 文件，但是允许用户配置包含哪些类型的文件。代码清单 17-2 中的 includes 字段就是用来为用户提供该配置点的，它的类型为 String 数组，并且使用了 @

parameter参数表示用户可以在使用该插件的时候在POM中配置该字段，如代码清单17-3所示。

代码清单17-3 配置CountMojo的includes参数

```
<plugin>
    <groupId>com.juvenxu.mvnbook</groupId>
    <artifactId>maven-loc-plugin</artifactId>
    <version>0.0.1-SNAPSHOT</version>
    <configuration>
        <includes>
            <include>java</include>
            <include>sql</include>
        </includes>
    </configuration>
</executions>
</plugin>
```

代码清单17-3配置了CountMojo统计Java和SQL文件，而不是默认的Java、XML和Properties。

代码清单17-2中还包含了basedir、sourceDirectory、testSourceDirectory等字段，它们都使用了@parameter标注，但同时关键字expression表示从系统属性读取这几个字段的值。${project.basedir}、${project.build.sourceDirectory}、${project.build.testSourceDirectory}等表达式读者应该已经熟悉，它们分别表示了项目的基础目录、主代码目录和测试代码目录。@readonly标注表示不允许用户对其进行配置，因为对于一个项目来说，这几个目录位置都是固定的。

了解这些简单的配置点之后，下一步就该实现插件的具体行为了。从代码清单17-2的execute()方法中大家能看到这样一些信息：如果用户没有配置includes则就是用默认的统计包含配置，然后再分别统计项目主代码目录、测试代码目录、主资源目录，以及测试资源目录。这里涉及一个countDir()方法，其具体实现如代码清单17-4所示。

代码清单17-4 CountMojo的具体行为实现

```
private void countDir( File dir )
    throws IOException
{
    if ( !dir.exists() )
    {
        return;
    }

    List<File> collected = new ArrayList<File>();

    collectFiles( collected, dir );

    int lines = 0;
```

```
            for ( File sourceFile : collected )
            {
                lines + = countLine( sourceFile );
            }

            String path = dir.getAbsolutePath().substring( basedir.getAbsolutePath()
.length() );

            getLog().info( path + ":" + lines + " lines of code in " + collected.size() +
" files" );

        }

        private void collectFiles( List <File> collected, File file )
        {
            if ( file.isFile() )
            {
                for ( String include : includes )
                {
                    if ( file.getName().endsWith( "." + include ) )
                    {
                        collected.add( file );

                        break;
                    }
                }
            }
            else
            {
                for ( File sub : file.listFiles() )
                {
                    collectFiles( collected, sub );
                }
            }
        }

        private int countLine( File file )
            throws IOException
        {
            BufferedReader reader = new BufferedReader( new FileReader( file ) );

            int line = 0;

            try
            {
                while ( reader.ready() )
                {
                    reader.readLine();

                    line + +;
                }
            }
            finally
            {
                reader.close();
```

```
    }
    return line;
}
```

这里简单解释一下上述三个方法：collectFiles()方法用来递归地收集一个目录下所有应当被统计的文件，countLine()方法用来统计单个文件的行数，而countDir()则借助上述两个方法统计某一目录下共有多少文件被统计，以及这些文件共包含了多少代码行。

代码清单17-2中的execute()方法包含了简单的异常处理，代码行统计的时候由于涉及了文件操作，因此可能会抛出IOException。当捕获到IOException的时候，使用MojoExecutationException对其简单包装后再抛出，Maven执行插件目标的时候如果遇到MojoExecutationException，就会在命令行显示"BUILD ERROR"信息。

代码清单17-4中的countDir()方法的最后一行使用了AbstractMojo的getLog()方法，该方法返回一个类似于Log4j的日志对象，可以用来将输出日志到Maven命令行。这里使用了info级别的日志告诉用户某个路径下有多少文件被统计，共包含了多少代码行，因此在使用该插件的时候可以看到如下的Maven输出：

```
[INFO] ---maven-loc-plugin:0.0.1-SNAPSHOT:count (default) @ app ---
[INFO] \src\main\java:13 lines of code in 1 files
[INFO] \src\test\java:38 lines of code in 1 files
```

使用mvn clean install命令将该插件项目构建并安装到本地仓库后，就能使用它统计Maven项目的代码行了。如下所示：

```
$ mvn com.juvenxu.mvnbook:maven-loc-plugin:0.0.1-SNAPSHOT:count
[INFO] Scanning for projects...
[INFO]
[INFO] ------------------------------------------------------------------------
[INFO] Building Account Captcha 1.0.0-SNAPSHOT
[INFO] ------------------------------------------------------------------------
[INFO]
[INFO] ---maven-loc-plugin:0.0.1-SNAPSHOT:count (default-cli) @ account-cap-
tcha ---
[INFO] \src\main\java:179 lines of code in 4 files
[INFO] \src\test\java:112 lines of code in 2 files
[INFO] \src\main\resources:11 lines of code in 1 files
[INFO] \src\test\resources:0 lines of code in 0 files
[INFO] ------------------------------------------------------------------------
[INFO] BUILD SUCCESS
[INFO] ------------------------------------------------------------------------
[INFO] Total time: 0.423s
[INFO] Finished at: Sat Jun 05 16:28:35 CST 2010
[INFO] Final Memory: 1M/4M
[INFO] ------------------------------------------------------------------------
```

如果嫌命令行太长太复杂，可以将该插件的groupId添加到settings.xml中。如下所示：

```
<settings>
  <pluginGroups>
    <pluginGroup>com.juvenxu.mvnbook</pluginGroup>
```

```
    </pluginGroups>
</settings>
```

现在 Maven 命令行就可以简化成：

```
$ mvn loc:count
```

这里面的具体原理可参考 7.8.4 节。

17.3 Mojo 标注

每个 Mojo 都必须使用 @Goal 标注来注明其目标名称，否则 Maven 将无法识别该目标。Mojo 的标注不仅限于 @Goal，以下是一些可以用来控制 Mojo 行为的标注。

- **@goal \<name\>**

这是唯一必须声明的标注，当用户使用命令行调用插件，或者在 POM 中配置插件的时候，都需要使用该目标名称。

- **@phase \<phase\>**

默认将该目标绑定至 Default 生命周期的某个阶段，这样在配置使用该插件目标的时候就不需要声明 phase。例如，maven-surefire-plugin 的 test 目标就带有 @phase test 标注。

- **@requiresDependencyResolution \<scope\>**

表示在运行该 Mojo 之前必须解析所有指定范围的依赖。例如，maven-surefire-plugin 的 test 目标带有 @requiresDependencyResolution test 标注，表示在执行测试之前，所有测试范围的依赖必须得到解析。这里可用的依赖范围有 compile、test 和 runtime，默认值为 runtime。

- **@requiresProject \<true/false\>**

表示该目标是否必须在一个 Maven 项目中运行，默认为 true。大部分插件目标都需要依赖一个项目才能执行，但有一些例外。例如 maven-help-plugin 的 system 目标，它用来显示系统属性和环境变量信息，不需要实际项目，因此使用了 @requiresProject false 标注。另外，maven-archetype-plugin 的 generate 目标也是一个很好的例子。

- **@requiresDirectInvocation \<true/false\>**

当值为 true 的时候，该目标就只能通过命令行直接调用，如果试图在 POM 中将其绑定到生命周期阶段，Maven 就会报错，默认值为 false。如果你希望编写的插件只能在命令行独立运行，就应当使用该标注。

- **@requiresOnline \<true/false\>**

表示是否要求 Maven 必须是在线状态，默认值是 false。

- **@requiresReport \<true/false\>**

表示是否要求项目报告已经生成，默认值是 false。

- **@aggregator**

当 Mojo 在多模块项目上运行时，使用该标注表示该目标只会在顶层模块运行。例如 maven-javadoc-plugin 的 aggregator-jar 使用了 @aggregator 标注，它不会为多模块项目的每个模块生成 Javadoc，而是在顶层项目生成一个已经聚合的 Javadoc 文档。

❑ **@execute goal = "<goal>"**

在运行该目标之前先让 Maven 运行另外一个目标，如果是本插件的目标，则直接使用目标名称，否则使用"prefix：goal"的形式，即注明目标前缀。例如，maven-pmd-plugin 是一个使用 PMD 来分析项目源码的工具，它包含 pmd 和 check 等目标，其中 pmd 用来生成报告，而 check 用来验证报告。由于 check 是依赖于 pmd 生成的内容的，因此可以看到它使用了标注 @execute goal = "pmd"。

❑ **@execute phase = "<phase>"**

在运行该目标之前让 Maven 先运行一个并行的生命周期，到指定的阶段为止。例如 maven-dependency-plugin 的 analyze 使用了标注 @execute phase = "test-compile"，因此当用户在命令行执行 dependency：analyze 的时候，Maven 会首先执行 default 生命周期所有至 test-compile 的阶段。

❑ **@execute lifecycle = "<lifecycle>" phase = "<phase>"**

在运行该目标之前让 Maven 先运行一个自定义的生命周期，到指定的阶段为止。例如 maven-surefire-report-plugin 这个用来生成测试报告的插件，它有一个 report 目标，标注了 @execute phase = "test" lifecycle = "surefire"，表示运行这个自定义的 surefire 声明周期至 test 阶段。自定义生命周期的配置文件位于 src/main/resources/META-INF/maven/lifecycle.xml。内容如代码清单 17-5 所示。

代码清单 17-5 maven-surefire-report-plugin 的自定义生命周期

```xml
<lifecycles>
  <lifecycle>
    <id>surefire</id>
    <phases>
      <phase>
        <id>test</id>
        <configuration>
          <testFailureIgnore>true</testFailureIgnore>
        </configuration>
      </phase>
    </phases>
  </lifecycle>
</lifecycles>
```

17.4 Mojo 参数

正如在代码清单 17-2 中所看到的那样，我们可以使用 @parameter 将 Mojo 的某个字段标注为可配置的参数，即 Mojo 参数。事实上几乎每个 Mojo 都有一个或者多个 Mojo 参数，通过配置这些参数，Maven 用户可以自定义插件的行为。7.5.2 节和 7.5.3 节就分别配置了 maven-compiler-plugin 和 maven-antrun-plugin 的 Mojo 参数。

Maven 支持种类多样的 Mojo 参数，包括单值的 boolean、int、float、String、Date、File 和 URL，多值的数组、Collection、Map、Properties 等。

❑ **boolean**（包括 boolean 和 Boolean）

```
/**
 * @parameter
 */
private boolean sampleBoolean
```

对应的配置如下：

```
<sampleBoolean>true</sampleBoolean>
```

❑ **int**（包括 Integer、long、Long、short、Short、byte、Byte）

```
/**
 * @parameter
 */
private int sampleInt
```

对应的配置如下：

```
<sampleInt>8</sampleInt>
```

❑ **float**（包括 Float、double、Double）

```
/**
 * @parameter
 */
private float sampleFloat
```

对应的配置如下：

```
<sampleFloat>8.8</sampleFloat>
```

❑ **String**（包括 StringBuffer、char、Character）

```
/**
 * @parameter
 */
private String sampleString
```

对应的配置如下：

```
<sampleString>Hello World</sampleString>
```

❑ **Date**（格式为 yyyy-MM-dd HH：mm：ss.S a 或者 yyyy-MM-dd HH：mm：ssa）

```
/**
 * @parameter
 */
private Date sampleDate
```

对应的配置如下：

```
<sampleDate>2010-06-06 3:14:55.1 PM</sampleDate>
```

或者

```
<sampleDate>2010-06-06 3:14:55PM</sampleDate>
```

❏ **File**

```
/**
* @parameter
*/
private File sampleFile
```

对应的配置如下：

```
<sampleFile>c:\tmp</sampleFile>
```

❏ **URL**

```
/**
* @parameter
*/
private URL sampleURL
```

对应的配置如下：

```
<sample=URL>http://www.juvenxu.com/</sampleURL>
```

❏ **数组**

```
/**
* @parameter
*/
private String[] includes
```

对应的配置如下：

```
<includes>
  <include>java</include>
  <include>sql</include>
</includes>
```

❏ **Collection**（任何实现 Collection 接口的类，如 ArrayList 和 HashSet）

```
/**
* @parameter
*/
private List includes
```

对应的配置如下：

```
<includes>
  <include>java</include>
  <include>sql</include>
</includes>
```

❏ **Map**

```
/**
* @parameter
*/
private Map sampleMap
```

对应的配置如下：

```
<sampleMap>
  <key1>value1</key1>
  <key2>value2</key2>
</sampleMap>
```

❑ **Properties**

```
/**
 * @parameter
 */
private Properties sampleProperties
```

对应的配置如下：

```
<sampleProperties>
  <property>
<name>p_name_1</name>
    <value>p_value_1</value>
</property>
  <property>
<name>p_name_2</name>
    <value>p_value_2</value>
</property>
</sampleProperties>
```

一个简单的@parameter标注就能让用户配置各种类型的Mojo字段，不过在此基础上，用户还能为@parameter标注提供一些额外的属性，进一步自定义Mojo参数。

❑ **@parameter alias = "<aliasName>"**

使用alias，用户就可以为Mojo参数使用别名，当Mojo字段名称太长或者可读性不强时，这个别名就非常有用。例如：

```
/**
 * @parameter alias = "uid"
 */
private String uniqueIdentity
```

对应的配置如下：

```
<uid>juven</uid>
```

❑ **@parameter expression = "${aSystemProperty}"**

使用系统属性表达式对Mojo参数进行赋值，这是非常有用的特性。配置了@parameter的expression之后，用户可以在命令行配置该Mojo参数。例如，maven-surefire-plugin的test目标有如下源码：

```
/**
 * @parameter expression = "${maven.test.skip}"
 */
private boolean skip;
```

用户可以在POM中配置skip参数，同时也可以直接在命令行使用-Dmaven.test.skip =

true 来跳过测试。如果 Mojo 参数没有提供 expression，那就意味着该参数无法在命令行直接配置。还需要注意的是，Mojo 参数的名称和 expression 名称不一定相同。

- **@ parameter default-value = "aValue/ ${anExpression}"**

如果用户没有配置该 Mojo 参数，就为其提供一个默认值。该值可以是一个简单字面量如"true"、"hello"或者"1.5"，也可以是一个表达式，以方便使用 POM 的某个元素。

例如，下面代码中的参数 sampleBoolean 默认值为 true：

```
/**
 * @ parameter defaultValue = "true"
 */
private boolean sampleBoolean
```

代码清单 17-2 中有如下代码：

```
/**
 * @ parameter expression = "${project.build.sourceDirectory}"
 * @ required
 * @ readonly
 */
private File sourceDirectory;
```

表示默认使用 POM 元素 \<project> \<build> \<sourceDirectory> 的值。

除了 @ parameter 标注外，还看到可以为 Mojo 参数使用 @ readonly 和 @ required 标注。

- **@ readonly**

表示该 Mojo 参数是只读的，如果使用了该标注，用户就无法对其进行配置。通常在应用 POM 元素内容的时候，我们不希望用户干涉。代码清单 17-2 就是很好的例子。

- **@ required**

表示该 Mojo 参数是必须的，如果使用了该标注，但是用户没有配置该 Mojo 参数且其没有默认值，Maven 就会报错。

17.5　错误处理和日志

如果大家看一下 Maven 的源码，会发现 AbstractMojo 实现了 Mojo 接口，execute()方法正是在这个接口中定义的。具体代码如下：

```
void execute()
    throws MojoExecutionException, MojoFailureException;
```

这个方法可以抛出两种异常，分别是 MojoExecutionException 和 MojoFailureException。

如果 Maven 执行插件目标的时候遇到 MojoFailureException，就会显示"BUILD FAILURE"的错误信息，这种异常表示 Mojo 在运行时发现了预期的错误。例如 maven-surefire-plugin 运行后若发现有失败的测试就会抛出该异常。

如果 Maven 执行插件目标的时候遇到 MojoExecutionException，就会显示"BUILD ERROR"的错误信息。这种异常表示 Mojo 在运行时发现了未预期的错误，例如代码清单 17-2

中我们不知道代码行统计插件何时会遇到 IOException，这个时候只能将其嵌套进 MojoExecutationException 后再抛出。

上述两种异常能够在 Mojo 执行出错的时候提供一定的信息，但这往往是不够的，用户在编写插件的时候还应该提供足够的日志信息，AbstractMojo 提供了一个 getLog( )方法，用户可以使用该方法获得一个 Log 对象。该对象支持四种级别的日志方法，它们从低到高分别为：

- **debug**：调试级别的日志。Maven 默认不会输出该级别的日志，不过用户可以在执行 mvn 命令的时候使用 –X 参数开启调试日志，该级别的日志是用来帮助程序员了解插件具体运行状态的，因此应该尽量详细。需要注意的是，不要指望你的用户会主动去看该级别的日志。
- **info**：消息级别的日志。Maven 默认会输出该级别的日志，该级别的日志应该足够简洁，帮助用户了解插件重要的运行状态。例如，maven-compiler-plugin 会使用该级别的日志告诉用户源代码编译的目标目录。
- **warn**：警告级别的日志。当插件运行的时候遇到了一些问题或错误，不过这类问题不会导致运行失败的时候，就应该使用该级别的日志警告用户尽快修复。
- **error**：错误级别的日志。当插件运行的时候遇到了一些问题或错误，并且这类问题导致 Mojo 无法继续运行，就应该使用该级别的日志提供详细的错误信息。

上述每个级别的日志都提供了三个方法。以 debug 为例，它们分别为：

- void debug（CharSequence content）；
- void debug（CharSequence content, Throwable error）；
- void debug（Throwable error）；

用户在编写插件的时候，应该根据实际情况选择适应的方法。基本的原则是，如果有异常出现，就应该尽量使用适宜的日志方法将异常堆栈记录下来，方便将来的问题分析。

如果使用过 Log4j 之类的日志框架，就应该不会对 Maven 日志支持感到陌生，日志不是一个 Maven 插件的核心代码，但是为了方便使用和调试，完整的插件应该具备足够丰富的日志代码。

17.6 测试 Maven 插件

编写 Maven 插件的最后一步是对其进行测试，单元测试较之于一般的 Maven 项目无异，可以参考第 10 章。手动测试 Maven 插件也是一种做法，读者可以将插件安装到本地仓库后，再找个项目测试该插件。本节要介绍的并非上述两种读者已经十分熟悉的测试方法，而是如何编写自动化的集成测试代码来验证 Maven 插件的行为。

读者可以想象一下，既然是集成测试，那么就一定需要一个实际的 Maven 项目，配置该项目使用插件，然后在该项目上运行 Maven 构建，最后再验证该构建成功与否，可能还需要检查构建的输出。

既然有数以千计的 Maven 插件,那么很可能已经有很多人遇到过上述的需求,因此 Maven 社区有一个用来帮助插件集成测试的插件,它就是 maven-invoker-plugin。该插件能够用来在一组项目上执行 Maven,并检查每个项目的构建是否成功,最后,它还可以执行 BeanShell 或者 Groovy 脚本来验证项目构建的输出。

BeanShell 和 Groovy 都是基于 JVM 平台的脚本语言,读者可以访问 http://www.beanshell.org/ 和 http://groovy.codehaus.org/ 以了解更多的信息。本章下面的内容会用到少许的 Groovy 代码,不过这些代码十分简单,很容易理解。

回顾一下前面的代码行统计插件,可以使用 Archetype 创建一个最简单的 Maven 项目,然后在该项目中配置 maven-loc-plugin。如果一切正常,就应该能够看到如下的 Maven 构建输出:

```
[INFO] \src\main\java: 13 lines of code in 1 files
[INFO] \src\test\java: 38 lines of code in 1 files
```

为了验证这一行为,先配置 maven-loc-plugin 的 POM 使用 maven-invoker-plugin,如代码清单 17-6 所示。

代码清单 17-6 配置 maven-loc-plugin 使用 maven-invoker-plugin

```
<plugin>
    <groupId>org.apache.maven.plugins</groupId>
    <artifactId>maven-invoker-plugin</artifactId>
    <version>1.5</version>
    <configuration>
        <projectsDirectory>src/it</projectsDirectory>
        <goals>
            <goal>install</goal>
        </goals>
        <postBuildHookScript>validate.groovy</postBuildHookScript>
    </configuration>
    <executions>
        <execution>
            <id>integration-test</id>
            <goals>
                <goal>install</goal>
                <goal>run</goal>
            </goals>
        </execution>
    </executions>
</plugin>
```

代码清单 17-6 中 maven-invoker-plugin 有三项配置。首先 projectDirectory 用来配置测试项目的目录,也就是说在 src/it 目录下存放要测试的 Maven 项目源码;其次 goals 表示在测试项目上要运行的 Maven 目标,这里的配置就表示 maven-invoker-plugin 会在 src/it 目录下的各个 Maven 项目中运行 mvn install 命令;最后的 postBuildHookScript 表示在测试完成后要运行的验证脚本,这里是一个 groovy 文件。

从代码清单 17-6 中我们还看到，maven-invoker-plugin 的两个目标 install 和 run 被绑定到了 integration-test 生命周期阶段。这里的 install 目标用来将当前的插件构建并安装到仓库中供测试项目使用，run 目标则会执行定义好的 mvn 命令并运行验证脚本。

当然仅仅该配置还不够，src/it 目录下必须有一个或者多个供测试的 Maven 项目，我们可以使用 maven-archetype-quickstart 创建一个项目并修改 POM 使用 mvn-loc-plugin，如代码清单 17-7 所示。该测试项目的其余代码不再赘述。

代码清单 17-7　maven-loc-plugin 的测试项目 POM

```xml
<project xmlns="http://maven.apache.org/POM/4.0.0"
    xmlns:xsi="http://www.w3.org/2001/XMLSchema-instance"
    xsi:schemaLocation="http://maven.apache.org/POM/4.0.0
http://maven.apache.org/maven-v4_0_0.xsd">
    <modelVersion>4.0.0</modelVersion>
    <groupId>com.juvenxu</groupId>
    <artifactId>app</artifactId>
    <packaging>jar</packaging>
    <version>1.0-SNAPSHOT</version>
    <name>app</name>
    <url>http://maven.apache.org</url>
    <dependencies>
        <dependency>
            <groupId>junit</groupId>
            <artifactId>junit</artifactId>
            <version>3.8.1</version>
            <scope>test</scope>
        </dependency>
    </dependencies>
    <build>
        <plugins>
            <plugin>
                <groupId>com.juvenxu.mvnbook</groupId>
                <artifactId>maven-loc-plugin</artifactId>
                <version>0.0.1-SNAPSHOT</version>
                <executions>
                    <execution>
                        <goals>
                            <goal>count</goal>
                        </goals>
                        <phase>verify</phase>
                    </execution>
                </executions>
            </plugin>
        </plugins>
    </build>
</project>
```

代码清单 17-7 就是一个最简单的 POM，然后配置 maven-loc-plugin 的 count 目标绑定到了 verify 生命周期阶段。

测试项目准备好了，现在要准备的是与该项目对应的验证脚本文件，即 validate.groovy，它应该位于 src/it/app 目录下（即上述测试项目的根目录），内容如代码清单 17-8 所示。

代码清单 17-8　maven-loc-plugin 的集成测试验证脚本

```groovy
def file = new File(basedir,'build.log')
def countMain = false
def countTest = false

file.eachLine {
  if ( it = ~ /src.main.java: 13 lines of code in 1 files/)
    countMain = true
  if ( it = ~ /src.test.java: 38 lines of code in 1 files/)
    countTest = true
}

if ( !countMain )
  throw new RuntimeException( "incorrect src/main/java count info" );

if ( !countTest )
  throw new RuntimeException( "incorrect src/test/java count info" );
```

这段 Groovy 代码做的事情很简单。它首先读取 app 项目目录下的 build.log 文件，当 maven-invoker-plugin 构建测试项目的时候，会把 mvn 输出保存到项目下的 build.log 文件中。因此，可以解析该日志文件来验证 maven-loc-plugin 是否输出了正确的代码行信息。

上述 Groovy 代码首先假设没有找到正确的主代码统计信息和测试代码统计信息，然后它逐行遍历日志文件，紧接着使用正则表达式检查寻找要检查的内容（两个斜杠 // 中间的内容是正则表达式，而 = ~ 表示寻找该正则表达式匹配的内容），如果找到期望的输出，就将 countMain 和 countTest 置为 true。最后，如果这两个变量的值有 false，就抛出对应的异常信息。

Maven 会首先在测试项目 app 上运行 mvn install 命令，如果运行成功，则再执行 validate.groovy 脚本。只有脚本运行通过且没有异常，集成测试才算成功。

现在在 maven-loc-plugin 下运行 mvn clean install，就能看到如下的输出：

```
[INFO] ---maven-invoker-plugin:1.5:install (integration-test) @ maven-loc-plugin ---
[INFO] Installing D:\ws-maven-book\maven-loc-plugin\pom.xml to D:\java\repository\com\juvenxu\mvnbook\maven-loc-plugin\0.0.1-SNAPSHOT\maven-loc-plugin-0.0.1-SNAPSHOT.pom
[INFO] Installing D:\ws-maven-book\maven-loc-plugin\target\maven-loc-plugin-0.0.1-SNAPSHOT.jar to D:\java\repository\com\juvenxu\mvnbook\maven-loc-plugin\0.0.1-SNAPSHOT\maven-loc-plugin-0.0.1-SNAPSHOT.jar
[INFO]
[INFO] ---maven-invoker-plugin:1.5:run (integration-test) @ maven-loc-plugin ---
[WARNING] Filtering of parent/child POMs is not supported without cloning the projects
[INFO] Building: app\pom.xml
[INFO] ..SUCCESS (3.4 s)
[INFO] ------------------------------------------------
[INFO] Build Summary:
```

```
[INFO] Passed:1, Failed:0, Errors:0, Skipped:0
[INFO] ------------------------------------------------
```

从输出中可以看到 maven-invoker-plugin 的 install 目标将当前项目 maven-loc-plugin 安装至本地仓库，然后它的 run 目标构建测试项目 app，并最后报告运行结果。

至此，所有 Maven 插件集成测试的步骤就都完成了。

上述样例只涉及了 maven-invoker-plugin 的很少一部分配置点，用户还可以配置：

- **debug**（boolean）：是否在构建测试项目的时候开启 debug 输出。
- **settingsFile**（File）：执行集成测试所使用的 settings.xml，默认为本机环境 settings.xml。
- **localRepositoryPath**（File）：执行集成测试所使用的本地仓库，默认就是本机环境仓库。
- **preBuildHookScript**（String）：构建测试项目之前运行的 BeanShell 或 Groovy 脚本。
- **postBuildHookScript**（String）：构建测试项目之后运行的 BeanShell 或 Groovy 脚本。

要了解更多的配置点，或者查看更多的样例。读者可以访问 maven-invoker-plugin 的站点：http://maven.apache.org/plugins/maven-invoker-plugin/。

17.7 小结

Maven 社区提供了成百上千的插件供用户使用，这些插件能够满足绝大部分用户的需求。然而，在极少数的情况下，用户还是需要编写 Maven 插件来满足自己非常特殊的需求。编写 Maven 插件的一般步骤包括创建一个插件项目、编写 Mojo、为 Mojo 提供配置点、实现 Mojo 行为、处理错误、记录日志和测试插件等。本章实现了一个简单的代码行统计插件，并逐步展示了上述步骤。用户在编写自己插件的时候，还可以参考本章描述的各种 Mojo 标注、Mojo 参数、异常类型和日志接口。本章最后介绍了如何使用 maven-invoker-plugin 实现插件的自动化集成测试。

第 18 章

Archetype

本章内容
- Archetype 使用再叙
- 编写 Archetype
- Archetype Catalog
- 小结

3.5 节已经简单介绍了如何使用 Maven Archetype 快速生成项目骨架。读者可以将 Archetype 理解成 Maven 项目的模板，例如 maven-archetype-quickstart 就是最简单的 Maven 项目模板，只需要提供基本的元素（如 groupId、artifactId 及 version 等），它就能生成项目的基本结构及 POM 文件。很多著名的开源项目（如 AppFuse 和 Apache Wicket）都提供了 Archetype 方便用户快速创建项目。如果你所在组织的项目都遵循一些通用的配置及结构，则也可以为其创建一个自己的 Archetype 并进行维护。使用 Archetype 不仅能让用户快速简单地创建项目；还可以鼓励大家遵循一些项目结构及配置约定。

18.1 Archetype 使用再叙

3.5 节已经介绍了 Archetype 的基本使用方法，本节进一步解释相关原理及一些常用的 Archetype。

18.1.1 Maven Archetype Plugin

Archetype 并不是 Maven 的核心特性，它也是通过插件来实现的，这一插件就是 maven-archetype-plugin（http://maven.apache.org/archetype/maven-archetype-plugin/）。尽管它只是一个插件，但由于其使用范围非常广泛，主要的 IDE（如 Eclipse、NetBeans 和 IDEA）在集成 Maven 的时候都着重集成了 archetype 特性，以方便用户快速地创建 Maven 项目。

在本书编写的时候，maven-archetype-plugin 最新的版本是 2.0-alpha-5。需要特别注意的是，该插件的 1.x 版本和 2.x 版本差异很大。在 1.x 版本中，使用 Archetype 创建项目使用的目标是 archetype：create，但这一目标在 2.x 版本中已经不推荐使用了，取而代之的是 archetype：generate。它们主要的差异在于，前者要求用户必须一次性地从命令行输入所有的插件参数，而后者默认使用交互的方式提示用户选择或输入参数。不仅如此，archetype：generate 也完全支持 archetype：create 的特性，因此用户已经完全没有必要去使用旧的 archetype：create 目标了。

18.1.2 使用 Archetype 的一般步骤

3.5 节推荐用户在使用 Archetype 插件的时候输入完整的插件坐标，以防止 Maven 下载最新的不稳定快照版本。然而这种情况只是对于 Maven 2 用户存在，在 Maven 3 中，如果插件的版本未声明，Maven 只会自动解析最新的发布版，因此用户不用担心引入快照版本带来的问题。以下是两条命令的对比：

- **Maven 3**：mvn archetype：generate
- **Maven 2**：mvn org.apache.maven.plugins：maven-archetype-plugin：2.0-alpha-5：generate

输入上述命令后，Archetype 插件会输出一个 Archetype 列表供用户选择。例如：

```
Choose archetype:
1: internal -> appfuse-basic-jsf (AppFuse archetype for creating a web application with Hibernate, Spring and JSF)
```

```
  2: internal -> appfuse-basic-spring (AppFuse archetype for creating a web ap-
plication with Hibernate, Spring and Spring MVC)
  3: internal -> appfuse-basic-struts (AppFuse archetype for creating a web ap-
plication with Hibernate, Spring and Struts 2)
  4: internal -> appfuse-basic-tapestry (AppFuse archetype for creating a web ap-
plication with Hibernate, Spring and Tapestry 4)
  5: internal -> appfuse-core (AppFuse archetype for creating a jar application
with Hibernate and Spring and XFire)
  6: internal -> appfuse-modular-jsf (AppFuse archetype for creating a modular
application with Hibernate, Spring and JSF)
  7: internal -> appfuse-modular-spring (AppFuse archetype for creating a modu-
lar application with Hibernate, Spring and Spring MVC)
  8: internal -> appfuse-modular-struts (AppFuse archetype for creating a modu-
lar application with Hibernate, Spring and Struts 2)
  9: internal -> appfuse-modular-tapestry (AppFuse archetype for creating a modu-
lar application with Hibernate, Spring and Tapestry 4)
 10: internal -> makumba-archetype (Archetype for a simple Makumba application)
 11: internal -> maven-archetype-j2ee-simple (A simple J2EE Java application)
 12: internal -> maven-archetype-marmalade-mojo (A Maven plugin development
project using marmalade)
 13: internal -> maven-archetype-mojo (A Maven Java plugin development project)
 14: internal -> maven-archetype-portlet (A simple portlet application)
 15: internal -> maven-archetype-profiles ()
 16: internal -> maven-archetype-quickstart ()
...
```

这个列表来自于名为 archetype-catalog.xml 的文件，18.3 节将对其进行深入解释。现在，用户需要选择自己想要使用的 Archetype，然后输入其对应的编号。

由于 Archetype 只是一个模板，为了保持模板的通用性，它的很多重要内容都是可配置的。因此，在用户选择了一个 Archetype 之后，下一步就需要提供一些基本的参数。主要有：

- **groupId**：想要创建项目的 groupId。
- **artifactId**：想要创建项目的 artifactId。
- **version**：想要创建项目的 version。
- **package**：想要创建项目的默认 Java 包名。

上述参数是 Archetype 插件内置的，也是最常用和最基本的。用户在自己编写 Archetype 的时候，还可以声明额外的配置参数。

根据 Maven 提示填写完配置参数之后，Archetype 插件就能够生成项目的骨架了。

18.1.3 批处理方式使用 Archetype

有时候用户可能不希望以交互的方式使用 Archetype，例如当创建 Maven 项目的命令在一段自动化的 Shell 脚本中的时候，交互的方式会破坏自动化。这时用户可以使用 mvn 命令的 -B 选项，要求 maven-archetype-plugin 以批处理的方式运行。不过，这时用户还必须显式地声明要使用的 Archetype 坐标信息，以及要创建项目的 groupId、artifactId、version、package 等信息。例如：

```
$ > mvn archetype:generate -B \
-DarchetypeGroupId=org.apache.maven.archetypes \
-DarchetypeArtifactId=maven-archetype-quickstart \
-DarchetypeVersion=1.0 \
-DgroupId=com.juvenxu.mvnbook \
-DartifactId=archetype-test \
-Dversion=1.0-SNAPSHOT \
-Dpackage=com.juvenxu.mvnbook
[INFO] Scanning for projects...
[INFO]
[INFO] ------------------------------------------------------------------------
[INFO] Building Maven Stub Project (No POM) 1
[INFO] ------------------------------------------------------------------------
[INFO]
[INFO] >>> maven-archetype-plugin:2.0-alpha-5:generate (default-cli) @ standalone-pom >>>
[INFO]
[INFO] <<< maven-archetype-plugin:2.0-alpha-5:generate (default-cli) @ standalone-pom <<<
[INFO]
[INFO] ---maven-archetype-plugin:2.0-alpha-5:generate (default-cli) @ standalone-pom ---
[INFO] Generating project in Batch mode
[INFO] Archetype repository missing. Using the one from [org.apache.maven.archetypes:maven-archetype-quickstart:1.0] found in catalog remote
[INFO] ------------------------------------------------------------------------
[INFO] Using following parameters for creating OldArchetype: maven-archetype-quickstart:1.0
[INFO] ------------------------------------------------------------------------
[INFO] Parameter: groupId, Value: com.juvenxu.mvnbook
[INFO] Parameter: packageName, Value: com.juvenxu.mvnbook
[INFO] Parameter: package, Value: com.juvenxu.mvnbook
[INFO] Parameter: artifactId, Value: archetype-test
[INFO] Parameter: basedir, Value: D:\tmp\archetype
[INFO] Parameter: version, Value: 1.0-SNAPSHOT
[INFO] *************************** End of debug info from resources from generated POM ***************************
[INFO] OldArchetype created in dir: D:\tmp\archetype\archetype-test
[INFO] ------------------------------------------------------------------------
[INFO] BUILD SUCCESS
[INFO] ------------------------------------------------------------------------
[INFO] Total time: 2.624s
[INFO] Finished at: Wed Apr 28 14:34:32 CST 2010
[INFO] Final Memory: 6M/11M
[INFO] ------------------------------------------------------------------------
```

该例中的 Archetype 的坐标为 org.apache.maven.archetypes：maven-archetype-quckstart：1.0，而真正要创建的项目坐标则为 com.juvenxu.mvnbook：archetype-test：1.0-SNAPSHOT。

18.1.4 常用 Archetype 介绍

在编写本书的时候，Maven 中央仓库中已经包含了 249 个 Archetype（详见 http://repo1.maven.org/maven2/archetype-catalog.xml）。此外，还有大量没有发布到中央仓库的 Archetype 分布在其他 Maven 仓库中。任何人都不可能全部了解它们，因此这里只介绍几个比较常用的 Archetype。

1. maven-archetype-quickstart

maven-archetype-quickstart 可能是最常用的 Archetype，当 maven-archetype-plugin 提示用户选择 Archetype 的时候，它就是默认值。使用 maven-archetype-quickstart 生成的项目十分简单，基本内容如下：

- 一个包含 JUnit 依赖声明的 pom.xml。
- src/main/java 主代码目录及该目录下一个名为 App 的输出 "Hello World!" 的类。
- src/test/java 测试代码目录及该目录下一个名为 AppTest 的 JUnit 测试用例。

当需要创建一个全新的 Maven 项目时，就可以使用该 Archetype 生成项目后进行修改，省去了手工创建 POM 及目录结构的麻烦。

2. maven-archetype-webapp

这是一个最简单的 Maven war 项目模板，当需要快速创建一个 Web 应用的时候就可以使用它。使用 maven-archetype-webapp 生成的项目内容如下：

- 一个 packaging 为 war 且带有 JUnit 依赖声明的 pom.xml。
- src/main/webapp/ 目录。
- src/main/webapp/index.jsp 文件，一个简单的 Hello World 页面。
- src/main/webapp/WEB-INF/web.xml 文件，一个基本为空的 Web 应用配置文件。

3. AppFuse Archetype

AppFuse 是一个集成了很多开源工具的项目，它由 Matt Raible 开发，旨在帮助 Java 编程人员快速高效地创建项目。AppFuse 本身使用 Maven 构建，它的核心其实就是一个项目的骨架，是包含了持久层、业务层及展现层的一个基本结构。在 AppFuse 2.x 中，已经集成了大量流行的开源工具，如 Spring、Struts 2、JPA、JSF、Tapestry 等。

AppFuse 为用户提供了大量 Archetype，以方便用户快速创建各种类型的项目，它们都使用同样的 groupId org.appfuse。针对各种展现层框架分别为：

- **appfuse-*-jsf**：基于 JSF 展现层框架的 Archetype。
- **appfuse-*-spring**：基于 Spring MVC 展现层框架的 Archetype。
- **appfuse-*-struts**：基于 Struts 2 展现层框架的 Archetype。
- **appfuse-*-tapestry**：基于 Tapestry 展现层框架的 Archetype。

每一种展现层框架都有 3 个 Archetype，分别为 light、basic 和 modular。其中，light 类型的 Archetype 只包含最简单的骨架；basic 类型的 Archetype 则包含了一些用户管理及安全方面的特性；modular 类型的 Archetype 会生成多模块的项目，其中的 core 模块包含了持久层及业务层的代码，而 Web 模块则是展现层的代码。

更多关于 AppFuse Archetype 的信息，读者可以访问其官方的快速入门手册：http://appfuse.org/display/apf/appfuse+quickstart。

18.2 编写 Archetype

也许你所在组织的一些项目都使用同样的框架和项目结构，为一个个项目重复同样的配置及同样的目录结构显然是难以让人接受的。更好的做法是创建一个属于自己的 Archetype，这个 Archetype 包含了一些通用的 POM 配置、目录结构，甚至是 Java 类及资源文件，然后在创建项目的时候，就可以直接使用该 Archetype，并提供一些基本参数，如 groupId、artifactId、version，maven-archetype-plugin 会处理其他原本需要手工处理的劳动。这样不仅节省了时间，也降低了错误配置发生的概率。

下面就介绍一个创建 Archetype 的样例。首先读者需要了解的是，一个典型的 Archetype Maven 项目主要包括如下几个部分：

- **pom.xml**：Archetype 自身的 POM。
- **src/main/resources/archetype-resources/pom.xml**：基于该 Archetype 生成的项目的 POM 原型。
- **src/main/resources/META-INF/maven/archetype-metadata.xml**：Archetype 的描述符文件。
- **src/main/resources/archetype-resources/****：其他需要包含在 Archetype 中的内容。

下面结合样例对上述内容一一详细解释。

首先，和任何其他 Maven 项目一样，Archetype 项目自身也需要有一个 POM。这个 POM 主要包含该 Archetype 的坐标信息，这样 Maven 才能定位并使用它。读者还要留意，不要混淆 Archetype 的坐标和使用该 Archetype 生成的项目的坐标。需要注意的是，虽然 Archetype 可以说是一种特殊的 Maven 项目，但 maven-archetype-plugin 并没有要求 Archetype 项目使用特殊的打包类型。因此，一般来说，Archetype 的打包类型就是默认值 jar。代码清单 18-1 展示了一个很简单的 Archetype 的 POM。

代码清单18-1 样例 Archetype 的 POM

```xml
<project xmlns="http://maven.apache.org/POM/4.0.0"
    xmlns:xsi="http://www.w3.org/2001/XMLSchema-instance"
    xsi:schemaLocation="http://maven.apache.org/POM/4.0.0
    http://maven.apache.org/maven-v4_0_0.xsd">
    <modelVersion>4.0.0</modelVersion>
    <groupId>com.juvenxu.mvnbook.archetypes</groupId>
    <artifactId>mvnbook-archetype-sample</artifactId>
    <version>1.0-SNAPSHOT</version>
</project>
```

接下来要关注的就是 Archetype 所包含的项目骨架的信息。从本质上来说，在编写 Archetype 的时候预先定义好其要包含的目录结构和文件，同时在必要的地方使用可配置的属性声明替代硬编码。例如，项目的坐标信息一般都是可配置的。代码清单18-2就是一个简单的POM原型，它位于Archetype项目资源目录下的archetype-resources/子目录中。

代码清单18-2　样例Archetype所包含的POM原型

```xml
<project xmlns="http://maven.apache.org/POM/4.0.0"
    xmlns:xsi="http://www.w3.org/2001/XMLSchema-instance"
    xsi:schemaLocation="http://maven.apache.org/POM/4.0.0
    http://maven.apache.org/xsd/maven-4.0.0.xsd">
    <modelVersion>4.0.0</modelVersion>
    <groupId>${groupId}</groupId>
    <artifactId>${artifactId}</artifactId>
    <version>${version}</version>
    <name>${artifactId}</name>
    <url>http://www.juvenxu.com</url>

    <dependencies>
        <dependency>
            <groupId>junit</groupId>
            <artifactId>junit</artifactId>
            <version>4.8.1</version>
            <scope>test</scope>
        </dependency>
    </dependencies>

    <build>
        <pluginManagement>
            <plugins>
                <plugin>
                    <groupId>org.apache.maven.plugins</groupId>
                    <artifactId>maven-compiler-plugin</artifactId>
                    <configuration>
                        <source>1.5</source>
                        <target>1.5</target>
                    </configuration>
                </plugin>
                <plugin>
                    <groupId>org.apache.maven.plugins</groupId>
                    <artifactId>maven-resources-plugin</artifactId>
                    <configuration>
                        <encoding>UTF-8</encoding>
                    </configuration>
                </plugin>
            </plugins>
        </pluginManagement>
    </build>
</project>
```

上述代码片段中的groupId、artifactId和version等信息并没有直接声明，而是使用了属性声明。回顾18.1.2节，使用Archetype生成项目的时候，用户一般都需要提供groupId、artifactId、version、package等参数，在那个时候，这些属性声明就会由那些参数值填充。

上述POM原型中还包含了一个JUnit依赖声明和两个插件配置。事实上，我们可以根据自己的实际需要在这里提供任何合法的 POM 配置，在使用该 Archetype 生成项目的时候，这些配置就是现成的了。

一个 Archetype 最核心的部分是 archetype-metadata.xml 描述符文件，它位于 Archetype 项目资源目录的 META-INF/maven/ 子目录下。它主要用来控制两件事情：一是声明哪些目录及文件应该包含在 Archetype 中；二是这个 Archetype 使用哪些属性参数。代码清单 18-3 展示了一个 Archetype 描述符文件。

代码清单 18-3　样例 Archetype 描述符文件

```xml
<?xml version = "1.0" encoding = "UTF-8"?>
<archetype-descriptor name = "sample">
    <fileSets>
        <fileSet filtered = "true" packaged = "true">
            <directory>src/main/java</directory>
            <includes>
                <include>**/*.java</include>
            </includes>
        </fileSet>
        <fileSet filtered = "true" packaged = "true">
            <directory>src/test/java</directory>
            <includes>
                <include>**/*.java</include>
            </includes>
        </fileSet>
        <fileSet filtered = "true" packaged = "false">
            <directory>src/main/resources</directory>
            <includes>
                <include>**/*.properties</include>
            </includes>
        </fileSet>
    </fileSets>
    <requiredProperties>
        <requiredProperty key = "port"/>
        <requiredProperty key = "groupId">
            <defaultValue>com.juvenxu.mvnbook</defaultValue>
        </requiredProperty>
    </requiredProperties>
</archetype-descriptor>
```

该例中的 Archetype 描述符定义了名称为 sample。它主要包含 fileSets 和 requireProperties 两个部分。其中，fileSets 可以包含一个或者多个 fileSet 子元素，每个 fileSet 定义一个目录，以及与该目录相关的包含或排除规则。

上述代码片段中的第一个 fileSet 指向的目录是 src/main/java，该目录对应于 Archetype 项目资源目录的 archetype-resources/src/main/java/ 子目录。该 fileSet 有两个属性，filtered 表示是否对该文件集合应用属性替换。例如，像 ${x} 这样的内容是否替换为命令行输入的 x 参数的值；packaged 表示是否将该目录下的内容放到生成项目的包路径下。18.1.2 节提到使用 Archetype 必须提供的参数之一就是 package，即项目包名。如果读者暂时无法理解这两个属性的作用，不必着急，稍后通过实例来解释。

该 fileSet 还包含了 includes 子元素，并且声明了一个值为 **/*.java 的 include 规则，表示包含 src/main/java/ 中任意路径下的 java 文件。这里两个星号 ** 表示匹配任意目录，一个星号 * 表示匹配除路径分隔符外的任意 0 个或者多个字符。这种匹配声明的方式在 Maven 的很多插件中都被用到，如 10.5 节中的 maven-surefire-plugin。除了 includes，用户还可以使用 excludes 声明要排除的文件。配置方法与 includes 类似，这里不再赘述。

为了能够说明问题，笔者在 src/main/resources/archetype-resources/src/main/java/ 目录下创建了一些文件，假设使用该 Archetype 创建项目的时候，package 参数的值为 com.juvenxu.mvnbook。表 18-1 表示了 Archetype 中文件与生成项目文件的对应关系。

表 18-1　Archetype 资源文件与所生成项目文件的对应关系

Archetype 资源目录下	生成的项目根目录下
archetype-resources/src/main/java/	src/main/java/ (package = com.juvenxu.mvnbook)
App.java	com.juvenxu.mvnbook.App.java
dao/Dao.java	com.juvenxu.mvnbook.dao.Dao.java
service/Service.java	com.juvenxu.mvnbook.service.Service.java

如果 fileSet 的 packaged 属性值为 true，directory 的值为 X，那么 archetype-resources 下的 X 目录就会对应地在生成的项目中被创建，在生成项目的该 X 目录下还会生成一个包目录，如上例中的 com/juvenxu/mvnbook/，最后 Archetype 中 X 目录的子目录及文件被复制到生成项目 X 目录的包目录下。如果 packaged 的属性值为 false，那么 Archetype 中 X 目录下的内容会被直接复制到生成项目的 X 目录下。一般来说，Java 代码都需要放到包路径下，而项目资源文件则不需要。因此，在代码清单 18-3 中，第一、第二个对应 Java 文件的 fileSet 的 packaged 的属性为 true，而第三个对应资源文件的 fileSet 的 packaged 属性为 false。

还有一点需要解释的是 fileSet 的 filtered 属性，它表示使用参数值替换属性声明，这是个非常有用的特性。例如，表 18-1 中涉及的几个 Java 类都需要有 package 声明，而且其值是在项目生成的时候确定的。这时就可以在 Java 代码中使用属性声明，如 App.java 的内容应该如代码清单 18-4 所示。

代码清单 18-4　Archetype 中的 App.java

```
package ${package};

public class App
{
    public static void main( String[] args )
    {
        System.out.println( "Hello World!" );
    }
}
```

在使用包名 com.juvenxu.mvnbook 创建项目后，上述代码中的第一行会变成 package

com.juvenxu.mvnbook;。

类似地，Dao.java 和 Service.java 的包声明应该如代码清单 18-5 所示。

代码清单 18-5　Archetype 中的 Dao.java 和 Service.java

```
//Dao.java
package ${package}.dao;

public class Dao
{
}

//Service.java
package ${package}.service;

public class Service
{
}
```

对应地，项目生成后 Dao.java 的第一行会成为"package com.juvenxu.mvnbook.dao;"，而 Service.java 的第一行会成为"package com.juvenxu.mvnbook.service;"。使用这样的技巧，就可以在 Archetype 中创建多层次的 Java 代码。

默认情况下，maven-archetype-plugin 要求用户在使用 Archetype 生成项目的时候必须提供 4 个参数：groupId、artifactId、version 和 package。除此之外，用户在编写 Archetype 的时候可以要求额外的参数。例如，代码清单 18-3 就使用了 requireProperties 配置要求额外的 port 参数，这样，Archetype 中所有开启 filtered 的文件中就可以使用 ${port} 属性声明，然后在项目生成的时候用命令行输入的值填充。

此外，在编写 Archetype 的时候还可以为预置的 4 个参数提供默认值。例如，代码清单 18-3 中就为 groupId 参数提供了默认值 com.juvenxu.mvnbook。在组织内部，可能很多项目的 groupId 是确定的，这时就可以为 Archetype 提供默认的 groupId。

Archetype 编写完成之后，使用 mvn clean install 将其安装到本地仓库。接着用户就可以通过指定该 Archetype 的坐标用它生成项目了：

```
$ > mvn archetype:generate \
-DarchetypeGroupId=com.juvenxu.mvnbook.archetypes \
-DarchetypeArtifactId=mvnbook-archetype-sample \
-DarchetypeVersion=1.0-SNAPSHOT
[INFO] Scanning for projects...
[INFO]
[INFO] ------------------------------------------------------------------
[INFO] Building Maven Stub Project (No POM) 1
[INFO] ------------------------------------------------------------------
[INFO]
[INFO] >>> maven-archetype-plugin:2.0-alpha-5:generate (default-cli) @ standa-lone-pom >>>
[INFO]
[INFO] <<< maven-archetype-plugin:2.0-alpha-5:generate (default-cli) @ standa-lone-pom <<<
```

```
    [INFO]
    [INFO] ---maven-archetype-plugin:2.0-alpha-5:generate (default-cli) @ standa-
lone-pom ---
    [INFO] Generating project in Interactive mode
    [WARNING] No archetype repository found. Falling back to central repository (ht-
tp://repo1.maven.org/maven2).
    [WARNING] Use -DarchetypeRepository = <your repository> if archetype's reposito-
ry is elsewhere.
    [INFO] snapshot com.juvenxu.mvnbook.archetypes:mvnbook-archetype-sample:1.0-
SNAPSHOT: checking for updates from mvnbook-archetype-sample-repo
    [INFO] Using property: groupId = com.juvenxu.mvnbook
    Define value for property 'artifactId': : test
    Define value for property 'version': 1.0-SNAPSHOT: :
    [INFO] Using property: package = com.juvenxu.mvnbook
    Define value for property 'port': : 8080
    Confirm properties configuration:
    groupId: com.juvenxu.mvnbook
    artifactId: test
    version: 1.0-SNAPSHOT
    package: com.juvenxu.mvnbook
    port: 8080
    Y: : y
    [INFO] ------------------------------------------------------------------
    [INFO] BUILD SUCCESS
    [INFO] ------------------------------------------------------------------
    [INFO] Total time: 27.365s
    [INFO] Finished at: Sun May 02 01:13:10 CST 2010
    [INFO] Final Memory: 5M/10M
    [INFO] ------------------------------------------------------------------
```

该例使用了交互式的方式生成项目，由于该 Archetype 为 groupId 定义了默认值，用户就不再需要输入 groupId 的值了。此外，用户还不得不输入该 Archetype 额外定义的 port 参数的值。

18.3 Archetype Catalog

18.2 节中我们自定义了一个 Archetype，然后可以通过指定该 Archetype 的坐标在命令行用它创建项目原型。但是，18.1.2 节告诉我们，通常使用 Archetype 不需要精确地指定 Archetype 的坐标，maven-archetype-plugin 会提供一个 Archetype 列表供我们选择。那么，能否把自己创建的 Archetype 加入到这个列表中呢？答案是肯定的。下面就介绍相关的做法及相关原理。

18.3.1 什么是 Archetype Catalog

当用户以不指定 Archetype 坐标的方式使用 maven-archetype-plugin 的时候，会得到一个 Archetype 列表供选择，这个列表的信息来源于一个名为 archetype-catalog.xml 的文件。例如，代码清单 18-6 是一个包含了两个 Archetype 信息的 archetype-catalog.xml 文件。

代码清单 18-6　archetype-catalog.xml

```xml
<?xml version="1.0" encoding="UTF-8"?>
<archetype-catalog
  xsi:schemaLocation="http://maven.apache.org/plugins/maven-archetype-plugin/archetype-catalog/1.0.0
     http://maven.apache.org/xsd/archetype-catalog-1.0.0.xsd"
    xmlns="http://maven.apache.org/plugins/maven-archetype-plugin/archetype-catalog/1.0.0"
    xmlns:xsi="http://www.w3.org/2001/XMLSchema-instance">
  <archetypes>
    <archetype>
      <groupId>com.juvenxu.mvnbook.archetypes</groupId>
      <artifactId>mvnbook-archetype-sample</artifactId>
      <version>1.0-SNAPSHOT</version>
      <description>sample</description>
    </archetype>
    <archetype>
      <groupId>org.apache.maven.archetypes</groupId>
      <artifactId>maven-archetype-quickstart</artifactId>
      <version>1.0</version>
      <description>quickstart</description>
    </archetype>
  </archetypes>
</archetype-catalog>
```

上述 archetype-catalog.xml 包含的两个 Archetype 读者应该已经熟悉了，第一个 Archetype 的坐标是 com.juvenxu.mvnbook.archetypes：mvnbook-archetype-sample：1.0-SNAPSHOT，也就是上一节自定义的 Archetype；第二个则是 maven-archetype-plugin 默认使用的 Quickstart Archetype。这个 XML 非常简单，它主要包含了各个 Archetype 的坐标。这样，当用户选择使用某个 Archetype 的时候，Maven 就能够立刻定位到 Archetype 构件。

18.3.2　Archetype Catalog 的来源

archetype-catalog.xml 能够提供 Archetype 的信息，那么 maven-archetype-plugin 可以从哪些位置读取 archetype-catalog.xml 文件呢？下面是一个列表：

- **internal**：这是 maven-archetype-plugin 内置的 Archetype Catalog，包含了约 58 个 Archetype 信息。
- **local**：指向用户本地的 Archetype Catalog，其位置为 ~/.m2/archetype-catalog.xml。需要注意的是，该文件默认是不存在的。
- **remote**：指向了 Maven 中央仓库的 Archetype Catalog，其确切的地址为 http://repo1.maven.org/maven2/archetype-Catalog.xml。在本书编写的时候，该 Catalog 包含了约 249 个 Archetype 信息。
- **file://...**：用户可以指定本机任何位置的 archetype-catalog.xml 文件。
- **http://...**：用户可以使用 HTTP 协议指定远程的 archetype-catalog.xml 文件。

当用户运行 mvn archetype：generate 命令的时候，可以使用 archetypeCatalog 参数指定插

件使用的 Catalog。例如：

```
$ > mvn archetype:generate -DarchetypeCatalog=file:///tmp/archetype-cata-
log.xml
```

上述命令指定 Archetype 插件使用系统/tmp 目录下的 archetype-catalog.xml 文件。当然，用户不需要每次运行 Archetype 目标的时候都去指定 Catalog。在 maven-archetype-plugin 2.0-beta-4 之前的版本中，archetypeCatalog 的默认值为 "internal，local"，即默认使用插件内置加上用户本机的 Catalog 信息，而从 maven-archetype-plugin 2.0-beta-5 开始，这一默认值变成了 "remote，local"，即默认使用中央仓库加上用户本机的 Catalog 信息。用户也可以使用逗号分隔多个 Catalog 来源。例如：

```
$ > mvn archetype:generate -DarchetypeCatalog=file:///tmp/archetype-cata-
log.xml,local
```

该命令指定 Archetype 从两个位置读取 Catalog 信息。

archetype：generate 的输出也会告诉用户每一条 Archetype 信息的来源。例如：

```
1: local -> mvnbook-archetype-sample (sample)
2: local -> maven-archetype-mojo (plugin)
3: local -> maven-archetype-quickstart (quickstart)
4: local -> maven-archetype-webapp (webapp)
5: internal -> appfuse-basic-jsf (AppFuse archetype...
6: internal -> appfuse-basic-spring (AppFuse archetype...
7: internal -> appfuse-basic-struts (AppFuse archetype...
8: internal -> appfuse-basic-tapestry (AppFuse archetype...
9: internal -> appfuse-core (AppFuse archetype...
...
```

上述输出片段告诉用户，archetype 1-4 来源于本机的 ~/.m2/archetype-catalog.xml 文件，而 archetype 5-9 来源于 Archetype 插件内置的 archetype-catalog.xml 文件。

18.3.3 生成本地仓库的 Archetype Catalog

maven-archetype-plugin 提供了一个名为 crawl 的目标，用户可以用它来遍历本地 Maven 仓库的内容并自动生成 archetype-catalog.xml 文件。例如：

```
D:\tmp >mvn archetype:crawl
[INFO] Scanning for projects...
[INFO]
[INFO] ------------------------------------------------------------------------
[INFO] Building Maven Stub Project (No POM) 1
[INFO] ------------------------------------------------------------------------
[INFO]
[INFO] ---maven-archetype-plugin:2.0-alpha-5:crawl (default-cli) @ standa-
lone-pom ---
repository D:\java\repository
catalogFile null
[INFO] Scanning D:\java\repository\ant\ant\1.5.1\ant-1.5.1-sources.jar
[INFO] Scanning D:\java\repository\ant\ant\1.5.1\ant-1.5.1.jar
[INFO] Scanning D:\java\repository\ant\ant\1.6\ant-1.6.jar
[INFO] Scanning D:\java\repository\ant\ant\1.6.5\ant-1.6.5.jar
...
```

```
...
        [INFO] Scanning D:\java\repository\xpp3\xpp3_min\1.1.4c\xpp3_min-1.1.4c-
sources.jar
        [INFO] Scanning D:\java\repository\xpp3\xpp3_min\1.1.4c\xpp3_min-1.1.4c.jar
        [INFO] ------------------------------------------------------------------
        [INFO] BUILD SUCCESS
        [INFO] ------------------------------------------------------------------
        [INFO] Total time: 19.355s
        [INFO] Finished at: Sun May 02 15:43:37 CST 2010
        [INFO] Final Memory: 3M/8M
```

如果不提供任何参数，crawl 目标会遍历用户 settings.xml 定义的 localRepository，并且在该仓库的根目录下生成 archetype-catalog.xml 文件。用户可以使用参数 repository 指定要遍历的 Maven 仓库，使用参数 catalog 指定要更新的 catalog 文件。例如：

```
D:\tmp>mvn archetype:crawl -Drepository=D:/java/repository \
-Dcatalog=C:/archetype-catalog.xml
```

将自定义的 Archetype 安装到本地仓库后，使用 Archetype：crawl 基于该仓库生成的 Catalog 就会包含该 Archetype 的信息，接着用户就可以在创建项目的时候指定使用该 Catalog。

18.3.4 使用 nexus-archetype-plugin

Nexus 团队提供了一个名为 nexus-archetype-plugin 的插件，该插件能够基于 Nexus 仓库索引实时地生成 archetype-catalog.xml 文件。由于 Catalog 内容是基于仓库索引生成而不是逐个遍历仓库文件，因此生成的速度非常快。只要用户安装了该插件，每个 Nexus 仓库都会随时提供一个与索引内容一致的 Catalog。

用户可以从以下地址下载最新的 nexus-archetype-plugin：http://repository.sonatype.org/content/groups/forge/org/sonatype/nexus/plugins/nexus-archetype-plugin/。

下一步是将 nexus-archetype-plugin 插件的 bundle.zip 包解压到 Nexus 工作目录 sonatype-work/nexus/ 下的 plugin-repository/ 子目录中，然后重启 Nexus，插件就安装完成了。

现在，当用户浏览 Nexus 仓库内容的时候，就能够在仓库的根目录下看到 archetype-catalog.xml 文件，右击选择 "Download" 后就能下载该文件，如图 18-1 所示。

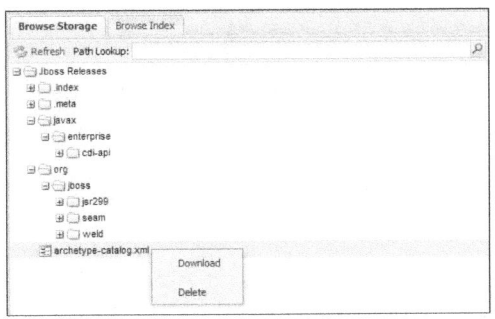

图 18-1　用 nexus-archetype-plugin 生成 Archetype Catalog

18.4 小结

本章详细阐述了最为有用的 Maven 插件之一：Maven Archetype Plugin。读者可以选择以交互式或者批处理的方式使用该插件生成项目骨架。另外，还介绍了一些常用的 Archetype。

本章的重点是教授读者创建自己的 Archetype，这主要包括理解 Archetype 项目的结构、如何通过属性过滤为 Archetype 提供灵活性，以及 Archetype Package 参数的作用。Archetype Plugin 通过读取 Archetype-catalog.xml 文件内容来提供可用的 Archetype 列表信息，这样的 Catalog 可以从各个地方获得，如插件内置、本机机器、中央仓库以及自定义的 file:// 或 http:// 路径。本章最后介绍了如何使用 archetype：crawl 和 nexus-archetype-plugin 生成仓库的 archetype-catalog.xml 内容。

附录 A POM 元素参考

元素名称	简介	参考章节
\< project \>	POM 的 XML 根元素	
\< parent \>	声明继承	8.3
\< modules \>	声明聚合	8.2
\< groupId \>	坐标元素之一	5.2
\< artifactId \>	坐标元素之一	5.2
\< version \>	坐标元素之一	5.2
\< packaging \>	坐标元素之一，默认值 jar	5.2
\< name \>	名称	
\< description \>	描述	
\< organization \>	所属组织	
\< licenses \> \< license \>	许可证	
\< mailingLists \> \</ mailingList \>	邮件列表	
\< developers \> \</ developer \>	开发者	
\< contributors \> \< contributor \>	贡献者	
\< issueManagement \>	问题追踪系统	
\< ciManagement \>	持续集成系统	
\< scm \>	版本控制系统	13.4
\< prerequisites \> \< maven \>	要求 Maven 最低版本，默认值 2.0	
\< build \> \< sourceDirectory \>	主源码目录	8.5
\< build \> \< scriptSourceDirectory \>	脚本源码目录	8.5
\< build \> \< testSourceDirectory \>	测试源码目录	8.5
\< build \> \< outputDirectory \>	主源码输出目录	8.5
\< build \> \< testOutputDirectory \>	测试源码输出目录	8.5
\< build \> \< resources \> \< resource \>	主资源目录	8.5、14.3
\< build \> \< testResources \> \< testResource \>	测试资源目录	8.5、14.3
\< build \> \< finalName \>	输出主构件的名称	8.5
\< build \> \< directory \>	输出目录	8.5

（续）

元素名称	简介	参考章节
< build > < filters > < filter >	通过 properties 文件定义资源过滤属性	
< build > < extensions > < extension >	扩展 Maven 的核心	15.7
< build > < pluginManagement >	插件管理	8.3.3
< build > < plugins > < plugin >	插件	7.5
< profiles > < profile >	POM Profile	14.4
< distributionManagement > < repository >	发布版本部署仓库	6.4.2、9.6.1
< distributionManagement > < snapshotRepository >	快照版本部署仓库	6.4.2、9.6.1
< distributionManagement > < site >	站点部署	15.7
< repositories > < repository >	仓库	5.4、9.5
< pluginRepositories > < pluginRepository >	插件仓库	7.8.1、9.5
< dependencies > < dependency >	依赖	5.4
< dependencyManagement >	依赖管理	8.3.3
< properties >	Maven 属性	14.1
< reporting > < plugins >	报告插件	15.3

附录 B Settings 元素参考

元素名称	简　介	参考章节
<settings>	settings.xml 文档的根元素	
<localRepository>	本地仓库	6.3.1
<interactiveMode>	Maven 是否与用户交互，默认值 true	
<offline>	离线模式，默认值 false	
<pluginGroups><pluginGroup>	插件组	7.8.4
<servers><server>	下载与部署仓库的认证信息	5.4、9.6.1、15.7
<mirrors><mirror>	仓库镜像	6.7
<proxies><proxy>	代理	2.4
<profiles><profile>	Settings Profile	14.4
<activeProfiles><activeProfile>	激活 Profile	14.4.2

附录 C 常用插件列表

插件名称	用途	来源	参考章节
maven-clean-plugin	清理项目	Apache	7.2
maven-compiler-plugin	编译项目	Apache	7.2
maven-deploy-plugin	部署项目	Apache	7.2
maven-install-plugin	安装项目	Apache	7.2
maven-resources-plugin	处理资源文件	Apache	7.2、14.3
maven-site-plugin	生成站点	Apache	7.2、15
maven-surefire-plugin	执行测试	Apache	7.2、10
maven-jar-plugin	构建 JAR 项目	Apache	7.2
maven-war-plugin	构建 WAR 项目	Apache	7.2、12.1
maven-shade-plugin	构建包含依赖的 JAR 包	Apache	3.4
maven-changelog-plugin	生成版本控制变更报告	Apache	15.3.5
maven-checkstyle-plugin	生成 CheckStyle 报告	Apache	15.3.3
maven-javadoc-plugin	生成 JavaDoc 文档	Apache	15.3.1
maven-jxr-plugin	生成源码交叉引用文档	Apache	15.3.2
maven-pmd-plugin	生成 PMD 报告	Apache	15.3.4
maven-project-info-reports-plugin	生成项目信息报告	Apache	15.2
maven-surefire-report-plugin	生成单元测试报告	Apache	
maven-antrun-plugin	调用 Ant 任务	Apache	7.5.3
maven-archetype-plugin	基于 Archetype 生成项目骨架	Apache	18
maven-assembly-plugin	构建自定义格式的分发包	Apache	
maven-dependency-plugin	依赖分析及控制	Apache	5.9.3
maven-enforcer-plugin	定义规则并强制要求项目遵守	Apache	
maven-pgp-plugin	为项目构件生成 PGP 签名	Apache	13.6.2
maven-help-plugin	获取项目及 Maven 环境的信息	Apache	7.6.2、14.4.2、16.7.2
maven-invoker-plugin	自动运行 Maven 项目构建并验证	Apache	17.6
maven-release-plugin	自动化项目版本发布	Apache	13.4、13.5
maven-scm-plugin	集成版本控制系统	Apache	

(续)

插件名称	用途	来源	参考章节
maven-source-plugin	生成源码包	Apache	
maven-eclipse-plugin	生成 Eclipse 项目环境配置	Apache	
build-helper-maven-plugin	包含各种支持构建生命周期的目标	Codehaus	
exec-maven-plugin	运行系统程序或者 Java 程序	Codehaus	
jboss-maven-plugin	启动、停止 Jboss，部署项目	Codehaus	
properties-maven-plugin	从 properties 文件读写 Maven 属性	Codehaus	
sql-maven-plugin	运行 SQL 脚本	Codehaus	
tomcat-maven-plugin	启动、停止 Tomcat、部署项目	Codehaus	
versions-maven-plugin	自动化批量更新 POM 版本	Codehaus	
cargo-maven-plugin	启动/停止/配置各类 Web 容器自动化部署 Web 项目	Cargo	12.5
jetty-maven-plugin	集成 Jetty 容器，实现快速开发测试	Eclipse	12.4
maven-gae-plugin	集成 Google App Engine	Googlecode	
maven-license-plugin	自动化添加许可证证明至源码文件	Googlecode	
maven-android-plugin	构建 Android 项目	Googlecode	

说明：

- 来自 Apache 的完整插件列表在：http://maven.apache.org/plugins/index.html。
- 来自 Codehaus 的完整插件列表在：http://mojo.codehaus.org/plugins.html。
- 来自 Googlecode 的插件列表在：http://code.google.com/hosting/search?q=maven+plugin+label%3Amaven&projectsearch=Search+Projects。

推荐阅读